Christine Eichel

# Deutschland,
# deine Lehrer

Christine Eichel

# Deutschland, deine Lehrer

Warum sich die Zukunft unserer Kinder
im Klassenzimmer entscheidet

Karl Blessing Verlag

FSC
www.fsc.org

MIX
Papier aus verantwor-
tungsvollen Quellen
FSC® C014496

Verlagsgruppe Random House FSC® N001967
Das für dieses Buch verwendete
FSC®-zertifizierte Papier *EOS*
liefert Salzer Papier, St. Pölten, Austria.

1. Auflage 2014
Copyright © 2014 Christine Eichel
und Karl Blessing Verlag, München,
in der Verlagsgruppe Random House GmbH
Umschlaggestaltung: Geviert Grafik & Typografie, München,
Werbeagentur, Zürich
Satz: Leingärtner, Nabburg
Druck und Einband: GGP Media GmbH, Pößneck
Printed in Germany
ISBN: 978-3-89667-516-3

www.blessing-verlag.de

*Für Florian*

*Hold on my heart*

# Inhalt

# Vorbemerkung

Zu den Recherchen für dieses Buch gehörten viele Gespräche mit Lehrern, Schülern und Eltern. Die Mehrheit stimmte einem Interview nur unter der Bedingung einer Anonymisierung zu. Schüler wie Eltern befürchten, nach einer Veröffentlichung mit Klarnamen in der Schule zur Rede gestellt und unter Druck gesetzt zu werden. Das Gleiche gilt für Lehrer. Geht es um Kritik am Schulsystem, haben sie Angst vor Repressalien. Einer Schulleiterin, die ich sprach, war es nach jahrelangen Querelen mit der Schulbehörde sogar verboten, sich öffentlich zu äußern. Viele Lehrer sind aber auch besorgt um ihre Reputation bei Schülern, Eltern, Kollegen, Schulleitung, wenn sie persönliche Probleme mit dem Beruf ohne den Schutz eines Pseudonyms schildern.

Die Anonymisierung von Gesprächspartnern ist im Sinne einer möglichst transparenten Darstellungsweise natürlich unbefriedigend. Andererseits gab es keine andere Option, ein möglichst lebensnahes Bild des Schulalltags zu zeichnen. Alle wörtlichen Passagen ohne Quellenangabe stammen aus eigenen Interviews und wurden von meinen Gesprächspartnern schriftlich autorisiert. Anspruch auf eine repräsentative Auswahl nach wissenschaftlichen Kriterien kann ich selbstverständlich nicht erheben. Ich habe mich jedoch bemüht, möglichst unterschiedliche Schultypen, Jahrgangsstufen und Unterrichtsfächer zu berücksichtigen, außerdem Lehrer verschiedener Jahrgänge und Bundesländer. Auch die Gendergerechtigkeit war ein Gesichtspunkt. Im Übrigen spreche ich der Lesefreundlichkeit halber generell von Lehrern und Schülern, schließe dabei aber Lehrerinnen und Schülerinnen ausdrücklich ein.

Allen, die mir Auskunft gegeben haben, möchte ich von Herzen danken. Ohne ihre Mitarbeit hätte ich nicht jene oft überraschenden Einblicke in den Schulalltag gewinnen können, die dieses Buch wesentlich beeinflusst haben. Unter anderem erfuhr ich einiges über die systemischen Zwänge, unter denen es Lehrern heute immer schwerer fällt, begeistert und hingebungsvoll zu unterrichten. Besonders danken möchte ich jenen Lehrern, die sich hochengagiert um eine Transformation ihres Berufs wie auch der Schule bemühen und mir ihre Lehrkonzepte erläutert haben. Nicht zuletzt sie haben mich in der Überzeugung bestätigt, dass sich ein weiteres Buch über das Dauerthema Schule zu schreiben lohnt.

Einleitung

## Fräulein Zimmerle hat sich krankschreiben lassen

Oberstudienrat Vogel seufzt schon am Freitagabend, wenn er an den Montagmorgen denkt. Bernd Bonitz behauptet steif und fest, seine 3 400 netto im Monat seien schwer verdientes Geld, die Hauptschule, sagt er, sei der reinste Gulag, und lange mache er das nicht mehr. Fräulein Zimmerle hat sich krankschreiben lassen, die Kollegin Wildgruber schafft es nur noch mit Hilfe von Tabletten, Dr. Wartmann ist enttäuscht, Dr. Gross verbittert, die Frau von Koegler will sich scheiden lassen, und Fritzi Bauriedl hat neulich in der Konferenz gesagt: »Wenn ich noch einmal das Wort *Rückstellerquote* höre, dann schreie ich.« Woran mag das alles nur liegen? Das weiß anscheinend kein Mensch. Alle bisherigen Nachforschungen, so gründlich sie auch angestellt wurden, alle Pilotversuche, alle Innovationsausschüsse, alle Wahlpflichtdifferenzierungsmodelle, alle Didaktik-Designs, alle Evaluationsuntersuchungen, alle Bildungsgesamtpläne und Rahmenrichtlinien haben den langen, langen Jammer der Schulen nur noch verlängert.

Hans Magnus Enzensberger, *Plädoyer für den Hauslehrer,* in:
*Politische Brosamen,* Suhrkamp Verlag, Frankfurt am Main 1982

Was klingt wie ein langer, langer Seufzer aus dem zweiten Jahrzehnt des 21. Jahrhunderts, entstammt einem Essay von 1982. Geschrieben hat ihn Hans Magnus Enzensberger, und man sollte meinen, dass wir heute, mehr als dreißig Jahre später, befreit darüber lachen könnten. Amüsant ist der Text jedoch wegen seiner verblüffenden Aktualität. Oder, genauer gesagt, wegen seiner nahezu absurden Aktualität. Warum laborieren wir noch immer an den gleichen Problemen herum wie in der frühen Neuzeit der deutschen Bildungsdebatte? Warum kommen uns die satirisch überzeichneten Lehrertypen so bekannt vor, die hohl klingelnden Fachbegriffe, die kopfschüttelnde Ratlosigkeit des Autors?

Auch heute sorgt das Reizthema Schule wie kaum ein anderes für hitzige Kontroversen. Die Diagnose eines Bildungsnotstands gehört ebenso zum Inventar unserer Empörungskultur wie das Lamento über veraltete Lehrpläne, obsolete pädagogische Konzepte und nicht zuletzt die überforderten Lehrkräfte. An Therapievorschlägen mangelt es nicht. Kleinere Klassen, neue Lehrinhalte, offener Unterricht, die Abschaffung von Zensuren – in einem Klima, das von Alarmismus geprägt ist, überbietet man einander mit Ideen für strukturelle Veränderungen. Sie verheißen Befreiungsschläge, heraus aus der Bildungsmisere, hin zu einem Schulsystem, dessen Absolventen faire Chancen auf sozialen wie beruflichen Erfolg haben.

Allerdings fällt auf, mit welch erstaunlicher Beharrungskraft das Gros der Lehrer auf den permanenten Optativ des Wünschens und Wollens reagiert: nämlich gar nicht. Während Politiker, Psychologen, Lernforscher, Kulturtheoretiker und neuerdings auch Hirnforscher unablässig Vorschläge unterbreiten, wie die Schule noch zu retten sei, bleibt es in der Lehrerschaft auffällig still. Reformen von außen werden zwar zähneknirschend umgesetzt, etwa die Reduzierung der gymnasialen Oberstufe um ein Jahr oder der jahrgangsübergreifende Unterricht in der Grundschule. Aber ein breiter vitaler Erneuerungswille von innen ist kaum spürbar. Eher hinhaltender Widerstand.

Dabei wissen auch Lehrer seit Langem, dass etwas nicht stimmt im Kosmos Schule. Das Unbehagen ist groß, auch die Resignation in einem qua Verwaltung und Verbeamtung ruhiggestellten System. Dennoch leisten viele Lehrer einen hervorragenden Unterricht. Einzelne Lehrer und Schulleiter versuchen außerdem, auf eigene Faust Innovationen durchzusetzen. Zu den unerschrockenen Pionieren gehört das Kollegium der Integrierten Gesamtschule Göttingen. Trotz permanenter administrativer Gängelungsversuche – einmal sollte die Schule sogar geschlossen werden – wird hier erfolgreich ein eigenes Lernmodell verwirklicht. Innovationsgeist bewies ebenfalls der Schulleiter des Albrecht-Ernst-Gymnasiums in Oettingen, der das Konzept der Lernlandschaften entwickelte. Symptomatisch sind diese Beispiele nicht. Wie auch anderswo, hat die Normalität eine defensive Kraft. Viele Impulse verebben, weil es einfacher scheint, einen unbefriedigenden Status quo aufrechtzuerhalten, statt Neues, Unbequemes zu wagen. »Das Kollegium muss sich in der Umsetzung einig sein und die erforderliche Mehrarbeit leisten. Ein Konsens ist oftmals nur schwer zu erreichen«, erklärt Albert Zimmermann von der Universität Köln das business as usual.[1]

Mehr Eigeninitiative wäre jedenfalls dringend notwendig. Eine international vergleichende Schulstudie des Boston College von 2013 kommt zu dem Schluss: Im Gegensatz zu anderen Ländern, wo äußere Sicherheit und gute Ausstattung von Schulen einen hohen Leistungsstandard der Schüler gewährleisten, sei es in Deutschland ausschlaggebend, ob der Schulleiter den Lernerfolg seiner Schüler anstrebe.[2] Der Begriff des Leistungsstandards ist zwar erklärungsbedürftig, mehr Selbstverantwortung der Schulleiter und Lehrer ist jedoch fraglos vonnöten. Offenbar mangelt es an Energie und Tatkraft. Befragt man Lehrer, ist vor allem eines erkennbar: ihr hoher Leidensdruck. Was ist von einem Berufsstand zu halten, in dem Survival-Ratgeber kursieren, in dem nur rund 40 Prozent der Beschäftigten die Regelaltersgrenze erreichen und in dem das Risiko eines Burn-outs höher ist als in jeder anderen Berufsgruppe?

Auch wenn Enzensberger auf dem Boulevard der essayistischen Übertreibung flaniert: Grundsätzlich hat seine satirische Skizze wenig von ihrer Treffsicherheit verloren, vor allem im Hinblick auf das pädagogische Personal. So sinnvoll und angebracht es ist, über veränderte schulische Rahmenbedingungen nachzudenken, so wenig aussichtsreich sind verordnete Reformen, wenn das öffentliche Bild, aber auch die Selbstwahrnehmmung der Lehrer derart desaströs bleiben wie zurzeit. Neuere

Untersuchungen belegen, dass sie zunehmend mit sich selbst beschäftigt sind, mit Überforderung, Hilflosigkeit, Resignation. Eine Allensbach-Studie von 2012 mit dem bezeichnenden Titel »Lehre(r) in Zeiten der Bildungspanik« ergab: 49 Prozent der Befragten meinen, das Unterrichten sei anstrengender geworden, 33 Prozent beklagen starke psychische Belastungen.[3] In der folgenden Allensbach-Studie aus dem Jahr 2013 sind es bereits 54 Prozent der Lehrer, die über erschwerte Verhältnisse stöhnen. 74 Prozent meinen überdies, eine individuelle Förderung von Schülern sei unter den gegenwärtigen Bedingungen unmöglich.[4]

Angesichts solcher Zahlen muss man davon ausgehen, dass weniger Desinteresse als vielmehr innere Emigration für die Misere des Lehrerberufs verantwortlich ist. Oft beginnt die Spirale der Frustration bereits während des Referendariats. Jeder zweite Lehrer fühlt sich unzureichend auf den Schulalltag vorbereitet. Erst nach vier bis sechs Jahren Studium wird vielen Lehramtskandidaten klar, worauf sie sich eingelassen haben: auf die oft anstrengende Begegnung mit Kindern und Jugendlichen, auf Herausforderungen, denen sie sich nicht gewachsen und für die sie sich nicht qualifiziert fühlen. Manchem wird auch bewusst, dass er möglicherweise weniger am Pädagogendasein interessiert war als an seinen Neigungsfächern. Kein Wunder, dass viele Referendare die ersten Erfahrungen mit der Praxis als Schock empfinden. Allerdings ohne die Konsequenzen daraus zu ziehen, wie Bildungsforscher Udo Rauin kritisiert: »Sie verdrängen ihre Inkompetenz in der Hoffnung, dass sich das schon irgendwie legen wird, da der Lehrerberuf andere Vorteile hat beziehungsweise die Perspektivlosigkeit in anderen Bereichen so groß ist, dass man dann doch dabeibleibt.«[5] Natürlich gibt es sie, die engagierten, aufopferungsvollen Lehrer, die hochmotiviert vor ihrer Klasse stehen und Schüler begeistern können. Das ist jedoch nicht die Regel. Unzufriedenheit und subjektiv empfundene Belastungen wachsen, während die gesellschaftliche Anerkennung sinkt oder ganz ausbleibt.

Im Schuljahr 2012/2013 unterrichteten in Deutschland rund 670000 voll- und teilzeitbeschäftigte Lehrer etwa 11,25 Millionen Schüler.[6] Knapp 12 Millionen Deutsche verbringen also täglich viele Stunden im Klassenzimmer, ein Teil davon ganztags. Eine gewaltige Zahl. Rechnet man die Familien von Lehrern und Schülern hinzu, kann man ermessen, wie viele Menschen sich tagein, tagaus mit dem Thema Schule auseinandersetzen, als Akteure, als Zuschauer, als Kommentatoren. Die Art und Weise, wie Schule erlebt wird, hat damit einen kaum zu unterschätzenden Einfluss auf das gesellschaftliche Klima.

Es sei das Schicksal des Volkes, welche Lehrer es hervorbringe und wie es seine Lehrer achte, mahnte Karl Jaspers.[7] Was das Hervorbringen betrifft, so muss sich ohne Frage viel bewegen. Bildungspsychologen und Lernforscher halten eine veränderte Lehrerschulung für die wichtigste Aufgabe der Bildungspolitik. Mit der Achtung verhält es sich schon etwas komplizierter, denn die Voraussetzungen dafür sind denkbar ungünstig. Einer Studie von 2013 zufolge würde weniger als ein Fünftel der befragten Deutschen seinem Kind empfehlen, Lehrer zu werden. Die Anerkennung des Berufs hat hierzulande schwerer gelitten als anderswo, statistisch liegen wir international im letzten Drittel.[8]

Das hat schlechte Tradition. Die historische Entwicklung des Lehrerberufs in Deutschland ist die Geschichte eines Imageproblems. Lange vor der Lehrerschelte heutiger Tage wurde das Außenseiterspiel erfunden. Dorfschulmeister waren oft lausig ausgebildet, sozial isoliert und wurden als Witzfiguren wahrgenommen – exemplarisch verewigt in Wilhelm Buschs Lehrer Lämpel. Als Hauslehrer der Adelsschicht fristeten Pädagogen ein Dasein als deklassierte Bedienstete. Und seit sie in den Status des Berufsbeamtentums wechselten, empfand man sie als wenig sympathische Vollstrecker des Obrigkeitsstaats. Auch der Typus des studentenbewegten Lehrers der Siebzigerjahre, der seine Schüler duzte und Bob-Dylan-Songs zum eigenhändigen Gitarrenspiel vortrug, sorgte für keine Imageverbesserung.

Mit der Feuerzangenbowlen-Gemütlichkeit ist es lange vorbei. Heute ist Lehrerbashing Volkssport. Die haben morgens recht und nachmittags frei, heißt es. Eine Mischung aus Neid und Verachtung schlägt ihnen entgegen. Oft verbirgt sich dahinter eine hochtrainierte Form von Ignoranz. Fundamentalkritik kann eine subtile Variante des Schweigens sein, auch der unterlassenen Hilfeleistung. Viele Lehrer sind am Limit. Mit Solidarität oder gar Unterstützung können sie jedoch kaum rechnen. Den einen sind sie zu autoritär, die anderen spotten über Kuschelpädagogen. Manche fordern Entertainer, andere leistungsbetonte Entspaßer.

»Deutschland schwankt zwischen Kasernenhof und Freizeitpark«, sagt die Kognitionspsychologin Elsbeth Stern über die schulischen Verhältnisse[9]. Eingeklemmt zwischen widersprüchlichen Erwartungen und beladen mit sperrigem Theoriegepäck, sollen Lehrer nun auch noch Mediatoren im Streit um die wahre Lehre sein. Die Dynamik der Vereinzelung, eine Folge des nach wie vor straff hierarchischen Systems Schule, tut ein Übriges, um sie mit dem Rücken an die Wand zu drängen. Oder handelt es sich um selbstverschuldete Unmündigkeit?

Es gibt viel Unerbittlichkeitsrhetorik auf dem Jahrmarkt des Bewusstseins. Oft entpuppt sich die vehemente Schulkritik als pessimistische Gesellschaftsanalyse, mit der einmal mehr der Untergang des Abendlandes beschworen werden soll. Vorwürfe hagelt es von allen Seiten. Vom Stammtisch bis zum Elfenbeinturm ist man sich einig: Nichts darf bleiben, wie es ist. »Ich glaube, es ist an der Zeit, die Arbeit, die Nietzsche für den Priester gemacht hat, für den Lehrer weiterzuführen«, befindet etwa Peter Sloterdijk. Er lässt keinen Zweifel daran, wie er sich diese Arbeit vorstellt, nämlich als Demontage, die er als kathartische Maßnahme feiert. »Der Lehrer ist eine unterkritisierte Instanz«, meint der Philosoph, »er hat Anspruch auf eine befreiende und vernichtende Kritik.« Immerhin räumt er ein, dass man den Lehrern meist die falschen Vorwürfe mache.[10]

Die Bemerkung, sie seien unterkritisiert, löst bei Lehrern wohl eher Staunen bis Entrüstung aus. Seit der ehemalige Kanzler Schröder sie als »faule Säcke« bezeichnete, ist die Beißhemmung stetig gesunken. Die kritischen Töne werden greller. Als Guido Westerwelle die Grünen als Lehrerpartei bezeichnete, war das kein Kompliment, sondern ein Synonym für sauertöpfische Bevormundung. Solche Kränkungen bleiben nicht ohne Wirkung. »Schrei nach Liebe« war ein Zeitungsartikel überschrieben, der vom Weltlehrertag 2013 berichtete.[11] Die Berufsverbände forderten mehr Respekt, hieß es da. Auch von einem Imagewandel war die Rede; das Lehrerbild des »faulen Hunds« weiche zusehends dem des »armen Schweins«. In der Tat entsteht der Eindruck, dass Lehrer immer mehr zu Prügelknaben werden, obwohl sich längst herumgesprochen hat, dass sie einen »Höllenjob« machen.[12]

Symptomatisch ist die Einschätzung einer Lehrerin, die den »Aberwitz des Schulalltags« schildert: »Mit mir hat niemand Mitleid«, beschwert sie sich. »Aus dem Fernsehen weiß ich, dass es eigentlich nur zwei Sorten Lehrer gibt: weltfremd, vertrottelt und vergammelt oder arrogant, böse und zynisch. Ich habe mich entschieden: lieber Megäre als Depp!« Nur als »Kinderschreck« überlebe sie die Zumutungen aufsässiger Pubertierender, hauptberuflicher Mütter und besserwisserischer Kollegen.[13] Über solch munteres Betroffenheitsmanagement können sich Eltern wenig amüsieren. »Jeder kennt sie: die Lehrerin, die sich in alles einmischt, kontrolliert und beobachtet. Ihre Kollegin, die zehn Wochen lang krank feiert, weil sie sich bei der Gartenarbeit überanstrengt hat. Den Lehrer, der so freundlich tut, aber keine Sekunde zögern wird, einen vor der ganzen Klasse vorzuführen«, erregt sich die Journalistin Gerlinde Unverzagt unter dem Pseudonym Lotte Kühn in ihrem populären *Lehrerhasserbuch*.[14]

Wer sich auf Feldforschung in den real existierenden Schulalltag begibt, findet sich rasch in der Rolle des Frontberichterstatters wieder. Schüler und Eltern berichten aufgebracht über unfähige Lehrer, während die sich wiederum über Autoritätsverluste und praktisch unbeschulbare Schüler ereifern. Gegenseitige Schuldzuweisungen verstehen sich von selbst. Die familiäre Bildung sei unzureichend, heißt es seitens der Lehrer, Kinder erlernten nicht mehr die Grundlagen sozialen Verhaltens, seien respektlos und disziplinfrei. Unmöglich könne die Schule auffangen, was in der Familie versäumt werde. Dennoch müssen sich Lehrer den Einwand gefallen lassen, ihnen mangele es an der Bereitschaft, auf ihre Schüler einzugehen, von erreichten Leistungszielen ganz zu schweigen.

Viele Lehrkräfte fühlen sich zu Unrecht an den Pranger gestellt. Gerhard Brand, Landesvorsitzender der baden-württembergischen Sektion des Verbands Bildung und Erziehung, wünscht sich deshalb die wohlmeinende Begleitung seitens der Gesellschaft, statt Lehrer mit Vorwürfen und guten Ratschlägen zu überhäufen. »Wenn eine Gesellschaft mit den Lehrern schlecht umgeht, dann hat sie unverdientes Glück, wenn die Lehrer mit den Schülern gut umgehen«, sekundiert Heribert Prantl.[15] Dieses Argument ist plausibel. Das Gleiche gilt aber auch vice versa: Wenn Lehrer schlecht mit ihren Schülern umgehen, müssen sie sich nicht wundern, wenn die Gesellschaft sie schlecht behandelt. Über die Debatten um Systeme, Reformen oder gar Revolutionen ist in Vergessenheit geraten, dass jeder Lehrer die Verantwortung für gelingenden Unterricht trägt. Den Ausgang kulturpessimistisch geführter Glaubenskriege und ideologischer Grabenkämpfe abzuwarten, können sich Lehrer, kann sich unsere Gesellschaft nicht leisten. Schule findet täglich statt, muss sich täglich beweisen. Und die Erfahrung zeigt: Revolutionen werden nun einmal nicht von oben gemacht, sondern beginnen an der Basis. Zahlreiche positive Beispiele belegen, dass es wesentlich mehr Spielraum für Veränderungen gibt als gemeinhin angenommen. »Die Kinder können nicht warten, bis die Politiker in die Gänge kommen«, sagt Schulleiter Günther Schmalisch, der erfolgreich ein völlig neuartiges Lernkonzept entwickelt hat. »Wir müssen selbst aktiv werden!«

Erst wenn sich Lehrer energisch von negativen Selbstbildern emanzipieren und als geistige Entwicklungshelfer auftreten, werden sie eine gesellschaftliche Aufwertung erfahren. Dafür brauchen sie mehr Autonomie und weniger administrative Gängelung; dafür brauchen sie aber auch den ernsthaften Willen, selbst am notwendigen Wandel mitzuwirken. Ohne die solidarische Unterstützung aller Beteiligten wird das nicht möglich sein. Daher geht es in diesem Buch weder um eine Diffamierung der Lehrer noch um Attacken auf die öffentliche Schule. Es ist ein Plädoyer für eine Kultur gegenseitiger Achtsamkeit. Wir brauchen eine neue Beziehungskultur, die Klischees von desinteressierten Lehrern, aufmerksamkeitsgestörten Schülern und wahlweise ignoranten oder penetranten Eltern ad acta legt. Viel zu lange hat man sich in den alltäglichen Scharmützeln von Rechthaberei und Schuldfragen verkämpft. Dabei ist viel Energie verloren gegangen, auch die Kraft zur Erneuerung am einzigen Ort, wo diese umsetzbar ist: in der Schule.

Der Innovationsbedarf ist groß, nicht nur was vermisste Leistungsstandards betrifft. Die sind Zwergobst am Baum der Erkenntnis, verglichen mit den Kompetenzen, die künftig gefragt sein werden. Weniger der Umfang als die intelligente Organisation des Wissens entscheidet über den weiteren Weg von Schulabsolventen. Wichtiger als Leistung im Sinne kurzfristig gespeicherter Inhalte ist die Schicksalsfrage, ob Schüler die Chance haben, sich zu aufgeklärten, scharfsinnigen und selbstbestimmten Erwachsenen zu entwickeln. Mechanisch gelernte Maximen werden dazu wenig beitragen. Schule ist ein Lebensraum, keine Wissensfabrik. Deshalb vermittelt sie den sozialen und intellektuellen Habitus implizit, durch das Lernklima und die Art des Lehrens.

Damit steht es nicht zum Besten. Überfrachtete Lehrpläne und stereotype Leistungskontrollen sind von der Forderung kompetenzorientierten Lernens weit entfernt. Ähnlich prekär sieht es mit der Beziehungskultur als Modell sozialen Lernens aus. Von einem konstruktiven Umgang miteinander kann kaum die Rede sein. Das Wiederaufleben des Autoritätsdiskurses wirft ein Schlaglicht auf den täglichen Kleinkrieg im Klassenzimmer, auf Respektlosigkeit und Ignoranz auf allen Seiten. Was beweist, dass Bildungsarmut weit mehr ist als Mangel an Bildung. Philipp Möller, der zwei Jahre lang an einer Berliner Grundschule unterrichtete, spricht von »emotionaler Armut« und warnt: »Wenn es an den Schulen so weitergeht wie bisher, droht uns eine geistige und emotionale Eiszeit.«[16]

Zunehmend stellt sich die Frage, welche Fähigkeiten Pädagogen aufweisen sollten, um zu Persönlichkeitsbildung, Lernbereitschaft und sozialer Souveränität ihrer Schüler beizutragen. Dabei kristallisiert sich immer deutlicher heraus, dass die gelingende Lehrer-Schüler-Beziehung eine Schlüsselfunktion hat. Salopp gesagt, ist der Beziehungsstatus zurzeit derart unsicher, dass Paartherapeuten vermutlich eine Trennung oder zumindest eine Auszeit empfehlen würden. Es fehlt an gegenseitiger Anerkennung, an Vertrauen, Respekt.

Das Klima ist vielerorts vergiftet. Dies ist umso problematischer, als die Person des Lehrers eine zentrale Rolle für den Bildungserfolg spielt – und weit mehr ins Gewicht fällt als Konzepte und Strukturen. Dies legen unter anderem die Erkenntnisse des neuseeländischen Bildungsforschers John Hattie nahe. Er wertete Studien mit insgesamt 250 Millionen Schülern weltweit in einer Metaanalyse aus, mit einem verblüffenden Fazit: Nicht etwa das jeweilige Schulsystem sei ausschlaggebend für den Lernerfolg, sondern die Unterrichtsqualität des einzelnen Lehrers. »Viele der am intensivsten diskutierten Probleme sind diejenigen, welche die geringsten Effekte aufweisen«, resümiert Hattie. Ganz oben auf seiner Liste erfolgversprechender Bedingungen steht das Vertrauen des Schülers in seine eigene Leistung. Nach dem altersgerechten Unterrichten und der fortlaufenden Überprüfung des erarbeiteten Stoffs nennt Hattie bereits an vierter

Stelle der »äußerst wirksamen« von insgesamt 138 Faktoren die Klarheit der Lehrperson. Hattie mahnt eine »ethische, zugewandte Haltung« an und betont, nicht etwa die Umsetzung innovativer Reformkonzepte, sondern die »Liebe zum Stoff« mache einen guten Lehrer aus.[17]

Die wichtigsten Kriterien, die laut Hatties Analyse für den Bildungserfolg besonders wichtig sind, fallen in den Bereich der Lehrer-Schüler-Beziehung. In eine Sphäre also, die sich direkten bildungspolitischen Interventionen entzieht. Letztlich belegt Hattie auf empirischer Basis, was wir alle wissen: Zumeist sind es die leidenschaftlichen, menschlich integren Lehrer, die das Interesse für ein Fach und eine positive Einstellung zum Lernen wecken. Das erfordert pädagogisches und didaktisches Geschick, aber auch ein Bewusstsein dafür, dass die gelingende Beziehung zum Schüler Ausgangspunkt des Lehrerberufs ist. Oder droht da eine neue Überforderung? Ist es unzulässig, die Verantwortung weitgehend an Lehrer zu delegieren? Werden sie von der Politik alleingelassen? Letzteres kann man mit Gewissheit bejahen. Andererseits schaffen es viele Lehrer, trotz aller belastenden Randbedingungen eine zugewandte, emotional positive Lernatmosphäre herzustellen. Die These, das gegenwärtige Schulsystem deformiere ausnahmslos alle Lehrer und gebe ihnen generell zu wenig Freiräume, lässt sich so nicht aufrechterhalten. Offensichtlich spielt die innere Einstellung zum Lehrerberuf eine sehr große Rolle.

John Hattie ist bei Weitem nicht der einzige Forscher, der den Blick von der oft ideologisch geführten bildungspolitischen Debatte zurück in die Schule und auf die Lehrer lenkt. Ohne einen aktiven, lehrerzentrierten Unterricht, so Bildungspsychologe Jürgen Dollase, könne man keine Eigenaktivität der Schüler erwarten: »Für eine gute Leistung der Schüler ist die Rolle des Lehrers bedeutsamer als alle anderen Faktoren, die wir im Bildungssystem so diskutieren.«[18] Dieser Perspektivwechsel relativiert den Streit um versäumte Reformen. Die teilweise erbittert geführten Bildungsdebatten verkennen zumeist die enorme Relevanz der Beziehungsfähigkeit von Lehrern. Noch immer unterschätzen Pädagogen die psychischen und emotionalen Faktoren, die über das Lernklima im Klassenzimmer entscheiden. Vor allem aber fehlt es an einschlägigem Vorwissen. »Viele Gymnasiallehrer verfügen nicht einmal über die elementarsten jugend- oder lernpsychologischen Kenntnisse«, urteilt der Erziehungswissenschaftler Ulrich Herrmann. Die meisten wollten ganz einfach einen Job ohne Risiko, während Lehrerinnen sich vor allem eine gute Vereinbarkeit von Familie und Beruf versprächen. Pädagogische Ambitionen lägen bei der Berufswahl nicht immer vor, fehlende Maßstäbe führten später zu einem problematischen Unterrichtsstil.[19]

Von der Ausbildung, der Motivation und der kommunikativen Begabung des Lehrers hängt wesentlich ab, ob Schüler Lernen und Leistung ablehnen oder als Gewinn empfinden. Es wäre eine schlichte, ja naive Vorstellung, Bildungspolitik könne in die konkrete Unterrichtssituation hineinregieren. Allerdings kann sie Rahmenbedingungen verändern: weniger Bürokratie, weniger Uniformierung, statt dessen Ermutigung zur Eigenverantwortung, ausdrückliche Anerkennung von Eigeninitiative.

Ohne eine Qualitätsoffensive in Hinblick auf den Lehrerberuf werden die Schulen weiter Notstandsgebiet bleiben. Das ist keine polemische Übertreibung. Schon jetzt zeichnet sich ab, dass Deutschland seine wichtigste Ressource verspielt: intellektuell wache und gesellschaftlich integrierbare Schulabsolventen. Dabei geht es um weit mehr als das, was mit einer wenig humanen, ökonomisch kühlen Vokabel Humankapital genannt wird. Schüler sind kein akkumuliertes Ausbildungskapital. Schließlich entlässt die Schule nicht nur Nachwuchs für den Arbeitsmarkt, sondern in eine Gesellschaft, in der jeder die Chance auf Partizipation und Gestaltungsmöglichkeiten haben sollte, in der ein befriedetes Zusammenleben möglich ist, in der es sich lohnt zu leben. Selbst wenn man kein notorischer Pessimist ist, muss man die Grundlage dafür zumindest als gefährdet einstufen. Das Forschungsdesign vergleichender Bildungsstudien wie PISA mag im Detail kritikwürdig sein. Unbestreitbar ist jedoch, dass einiges im Argen liegt, um es vorsichtig auszudrücken.

Im Dezember 2013 atmeten viele auf: endlich eine Trendwende. Es gehe aufwärts mit den Leistungen deutscher Schüler, lautete das Resümee der neuesten PISA-Studie. Grund zur Entwarnung ist das nicht. Die OECD-Studie »Bildung auf einen Blick« von 2012 stellt fest, nur 20 Prozent der deutschen Schüler erreichten einen Bildungsabschluss, der über dem der Eltern liegt. Für 22 Prozent ging es bergab: Sie schafften es nicht, sich ebenso hoch oder höher zu qualifizieren als ihre Eltern. Viel zu viele Kinder und Jugendliche werden durch die Schule entmutigt. Der EU-Bildungsbericht beziffert für 2012 die Zahl der Schulabbrecher in Deutschland mit 6,5 Prozent. Neben den offensichtlichen Bildungsverlierern ohne Schulabschluss fehlen selbst Abiturienten entscheidende Kompetenzen. Oft sind sie nicht fähig, ein Studium durchzuhalten. Eine OECD-Studie von 2012 hat errechnet, dass 35 Prozent der deutschen Bachelorstudenten die Universität ohne Abschluss verlassen. Zu den wichtigsten Beweggründen der Studienabbrecher zählen Leistungsschwierigkeiten und »motivationale Defizite«.[20]

Dies erscheint fast schon als Luxusproblem, wenn man sich die Basisqualifikationen anschaut. Der Bildungsbericht der Kultusministerkonferenz und des Ministeriums für Bildung und Forschung von 2012 belegt, dass 20 Prozent der deutschen Schüler über unzureichende Lesekompetenzen verfügen[21] und große Schwierigkeiten haben, den Sinn von Texten zu erfassen. Eine Studie der Stiftung Rechnen von 2013 ergab, dass es außerdem an mathematischen Fähigkeiten hapert, auch bei Erwachsenen. So könne ein Drittel der Deutschen zwischen 18 und 65 Jahren nicht ausrechnen, wie sich eine geänderte Geschwindigkeit auf die Fahrtzeit auswirkt, viele seien unfähig, Grafiken oder Verbraucherinformationen zu verstehen.[22]

Zu ähnlich niederschmetternden Ergebnissen kommt die OECD-Studie *Skills Outlook 2013*, die sich mit der Frage beschäftigt, welche Fähigkeiten und Fertigkeiten Erwachsene haben und wie sie sie nutzen. 17,5 Prozent der Deutschen sind demnach allenfalls in der Lage, kurze Texte mit simplem Vokabular zu begreifen. 18,5 Prozent kommen über einfaches Zählen und die Verwendung der Grundrechenarten nicht hinaus.[23] Die kulturelle Dimension solcher Zahlen kann gar nicht überschätzt werden. Wie gesagt, nicht das arbeitsmarktkompatible sogenannte Humankapital steht hier im Blickpunkt, sondern die Frage, ob das öffentliche Schulwesen Menschen befähigt, ihr Leben zu meistern. Was Johannes Friedemann, geschäftsführender Vorstand der Stiftung Rechnen, über fehlende mathematische Fähigkeiten sagt, gilt generell für mangelhafte Bildung: »Individuelle Lebensqualität geht verloren. Dabei ist vielen gar nicht klar, was sie verschenken und dass sie es besser hätten, wenn sie gut rechnen könnten. Klar ist: Gute Rechner haben mehr vom Leben.«[24] Man könnte ergänzen: Auch wer Texte mühelos versteht, von der Gebrauchsanweisung einer Kaffeemaschine bis zum Gedicht, hat mehr vom Leben; auch wer Fremdsprachen beherrscht und sich in naturwissenschaftlichen, künstlerischen oder politischen Kontexten selbstständig orientieren kann, erhöht seine Lebensqualität. Ganz offensichtlich fehlt es jedoch an elementaren kulturellen Techniken – in der Schule werden sie nur unzulänglich vermittelt.

Was wissen wir eigentlich darüber, was sich in der Schule abspielt? Bezeichnenderweise ist sie sorgfältig abgeschirmtes Terrain, ein Ort, der sich der direkten Beobachtung von außen entzieht. Undenkbar, dass, wie in Singapur üblich, permanent Kameras laufen, um zu dokumentieren, was im Klassenraum vor sich geht. Hierzulande lassen sich Lehrer ungern in die Karten schauen, übrigens auch von Kollegen nicht. Eltern, die um eine Hospitation bitten, werden meist abgewimmelt, Journalisten sind noch weniger gern gesehen. »Schule ist wie der Vatikan – ein Closed Shop«, sagt der Hamburger Schulleiter Kay Stöck. Er handelte sich ein Ermittlungsverfahren ein, weil er ein Fernsehteam in seiner Schule drehen ließ.[25] Transparenz ist ein Fremdwort in den meisten Schulen. Wer sich ein genaueres Bild machen möchte, ist auf Studien und Augenzeugenberichte angewiesen.

Wie so viele andere Eltern auch erlebte ich allerdings die Effekte des Unterrichts. Nach sechs weitgehend glücklichen Jahren an einer privaten Berliner Grundschule, in der mein Sohn stolz den Vermerk »Leistungsträger« in seinen Zeugnissen las, empfand er den Wechsel auf das Gymnasium als persönliche Krise. Obwohl die Zahl seiner Mitschüler in der Klasse nicht wesentlich größer war als in der Grundschule, nahm er einen anonymisierten Schulbetrieb wahr, mit Lehrern, die sich kaum für ihre Schüler interessierten. Seine Neugier und seine Freude am Lernen versiegten, immer häufiger blieb er mit Bauchschmerzen im Bett, statt sich durch den Schulalltag zu quälen.

Mit Wehmut dachte er an seinen ehemaligen Klassenlehrer, einen dieser begeisterten, gütigen, aufmerksamen Pädagogen, die jeden einzelnen Schüler im Blick haben und alle gleichermaßen unterstützen, auch jene, die Lernschwierigkeiten haben oder den Unterricht stören. Dieser Lehrer vermittelte seinen Schülern, dass sie ihm am Herzen lagen. Er ließ sich auf Schule als Ort von Beziehungen ein. In den Pausen las er der Klasse Romane vor, statt sich ins Lehrerzimmer zurückzuziehen. Von sich aus sprach er Schüler an, wenn es Probleme gab, war für die Eltern immer erreichbar. Mit solch ermutigenden, ja paradiesischen Verhältnissen war es an der weiterführenden Schule vorbei. Was nicht nur mein Sohn vermisste, waren Lehrer, die sich als Bezugspersonen verstanden, emotionale Zugewandtheit inklusive. Ihn fröstelte im kühlen Schulklima.

Seine Frustration war symptomatisch. Studien, die sich mit der sogenannten Lernfreude von Schülern beschäftigen, weisen übereinstimmend darauf hin, dass die Motivation der Schüler und die persönliche Zugewandtheit der Lehrer einander bedingen. Von der in der Regel hohen Lernmotivation an der Grundschule bleibe mit dem Aufstieg in höhere Klassen wenig übrig, stellt Erziehungswissenschaftlerin Gerda Hagenauer fest. Die Freude am Lernen sinke kontinuierlich, die Schüler distanzierten sich emotional von der Schule. Lernen werde als reine Pflichterfüllung gesehen und häufig nur aufgrund des Notendrucks erledigt. Neugier und Wissensdurst, so kann man folgern, werden in der Schule nicht geweckt, sondern ausgebremst.

Wer Glück hat, findet ein Elternhaus vor, in dem er Anregungen bekommt. Was können jene erhoffen, die nicht so viel Glück haben? Diese Frage birgt bekanntlich einigen politischen Sprengstoff. Immer noch hängt der Bildungserfolg und damit der Spielraum für ein selbstbestimmtes Leben hierzulande in hohem Maß von der sozialen Herkunft ab. In Deutschland ist dieser Faktor weit wirkmächtiger als in anderen europäischen Ländern. Korrektive sind die Schulen kaum, und niemand weiß das besser als die Lehrer. 96 Prozent meinen, der soziale Hintergrund des Elternhauses beeinflusse die Leistung von Schulkindern.[26] Das wäre unter dem Aspekt einer ins Leere laufenden Gerechtigkeitsdebatte skandalös genug. Mit der demografischen Wende ist darüber hinaus offensichtlich geworden, dass sich unser Land diese Art der sozialen Selektion nicht leisten kann. Jeder Bildungsverlierer bedeutet nicht nur individuelles Scheitern, sondern auch einen gesellschaftlichen Verlust.

Schule ist keine Parallelwelt. Sie bildet alle Antagonismen einer sich schwindelerregend schnell verändernden Gesellschaft ab: alte Denkbilder und neues Bewusstsein, sozialen Zerfall und neue Formen der Selbstorganisation. Kulturelle Mangelerscheinungen lassen sich nicht allein von der Schule therapieren. Doch sie kann sich zum Ziel setzen, den Möglichkeitssinn für gelingendes Leben zu wecken. Die Haltung des einzelnen Lehrers ist dafür zentral. Weder greifen sozialutopische Ideen noch Reformen, wenn sie vom Lehrer nicht auf der Beziehungsebene umgesetzt werden.

Moment mal, welche Reformen eigentlich? Gibt es einen Anhaltspunkt dafür, dass die Politik das Thema Schule entdeckt hätte? Und an einer Qualitätsoffensive arbeitet? Im Dezember 2013 wurde der Koalitionsvertrag der neuen Regierung veröffentlicht. Ein 188 Seiten starkes Dokument mit dem hoffnungsfrohen Titel »Deutschlands Zukunft gestalten«. Vermutlich haben es nicht sonderlich viele gelesen. Wer sich die Mühe machte und auf den schulpolitischen Durchbruch hoffte, wurde enttäuscht. Von Bildung ist viel die Rede. Von der Internationalisierung der Wissenschaft, von der Weiterführung der Exzellenzinitiative, von einem Pakt für Forschung und Innovation. Aber kein Wort über die Probleme der allgemeinbildenden Schulen. Kein Hinweis auf ein ineffizientes System, das soziale Selektion begünstigt, einen internationalen Rekord der Sitzenbleiber aufstellt, viel zu viele Absolventen unzureichend qualifiziert. Nur der Lehrermangel in den naturwissenschaftlichen Fächern wurde gestreift. Vier Zeilen lang. Eine knappe Seite war dem digitalen Lernen gewidmet: Tablets für alle, in Kitas, Schulen und Hochschulen. Das war's dann aber auch schon. Gewiss, Schulpolitik ist Ländersache.

Aber es gibt ein Bundesministerium für Forschung und Bildung, das auf seiner Website immerhin das Ganztagsschulprogramm thematisiert, die Initiative Abschluss und Anschluss und die Nationale Strategie für Alphabetisierung und Grundbildung. Nichts davon war den Verfassern des Koalitionsvertrags eine Erwähnung wert, von neuen Ideen für die Schule ganz zu schweigen. Ein Indiz mehr dafür, dass es sinnlos ist, weiterhin auf politische Impulse zu warten. Die einzig vernünftige Konsequenz ist, dass jetzt diejenigen aktiv werden, die das Thema Schule betrifft.

Ich habe mit Lehrern und Schulleitern gesprochen, mit Schülern und Eltern. Vor allem war ich auf der Suche nach »guten Lehrern«, die engagiert und oft mit großem persönlichem Einsatz vor ihrer Klasse stehen. Daneben entstanden Momentaufnahmen der Überforderung, der Hilflosigkeit, der Wut – auf allen Seiten. Sie belegen, dass Schule vielfach als haarsträubender

Anachronismus daherkommt mit obsoleten Vorstellungen über Lernen, Autorität, Kommunikation. Daneben gibt es zahlreiche strukturelle Probleme: zu hohe Wochenstundenzahlen für Lehrer, entrümplungsbedürftige Lehrpläne, zu große Klassen, zu viel Verwaltungsaufwand. Außerdem eine zunehmend heterogene Schülerschaft, die Problematik der Migrationsbewegungen, der Rückgang männlicher Lehrkräfte, demnächst ein eklatanter Lehrermangel. Hinzu kommt oft ein defizitäres Schulklima, geprägt von Entmutigung und Beziehungslosigkeit. Viele Lehrer sind deshalb zu resigniert, um ein leuchtendes, motiviertes Vorbild zu sein. »Durch die Vermittlung der erwachsenenpessimistischen Botschaft ›Ihr werdet euch noch wundern, ich selbst wundere mich schon lange nicht mehr‹ kann eine Lehrperson zu einem Klimaschädling und die Schule zu einem von Berufslangweilern betriebenen Herd der Langeweile werden, die die kindliche Intelligenz verklebt und beleidigt«, urteilt der Erziehungswissenschaftler Hans Berner.[27] Harte Worte. Zu hart?

Es sei unmöglich, die Fackel der Wahrheit durch ein Gedränge zu tragen, ohne jemandem den Bart zu versengen, befand einst Lichtenberg. Deutschland, deine Lehrer, das ist ein Thema mit hohem Verletzungsrisiko. Sicher ist: Die Zukunft der Schule wird davon abhängen, in welchem Maße auch die Lehrer an Veränderungen interessiert und wie viel sie selber dafür zu geben bereit sind. Dafür brauchen sie mehr Verständnis, mehr Ermutigung, mehr Autonomie. Ein Mentalitätswandel kann nur erfolgen, wenn der Lehrerberuf neu definiert wird, mit Ausbildungsgängen, die den Schwerpunkt weit stärker als bisher auf die Praxis setzen, auch auf die Erkenntnisse der Entwicklungspsychologie, der Bindungs- und Lernforschung. Gleichzeitig brauchen Lehrer Begleitung durch Coaching und Supervision. Das erfordert Offenheit, Geduld, Lernbereitschaft. Nichts für Ungeduldige, die mit Basta-Rhetorik für Revolutionen plädieren. Niemand bestreitet, dass der Unterricht heute in eine rückständige hierarchische Struktur eingebettet ist. Doch die Eigeninitiativen, die schon jetzt einzelne Schulen in zukunftsfähige Lernlandschaften verwandelt haben, zeigen: Bereits ohne systemische Änderungen hat eine Transformation des Lehrerberufs eingesetzt. Es ist möglich, für eine Aufgabe zu sensibilisieren, die weit mehr mit Life Coaching als mit stereotyper Wissensvermittlung zu tun hat. Die Evolution hat bereits begonnen: mit Lehrern, die Verantwortung übernehmen, dass Unterricht jetzt gelingt, nicht dereinst, wenn alle Erlösungsfantasien Wirklichkeit geworden sein werden.

Deshalb geht es in diesem Buch vorrangig um den Nukleus Klassenzimmer. Nur dort, nicht in Gremien und politischen Gefechten, entscheidet sich die Zukunft unserer Kinder. Nur wenn Schule als Ort partizipatorischen, solidarischen, selbstverantwortlichen Handelns aller Beteiligten erlebt wird, ist der Bildungserfolg im umfassenden Sinne möglich. Die Kunst wird darin bestehen, dieses Ziel auf der Basis des Bestehenden zu verwirklichen: durch einen Bewusstseinswandel, der langfristig zu einem Strukturwandel führt, durch eine Erneuerung von innen.

Es ist keine Räucherstäbchenromantik, eine Maxime Gandhis zu zitieren, die mitten hinein in die Schuldebatte gehört: »Sei selbst der Wandel, den du dir von der Welt wünschst.« Dieser Satz sollte in jedem Klassenzimmer, jedem Lehrerzimmer, jedem Schulleiterbüro hängen. Wir brauchen Schüler, die mit Lehrern sprechen, ihren Leidensdruck und ihre Bedürfnisse artikulieren. Wir brauchen Lehrer, die nicht nur als Funktionsträger, sondern als Persönlichkeiten vor der Klasse stehen, Bindungen aufbauen, Teamgeist entwickeln – im Hinblick auf Schüler, Kollegen wie Eltern. Wir brauchen Schulleiter, die eine Kultur der Selbstverantwortlichkeit zulassen und unterstützen. Und Eltern, die ihre Kinder nicht einfach wie Postpakete in die Schule schicken und nicht erst aktiv werden, wenn ihre Empörung den Siedepunkt erreicht.

Die gute Nachricht ist: Wir müssen nicht das Ensemble auswechseln, es ist schon da. Was noch fehlt, ist der Wille, die gewaltige negative Energie notorischer Lehrer-Schüler-Eltern-Schelte in die Kraft der Erneuerung zu transformieren. Tabula-rasa-Fantasien sind ebenso reizvoll wie unrealistisch in einem Land, in dem sich die Schule als Institution zu einem gigantischen Verwaltungsapparat aufgebläht hat. Deshalb muss eine Erneuerung von innen stattfinden, nicht eine Reform von außen. Es sei denn, man plädiert wie Enzensberger in seinem Essay von 1982 für die Renaissance des Hauslehrers. Mit trefflichen Argumenten wie diesem: »Ich bin nie gern in die Schule gegangen. Aber ich habe immer gern etwas Neues gelernt.«

Kapitel 1

# Beziehungsprobleme.
# Ein verkannter Konflikt

## Tatsächlich Liebe

Vier Stunden vor- und drei nachmittags gab unser Vater uns Unterricht, welcher darin bestand, dass er uns bloß auswendig lernen ließ, Sprüche, Katechismus, lateinische Wörter und Langens Grammatik. Wir mussten die langen Geschlechtregeln jeder Deklination samt den Ausnahmen, nebst der beigefügten lateinischen Beispiel-Zeile lernen, ohne sie zu verstehen. Ging er an schönen Sommertagen über Land: so bekamen wir so verdammte Ausnahmen wie panis piscis zum Hersagen für den nächsten Morgen auf … Nur werfe dieses bloße Auswendiglernenlassen kein falsches Licht auf meinen unverdrossnen und liebevollen Vater, der mit einem weichen warmen Vaterherzen an mir am meisten hing und leicht über kleine Zeichen meiner Anlagen oder Fortschritte in frohes Weinen ausbrach.

Jean Paul, *Selberlebensbeschreibung,* 1818/1819 geschrieben;
leicht gekürzte Passage aus der Kritischen Ausgabe
von Eduard Berend, Weimar 1927 ff.

Mit Rührung und Dankbarkeit erinnert sich Jean Paul an seinen Vater, den Pfarrer von Joditz. Erstaunlich ist es schon, dieses sympathisierende Denkmal, das der Schriftsteller seinem gestrengen Erzieher setzt. Das Pensum jedenfalls klingt nach sturer Paukerei. Ausschlaggebend für die Hommage ist offenbar die Erfahrung, dass die pädagogische Ambition des Vaters von starken Gefühlen begleitet war, von Vaterliebe und Vaterstolz. Als selbst ernannter Hauslehrer war er Bezugsperson und emotional leicht entflammbar – bis hin zu tränenreichen Gefühlsausbrüchen, wenn der Sohn Fortschritte zeigte. Und die waren in der Tat außergewöhnlich. Schon als Kind las sich Johann Paul Friedrich Richter, der sich später Jean Paul nannte, durch die väterliche Bibliothek. Im autobiografischen Fragment *Selberlebensbeschreibung* seufzt er:»Wie gern hätte ich mehr gelernt und wie leicht!« Natürlich blieb der Vater nicht die einzige Bildungsprägung des späteren Romanciers. Doch die Beziehungsqualität des letztlich stupiden ersten Unterrichts zeigt ein Urmodell des Lernens – den Impuls, lernen zu wollen, weil eine intensive Bindung zum Lehrenden die Motivation befeuert.

Eigentlich ist es eine Binsenweisheit: Menschen sind Beziehungswesen. Was wir denken, fühlen und tun, ereignet sich in sozialen Konstellationen, in einem Geflecht von Bedürfnissen, Erwartungen, Rückkopplungen. Wir suchen in Beziehungen Wertschätzung, wollen in unserer Individualität erkannt und anerkannt werden; andernfalls wenden wir uns enttäuscht ab. Dies gilt im Besonderen für die Beziehungen innerhalb der Schule. Für das Verhältnis von Lehrern und Schülern, von Schülern untereinander, von Lehrern im Kollegium, von Lehrern und Eltern. Deshalb ist die Beziehungskultur ein wichtiger Indikator, wenn wir wissen wollen, warum Schule mittlerweile oft ein Synonym für das Scheitern ist – das Scheitern von Bildungskonzepten, Erziehungsaufträgen, Integrationszielen.

Doch seltsam genug, wenig ist davon die Rede, wenn heute über Schule gestritten wird. Die destruktiven Beziehungsmuster, die den Unterricht oft zur Qual machen, bleiben weithin ausgeblendet: der tägliche Kampf der Lehrer um Aufmerksamkeit und Respekt, das tägliche Ringen der Schüler um Beachtung und Bestätigung. Lieber betrachtet man die Schule aus der Vogelperspektive. Deshalb werden Reformen vorzugsweise von oben gedacht. All die ehrgeizigen Konzepte, die zurzeit Konjunktur haben, argumentieren mit systemischen Änderungen: Abschaffung des dreigliedrigen Schulsystems, neues Curriculum, veränderter Unterrichtsrhythmus, innovative Neurodidaktik. Dass schulisches Lernen wesentlich durch das Verhältnis von Lehrer und

Schüler geprägt wird, diese fundamentale Voraussetzung gelingenden Unterrichts ist merkwürdigerweise selten Gegenstand der öffentlichen Debatte.

Auch Lehrer tun sich schwer damit. Geht es denn nicht vorrangig darum, den Schülern etwas beizubringen? Müssen die letztlich immer noch miserablen PISA-Ergebnisse nicht als Imperativ verstanden werden, weit nachdrücklicher als bisher Leistungen einzufordern? Und auf welchem wissenschaftlichen Fundament soll man dann auch noch so etwas wie Beziehungspflege betreiben?

Nicht von ungefähr steht weit oben auf John Hatties Liste erfolgversprechender Faktoren das Vertrauen des Schülers in sein eigenes Können. Dieses Selbstvertrauen ist bei Rückschlägen empfindlich bedroht, falls sich Schüler nicht in einer sicheren, vertrauensvollen Beziehung zum Lehrer wissen. Stressresilienz ist mehr als ein Persönlichkeitsmerkmal. Die Wechselfälle glücklichen Begreifens und verzagenden Selbstzweifels sind nur auszuhalten, wenn ein Lehrer beides gleichermaßen zugewandt begleitet. Das wird wenig beachtet, wenn von neuen Schulkonzepten die Rede ist. Der Schweizer Kinderarzt und Erziehungsspezialist Remo Largo mahnt deshalb: »Wir denken zu wenig darüber nach, wie ein Lehrer mit einem Kind umgehen sollte. Stattdessen streiten wir über Strukturen.« Ausgehend von der Erkenntnis, dass Kinder sich gut entwickeln, wenn sie sich geborgen fühlen und entwicklungsgerechte Erfahrungen machen, hält Largo die Beziehungsqualität in der Schule für elementar. Sein Fazit: »Entscheidend ist das Zusammenspiel von Lehrern und Schülern.«[28]

Selbst unter den Bedingungen einer großen Schule kann dieses Zusammenspiel gelingen. Maria ist seit acht Jahren Lehrerin für Geschichte und Musik, sogenannte Kurzfächer. An einem niedersächsischen Gymnasium mit zwölfhundert Schülern ist sie im Laufe einer Woche mit über dreihundert Kindern und Jugendlichen konfrontiert. Dennoch versucht sie, so etwas wie eine Beziehungskultur herzustellen. »Im Studium habe ich überhaupt nichts darüber erfahren, und das bisschen Psychologie und Pädagogik hatte ich schon zu Beginn des Referendariats vergessen«, erzählt sie. »Ich mache das eher intuitiv. Die Qualität der Beziehung messe ich daran, ob die Schüler sich trauen, auch mal ›doofe Fragen‹ zu stellen; also nach vier Wochen Auseinandersetzung mit dem Eisernen Vorhang zu fragen: Wie war das noch mal mit dem Eisernen Vorhang? Sie vertrauen mir, weil sie wissen, dass ich sie nicht bloßstelle. Ich bemühe mich um eine angstfreie Atmosphäre. Das merke ich auch daran, dass mich viele Schüler in der Pause ansprechen.« Marias Credo: »Wir dürfen die Kinder nicht nur verwalten, sie müssen sich sicher fühlen.« Skeptischer ist sie schon bei der Frage, ob man Beziehungsfähigkeit lernen kann. Das hänge eher von der Persönlichkeit des Lehrers ab. Ganz praktisch, jenseits aller Theorie.

Ohne Frage gehören Beziehungen zum weichen Bereich von Analyseverfahren. Sie scheinen sich systematischer Betrachtungen zu entziehen, da sie oft auf der unbewussten Ebene ablaufen und weder problemlos noch zweifelsfrei untersucht werden können. Nicht von ungefähr spricht man von soft skills, wenn es um soziale und emotionale Kompetenzen geht. Im Gegensatz zu harten, messbaren Fakten ist der oft widersprüchliche Gefühlsmix in Beziehungen schwieriger zu eruieren und zu bewerten. Deshalb meinte man lange, nur im Einzelfall nachvollziehen zu können, warum Schüler sich verweigern, warum Lehrer überfordert sind, warum Eltern massiv intervenieren. Und doch offenbart ein genauerer Blick auf die heutige Schulsituation Beziehungsdefizite, die über Einzelfälle hinausgehen.

Lernen ist kein bloßer Effekt von Wissensvermittlung. Es ist ein fein verzweigter Prozess aus Entdecken, Begreifen und der Fähigkeit, das Gelernte als Navigator weiterer Lernerfolge einzusetzen. Also eher ein Impuls als ein Speicherungsvorgang, eher das Ausbilden einer Verknüpfungsintelligenz als die Fähigkeit des Memorierens. Es ist sogar wichtig, vieles zu vergessen. Dieses Regulativ bewahrt uns davor, in Reizen und Informationen zu ertrinken. Bereits der Filter der Aufmerksamkeit entscheidet darüber, was wir wahrnehmen und für den weiteren Gebrauch bereithalten. Was nicht von Nutzen scheint, wird aussortiert. Diese Selektion ist die Voraussetzung dafür, dass das Zusammenspiel von Langzeitgedächtnis und Arbeitsgedächtnis funktioniert. Wir treffen unbewusst eine Auswahl, welche Informationen wir gebrauchen können, die dann im aktivierten Zustand des Gedächtnisses verwertet werden.[29] Kurz gesagt: In der Flut der Reize und Informationen, die zuweilen mit der Wucht einer Abfallflut auf uns einstürzt, betreiben wir so etwas wie geistige Mülltrennung. Was kann final entsorgt werden, was ist wiederverwendbar?

Die Hirnforschung hat dieses recht grobe Modell inzwischen verfeinert und dabei zwei Entdeckungen gemacht. Zum einen richtet sich unsere Lernneugier bevorzugt auf Dinge, die anschlussfähig an unsere Erfahrungswelt und unser Vorwissen sind; auf Dinge also, denen wir spontan eine Bedeutung für uns selbst zumessen. Zum anderen wurde offenbar, dass wir in einer entspannten, emotional positiven Atmosphäre leichter lernen und Anstrengungen als eine begrüßenswerte Herausforderung empfinden. Besonders gern lernen wir deshalb etwas, wofür wir uns wirklich interessieren und was die Mühe lohnt. Niemand muss einen Achtjährigen zwingen, alle Fantasiewesen der Yu-Gi-Oh-Karten auswendig zu lernen. Das tut er freiwillig und mit Begeisterung, weil ihm das Spiel mit den Karten Spaß macht. Je mehr er weiß, je raffinierter er seine Mitspieler austricksen kann, desto besser. Das beschert ihm nicht nur eine Feedback-Kontrolle, sondern auch den Mehrwert angenehmer Gefühle: Stolz, Freude, Vertrauen in die eigene Leistung.

Neben dem intentionalen, bewussten Lernen läuft das beiläufige, implizite Lernen durch reine Erfahrung ab, durch Wahrnehmen, Filtern und Bewerten. Dabei verankern wir die dazugehörigen Gefühle wie Freude, Angst oder Wut. Unter anderem lernen wir auf diese Weise, wie sich Lernen anfühlt. Der achtjährige Yu-Gi-Oh-Spieler, nennen wir ihn Moritz, macht zum Beispiel die Erfahrung, dass sich das Aneignen und Beherrschen komplizierter Monsternamen gut anfühlt – weil er eine Schwierigkeit bewältigt, die ihm Freude beim Spielen mit anderen verspricht. Erst in der anschließenden Interaktion macht das Ganze Sinn. Würde Moritz sein Wissen für sich behalten, wären Namen wie Blauaugendrache oder Schwarzer Magier sinnlos.

Manchmal lernen wir sogar buchstäblich für andere. Dann setzen wir uns freiwillig mit Dingen auseinander, die uns persönlich vielleicht herzlich egal sind. Dieselben Teenager, die sich weder Binomische Formeln noch französische Grammatikregeln einprägen können, beherrschen mühelos unzählige Namen angesagter Popstars und Computerspielhelden. Oder sie präparieren sich für ihre fußballbegeisterten Freunde mit endlosen Listen von Torschützen und Spielergebnissen. Sie wissen: Was sie lernen, hat eine Bedeutung innerhalb der Peergroup. Deshalb erhält es eine hohe emotionale Bedeutung. Das erworbene Wissen ist Teil eines sozialen Arrangements.

Der behavioristische Psychologe Burrhus Frederic Skinner – er gilt übrigens als Namenspatron des Schuldirektors in der Comicserie *Die Simpsons* – sprach von positiven und negativen Verstärkungen durch das Umfeld; dessen Einstellungen und Verhaltensweisen beeinflussten wesentlich auch Handlungsmotivationen. Falls Sie als Leser dieses Buches zur *Simpson*-Fangemeinde gehören, wird sich Ihnen der Name des Psychologen daher stärker einprägen, als wenn man in Ihrem Umfeld die Nase über die Serie rümpft. Unter dem Aspekt schulischer Bildung handelt es sich bei Popstars, Torbilanzen und den *Simpsons* um unnützes Wissen. Im Hinblick auf gelingende Beziehungen kann dieses Wissen jedoch von großer Wichtigkeit sein: als Bindeglied, als Konsenswissen und Zugehörigkeitsmerkmal. Aus diesem Grund lernte Jean Paul widerspruchslos lateinische Deklinationen, obwohl er nicht einmal die Beispielsätze verstand. Nachdem ihm die Dorfschule verboten war, weil ein Mitschüler den Halbwüchsigen mit einem Messer verletzt hatte, wurde der Vater zu seiner One-Man-Peergroup. Die emotionale Relevanz des Erlernten ergab sich aus der Vater-Sohn-Beziehung. Jean Paul lernte seinem liebenden Vater zu*liebe*. Aber er profitierte auch davon, weil er seine eigene Liebe zur Sprache entdeckte.[30] In der Schule ist das nicht anders. In ihrem Buch *Große Pause!* schreibt die Lehrerin Marga Bayerwaltes: »Wenn ein Lehrer Erfolg hat, das heißt, wenn seine Schüler gern und gut bei ihm lernen, wenn sie fleißig sind und bereit, sich für bestimmte Aufgaben und Ziele anzustrengen, wenn sie etwas Ungewöhnliches leisten, dann liegt das nach meiner Erfahrung nie an irgendwelchen Qualifikationen des Lehrers, sondern immer an der Liebe.«[31]

Wohl jedem ist dieses Phänomen durch eine ebenso banale wie typische Erfahrung der eigenen Schulzeit vertraut: War die Englischlehrerin eine mitreißende Charismatikerin, konnten wir uns für Englisch begeistern; war der Mathelehrer ein ungerechter Despot, fanden wir eben auch Mathe blöd, und sämtliche Differenzialrechnungsregeln fielen dem Regulativ des Vergessens anheim. Die Art der Beziehung zum Lehrer entscheidet darüber, wie sich ein Stoff, wie sich Lernen anfühlt. Springt der magische Funke über, entzündet sich Interesse. Anfangs lernt man für den Lehrer, irgendwann stellt man erstaunt fest: Jetzt lerne ich für mich.

Befragt man Erwachsene nach den erfreulicheren Erinnerungen ans Klassenzimmer, kommt das Gespräch rasch auf den einen herausragenden Pädagogen, der prägend war. Er verstand es, Neugier für ein Fach zu wecken, spornte seine Schüler an und gab ihnen das Gefühl, ein ernstzunehmendes Gegenüber zu sein. Meist war dieser Lehrer eher unkonventionell. Keine »Fabrikware der Natur«, wie Schopenhauer frotzelt, sondern gleichsam eine Einzelanfertigung. So wie Herr Uwer, an den sich Alex

Rühle erinnert:»Ein kleiner dünner Mann in abgewetzten Cord-hosen, der im Unterricht die Pfeife im Mund behielt. Uwer scherte sich recht wenig um den Lehrplan, brachte in der neunten Klasse Dostojewskis *Brüder Karamasow* in den Griechischunterricht, las daraus vor und fragte dann, zum Fenster hinausschauend: ›Was ist der Mensch?‹ Das Wunder war, dass seine Klasse darauf-hin nicht fragte, ob dieser Uwer grob einen an der Waffel habe, sondern grübelte, was nun den Menschen vom Tier unterschei-det. Ob wir's rausgekriegt haben, weiß ich nicht mehr, aber ich erinnere mich, wie dieses namenlose Staunen durch den Raum ging: seltsam, wir sind ja anders.«[32]

Offenbar teilte dieser Lehrer Kants Überzeugung, der Fort-schritt der Menschheit sei nur zu haben mit dem Mut, sich seines *eigenen* Verstandes zu bedienen. Wer Schülern teilnehmendes Interesse entgegenbringt, erschafft ein Lernklima neugierigen Wissenwollens. Und weckt ganz nebenbei ein starkes Selbst-wertgefühl. Dafür bedarf es allerdings eines souveränen Lehrers, dem die Motivation seiner Schüler wichtiger ist als sein eigener akademischer Wissensvorsprung. Etwas pathetisch könnte man es selbstlose Liebe nennen, die größer ist als die Eigenliebe. So viel Großzügigkeit ist selten, wenn Lehrer keine persönliche Beziehung zum Schüler aufbauen. Leonardo da Vinci, hochver-ehrt von seinen malenden Jüngern, fiel es leicht zu sagen:»Arm-selig der Schüler, der seinen Meister nicht übertrifft.« Er meinte, die tiefste und fruchtbarste Beziehung, die es zwischen zwei Menschen geben könne, sei jene zwischen Meister und Schüler – und die sei der Liebe nicht unähnlich.

Tatsächlich Liebe? Diese Vokabel fehlte lange im Diskurs über Schule und Bildung. Eine Ausnahme war der Erziehungs-wissenschaftler Hartmut von Hentig, der zur Werteerziehung bemerkte:»Wie auch immer man die Würde des Menschen be-gründet, gegründet wird sie in der Menschenliebe.«[33] Doch dar-über hinaus? Allenfalls in Sonntagsreden begegnete uns noch der Gedanke, der Lehrerberuf erfordere ein emotionales Engagement. So sagte der damalige Bundespräsident Horst Köhler 2006 in seiner berühmten »Berliner Rede« vor Schülern und Lehrern: »Der Lehrerberuf verlangt solides Fachwissen – er verlangt aber auch Liebe zu Kindern und die Überzeugung, dass in jedem Einzelnen etwas Besonderes steckt.«[34] Erst neuerdings macht man sich wieder Gedanken darüber, ob es tatsächlich Liebe ist, die einen Lehrer zu seinem Beruf befähigt. Josef Kraus, Präsident des Deutschen Lehrerverbands, antwortete vor Kurzem auf die Frage, was einen guten Lehrer auszeichne: »Auch wenn es sich pathetisch anhört – als Lehrer braucht man zwei ›Lieben‹: Zum einen die Freude am Umgang mit jungen Menschen, zum anderen ein intensives Interesse am Fach.«[35]

## Meister und Schüler

Vor zweieinhalbtausend Jahren nannte Sokrates das Lehren eine Hebammenkunst. Seine Methode der Mäeutik folgte dem dialogischen Prinzip der mentalen Provokation – man könnte von Lernprozessen mit offenem Ausgang sprechen. Durch Erfragen und Erforschen wurde der Schüler ermächtigt, sich selbst Wissen anzueignen und es gleichzeitig kritisch zu überprüfen. Die pädagogische Geburtshilfe des Sokrates war keine Vermittlung eines Wissenskanons, sondern die Verflüssigung des Lernens als Reflexion, auch die Vorbereitung auf unvorhersehbare Fragestellungen der Lebenspraxis. Insofern ist Sokrates ein frühes Beispiel für die Befähigung des Schülers zum intelligenten und flexiblen Umgang mit der Wirklichkeit.

Die populäre Formel des griechischen Philosophen, er wisse, dass er nichts wisse, ist in diesem Zusammenhang mehr als bloße Koketterie. Vielmehr gehen Nichtwissen und Wissenwollen eine innige Liaison ein. Das unterscheidet Sokrates, mit einem Wort des Aristophanes, von den »Erhabenheitsschwätzern«, die mit ihrem Wissen prunken. Indem Sokrates die Perspektive eines Schülers einnimmt, nicht jene des allwissenden Belehrenden, erschafft er eine Beziehung auf Augenhöhe. Entscheidend jedoch ist, dass diese Haltung untrennbar an Gefühle gebunden ist, beflügelt vom pädagogischen Eros. Oder, etwas zeitgemäßer formuliert und vom Hautgout antiker Knabenliebe befreit: Sein pädagogisches Ethos ist getragen von emotionaler Zugewandtheit. Auf diese Weise vermittelt Sokrates den Kern aller Bildungsanstrengungen: die von Empathie und positiven Emotionen begleitete Ausbildung eines wachen Intellekts. Es sollte zweieinhalb Jahrtausende dauern, bis Lernpsychologen und Hirnforscher dies als Voraussetzung für den Bildungserfolg entdeckten.

George Steiner hat solch fruchtbaren Meister-Schüler-Beziehungen ein bemerkenswertes Buch gewidmet, in dem er das wechselseitige Verhältnis heraushebt: »Der Meister lernt vom Schüler und wird durch diese Beziehung verwandelt in einem Prozess, der sich im Idealfall in einen Austausch verwandelt. Das Schenken geschieht wechselseitig, wie in den Labyrinthen der Liebe.«[36] Dies ist mehr als die reine Weitergabe von Wissen, vielmehr ein intensives Zusammenspiel zwischen Meister und Schüler, das gemeinsame Entdecken von Unbekanntem. Diese Tradition, so Steiner, habe entscheidende religiöse, philosophische, literarische, soziologische und naturwissenschaftliche Zeugnisse inspiriert. Er belegt dies mit legendären Kreativteams wie Jesus und seinen Jüngern oder Tycho Brahe und Johannes Kepler. Es geht dabei nicht um einen Wissenstransfer, sondern um den Lernprozess selber, der zu neuen Erkenntnissen führt.

Nichtwissen heißt bei Sokrates lebenslanges Fragen, lebenslanges Lernen, jenseits unveränderlicher Gewissheiten. Genau das ist heute erforderlich in einem medialen Environment, in dem Informationen so verwirrend zahlreich zirkulieren und so schnell veralten wie nie zuvor. Abgesehen vom reinen Basiswissen ist Orientierungswissen gefragt. Die Fähigkeit, sich eine Materie eigenständig und kritisch zu erobern, gehört zum Wichtigsten, was Schüler heute lernen sollten. Kein Beruf kommt mehr ohne Weiterbildung aus, keine Ausbildung endet mehr da, wo die Praxis beginnt. Die Schule müsste dies als Haltung zum Lernen erfahrbar machen. Dazu gehört allerdings ein Lehrer, der nicht distanziert überwacht und benotet, sondern die Entdeckerfreude des Schülers teilt.

Das Meister-Schüler-Verhältnis ist deshalb so interessant für die Frage, wie Beziehungen in Schulen aussehen sollten, weil der Schüler zum versierten Forscher werden kann und nicht Wegwerfwissen mit eingebautem Verfallsdatum konsumiert. Im Grunde ging es bei Bildung immer darum. Schon mancher Novize hat sich einst in der Klosterbibliothek verirrt wie heute der Heavy User in den Wunderkammern des Internets. Erst wenn man Wissen adäquat organisieren und eigenständig verknüpfen kann, gewinnt der Begriff des Lernens seinen eigentlichen Sinn. Bezugspunkt aber ist und bleibt der Lehrer, seine Bereitschaft und seine Fähigkeit, in einer gelingenden, emotional sicheren Beziehung Geburtshelfer des Wissen*wollens* zu sein.

Fragmente solcher Überlegungen sind durchaus in der Schule angekommen. In der Terminologie neuerer Theorieansätze spricht man von »kompetenzorientiertem« Unterrichten. Im Jargon der Studienseminare klingt das folgendermaßen: »Unterrichtsinhalte werden bildungsrelevant zu Basiskonzepten und Kontexten vernetzt, und im Unterricht wird Wissen stets in Handlungsbezügen erworben.«[37] Aus dieser etwas papierenen Gebrauchsanweisung ergeben sich zwei Forderungen: Zum einen, dass Neues immer auf Bekanntem aufbauen sollte, zum anderen, dass Wissen nicht konsumiert, sondern erlebt werden muss – als forschende Teamarbeit, begleitet und unterstützt vom Lehrer.

In Rheinland-Pfalz wurde das kompetenzorientierte Unterrichten 2009 eingeführt. Im Physikunterricht schickte man Schüler auf Exkursionen, bei denen sie sich selbst Materialien für den

Bau einer Neigungswaage zusammensuchen mussten. Auf diese Weise lernten sie nicht theoretisch anhand von Schaubildern und Formeln, wie eine Waage funktioniert, sondern entdeckten selbst alle physikalischen Gesetze, die dabei zum Tragen kommen. Allerdings neigen viele Lehrer dazu, diese Unterrichtsform eher additiv einzubeziehen, wenn überhaupt, als bloße Ergänzung also. Dabei liegen die Vorzüge des kompetenzorientierten Lernens auf der Hand: als Ermutigung zu Forschung und Diskurs, als Lernprozess, den der Lehrer nur steuert, nicht diktiert.

Wie sich dadurch das Lernen verändert, beschreibt das sogenannte Eisbergmodell. An der Oberfläche sichtbar ist die Spitze des Eisbergs – die Kompetenzen, die sich im Handeln zeigen. Unsichtbar darunter verborgen sind Wissen, Lernwille, Motivation und Verantwortungsbewusstsein.[38] Soweit die Theorie. »Eigentlich sollten wir den Schüler befähigen, sich Themen selbst zu erarbeiten«, erläutert Gymnasiallehrerin Maria das Konzept. »Dafür müsste er sich darin professionalisieren, mit Quellen umzugehen, ihre Relevanz zu beurteilen und sie auszuwerten. Nur: Aufgrund des Zeitdrucks und der überfrachteten Lehrpläne ist kompetenzorientiertes Lernen unmöglich.« Bei dreißig Schülern pro Klasse und einem Curriculum, das trotz G8 nicht entschlackt wurde, bleibe zu wenig Zeit für die Begleitung eigenständigen Arbeitens. Denn das würde bedeuten, dem Schüler zuzugestehen, auch mal Umwege zu nehmen und in Sackgassen zu geraten.

Solche Hindernisse werden bei der reinen Wissenspräsentation weiträumig umfahren. Ein Fehler, folgt man der Kognitionspsychologin Elsbeth Stern: »Aus eigenen Entdeckungen und über die Korrektur von Fehlschlüssen, aus Versuch und Irrtum, entsteht Wissen.« Die in Schulen praktizierte Form der Vermittlung beruhe auf einer falschen Vorstellung des Lernens. »Das ist kein Eintrag im Lexikon, der kopiert und abgespeichert wird, sondern eine Verknüpfung im Gehirn.«[39]

Doch Lehrer bleiben häufig skeptisch, nicht nur wegen des Systemdrucks der Lernziele und Leistungsnachweise. Allzu ungewohnt ist offenbar der Rollenwechsel, allzu verunsichernd die Erfahrung, dass es nicht mehr allein um das Präsentieren und Benoten messbarer Leistung geht. Deshalb lernt der Schüler oft – nichts. Und schon gar nicht lernt er, beharrlich und erfindungsreich weiterzumachen, wenn sich ein Thema als schwer zugänglich erweist. Alles ist immer schon da, Frage und Antwort. Das ist in etwa so spannend wie ein bereits ausgefülltes Kreuzworträtsel. Doch im Schulalltag muss eben alles schnell gehen.

»Wir vermitteln ein falsches Bild des Lernens, weil immer die Effizienz im Vordergrund steht«, sagt Gymnasiallehrer Andreas selbstkritisch. Als Lehrer für Physik und Politikwissenschaft macht er täglich die Erfahrung, dass Schüler auf Geschwindigkeit trainiert sind. »Deshalb wählen sie sogar bei Gruppenreferaten immer den kürzesten Weg. Anders als in der Schule, könnten sie ja bei der Referatsvorbereitung zu Hause, im Team, viele unterschiedliche Materialien auswerten. Die stelle ich ihnen auch zur Verfügung. Aber meist druckt einer aus der Gruppe den entsprechenden Wikipedia-Eintrag aus, der dann mit verteilten Rollen vorgetragen wird.« Andreas weiß natürlich: Das hat weder mit Lernkompetenz noch Medienkompetenz zu tun. Viel lieber würde er die Schüler beim eigenständigen Lernen unterstützen. Doch auch er verweist auf vollgestopfte Lehrpläne und normierte Leistungskontrollen. »Meine Rolle als Lehrer ist dadurch stark eingeschränkt«, bekennt er. »Auch für mich ist es nicht gerade erhebend, dass ich nur der Verkäufer von abgepackten Wissensportionen bin. Lieber würde ich mich stärker um die einzelnen Schüler kümmern.«

Sind sokratische Lernprozesse mit ungewissem Ausgang also pure Nostalgie? Humanistisch verklärtes Wunschdenken, ungeeignet für die Schule der Zukunft? Ein neuartiges Schulmodell, das gerade in den Niederlanden anläuft, könnte das Gegenteil beweisen. Es hat sich die Eigenständigkeit des Schülers zum Ziel gesetzt und zeigt zugleich: Die zentrale Rolle des Lehrers wird sich selbst dann nicht ändern, wenn die digitale Revolution die Schulen erreicht haben wird. Sogar falls sich Schüler ihre Inhalte weitgehend selbst auf dem iPad erarbeiten, bleibt die Person des Lehrers entscheidend. In den elf niederländischen Steve-Jobs-Schulen müssen die Schüler nur in Kernzeiten anwesend sein, ohne feste Klassenverbände, ohne Regelunterricht. Sie organisieren sich ihr Wissen selbstbestimmt über Apps. Mit ihrem interaktiven elektronischen Schulbuch sind sie jedoch nicht allein. Jederzeit kann ein Lehrer nachvollziehen, womit sich die Kinder im Alter zwischen vier und zwölf Jahren gerade beschäftigen. Alle sechs Wochen besprechen Lehrer, Eltern und Schüler gemeinsam, welche Lernziele erreicht werden sollen.

Dieser Bildungsweg marginalisiert Lehrer nicht etwa, sondern wertet sie zu Lerncoaches auf. Konkret bedeutet das: Kommt ein Schüler nicht weiter, gibt der Lehrer Hilfestellung, zeigt Alternativen, empfiehlt zum Beispiel eine andere App. Aber nicht als strafende Instanz, die Misserfolge mit schlechten Zensuren quittiert, sondern als zugewandter Geburtshelfer des Wissenwollens. Gertjan Kleinpaste, Rektor der Steve-Jobs-Schule in Breda, betont: »Die Interaktion zwischen Kind und Lehrkraft bleibt das Fundament des Unterrichts.«[40]

Mit dem neudeutschen Begriff des Lerncoaches lässt sich von Sokrates bis in die Gegenwart hinein das ideale Modell des Lehrens beschreiben: als aktivierender Modus, eingebettet in eine vertrauensvolle, herrschaftsfreie, positiv besetzte Beziehung. Deren enorme Bedeutung ist theoretisch lange bekannt. Dennoch hat sich an den Schulen wenig geändert, seitdem man scherzhaft vom Nürnberger Trichter sprach. Die Redewendung geht zwar auf ein Lehrbuch der Poetik aus dem 17. Jahrhundert zurück, das nicht umstandslos behauptete, man könne jedermann gleichsam Wissen einflößen. Dennoch ist der Trichter zum sinnfälligen Beispiel für die Absurdität der Vorstellung geworden, ein passiver Empfänger solle wie ein Gefäß mit Wissen abgefüllt werden.

Heute belächeln wir den Nürnberger Trichter. Worüber wir nicht lächeln, ist die Vorstellung, eine fachgerechte Didaktik könne leisten, woran der metaphorische Trichter scheitert. Noch immer hält sich die Vorstellung, Lehrer müssten lediglich Inhalte in angemessener Form präsentieren und zuverlässig verankern können. Dementsprechend sucht man nach neuen Methoden, um noch mehr Inhalte noch effizienter in die Köpfe der Schüler zu gießen, wo sie dann zu Wissen erstarren sollen. Mit dem Unterschied, dass das Paradigma Computer den Trichter abgelöst hat. Jetzt geht es nicht mehr ums Einflößen, sondern um Speicherungsvorgänge auf menschliche Festplatten. Diese simple Definition des Lernens wie auch der Leistung gehört zu den eigentümlichen Missverständnissen unserer technologisch faszinierten Kultur. Als bestehe Bildung aus einem Pool von Informationseinheiten, die anwenderfreundlich speicherbar und abrufbar seien.

Jeder Lehrer und ein Heer verzweifelter Eltern wissen: Heranwachsende lassen sich keineswegs mit Wissen oder gar Bildung programmieren wie eine Festplatte. Grundsätzlich verfügen sie zwar über alle Voraussetzungen intelligenter Wissensspeicherung und -vernetzung, scheitern jedoch immer häufiger an einer entscheidenden Hürde: der Bereitschaft, sich für einen Stoff zu interessieren, ihn adäquat zu verarbeiten und sinnvoll anzuwenden. Es fehlt an Motivation. Ohne Motivation aber bleibt Kompetenzorientierung eine modische Mogelpackung. Eine Absichtserklärung mehr, die sich gut in Presseverlautbarungen macht, im Schulalltag jedoch kein Pendant findet. Die Frage, an der sich alles entscheidet, ist der Unterschied zwischen intrinsischer und extrinsischer Motivation. Yu-Gi-Oh-Aficionado Moritz ist intrinsisch motiviert, weil er eine Sache um ihrer selbst willen tut, weil sie seinen Interessen entspricht und weil er die Herausforderung deshalb sportlich nimmt. Was er hingegen in der Schule lernt, appelliert vermutlich eher an seine extrinsische Motivation, die mit der Erwartung von Belohnungen und der Furcht vor Strafen verbunden ist. Folgt man den Erkenntnissen der Hirnforschung, kann man Motivation mit drei weiteren Motiven verbinden: Macht, Zugehörigkeit und Leistungswillen.

Lernt Moritz für seine Peergroup, tut er es um der Zugehörigkeit willen, was ihm den angenehmen Reiz vermehrter Dopaminausschüttung beschert. Dieser Neurotransmitter festigt das Gefühl der Bindung. Doch wie auch immer man die Anreize beschreibt: Motivation als Motor nachhaltigen Lernens ist nicht auf Knopfdruck verfügbar. »Man kann Schülern nicht einfach sagen: Nun seid mal motiviert. Genauso absurd wäre es, jemandem zu sagen: Nun sei mal spontan«, amüsiert sich Schulleiter Günther Schmalisch, der den Frontalunterricht weitgehend abgeschafft hat und seine Schüler eigenständig in Lernteams arbeiten lässt. Für das Entstehen von Interesse und Motivation brauche man ein inspirierendes Lernumfeld, so Schmalisch, und man müsse wissen, was die Schüler von sich aus interessiert. Darauf könne man aufbauen; die Motivation stelle sich dann über Erfolgserlebnisse ein.

Im Jargon sanfter Pädagogik gesprochen: Man sollte den Schüler dort abholen, wo er steht. Und ihm nicht einfach ein Ticket für eine Reise ins Ungewisse überreichen. Für diese Art des Unterrichts gilt freilich nicht mehr der schlichte Satz eines deutschen Altkanzlers, es komme immer darauf an, was hinten rauskommt. Wenn der Weg das Ziel ist, wenn Teamfähigkeit und die kreative Kraft des Zweifels das Lernen bestimmen, sind Ergebnisse weniger aussagekräftig als der Lernprozess selber. Um dessen Erfolge bewerten zu können, bedarf es neuer Evaluationsmethoden. Vor allem für den Lehrer ist alles anders. Die kopierten Aufgabenzettel, die er seit Jahrzehnten immer wieder aus dem Hut zieht, muss er entsorgen. Die Stundenvorbereitung nach Plan ist vorbei. Er muss zum flexiblen Lernbegleiter werden, mit Geduld und Empathie. Seine soziale und emotionale Kompetenz ist gefragt – bei der Rollenverteilung in Schülerteams, aber auch, wenn er Schüler bei Antriebsschwäche oder Lernschwierigkeiten berät. So wird er zum Moderator des Wissens, statt bloßer Vermittler zu sein – ganz so wie es das Konzept der Kompetenzorientierung vorsieht.[41]

Diese Neudefinition der Lehrerrolle passt in das herrschende Bild von Schule so wenig wie ein Rapper in den Kirchenchor. Bereits die länger zirkulierende Forderung, Schüler sollten mehr Raum für Kreativität erhalten, kollidierte mit dem traditionellen Rollenbild des Lehrers und mit der verwalteten Lehre.

In seinem Roman *Lehrerzimmer* schildert Markus Orths diesen geräuschvollen Aufprall und seine bürokratischen Kollateralschäden als symptomatischen Widerspruch. Unter dem Bannstrahl der »Großen Studie«, wie die PISA-Studie genannt wird, sei nun öfter von Kreativität die Rede. Schließlich solle Deutschland bald schon zu den Spitzenreitern gehören. Orths Tonfall ist parodistisch, der Wahrheitsgehalt eher hoch: »Um diese Rückkehr in den Kreis der Besten zu ermöglichen, habe man gesagt, wolle man die erneuerte Richtlinie der Kultusministerkonferenz bezüglich der Erhöhung des Einsatzes von Kreativitätsdarbietungen im Unterricht bedingungslos akzeptieren und umsetzen. Grund für diese Maßnahme sei das in der Großen Studie bemängelte Fehlen der Fähigkeit zu selbstständigem Arbeiten seitens der deutschen Schülerschaft.« Was allerdings große Unsicherheit bei der Bewertung auslöse. Ein System, das auf Selektion beruht, hat so seine Schwierigkeiten mit der Kreativität. Daher heißt es in Orths fiktivem Göppinger Gymnasium in kafkaesker Manier: »Zu diesem Zweck, so der Beschluss der Direktorenkonferenz, habe ein jedes Gymnasium eine Kreativitätsbewertungskriterienerstellungskommission, kurz KBKEK, zu gründen, die sich unverzüglich an die Aufgabe zu machen habe, Kreativitätsbewertungskriterien zu erstellen. Nur so könne in das drohende Chaos der ungezügelt um sich greifenden Kreativität ein ordnender Faden gewebt werden.«[42]

Ganz so, wie der Mainstream jede Subkultur aufsaugt und bis zur Unkenntlichkeit entstellt, neigt auch die herkömmliche Schule dazu, neue Leitideen so lange systemkompatibel zu formen, bis vom Ursprungsgedanken wenig oder gar nichts übrig bleibt. Wenn Kompetenzorientierung und Kreativitätsförderung gelingen sollen, muss auch der Lehrer lernen, nämlich einen anderen Umgang mit seinen Schülern. Die klassische Meister-Schüler-Beziehung unterscheidet sich vom schulischen Unterricht natürlich durch die schlichte Tatsache, dass oft mehr als dreißig Schüler einem Lehrer gegenübersitzen, und das selten freiwillig. Was beide Modelle verbindet, ist das persönliche Interesse des Lehrers an seinen Schülern. Er bleibt nicht der neutrale Vermittler und Kontrolleur, vielmehr wird er zum Teampartner. In einem Klima emotionaler Obdachlosigkeit entstehen jedoch weder Interesse noch Motivation. Deshalb muss sich die Lehrer-Schüler-Beziehung verwandeln: inklusiv statt abgrenzend. Und im besten Fall liegt dem Lehrer – wie jedem Coach – der Erfolg seiner Schüler am Herzen.

Doch die Verhältnisse, die sind nicht so. In der Realität ist die Beziehung stark belastet. Ganz gleich, ob man mit Lehrern oder Schülern spricht: Im Schulalltag leben sie oft aneinander vorbei, wie ein zerstrittenes Ehepaar, das nur noch die allernötigsten Worte wechselt. Eine fatale Normalität. Denn eine Ehe ohne Liebe ist, mit einem Satz Adornos, eine Interessengemeinschaft, die unweigerlich die Erniedrigung der Interessenten bedeutet.

Gut möglich, dass Yu-Gi-Oh-Fan Moritz inzwischen weit mehr als erstaunliche Gedächtnisleistungen in der Schule vollbringt. Ebenso gut möglich, dass ihn der Unterricht anödet. Nicht nur,

weil das dargebotene Wissen keine Bedeutung für seine Lebenswelt hat, sondern auch, weil es keine emotionale Bedeutung im
Hinblick auf den Lehrer besitzt. Wo reiner Wissenstransfer kontrolliert wird, kann sich keine Begeisterung einstellen. Moritz
lernt dann weder für den Lehrer noch für sich selbst. Am liebsten würde er gar nicht mehr zur Schule gehen.

Die vielerorts herrschende Atmosphäre von Gleichgültigkeit
und Geringschätzung zerstört die Beziehung zwischen Lehrer
und Schüler und die Motivation gleich mit. Das gilt nicht nur für
Schüler, denn der Dauerclinch lässt auch die Motivation der
Lehrkräfte erlahmen. »Als besonders belastend empfinden Lehrer weniger einzelne, aggressive Schüler, sondern den ewigen
›Kleinkrieg‹, die häufigen Störungen, die viel von der Unterrichtszeit wegnehmen und auf Dauer zermürben«, schreibt Gert
Lohmann, selbst ehemaliger Lehrer und Autor von Ratgebern
für Kollegen, die im »Konfliktraum Schule« überleben wollen.
Lehrer, so Lohmann, litten beträchtlich unter verbalem Stör-
verhalten, vom Schwatzen bis zur Beleidigung, außerdem unter
»mangelndem Lerneifer«, motorischer Unruhe und aggressivem
Verhalten.[43]

Für Lehrer stellt sich das Klassenzimmer oft als vulkanisches
Gebiet dar, in dem es zu vorhersehbaren Erschütterungen und
Eruptionen kommt. »Schüler sind heute schwer zu bändigen«,
klagt Hans-Joachim, der an einer Mannheimer Hauptschule unterrichtet. »Ihnen fehlt jeder Respekt. Es wird gegessen, getrun-
ken, gesimst, manche fotografieren mich heimlich und posten
die Schnappschüsse auf Facebook, je idiotischer ich gerade aussehe, desto besser. Sie kommen zu spät, haben weder ihre Unterlagen noch Schreibzeug dabei, unterhalten sich, als wäre ich gar
nicht da. Ehrlich gesagt, habe ich überhaupt keine Lust, auf sie
einzugehen. Ich mache dicht und zeige ihnen die kalte Schulter.
Mehr haben die gar nicht verdient.« Das Stimmungsbild vieler
anderer Lehrer sieht ähnlich aus. Sie empfinden sich in Frontstel-
lung, ziehen den Unterricht irgendwie durch und haben jedes

persönliche Interesse an ihren Schülern verloren. Stattdessen setzen sie auf den altbekannten Rhythmus aus Pauken und Leistungskontrolle.

Tragen Schüler selbst die Schuld daran, wenn ihre Lehrer sich abweisend verhalten? Sind sie zu undiszipliniert? Dies legte unlängst wieder einmal der Brandbrief einer Hamburger Grundschullehrerin nahe, die Aggressionen und Respektlosigkeiten ihrer Schüler auf fünf Seiten auflistete.[44] Deshalb könnte man die Frage in die Rubrik:»Was war eher da, die Henne oder das Ei?«, einsortieren, gäbe es nicht auch systemische Gründe für die Verweigerungshaltung.»Es gibt so viele Kinder, die vor lauter ›Lernenmüssen‹ schon vergessen haben, dass sie ›lernen wollen‹. Aber das geht nur mithilfe von Zeit, über eine persönliche Beziehung«, sagt Grundschullehrerin Sabine Czerny. Und fügt bedauernd hinzu:»Die Rahmenbedingungen zwingen mich zu einem völlig anderen Verhalten.«[45] Die Lehrerin schrieb ein beklemmendes Buch über ihre Erfahrungen in einer bayerischen Grundschule. Der Titel ist Programm: *Was wir unseren Kindern in der Schule antun.* Zunehmend wurde ihr bewusst, dass die Schulleitung von ihr eine frühe Selektion durch ein möglichst breites Zensurenspektrum erwartete. Sie freute sich, als sich der Notenspiegel in ihrer Klasse stetig verbesserte. Der Schulleiter hingegen argwöhnte, sie benote zu nachsichtig. Dabei waren die guten Zensuren eine Folge des beziehungsbetonten Lernklimas gewesen. Sabine Czerny ging auf ihre Schüler intensiv ein, ermutigte, bestärkte, lobte. Gab es Schwierigkeiten, setzte sie sich mit Kindern und Eltern zusammen. Ihr Konzept, keinen Schüler auf der Strecke bleiben zu lassen, stieß erst auf Vorbehalte, dann auf massive Einwände bei Schulleiter wie Schulbehörde und führte schließlich zur Strafversetzung.

Es ist ein System der Entmutigung, das Czerny beschreibt. Zu früh setze die Leistungskontrolle ein, zu früh werde aussortiert, nicht etwa gefördert.»Immer wieder habe ich erlebt, dass Kinder

›abgestempelt‹ wurden, wie sie innerlich resignierten und wie ihre Eltern verzweifelten. Immer wieder habe ich erlebt, dass Lehrer zu Bürokraten degradiert wurden, anstatt sich liebevoll um die ihnen anvertrauten Kinder kümmern zu können.« Wer so spricht, muss mit dem Vorwurf leben, eine ebenso sentimentale wie ineffiziente Schmusepädagogik zu betreiben. Doch solange sie ihren Unterrichtsstil beibehielt, steigerten sich in Czernys Klassen Lernfreude wie Leistung der Schüler.

Manche Lehrer scheinen es bewusst auf die Selektion anzulegen. Einen Fall schildert Carina Huber, deren Betreuungslehrer im Referendariat als fachliche Koryphäe, aber auch als unerbittlicher Zensor galt. »An der Schule wird erzählt, die Fachbereichsleiterin habe ihm vor einigen Jahren einmal nahegelegt, Abstriche bei seinen überhöhten Forderungen zu machen – in seinen Klassenarbeiten liegt der Durchschnitt nicht selten bei 4,5. Und er ist stolz darauf.«[46] Mit dieser Haltung beweist der Lehrer die Redensart, dass Hochmut vor dem Fall kommt. Allerdings sind es die Schüler, die durchfallen: »Und so bleiben auch in diesem Jahr wieder drei seiner Schüler kleben«, schreibt Carina Huber. »Der Rest lebt in Angst und Schrecken und streicht alle Hobbys und Annehmlichkeiten aus seinem Lebensplan.«[47]

## Bildung durch Bindung

Mit der Verwissenschaftlichung des Lehrerberufs hat sich das Verhältnis von Lehrer und Schüler stark versachlicht. Im Normalfall läuft es auf einer eher funktionalen Ebene ab, reduziert auf sozial standardisierte Rollen, die Distanz verlangen. Aus dem Lehrer als empathischem Geburtshelfer ist ein Funktionsträger geworden, der dazu angehalten wird, vor allem auf Leistungsnachweise zu achten. Diese Verengung seiner Rolle beschert dem Lehrer oft einen Tunnelblick. Er verhält sich wie ein

Schaffner, der sich lediglich für die gültige Fahrkarte eines Reisenden interessiert. Wer da unterwegs ist und wohin die Reise gehen soll, ist irrelevant. In der Schule ist normierte Leistung das Ticket, das über alles entscheidet. Und da das deutsche Schulsystem – nicht nur in Bayern – für seine stark selektierende statt fördernde Tendenz bekannt ist, lautet die Regel: Wer kein Ticket hat, muss raus. Für mehr bleibt keine Zeit, oft auch kein Interesse. Eine intensive Betreuung sowohl innerhalb als auch außerhalb des Unterrichts ist nicht vorgesehen. So wie sich der Schaffner wenig dafür interessiert, ob jemand ohne Fahrschein zu Fuß, im Taxi oder gar nicht sein Ziel erreicht, fühlen sich Lehrer meist nicht zuständig dafür, ob ein Schüler vom Unterricht profitiert, ob er es nur mit elterlicher Unterstützung, Nachhilfeunterricht oder eben gar nicht schafft.

Während etwa in Finnland kein Kind sitzenbleibt und bei Schwächen mit schulischem Nachhilfeunterricht unterstützt wird, offeriert man hierzulande nur ein gleichförmiges Angebot. Die Schule ist ein All-you-can-eat-Buffet. Und die Köche respektive Lehrer nehmen es achselzuckend hin, wenn es einem Schüler nicht schmeckt oder wenn er sogar die Nahrungsaufnahme verweigert. Jeder Gastgeber, dem etwas an seinen Gästen liegt, würde selbstverständlich nachfragen, warum das Menü nicht mundet. Das setzt allerdings voraus, dass die Beziehung zwischen Gast und Gastgeber nicht rein funktional ist. Die emotionale Distanz zwischen Lehrer und Schüler führt jedoch zu einer Unverbindlichkeit, die sich im fehlenden Verantwortungsbewusstsein vieler Lehrer widerspiegelt. Das geben sie natürlich nur ungern zu. Lieber üben sie sich in der Disziplin der Publikumsbeschimpfung.

»Wie oft habe ich in Konferenzen gehört, dass ein Lehrer sagte, ein bestimmter Schüler sei überfordert oder faul. Aber kein Lehrer sagte: Vielleicht liegt es an meinem Unterrichtsstil, vielleicht habe ich die falschen Materialien ausgesucht«, sagt Schulleiter Günther Schmalisch. »Solche negativen Pauschalurteile wirken sich fatal aus, denn ein Schüler spürt ja, was ein Lehrer über ihn denkt. Es ist eine negative Suggestion, und daraus kann er sich nicht mehr befreien.«

Darüber hinaus brauchen Lehrer Einfühlungsvermögen und zwar weit mehr als bisher. Wie groß der Nachholbedarf in Sachen emotionaler Kompetenz ist, zeigt nicht zuletzt die Flut von Ratgeberliteratur für Lehrer. Oft macht sprachlos, dass es offenbar nötig ist, an die simpelsten Grundlagen von Empathie zu erinnern. Ein Ratgeber der Reihe HELP, erschienen in einem renommierten Schulbuchverlag, erklärt beispielsweise, wie das Verhalten der Schüler zu deuten sei. Da heißt es in einer Schautafel:»Ihre Schüler arbeiten intensiv an einer Projektarbeit. Sie können in Ruhe Ihre Beobachtungen notieren und individuelle Rückmeldungen vorbereiten.« Ein Pfeil führt zu einem Kasten mit dem Satz:»Schüler hat kein Problem.« Darunter folgt ein zweites Beispiel.»Ihre Schüler arbeiten intensiv an einer Projektarbeit. Plötzlich zieht sich ein Schüler traurig zurück, ohne Sie jedoch anzusprechen.« Diesmal führt der Pfeil zu einem Kasten mit den Worten:»Schüler hat ein Problem.« Und darauf muss ein Lehrer allen Ernstes hingewiesen werden?[48]

Verbindlichkeit und Verantwortung kann es nur in intakten, lebenswarm beatmeten Beziehungen geben, nicht im unpersönlichen Lernlabor. Jean Pauls Reminiszenz an den gleichermaßen liebenden wie lehrenden Vater ist deshalb alles andere als romantisierende Sentimentalität. Bindung und Bildung gehören zusammen, stellen Karin Grossmann und Klaus E. Grossmann fest.[49] Sie bemängeln, dass gelingende Beziehungen als Voraussetzung von Bildung weder in psychologischen noch pädagogischen Konzepten für die Schule berücksichtigt werden. Erfolgreiches Lernen könne nur in einem Raum psychischer Sicherheit stattfinden, betont Klaus E. Grossmann, emeritierter Professor für Entwicklungs- und Pädagogische Psychologie an der Universität Regensburg. Unsichere und unklare Bindungen hingegen beeinträchtigten den Prozess der Bildung. Damit wendet er sich gegen einen rein kognitiven Begriff des Lernens. Erst wenn sich Lehrer als Beziehungspersonen verständen, entstehe ein erfolgversprechendes Lernklima. Ohne Bindung keine Bildung.

Diese These hat starke Fundamente. Schon Ende der Sechzigerjahre erforschte der britische Kinderarzt und Psychoanalytiker John Bowlby die Bedeutung enger Beziehungen für die Lernfähigkeit. Beziehungen, in denen sich Kinder geliebt und liebesfähig erleben, nannte er Bindung. Sie ist gleichsam das Basislager, um selbstbestimmt mit der Umwelt in Kontakt zu treten und eine Fülle von Entwicklungsaufgaben meistern zu können. Dabei prägen sich Lernmuster aus, je nachdem wie die jeweils neuen Herausforderungen beantwortet werden. Fehlt eine enge Bindung, kommt es zu Entwicklungsstörungen.

Während der ersten Lebensjahre stehen Aufgaben wie gelingende Kommunikation, motorische Kontrolle und Spracherwerb an. Es sind Fähigkeiten, mit denen das Kind zunehmend autonom sein Umfeld erforschen kann. Vom dritten Lebensjahr an geht es um Impulskontrolle und den Aufbau von Bindungen zu weiteren nahen Personen. Bis zum zehnten Lebensjahr sind dann in der Regel körperliche, soziale und kognitive Kompetenzen ausgebildet – immer vorausgesetzt, dass nach wie vor sichere Bindungen vorliegen. Interessant ist, dass sich das Bindungsverhalten zum Explorationsverhalten komplementär verhält. Einfacher formuliert: Nur Kinder, die sichere Bindungen erleben, erforschen aktiv ihre Umwelt, sind neugierig und lernbereit.

Der Bildungsprozess ist demnach immer auch ein Sozialisierungsprozess. Im frühkindlichen Kosmos geben zugewandte, feinfühlige Eltern und andere nahe Bezugspersonen den sicheren Rückhalt des impliziten Lernens. Später kommen neue Bindungen hinzu, die auch beim intentionalen Lernen eine große Rolle spielen. Daher sind Lehrer in diesem Sinne ebenfalls Bindungskandidaten. Allerdings sehen sie selbst das meist ganz anders. Viele betrachten eine aufmerksame, feinfühlige Beziehungskultur nicht als Teil ihrer Aufgabe, andere kapitulieren vor dem Systemdruck von Lehrplänen und Leistungszielen. Oft wider besseres Wissen. Noch immer hängt es ausschließlich vom einzelnen Lehrer ab, ob er – auch unter schwierigen administrativen Bedingungen – eine motivierende Beziehung zum Schüler aufbaut. Solche hochengagierten Lehrer sind rar. Der Psychologe und Hirnforscher Joachim Bauer sieht in diesem Mangel den grundlegenden Fehler des Bildungssystems. Es gelinge Lehrern und Schülern nicht mehr, eine Unterrichtssituation herzustellen, die erfolgreiches Lehren und Lernen überhaupt erst ermögliche. Nicht nur Schüler, auch Lehrer erlebten Schule als »Orte des Grauens«, die nur unter Zwang betreten und schnellstmöglich wieder verlassen würden: »Schule scheitert an der Unfähigkeit aller Beteiligten, die wichtigste Voraussetzung für gelingende Bildung zu schaffen: konstruktive, das Lernen befördernde Beziehungen.«[50]

Wie so viele andere theoretische Erkenntnisse ist auch die integrierte Theorie von Bindungs- und Bildungsforschung nie wirklich in der schulischen Praxis angekommen. Vollends im Bann beschämender PISA-Ergebnisse fällt es offenbar schwer, den Blick von der institutionellen Bildungsvermittlung auf das Beziehungsgeschehen zu verlagern. Für so etwas bleibt vermeintlich kein Raum. Dabei zeigen gerade die oft geschmähten PISA-Studien, wo die Defizite liegen. Die Tests fragen nicht bloßes Speicherwissen ab, sondern Problemlösungskompetenzen, anwendungsbezogene Fähigkeiten, selbstreguliertes Lernen und Kooperationsvermögen. Fähigkeiten also, die nur mit hoher Motivation in einem kooperativen Klassenklima zu erwerben sind. Dafür muss das Verhältnis zum Lehrer stimmen, aber auch das Verhältnis der Schüler untereinander – zwei Faktoren, die einander bedingen. Dennoch bleiben die gut dokumentierten Auswirkungen der Beziehungsqualität auf Motivation und Lernverhalten akademisches Wissen, das ungenutzt in Fachbibliotheken verstaubt. Immer noch gilt als schulische Leitlinie die stark formalisierte Vermittlung von Bildung, die den Parameter Bindung vernachlässigt.

Als Teilbereich der Entwicklungspsychologie stellt die Bindungstheorie Schlüsselerkenntnisse über Lernen und Motivation bereit. Nicht zuletzt erlaubt sie eine völlig andere Ursachenforschung, warum Lehrer oft auf verlorenem Posten kämpfen, entnervt von Respektlosigkeit und Renitenz ihrer Schüler. Viele Verhaltensauffälligkeiten, die eine nachlassende oder völlig versiegende Lernmotivation begleiten, können auf das bindungsschwache Verhältnis von Schüler und Lehrer zurückgeführt werden. Grossmann und Grossmann nennen als Anzeichen nicht gelingender Beziehungen einige Symptome, die klingen, als seien sie dem Beschwerdekatalog frustrierter Lehrer entnommen: »Zurückgezogenheit, Scheinfröhlichkeit, versteckte Hinterlist, nachtragende Aggressionen, Neigung zu Konfliktvermeidung ohne Lösungsabsicht, Schmollen anstatt Wiedergutmachung nach Streit, mentale Abwesenheit (›Tagträumen‹) und häufige Gefühle von Langeweile durch fehlende Teilnahme an geistigen Diskursen.«

Wie aber gestalten sich Bindungen grundsätzlich? Und welche Randbedingungen üben Einfluss aus? Der Psychoanalytiker Erich Fromm gehörte zu den ersten Forschern, die den Menschen als beziehungsorientiertes, vorrangig soziales Wesen ernst nahmen. Mit seiner Erkenntnis, dass Selbstliebe und Selbstinteresse Ausgangspunkt jeder Außenbeziehung sind, bereitete Fromm eine Theorie des Selbst vor, das später mit der Empathieforschung weiterentwickelt wurde. Demnach ist das soziale Bezogensein des Menschen ein Wechselspiel aus Ich-Impulsen und Spiegelungen, vermittelt über Kommunikation, geprägt durch gesellschaftliche Erwartungen. Mit der von Henri Tajfel und John C. Turner begründeten Theorie der sozialen Identität, auf die ich später zurückkomme, wurde überdies deutlich: Menschen haben den vitalen Drang, ihr Selbstwertgefühl zu erhöhen.

Rückübersetzt auf die Schule bedeutet das: Schüler und Lehrer erleben, sei es bewusst oder unbewusst, die Situation im Klassenzimmer vorrangig als Beziehungsgeschehen. Erst in zweiter Linie spielen Inhalte, Lehrmethoden, Personalschlüssel und Schulsysteme eine Rolle. Gleichzeitig erhoffen Lehrer wie Schüler ein gesteigertes Selbstwertgefühl. Für Kinder und Jugendliche, die mit altersspezifischen Unsicherheiten zu kämpfen haben, ist dies noch weit wichtiger als für den Lehrenden. Idealiter enthält die Beziehung der Schüler zum Pädagogen alle Faktoren, die sie zunächst von ihren Eltern erwarten und im besten Fall erleben: Empathie, Kontinuität, Verlässlichkeit, Authentizität, Vertrauen, Ermutigung, emotionale Intensität. Einfacher gesagt – Schüler erwarten und erhoffen Liebe, die sich in Anerkennung und Wertschätzung ausdrückt. Und das nicht nur in der Grundschule.

»Ich merke oft, dass ich als Vaterfigur betrachtet werde«, sagt Raimund, der an einer Dortmunder Gesamtschule unterrichtet und kurz vor der Pensionierung steht. »Das ist schmeichelhaft, aber auch sehr anstrengend. Trotzdem bemühe ich mich, auf meine Schüler einzugehen. Viele kommen nach dem Unterricht zu mir und löchern mich mit Fragen, die gar nichts mit dem Fach zu tun haben. Sie wollen einfach reden. Ich würde sagen, sie wollen sich wahrgenommen fühlen. Sie möchten sich vergewissern, ob sie mir etwas bedeuten, ob ich sie auf dem Schirm habe. Wenn ich ihnen dann signalisiere, dass mir etwas an ihnen liegt, sind sie im Unterricht deutlich kooperativer und lernbereiter.«

Häufig ist es die bloße Erkenntnis, tatsächlich wahrgenommen zu werden, die der Haltung zum Lernen eine positive Wendung gibt. An den magischen Moment, als aus dem öden Lateinunterricht ein elektrisierendes Ereignis wurde, erinnert sich Alex Rühe, der offenbar das große Los in der Lehrerlotterie zog. Es waren nur ein Blick und eine Bemerkung seines Lateinlehrers, die alles veränderten. »Ich weiß noch, wie er einmal vorne am Pult saß, ruhig über den Rand des Roma-IV-Buchs schaute, und sagte: ›Ich seh dich.‹ Ich war gerade dabei, einen Zettel für meinen Freund Leo zu schreiben, weil wir ja am Nachmittag an die Marienklause zum Baden wollten, als Herr Bauer plötzlich diesen einen Satz sagte: ›Ich seh dich.‹ War es aus Scham? Oder ist mir damals schon der Doppelsinn dieses Satzes aufgefallen? Jedenfalls traf mich das. Der sieht mich. Und die lateinischen Sätze, die fingen in den Wochen darauf nach und nach von innen zu leuchten an.«[51]

Der Blick des Lehrers, auch im metaphorischen Sinn, entscheidet über das, was Psychologen Selbstkonzept nennen. Der Schüler betrachtet sich als Lernender, aber zugleich als ganzer Mensch im Spiegel des Lehrerauges. Was er sieht, wird zur Selbsteinschätzung. Fällt sie positiv aus, fühlt er sich ermutigt, und auch das Fach des betreffenden Lehrers erhält einen ermutigenden Zauber. Wird der Schüler hingegen entmutigt, gerät er in die sogenannte negative kognitive Triade: negatives Selbstbild, negatives Fremdbild und negative Zukunftserwartung programmieren den Misserfolg. Dabei unterscheiden Schüler selten zwischen der Einschätzung ihrer Leistungen und der Einschätzung ihrer Persönlichkeit – weil auch die Lehrer es selten tun. Welcher Lehrer sagt schon, ein lernschwacher, renitenter Schüler sei im Übrigen eine liebenswerte Person? Die Abwertung ist immer ganzheitlich. Leicht kann es dann passieren, dass entmutigte Schüler Symptome einer Depression zeigen: »Sie beurteilen sich und andere deutlich negativ und – das ist das Tragische – sie verhalten sich so, dass es der Umgebung bald schwerfällt, ihnen positive Gefühle entgegen zu bringen«, beschreibt der Entwicklungspsychologe Jürgen Frick die weitere Talfahrt.[52] Letztlich geschieht dann in der Schule, worunter viele Kinder auch in der Familie leiden: dass sie nicht bedingungslos geliebt werden, sondern nur bei Wohlverhalten und Leistung.

Obwohl die Grundlagen der Bindungsforschung der Kinderpsychatrie entstammen: Die Gleichung von Bindung und Bildung geht für Schüler aller Altersstufen auf. Selbst Erwachsene kennen das Gefühl, durch einen emotional zugewandten Mentor oder Coach beflügelt zu werden. Wenn sich ein kompetentes, solidarisches Gegenüber ernsthaft für unsere Erfolge und Misserfolge interessiert, und das mit wohlwollender Anteilnahme, wächst das Selbstvertrauen in die eigene Leistung. So ist Motivation in der Schule, trotz aller Rückschläge und Durststrecken, wesentlich eine Frage der Ermutigung und des gleichbleibend solidarischen Feedbacks durch eine Bezugsperson. »Die Bedeutung der Schüler-Lehrer-Beziehung wird in der Pubertät sogar größer«, hat Gymnasiallehrerin Maria beobachtet. »Meist verringert sich die intrinsische Motivation, deshalb brauchen die Jugendlichen den äußeren Faktor des Lehrers. Sind Schüler und Lehrer auf einer Wellenlänge, auch mit Humor und Leichtigkeit, beteiligen sich die Schüler sofort besser und haben bessere Noten – das Niveau der Lerngruppen steigt, das Interesse am Fach nimmt zu. Ich habe das gerade in einer 8. Klasse erlebt. Das Thema war die Französische Revolution, nicht gerade ein altersgerechter Stoff, finde ich. Aber das Lernklima war so gut, dass sie von sich aus recherchiert und auf sehr kreative Weise Referate über die Verfassung gehalten haben.«

Besonders wichtig ist die Beziehungsqualität des Schüler-Lehrer-Verhältnisses für Kinder und Jugendliche, die in Familien mit unsicheren Bindungen aufgewachsen sind. Charlotte, 53, Lehrerin im Berufsschulzentrum einer süddeutschen Kleinstadt, fasst ihre Arbeit in einem einzigen Satz zusammen: »Da bin ich die Mutti.« Was natürlich eine gute Portion Selbstironie enthält. Sie unterrichtet unter anderem Jugendliche ohne Schulabschluss, die das sogenannte berufsvorbereitende Jahr absolvieren. Klassische Bildungsverlierer also. »Die sind meist schulmüde, notorische Schwänzer, vollkommen desinteressiert«, erklärt Charlotte. »Doch ich kann sie motivieren, wenn sie spüren, dass ich mich ernsthaft mit ihnen auseinandersetze. Oft spielen wir Mensch-ärgere-dich-nicht, was viele von zu Hause gar nicht mehr kennen. Oder wir frühstücken gemeinsam, weil sie das nie gelernt haben. Ich sehe sie als Menschen, nicht als Versager, die wegen der formalen Schulpflicht noch ein Jahr absitzen müssen. Deshalb akzeptieren sie mich, und ich kann sie sogar für schulische Aufgaben gewinnen, die sie sonst verweigern würden.«

Die Lehrerin lebt vor, was man Selbstverpflichtung nennt: die freiwillig wahrgenommene Verbindlichkeit in der Lehrer-Schüler-Beziehung. Und das, obwohl sie diese Art des Lehrens weder im Studium gelernt hat noch von der Schulleitung dabei unterstützt wird. Große Bildungserfolge kann Charlotte nicht mehr erhoffen. Auch erziehen könne und wolle sie die Jugendlichen nicht, dafür sei es zu spät. Aber sie könne immerhin eine Bindung aufbauen und die Erfahrung vermitteln, dass Lernen nicht automatisch mit Abwertung und Versagensängsten verbunden sei.

Zumindest wissen die meisten Lehrer, dass sich gelingende Beziehungen positiv auswirken, nicht zuletzt auf das eigene Verhalten. Denn kein Lehrer kann ein guter Lehrer sein, wenn er abwertend und abweisend agiert. »Ich beobachte, dass ich am meisten dort ich selbst bin, wo die Beziehungsgrundlage zwischen den Schülerinnen und Schülern und mir tragfähig und stimmig ist«, sagt Dana Wassner-Polàkovà, Lehrerin für Englisch, Geografie, Religion und Kultur in der Oberstufe eines Gymnasiums. »Sehr schnell stellte ich fest, dass ich vor allem mit Schülerinnen und Schülern, die ich am häufigsten unterrichte, die beste und tragfähigste Beziehung aufbauen konnte. Gute Beziehungen brauchen Zeit und Raum auch außerhalb des Lernarrangements, dann ermöglichen sie einen entspannten Umgang miteinander.«[53]

Je mehr Nähe Lehrer zulassen, desto mehr Bindung und desto mehr Empathie sind möglich, kann man die These all jener Forscher auf den Punkt bringen, die sich mit der Beziehungsqualität innerhalb der Schule beschäftigen. Aber wie viel Beziehung ist in der Schule nötig, wie viel ist möglich? Die meisten Lehrer lehnen es ab, sich auf Bindungen einzulassen oder sogar jenseits des Unterrichts aktiv zu werden. Die Arbeitsbelastung sei ohnehin schon zu hoch. Vollends die Vorstellung, Eltern in die Beziehung einzuschließen, stößt meist auf vehemente Ablehnung. Eine Haltung, die Remo Largo stark kritisiert. »Entweder fehlt das Interesse, oder sie teilen ihre Zeit falsch ein. Ich kann mir keine gute Schule vorstellen, wo nicht eine persönliche Beziehung zwischen Eltern und Lehrern besteht.« Eine seiner Empfehlungen wird nicht nur deutschen Lehrern Schweißperlen auf die Stirn treiben: Hausbesuche. Largo hat mit Lehrern gesprochen, die das auf sich nehmen. »Die gehen am Anfang des Schuljahres in die Familien, sitzen am Küchentisch oder am Stubentisch und reden mit den Eltern. Diese Lehrer sagen danach: Nun verstehe ich Kinder und Eltern.«[54]

Doch Lernkultur als Beziehungskultur, dieser Gedanke setzt sich erst langsam durch. Der Erziehungswissenschaftler und Bildungsforscher Peter Struck hält ihn für eine absolute Notwendigkeit. »Vor fünfzehn Jahren waren meine Lehramtsstudenten noch nicht begeistert, wenn ich mit ihnen über Hausbesuche und Elternstammtische zu Erziehungsthemen (in Kanada sind sie als *parent raps* selbstverständlich) sprechen wollte. Das sei nicht Aufgabe von Schule, merkten sie an.« Struck setzt deshalb auf frühe Praxiserfahrungen und Elternkontakt schon vor Beginn des Studiums. »Heute wissen die Hamburger Lehramtsstudenten bereits vor ihrem 1. Semester, dass sie nie und nimmer im ›Raubtierkäfig Schule‹ klarkommen werden, wenn sie auf beides verzichten.«[55]

Das Prinzip, alle Beteiligten in den Bildungsprozess einzuschließen, beruht auf einem Selbstverständnis des Lehrers, jeden Schüler in seiner Individualität zu erkennen und daraufhin anerkennen zu können. Und auf dem Bemühen, widrige Startbedingungen zu überwinden, statt Handicaps mit schlechten Zensuren zu beantworten. Umgekehrt sind Schüler und Eltern eher bereit, sich auf den Lehrer einzulassen, wenn dessen persönliches Interesse erkennbar wird. Grundlage ist eine Beziehungsqualität, die auf Achtung beruht. Der russische Reformpädagoge Makarenko hielt dies für die Basis allen Lernerfolgs: möglichst hohe Forderungen an einen Menschen zu stellen und ihm zugleich die größtmögliche Achtung entgegenzubringen: »In unserer Dialektik ist das im Grunde ein und dasselbe. Von einem Menschen, den wir nicht achten, können wir nicht das Höchste verlangen.«[56] Das gilt natürlich auch für Schüler und Eltern. Werten sie den Lehrer ab, weil sie ihn als feindliche Instanz erleben, können sie kaum erwarten, dass er »das Höchste« gibt.

## Selbstwirksamkeit statt Selektion

Bisher ist der Aufbau von Beziehungen und damit eines ermutigenden Lernklimas weitgehend vom einzelnen Lehrer abhängig, von seiner Motivation, seinem Engagement, seiner sozialen Kompetenz. Ein verbindliches, auch evaluierbares Beziehungskonzept existiert an deutschen Schulen nicht. Dafür begünstigt ein vielfach anachronistischer Autoritätsbegriff Frontbildungen, die sich in Dauerkonflikten und gegenseitiger Geringschätzung ausdrücken. Meist machen Schüler die Erfahrung, dass sie nur bewertet, aber nicht unterstützt werden. Und trotz aller Theorieprosa, die mündige, kompetenzorientierte Schüler beschwört, fühlen sie sich oft gegängelt und gemaßregelt. Hart geht eine ehemalige Rektorin mit dem deutschen Schulsystem und seinen Lehrern ins Gericht. Sie kritisiert, dass Schüler nicht als eigenständige Persönlichkeiten wahrgenommen werden. »Sie sind unreif, wenn sie fragen, anstatt zu antworten, man behauptet, sie seien psychisch behindert, wenn sie dem ausgeübten Schulzwang apathisch oder aggressiv begegnen, man sieht sie als Leistungsverweigerer, wenn sie es nicht prickelnd finden, Diktate zu schreiben oder sich per Aufsatz zu besinnen. Schließlich gelangen sie als Benachteiligte in den Genuss besonderer Maßnahmen, die man als Förderung bezeichnet. Wer will schon begreifen, dass die Mittel der Unterdrückung niemals die Mittel der Förderung sein können.«[57] Das Damoklesschwert drohender Selektion spüren Schüler früh. Sie müssen verkraften, dass sie nicht automatisch mit einem solidarischen Gegenüber rechnen können. Mit Lehrern, die sie anfeuern, auffangen, unterstützen. Die sich freuen, wenn etwas gelingt, die besorgt sind, wenn es Probleme gibt. Deshalb fehlt die emotionale Bedeutung des Gelernten: die gemeinsame Begeisterung, aber auch das gemeinsame Meistern von Rückschlägen innerhalb einer verbindlichen Beziehung. Und schon hat einer wie Moritz – Sie erinnern sich an Moritz? – implizit gelernt, schulisches Lernen mit negativen Gefühlen wie Langeweile, Enttäuschung und Angst zu verbinden. Das zumindest hat ihm der Lehrer beigebracht. »Für mich ist es immer wieder eine furchtbare Erfahrung, wenn aufgeweckte Kinder, die über so viel Lebensfreude, Intelligenz und gute Voraussetzungen verfügen, Tag für Tag leiden müssen«, schreibt der dänische Familientherapeut Jesper Juul, der sich angesichts deutscher Schulverhältnisse fassungslos die Augen reibt. Was nicht etwa an einzelnen schlechten Lehrern liege, »sondern an einer allgemeinen Stimmung und Lernatmosphäre, die man nur als unmenschlich bezeichnen kann.«[58]

Motivation gelingt nur dann, wenn Erfolge wie Misserfolge als Teil des Lernprozesses zugelassen werden – ohne dass das emotionale Verhältnis zum Lehrer dadurch erschüttert wird. Erst durch diese Gewissheit entsteht ein ermutigendes Lernklima. Intelligenz und Wissen wirken weniger motivierend als das unerschütterliche Vertrauen darauf, alle Schwierigkeiten zu bewältigen. Es ist die Erwartung des Gelingens, die zum Gelingen führt. Ernst Bloch prägte die schöne Formulierung, man könne ins Gelingen verliebt sein. In der Einleitung zum *Prinzip Hoffnung* schreibt er, dass diese Grundhaltung bei verunsicherten, furchtsamen Menschen fehle:»Der Boden wankt, sie wissen nicht warum und von was. Dieser ihr Zustand ist Angst … Es kommt darauf an, das Hoffen zu lernen. Seine Arbeit entsagt nicht, sie ist ins Gelingen verliebt statt ins Scheitern.« Im Kontext der sozialen Lerntheorie spricht man von Kontrollüberzeugung – jemand geht fest davon aus, dass er den Erfolg seines Handelns in der Hand hat. Diese internale Kontrollüberzeugung unterscheidet sich von der externalen, bei der man äußere Umstände für Gelingen und Scheitern verantwortlich macht. Nur die Überzeugung, die eigene Leistung könne wirklichkeitsverändernd sein, ist ermutigend und motivierend. Erfolgserlebnisse stützen diese Erwartung. Und das heißt nicht etwa anstrengungslose Erfolge, vielmehr die Erfahrung, aller Schwierigkeiten zum Trotz am Ende doch noch zu einem positiven Ergebnis zu kommen. Die Kontrollüberzeugung allein reicht aber nicht aus, um Hindernisse zu überspringen. Hierfür brauchen Schüler die aktive, bindungsstarke Unterstützung des Lehrers, seine Ermutigung, unabhängig von der aktuellen Leistung.

Lehrer, die sich auf konstruktive Beziehungen einlassen, tun intuitiv das Richtige, folgt man John Hatties Metaanalyse der wichtigsten Faktoren für den Lernerfolg. Neben dem Vertrauen in die eigene Leistung zählt er den Respekt vor dem Schüler als Person, die Qualität der Lehrer-Schüler-Beziehung und die Einschätzung des Lehrers durch den Schüler als entscheidend auf. All das ist ohne die Beziehungsbereitschaft des Lehrers nicht möglich, ohne Bindung mit allen erwähnten Qualitäten – Empathie, Kontinuität, Verlässlichkeit, Authentizität, Vertrauen, Ermutigung, emotionale Intensität. Hattie nennt diese Haltung ethisch und zugewandt. Das zuweilen kritisierte Verfahren seiner Studie, sehr unterschiedliche Schultypen und pädagogische Konzepte zu vergleichen, ist gerade ihre Stärke. Denn sie zeigt unter anderem die Resistenz der Schüler gegen Strukturen, auch gegen solche, die sich ungünstig auswirken könnten. Zentral für Schüler ist die Person des Lehrers. Nicht beantwortet bleibt allerdings die Frage, was da eigentlich so erfolgreich gelernt wird. Gute Noten machen noch keine gute Schule aus.

Im Idealfall ist Unterricht eine Initialzündung der Eigenverantwortlichkeit. Aus Vertrauen entsteht Selbstvertrauen und schließlich Selbstverantwortlichkeit. So wie das Kleinkind durch sichere Bindungen explorativ wird, also neugierig seine Umwelt erforscht, führt ein guter Beziehungsstatus zwischen Lehrer und Schüler zur Unabhängigkeit vom Lehrenden. Hier schließt sich der Kreis zur Bindungsforschung. Die gelingende Beziehung zum Lehrer ist kein Modell regressiver Abhängigkeit. Im Rahmen der Bindungsforschung interpretiert, bietet sie dem Schüler die Chance, sich selbst als wertvoll und lernfähig zu erfahren. Daraufhin kann er initiativ werden, künftig eigenständig lernen. Mit einem Begriff des Psychologen Albert Bandura spricht man von Selbstwirksamkeit: »die subjektive Gewissheit, neue oder schwierige Anforderungssituationen auf Grund eigener Kompetenz bewältigen zu können.«[59]

Anhänger instruktiver Lehrkonzepte verweisen hingegen darauf, es sei gleichgültig, ob Schüler motiviert seien – Hauptsache, sie erbrächten die verlangte Leistung. Diese Haltung beruht auf einem grundlegenden Missverständnis. Denn das Gegenteil von Motivation bedeutet nicht einfach deren Abwesenheit. Das Gegensatzpaar heißt Ermutigung oder Entmutigung. Alles, was Motivation verhindert – destruktive Kritik, Enttäuschung, Bindungsunsicherheit –, führt zu einer entmutigten Haltung. So wie nichts erfolgreicher ist als der Erfolg, programmieren daher wiederholte Rückschläge und Misserfolge weitere Misserfolge, sofern sie mit Liebesentzug beantwortet werden. Es wird unmöglich, an sich zu glauben und den Erfolg des eigenen Handelns zu antizipieren. Bei Schülern drückt sich das oft in Sätzen aus wie »Das schaffe ich sowieso nicht« oder »Der Lehrer findet sowieso, dass ich in Mathe eine Null bin, außerdem kann er mich nicht ausstehen.« Sie erleben meist nicht, dass Lernschwierig-keiten als Normalität betrachtet werden, die der Lehrer profes-sionell begleitet.

Selbstwirksamkeit ist immer auch eine Folge der Koopera-tionswilligkeit des Lehrers. Nur wenn die Unterrichtsziele trans-parent werden, haben Schüler die Chance auf den Lernerfolg. Oft sind die Anforderungen bei Klausuren jedoch nicht durch-schaubar. Darüber werden viele Schüler im Unklaren gelassen. Dann tappen sie im Dunkeln und bereiten sich möglicherweise falsch vor. Häufig fühlen sie sich hereingelegt. »Unser Lehrer fragt bei Tests und Klausuren ganz oft Sachen ab, die wochen-lang nicht mehr dran waren«, erzählt Kevin, der die 10. Klasse eines Gymnasiums besucht. »Der Typ legt es richtig darauf an, dass wir reinrasseln. Ich finde das total unfair. Jeder Test ist eine Wundertüte, man weiß nie, woran man ist.« Der Gymnasialleh-rer Robert Rauh hält gar nichts von solchen Methoden. »Die Aufgabenstellungen und die Bewertungskriterien müssen abso-lut transparent sein. Ich lege Wert auf ein Klausurtraining. Dazu gehören ebenfalls Formulierungshilfen. Die Übungen sind für beide Seiten anstrengend, doch die Schüler müssen genau wis-sen, was man von ihnen verlangt und was der konkrete Maßstab ist. Das verhindert auch Stress!«

Selbstwirksamkeit bleibt ein Leben lang die Voraussetzung für den sozialen wie beruflichen Erfolg. Nicht nur Schulversa-ger und Schulabbrecher haben in dieser Hinsicht ein Problem, auch viele Studenten. Die Quote der Studienabbrecher ist in Deutschland mit 35 Prozent ungewöhnlich hoch im Vergleich zu anderen Ländern. Da man davon ausgehen muss, dass Abitu-rienten grundsätzlich intelligent und aufnahmefähig genug sein müssten, um ein Studium abzuschließen, liegen die Gründe of-fenbar in der fehlenden Selbstwirksamkeit. Professoren kennen das Phänomen der sogenannten Aufschieberkrankheit, in Fach-kreisen auch Prokrastination genannt, die Unfähigkeit vieler Studenten, ihre Abschlussarbeiten zu Ende zu bringen. Oft beruhen die unüberwindlichen inneren Widerstände auf Verunsicherung, da sie nie erlernt haben, ihrer eigenen Kompetenz zu trauen.

»Man kann ein Leben lang Sekundärliteratur lesen, aber irgendwann muss man seine Position beziehen, schwarz auf weiß«, sagt Ingrid Scherübl, wissenschaftliche Mitarbeiterin an der Universität der Künste Berlin. Für Doktoranden bietet sie einen zehntägigen Schreib-Aschram an, eine Art Klostercoaching mit Meditation und festen Schreibzeiten. Es gehe ihr darum, dass die Studenten »das eigene Denken wichtig nehmen« und um positive Selbsterfahrung.[60] Die Erlebnisse der Hochschulmitarbeiterin zeigen: Wissen allein reicht nicht aus. Viele Studenten sitzen gleichsam vor einem 10 000-Teile-Puzzle und sind nicht in der Lage, es zusammenzusetzen. Das erinnert an den beliebten Therapeutenspruch: Im Grunde wissen Sie alles, Sie müssen Ihr Wissen nur noch sortieren und anwenden. Dieses »Nur« ist natürlich eine kapitale Untertreibung. Denn erstens braucht man Orientierungsfähigkeit, zweitens Motivation und drittens die Überzeugung, dass die Sache gelingt: Selbstwirksamkeit. Je öfter man – mit Unterstützung eines empathisch engagierten Lehrers – erlebt hat, dass man aus eigener Kraft alle Komplikationen überwinden konnte, desto stärker wird die Zuversicht. Und nur wenn man wirklich an den Erfolg glaubt, fängt man auch an, eine größere, anstrengende Aufgabe zu bearbeiten.

Deutsche Schulen scheitern jedoch im großen Stil daran, ihren Absolventen eine derart positive Haltung mit auf den Weg zu geben. Folgerichtig kapitulieren auch viele Studenten vor den Herausforderungen des Studiums. Die Berliner Universität der Künste ist nicht der einzige Campus, auf dem man das Problem erkannt hat. An der Universität Frankfurt mischt sich neuerdings eine bis dato unbekannte Spezies von Lehrenden unter die Professoren: Motivationstrainer. Der Bedarf ist riesig. Selbstzweifel, Versagensängste, Unsicherheiten plagen die Studenten, die in die Veranstaltungen des »Frankfurter Akademischen

Schlüsselkompetenz Trainings« strömen. In einem sechsstündigen Workshop hilft beispielsweise Michaela Brohm, Professorin für Bildungswissenschaften an der Universität Trier, dem schwächelnden akademischen Nachwuchs in Frankfurt auf die Sprünge. Mit Sätzen wie diesem: »Motivation ist kein Ziel, sondern eine offene, energiegeladene Bewusstseinslage, eine Lebensart.«[61] Aber daran hapert es immer häufiger. Brohms Diagnose der Defizite ist zugleich eine implizite Kritik am Schulsystem. Denn sie bemängelt, schon in der Schule dränge die komprimierte Vermittlung reinen Fachwissens die Persönlichkeitsbildung zurück. Die Jagd auf gute Zensuren verhindere die intrinsische Motivation, die Freude am Fach, die Begeisterung für Gruppenerlebnisse des Lernens und Experimentierens. Selbst wer mit Bestnoten belohnt werde, profitiere immer nur kurzfristig vom Effekt extrinsischer Motivation. Im zusehends verschulten Studium wiederhole sich dieses Muster.

Brohms Kritik zielt auch auf das unpersönliche Verhältnis zwischen Lehrenden und Studierenden. Studenten werde zu selten die Gelegenheit geboten, im Gespräch mit Professoren Rückmeldungen und Beratung zu erhalten. Diese Beobachtung stützt die These, dass Selbstwirksamkeit essenziell an eine starke, vertrauensvolle Beziehung zum Lehrenden gebunden ist, nicht nur an der Schule, auch später im Studium. Diese Leerstelle versucht die Wissenschaftlerin zu füllen – unter anderem mit Tipps, wie man ein Gefühl für die eigene Leistungsfähigkeit lebendig hält, nämlich durch die aktive Erinnerung an Momente, in denen man bereits selbst gesteckte Ziele erreicht hat. Selbstwirksamkeit ist auch für Michaela Brohm eine Frage der Kontrollüberzeugung, wenn sie sagt: »Nur wer glaubt, dass er das Kontrollsystem für seine eigene Leistung in sich trägt, entwickelt Energie.«[62]

Mit der Theorie der Selbstwirksamkeit kamen neue Aspekte in die Debatte um fehlende Motivation: Kompetenzüberzeugung, Ich-Stärke, subjektive Kompetenz, positives Selbstkonzept. All diese Faktoren, betont Erziehungswissenschaftler Rudolf

Isler, erwerben Lernende, wenn sie in einer vertrauensvollen Lehrer-Schüler-Beziehung ermutigt werden. Nur dann seien die Schwierigkeiten zu kompensieren, die jeden Lernprozess begleiten. Im Klassenzimmer sei deshalb nicht etwa die Didaktik von primärer Bedeutung. »Es wird klar, dass sich unsere pädagogischen Bemühungen eben auf keinen Fall nur auf die korrekte Instruktion beschränken dürfen. Mindestens so wichtig ist die Beziehung zu den Schülerinnen und Schülern, das Lob, der ermutigende Kontakt.«[63]

Offenbar gibt es weder an der Schule noch an der Universität genügend Gelegenheit dazu. Wer die Schule verlässt, hat oft nur besser oder schlechter gelernt, auf äußeren Druck zu reagieren, statt aus eigenem Antrieb mit Selbstvertrauen und selbstverantwortlich neue Wissensgebiete zu erobern. Fällt der Druck weg, erweist sich der Mangel an Motivation als schwerwiegendes Defizit. Daher muss es um einen Paradigmenwechsel vom »Lernen mit Druck zum Lernen mit Sog« gehen, wie es der Pädagoge Dieter Böhm formuliert. Und der Kinderpsychologe Michael Rutter sagt: »Was ich im Laufe der Jahre erkannt habe, ist, dass die Herangehensweise von Kindern an Wissen genauso wichtig ist wie das Wissen selbst. Motivation, Begeisterung, Sinn müssen den gleichen Stellenwert haben wie das Lernen von Fakten«.[64] Lernen zu lernen, wird demgegenüber immer noch als Fähigkeit verstanden, seine Arbeit strukturieren zu können. Im eigentlichen Sinne aber geht es darum, dass Schüler eine positive Einstellung zum Lernen entwickeln. Der Königsweg dahin ist das untrennbare Ineinandergreifen von Beziehung und Lehre. Daraus würden sich Lernrhythmen ergeben, die sich an die Entwicklung der Schüler anpassen, eine echte Interaktion zwischen Lehrer und Schüler. Die Realität sieht anders aus. »In den meisten Einrichtungen arbeitet man immer noch belehrend statt erfahrungsorientiert, künstlich strukturiert statt alltagsorientiert, hierarchisch vermittelnd statt gemeinsam erkundend.«[65] Womit wir wieder beim Trichter respektive der Festplatte wären.

Dass sich die Unterrichtsqualität wesentlich an der Beziehungsqualität messen lässt, wissen Schüler heute besser als Lehrer,
Schulleiter und Bildungsexperten. Ein Berliner Gymnasium, das
regelmäßig eine Selbstevaluation vornimmt, die sogenannte
SEIS-Befragung (Selbstevaluation in Schulen, begleitet von der
Bertelsmann Stiftung), listet in einem Leitfaden eine Reihe von
formalen Kriterien für guten Unterricht auf, mahnt aber zugleich:»Es ist zu berücksichtigen, dass die Bewertung des Unterrichts durch die Schülerinnen und Schüler vermutlich in starker
Abhängigkeit von der Beurteilung der Lehrkraft erfolgt.«[66] Vermutlich? Ganz sicher sogar! Und das ist kein weiches Kriterium,
sondern das zentrale, anders, als das Evaluationsprogramm es
nahelegt. Wie soll Unterricht gelingen, wenn er auf der persönlichen Ebene defizitär ist? Nur wer sich als lernfähig und erfolgreich kennengelernt hat, wer sich auf sich selbst verlassen kann,
weil er eine sichere Schüler-Lehrer-Beziehung erlebt hat, ist fit
genug, seine Bildungsreise eigenständig fortzusetzen, auch ohne
gestrengen Kontrolleur. Oder, mit einem Satz des Philosophen
Wilhelm Schmid:»Nur dort, wo es Selbstaneignung gibt, kann es
Selbstverantwortung geben.«[67] Wer also meint, ein Lehrer mache
seinen Schüler zum emotionalen Junkie, wenn er eine intensive
Beziehung aufbaut, der irrt. So paradox es klingen mag: Sichere
Bindungen ebnen den Weg zur Autonomie.

## Anmerkungen zur Lehrerpersönlichkeit: Robert Rauh, ein Lehrer der Kreidezeit

Es waren seine Schüler, die ihn für die Auszeichnung »Lehrer
des Jahres« vorschlugen. Seit November 2013 darf sich Robert
Rauh vom Barnim-Gymnasium in Berlin-Lichtenberg mit diesem Titel schmücken. Besonders innovativ unterrichte er nicht,
sagt er, Gruppenarbeit und Hausaufgaben per E-Mail seien bei

ihm nicht üblich: »Ich bin eher konservativ, ein Lehrer der Kreidezeit.« Was macht ihn so besonders? Im Nominierungsschrei-
ben seiner Schüler heißt es: »Im Gegensatz zu anderen Lehrern
kommt Herr Rauh nicht nur zur Schule und unterrichtet stur
nach Lehrplan, gleichgültig, ob wir Schüler die Inhalte verstanden haben oder nicht.« Zwischenbemerkungen, die nichts zur
Sache tun, diskutiere er ausführlich, oft kommentiere er sie mit
Humor. »Im Unterricht muss auch immer mal gelacht werden«,
sagt Rauh, »das hält nicht auf, sondern motiviert die Schüler.«
Das entspannte Lernklima führe jedoch nicht zu Konfusion, vielmehr sei ihm daran gelegen, dass alle Schüler ein gutes Abitur
machten.

Rauhs Schüler erleben einen begeisternden Unterricht in
den Fächern Deutsch und Geschichte. Jede Frage wird geduldig
beantwortet, selbst wenn sie bereits mehrmals gestellt wurde.
Als Regisseur fühle er sich, der jeden Schüler im Blick habe und
jeden einbeziehe, erklärt Rauh. Er setze nicht auf Methodik,
sondern den engen Austausch, das Unterrichtsgespräch sei das
wichtigste Element. Dazu kommen ungewöhnliche Ideen wie
ein Kongress zum Thema Antike, den er zusammen mit der Berliner Akademie der Wissenschaften initiierte. Jeder Schüler
musste einen Vortrag halten, ein beratungsintensives Projekt,
manchmal mit nächtlichen Telefonaten. Rauh gilt als Lehrer, der
seinen Schülern Achtung, Interesse und Empathie entgegenbringt. Am Anfang jeder Geschichtsstunde diskutiert er ein ta-
gesaktuelles Thema, von Fußball bis Eurokrise. Und lässt Meinungen zu, nicht nur Fachwissen. Die siebzehnjährige Schülerin
Jenny schwärmt: »Man merkt ihm an, dass er wirklich an den
Persönlichkeiten der Schüler interessiert ist. Das ist nicht selbstverständlich, ich war auch auf anderen Schulen und weiß, wovon
ich spreche.«[68]

Jeder Lehrer hat eine andere Biografie, eine andere Unter-
richtshandschrift, eine andere Berufsauffassung. Diese Unterschiede der Lehrerpersönlichkeit machen die Vielfalt von

Schule aus. Insofern wäre es wenig sinnvoll, einen einzelnen Lehrer zum Rollenvorbild zu erheben. Andererseits zeigt das Beispiel Robert Rauh Idealtypisches, das sich näher zu betrachten lohnt. Denn offenbar gehört er zu jenen Lehrern, die eine zugewandte Haltung verwirklichen – und damit einen beziehungsorientierten Unterricht, der Motivation und Selbstwirksamkeit ermöglicht.

Prägend war Rauhs Berufseinstieg, obwohl zunächst alles nach einem Fehlstart aussah. Denn nach seinem Zweiten Staatsexamen bekam Rauh keine Anstellung im Berliner Schuldienst – wegen sinkender Schülerzahlen herrschte strikter Einstellungsstopp in der Hauptstadt. Selbst ein hart erkämpfter Gesprächstermin mit dem damaligen Bürgermeister Eberhard Diepgen blieb folgenlos. Also nahm er übergangsweise eine Stelle bei der DEKRA-Akademie in Berlin-Tempelhof an. Sie bot vom Arbeitsamt finanzierte Lehrgänge an, in denen Jugendliche extern ihren Realschulabschluss nachholen konnten. Dort wurde Rauh Lehrgangsleiter, was der Funktion eines Klassenlehrers entsprach. »Als ich zum ersten Mal in die Klasse kam, fühlte ich mich wie in einer Brennpunktschule am Rand einer amerikanischen Großstadt. Zwanzig junge Erwachsene saßen gelangweilt in den Bänken. Einige hatten Kaugummi kauend ihre Beine auf den Tisch gelegt. Zwei motzten sich gerade an; einer war zugekifft, und eine junge Frau sagte mir, sie werde gleich wieder gehen, weil sie einen Arzttermin habe. Als ich meiner Tante in München davon erzählte, sagte sie entsetzt: ›Robert, Robert, und dafür hast du studiert?‹«

Es war ein Praxistest der härteren Sorte. Rückblickend meint Rauh, er habe in dieser Zeit viel über das Lehren gelernt, weil es eine Schule des Lebens gewesen sei. Für die Schüler ging es um einiges. Hielten sie durch, flossen die Gelder des Arbeitsamts, und mit einem Abschluss in der Tasche hatten sie eine ungleich größere Chance auf den Berufseinstieg. Scheiterten sie, bedeutete das potenziell, auch langfristig zu scheitern. »Mein Hauptmittel war die Motivation«, erzählt Rauh. »Ständig habe

ich versucht, die Schüler anzuspornen, dieses eine Jahr durchzuhalten. Gelungen ist mir das nicht ganz: Fünf brachen den Kurs
ab, und nur acht schafften den Abschluss.« Dennoch erhöhte er
die Erfolgsquote beträchtlich. Ein Jahr zuvor hatte bloß ein einziger Schüler den Abschluss geschafft. Mitentscheidend für Rauhs
Erfolg war der Akademieleiter, der den Berufsanfänger unterstützte und ihm viele Freiheiten gewährte, um die Schüler bei
der Stange zu halten. Das erwies sich als unerwartet belastend.
»Anfangs hatte ich oft Zweifel, ob ich den Lehrerberuf nervlich
durchhalte. Erst durch meine wachsende Erfahrung habe ich gelernt, Disziplinverstöße wie Zuspätkommen oder Ausraster nicht
persönlich zu nehmen.«

Was Rauh für sich lernte, waren die entscheidenden Anforderungen an eine Lehrerpersönlichkeit. »Ein Lehrer muss für sein
Fach brennen – das überträgt sich auf den Schüler. Er sollte
wirklich gern mit Kindern und Jugendlichen arbeiten, auch
wenn das manchmal anstrengend ist. Er sollte fachliche und methodische Kompetenz verbinden. Und: Er kann nicht von einer
natürlichen Autorität ausgehen, sondern muss sie sich erarbeiten.« Schon das Berliner Schulgesetz verbiete es, Disziplin, Respekt und Autorität durch Leistungskontrollen zu erzwingen.
Aber natürlich weiß Rauh, dass dieses Gesetz Lehrer nicht daran hindert, Autoritätsdruck durch Notendruck zu erzeugen. An
der DEKRA-Akademie war das jedoch gar nicht möglich, da
ging es um Sein oder Nichtsein im Hinblick auf den Abschluss.
Was Rauh außerdem lernte: »Ein Lehrer sollte gut mit Stress
umgehen können, um nicht emotional zu entgleisen, und er muss
konsequent sein.« Widersprüchliche Signale dürfe er nicht geben. Körpersprache und Mimik sollten vielmehr eine gewisse
Spannung und Aufmerksamkeit signalisieren. Bis heute setzt er
sich im Unterricht nicht hin, sondern steht. Aus Prinzip. Und versucht dabei, jeden im Blick zu haben.

Der erste Job war nicht nur ein Stresstest, Rauh hat ihn zugleich als Schule der Beziehungskultur wahrgenommen. »Man

muss Schüler in ihrer Eigenart und Besonderheit verstehen wollen. Schüler sind – wie alle Menschen – sehr unterschiedlich und werden oft nicht mit ihren spezifischen Begabungen erkannt. Oftmals wissen wir gar nicht, welche ›Geschichte‹ hinter dem Schüler steht. Für mich ist es eine Frage des Respekts, den Einzelnen in seiner Individualität wahrzunehmen, selbst wenn er zunächst unzugänglich wirkt.« Diese Haltung, entstanden in der Auseinandersetzung mit Jugendlichen, die nicht gerade der Traum jedes Lehrers sind, ist für Rauh bis heute verbindlich. Er weiß, wie wichtig die innere Einstellung zum Lehrerberuf ist. Denn was man wirklich über Schüler denkt, so seine Überzeugung, vermittelt sich über die Ausstrahlung. Lippenbekenntnisse reichten nicht aus. »Man sollte generell eine gute Selbstwahrnehmung haben. Schüler sind sehr viel feinfühliger, als vielen Lehrern bewusst ist; deshalb registrieren sie sehr schnell, ob ein Lehrer ihnen Interesse oder Desinteresse, Achtung oder Verachtung entgegenbringt.« Dazu gehöre, eigene Fehler zuzugeben und auch zu thematisieren, wenn man einmal nichts weiß. Einen sakrosankten Lehrer, der immer nur recht behalten will, durchschauten die Schüler ohnehin. »An erster Stelle steht die Beziehung zwischen Lehrer und Klasse«, beschreibt Rauh seine persönliche Agenda. »Es muss eine Diskurskultur entstehen, entspannt, aber produktiv.« Erst auf der zweiten Ebene gehe es um Autorität, auf der dritten dann um das Gemeinschaftsgefühl. Niemand dürfe ausgegrenzt werden.

Das hört sich gut an, wie jedoch lässt sich das im Schulalltag umsetzen? »Beziehungskultur bedeutet für mich in erster Linie, dass ich Schüler in ihrer Persönlichkeit ernst nehme«, sagt Rauh. Seine Oberstufenschüler dürfen pro Semester jeweils zwei Joker ziehen, bei den Hausaufgaben und bei der mündlichen Mitarbeit. Das heißt konkret: Zweimal dürfen sie ohne Hausaufgaben zum Unterricht kommen. Es könne immer mal persönliche Gründe geben, die dieses Versäumnis rechtfertigen, findet Rauh. Das sei auch eine Taktik, um zu verhindern, dass Schüler den

Unterricht schwänzten – weil sie befürchten, aufgrund fehlender Hausaufgaben eine schlechte Note zu bekommen. Und zweimal pro Semester dürfen sich die Schüler quasi selbst von der mündlichen Mitarbeit befreien. »Ich bewerte sie also in dieser Stunde nicht. Denn selbst für die typische Schüleraussage ›Ich bin heute nicht gut drauf‹ kann es plausible Gründe geben: Liebeskummer oder Konflikte mit den Eltern. Das sind Probleme, die man als Lehrer nicht unterschätzen sollte.«

Lehrer müssten unbedingt ein klares Rollenbild entwickeln. Ihnen sollte bewusst sein, dass sie die Lehrperson sind und nicht der Kumpel oder Freund des Schülers. Eine gewisse Distanz sei notwendig. Das schließe aber nicht aus, dass man mit Schülern auch auf einer persönlichen Ebene kommuniziere. »Ich suche das persönliche Gespräch. Das bietet sich in Pausen an, noch besser auf Exkursionen und Klassenfahrten. Dabei würde ich jedoch nie Grenzen überschreiten. Ich kommentiere nicht die Kleidung und nicht den Haarschnitt, ich frage auch nicht: ›Hast du eigentlich eine Freundin?‹ Außerdem sollte man sich nicht anbiedern. Am allerwichtigsten ist zuhören, ohne zu bewerten. Das fällt vielen Lehrern schwer. Außerdem reden sie häufig am liebsten über sich selbst.«

Rauh ist Schülern gegenüber toleranter als Erwachsenen. Oft sei er zu nachgiebig und zu geduldig, am Ende zahle sich diese Toleranz aber aus. »Im Privatleben reagiere ich manchmal ungeduldig oder zynisch; im Schulalltag lasse ich das hinter mir. Eine Schülerin sagte einmal über mich: ›Der ist einfach immer locker und nicht genervt von uns.‹ Das resultiert aus meinem Rollenverständnis. Schüler sind vom Lehrer abhängig. Daher sollte man seine Machtposition nicht ausnutzen. Weder für eine Machtdemonstration noch für eine Manipulation!«

Wie ungewöhnlich ein solch achtsamer Umgang mit Schülern ist, weiß Rauh, der die üblichen Autoritätsrituale kennt. Mehr als einmal wurde er mit auftrumpfenden Vorstellungen seiner Kollegen konfrontiert, die für Härte und Gebrüll votierten. Rauh zieht es vor, sich seine Schüler genau anzuschauen und auf ihre Bedürfnisse einzugehen. »Unterrichte ich in einem Kurs, in dem mehrheitlich Jungen sitzen, dann versuchen sie, besonders cool zu wirken. Sie reißen Witze und klopfen Sprüche – um sich zu profilieren. Und sie provozieren damit natürlich auch den Lehrer. Ich bin eigentlich dankbar, wenn in einer neunzigminütigen Unterrichtseinheit über die Krise der Weimarer Republik ein Schüler einen Witz macht.« Das lockere sofort die Stimmung auf und könne sogar der Motivation dienen. »Viele Lehrer befürchten jedoch, sie verlieren die Kontrolle und beginnen sofort zu ermahnen. Völlig zu Unrecht. Eine Userin schrieb auf Facebook: ›Lernen und Lachen gehören zusammen.‹ Das kann ich nur unterschreiben. Angst vor Kontrollverlust habe ich nicht. Die Voraussetzung dafür ist ein souveränes Auftreten und eine entspannte Lernatmosphäre.«

Für Rauh hat das Gemeinschaftsgefühl hohe Priorität. Man könne es aber nicht vorauszusetzen – dies gehöre im Zweifelsfall zur Beziehungsarbeit des Pädagogen. »Ein Gemeinschaftsgefühl muss manchmal auch durch den Lehrer gesteigert werden. Ich war neulich mit meinem Kurs in der Cafeteria. Ein Mädchen setzte sich an einen Nebentisch. Daraufhin habe ich demonstrativ einen weiteren Stuhl an unseren vollbesetzten Tisch geschoben, damit sie daran Platz nehmen konnte. Solche Gesten sind sehr wichtig, um Ausgrenzung und Mobbing zu verhindern.« Wenn eine gewisse Beziehungsebene erreicht sei, frage er genauer nach. Zum Beispiel, wenn er das Gefühl habe, dass ein Schüler schwerwiegende Probleme habe oder wenn ein Schüler nicht gut in die Klasse integriert ist. »Solche Probleme zu erkennen, gehört zu den Aufgaben des Lehrers. Und es muss dem betroffenen Schüler überdies vermittelt werden. Ich sage zum Beispiel: ›Ich kann dir vielleicht nicht helfen, aber du hast meine Unterstützung.‹ In Ausnahmefällen gestatte ich ihm dann, beispielsweise eine Arbeit nachzureichen, wenn er aus persönlichen Gründen nicht dazu in der Lage ist, sie zu bewältigen.«

Ein klares Rollenbild erlaube auch, das Verhalten der Schüler besser zu deuten und sich nicht permanent angegriffen zu fühlen. »Ich glaube, es ist sehr wichtig, dass sich Lehrer dem Verhalten und dem Kompetenzstand ihrer Schüler anpassen, gerade dann, wenn sie renitent wirken. Man hat prinzipiell nur zwei Möglichkeiten: Entweder man sucht die konstruktive Auseinandersetzung, oder man errichtet eine Front.« Da war diese Kollegin, die regelmäßig einmal in der Woche fluchend das Lehrerzimmer betrat. Immer wieder schimpfte sie auf die undisziplinierten Schüler, die nicht aufpassten, zwischendurch laut lachten und unter dem Tisch mit ihren Handys spielten. Irgendwann wurde Rauh neugierig und fragte, über welchen Kurs sich die Kollegin denn eigentlich so aufrege. Zu seinem größten Erstaunen gehörten die »Hauptstörer« zu seinem Tutorium. Zunächst konnte er sich das Verhalten der Schüler nicht erklären, denn in seinem Unterricht waren sie nicht auffällig. »Die Lehrerin hatte offenbar eine völlig andere Wahrnehmung«, erzählt Rauh. »Ihre feindselige Haltung führte dazu, dass der Kurs sie regelmäßig auflaufen ließ.« Mehrere Schüler berichteten ihm unabhängig voneinander folgende Geschichte: Einmal wollte diese Lehrerin einen Film zeigen. Während sie den Fernseher ins Klassenzimmer geschoben hatte, war die Fernbedienung auf den Boden gefallen. Dabei waren die Batterien herausgesprungen und unter einen Heizkörper gerollt. Die Lehrerin bemerkte es nicht, und niemand sagte es ihr. Als sie den Fernseher anstellen wollte, funktionierte er natürlich nicht. Wutentbrannt wandte sie sich an die Schüler und rief: »Ach, DAS habt ihr euch HEUTE ausgedacht, was? Na gut, zur Strafe schreiben wir jetzt einen Test!« Sie schob den Fernseher aus dem Raum und diktierte die Aufgaben. »Wenn die Atmosphäre erst einmal derart vergiftet ist – und bleibt –, kann kein positives Lernklima mehr entstehen«, sagt Rauh dazu.

Seinem Selbstverständnis nach ist er mehr Lerncoach als Lehrer, weil für ihn die Motivation seiner Schüler im Vordergrund steht. »Ich zeige den Schülern, dass ich persönlich an ihrem Lernerfolg interessiert bin. Man muss aber auch zuhören, wenn die Schüler bereit sind, von ihren Problemen und Sorgen zu erzählen. Häufig reicht es, wenn sie das Gefühl haben, dass man sie versteht. Und Hilfe anbietet, wenn sie zum Beispiel zu Hause rausgeflogen sind.« Geht es um den Lernerfolg, übt sich Rauh in der Tugend der Geduld, erklärt etwas zum dritten oder vierten Mal, falls nötig. »Grundsätzlich wundere ich mich, wie wenig im Unterricht gefragt wird, gerade vor Klausuren. Vermutlich haben die Schüler die Erfahrung gemacht, dass sie bei Fragen kritisiert werden, weil sie Wissenslücken oder Verständnisschwierigkeiten offenbaren. Das hemmt die Motivation.«

Lerncoach zu sein, hat für Rauh wesentlich mit Feedback zu tun. Bei ihm können sich die Schüler nach jeder Unterrichtsstunde nach ihren mündlichen Leistungen erkundigen. Erfahrungsgemäß nehmen jeweils nicht mehr als ein, zwei von ihnen diese Gelegenheit wahr, sodass er das noch schaffe. »Aber die Zeit nehme ich mir immer«, betont er. »Es kommen bei Weitem nicht nur die schlechten Schüler, auch die guten haben Gesprächsbedarf. Oft sind sie sehr ehrgeizig und deshalb enttäuscht, wenn sie ›nur‹ auf einer Zwei stehen. Dann sage ich: ›Mein Ziel ist, dass Sie am Ende des Semesters eine Eins haben werden. Wenn Sie dieses ›sehr gut‹ auch anstreben, dann müssen Sie sich im Bereich der Urteilskompetenz steigern.‹« Rauh signalisiert seinen Schülern, dass er an der Verbesserung ihrer Leistungen interessiert ist. »Dies verschafft mir gleichzeitig die Möglichkeit, Kritik zu üben, ohne den Schüler zu entmutigen oder vor den Kopf zu stoßen.«

Diese Form des Coachings erfordert Zeit, Augenmaß und die Kunst der Relativierung des eigenen Fachs. »Manchmal führe ich Beratungsgespräche, in denen ich ganz klar sage: ›Ich weiß, deine Begabungen liegen eher in der Mathematik, aber wir versuchen, in Geschichte das Beste für dich zu erreichen.‹ Wir verbünden uns für ein gemeinsames Ziel.« Was die Didaktik betrifft, hat sich Rauh ganz klar für den kompetenzorientierten Unterricht entschieden. Weniger kann mehr sein – weniger Inhalt, dafür mehr Kompetenzen. Deshalb plädiert er dafür, die Lehrpläne sollten deutlich weniger Stoff enthalten. »Alle Inhalte müssen auf den Prüfstand.«

Neben den fachspezifischen Überlegungen ist Rauh immer wieder fasziniert von Phänomenen auf der Beziehungsebene, die keine Ausbildung vermitteln kann. Dazu gehört der »magische Moment«. »Also, ich nenne das so! In der Entwicklung einer Beziehung zwischen Lerngruppe und Schüler treten – meist in den ersten Wochen nach Übernahme eines neuen Kurses oder einer neuen Klasse – Situationen auf, in denen plötzlich das Eis bricht. Häufig sind es emotionale Situationen. Von diesem Zeitpunkt an kann die Beziehung kaum noch etwas erschüttern. Diese Situationen sind nicht zu planen, nicht zu steuern und oft auch nicht vorauszusehen.«

Einmal übernahm er eine neue Klasse in Geschichte und war entsetzt über deren Passivität im Unterricht. Die Schüler beteiligten sich kaum, nahmen alles hin und ließen sich auf keine Diskussion über die Unterrichtsthemen ein. Oft ging Rauh völlig durchgeschwitzt und verzweifelt aus dem Klassenraum, weil er fast alles allein machen musste. Und offenbar der einzig Motivierte war. »Dann schrieb ich die erste Lernerfolgskontrolle. Sie fiel erstaunlich gut aus. Meine Überraschung und Freude wollte ich bei der Rückgabe thematisieren. Und die Schüler mit diesen Noten auch gleich für eine gesteigerte mündliche Mitarbeit motivieren. Ich trat vor die Klasse und begann mit der Auswertung. Plötzlich rief ein Schüler: ›Sagen Sie uns die Zensuren einfach an; die Arbeiten brauchen Sie nicht auszuteilen. Wir wissen, dass wir die Doofen an dieser Schule sind.‹ Alles lachte. Daraufhin sagte ich spontan: ›Dieser Ruf eilt euch voraus. Ihr geltet als nicht besonders schlau, dafür als pflegeleicht. Beides stimmt aber nicht!‹« Rauhs Worte lösten große Unruhe in der Klasse aus. Alle diskutierten darüber, was er damit eigentlich gemeint haben könnte. Einige hatten nicht richtig zugehört und ereiferten sich, wie er es wagen konnte, sie als nicht besonders schlau zu bezeichnen.

Er wartete ab und versuchte ihnen dann zu erklären, was er damit ausdrücken wollte: »Wenn ihr Abitur machen wollt, dann wird es nicht reichen, sich ständig nur berieseln zu lassen. Es wird von euch erwartet, dass ihr euch auch aktiv mit den Inhalten auseinandersetzt. Und diese Arbeit beweist: Ihr habt Potenzial! Die mündliche Mitarbeit lief anschließend viel besser. Vor allem auf der Beziehungsebene. Ich hatte ausgesprochen, was der Lerngruppe offen oder subtil seit Langem suggeriert wurde. Mit einer Provokation. Gleichzeitig forderte ich sie auf, sich damit nicht zufriedenzugeben.«

Einen besonderen »magischen Moment« erlebte Rauh in einem Leistungskurs Deutsch, als er das Thema »Selbstmord in der Literatur« mit einem aktuellen Beispiel einführte. Er besprach mit den Schülern einen Zeitungsbericht über die Göltzschtalbrücke, von der sich innerhalb eines Jahres zehn Menschen in den Tod gestürzt hatten. »Plötzlich fing ein Mädchen an zu weinen und lief aus dem Unterrichtsraum. Ein zweites Mädchen ging hinterher, um es zu trösten. Etwas verwirrt und hilflos schaute ich den beiden nach. Als die beiden zurück in die Klasse kamen, entschuldigte ich mich bei ihnen. Ich sagte, dass es nicht meine Absicht gewesen sei, sie zu verletzen. Der Einstieg sei wohl nicht geeignet gewesen.« Daraufhin erwiderte das Mädchen, das geweint hatte: »Nein, Sie sollten das immer wieder genauso machen. In meiner Familie gab es einen Selbstmord, doch darüber wurde nicht gesprochen. Ich bin Ihnen dankbar, dass Sie so offen damit umgehen.« Mit dieser Aussage hatte die Schülerin die Situation in mehrfacher Hinsicht gerettet. Einerseits den Lehrer und seinen Aktualitätsbezug und andererseits die anderen Schüler, die zunächst nicht wussten, wie sie mit der heftigen Reaktion der Schülerin umgehen sollten. Sie war nicht nur in den Klassenraum, sondern auch in den Unterricht zurückgekehrt – und hatte sich an der Diskussion über das Thema beteiligt. »Es war plötzlich eine andere Stimmung im Raum. Diese hochemotionale Situation schaffte ein gegenseitiges Vertrauen.«

Offenbar kommt es manchmal darauf an, Empathie sehr deutlich zu zeigen. Eine ebenfalls sehr berührende Situation erlebte Rauh, als eine Schülerin der Oberstufe bei einem Verkehrsunfall ums Leben gekommen war. »Zusammen mit einer Kollegin, die auch in der ersten Stunde in diesem Jahrgang Unterricht hatte, überlegten wir, wie wir auf die Situation reagieren sollten. Denn uns war klar, dass die Schüler via Handy längst wussten, was passiert war. Undenkbar war, einfach so zu tun, als wäre nichts passiert. Wir sind in unsere Kurse gegangen. Vor mir saßen blasse, schockierte Gesichter. Ich habe nur gesagt, dass wir jetzt spazieren gehen. Es war noch dunkel, und wir liefen hinter unserer Schule über die Felder. Wer schweigen wollte, sagte nichts. Wer reden wollte, suchte sich einen Gesprächspartner. Viele gingen Arm in Arm und weinten. Ich glaube, es ist wichtig, in solchen Momenten unkonventionell zu reagieren. Die Gefühle müssen ernst genommen werden.« Gleichzeitig stellte Rauh fest, dass er gar nicht wusste, wie er adäquat reagieren sollte. Psychologie spielte in seiner Ausbildung keine Rolle, und an seiner Schule gab es keinen fest angestellten Sozialpädagogen. »Der Spaziergang hat vielen geholfen, die Nachricht vom Tod ihrer Mitschülerin aufzunehmen und zu realisieren. Gleichzeitig stärkte es, so paradox das klingen mag, das Gemeinschaftsgefühl. Ich kann das behaupten, weil es mir zwei Schüler des Leistungskurses später auf dem Abiturball gesagt haben.«

Haltung ist mehr als pädagogisches Talent. Sie beweist sich als Tugend der Langstreckenläufer, die sich nicht über Hindernisse beschweren, sondern bereit sind, sie zu überwinden – täglich, über Jahre hinweg. Es ist kein Zufall, dass Rauh seine unverhoffte mediale Popularität als »Lehrer des Jahres« für einen lang gehegten Plan nutzte: Schon wenige Wochen nach der Preisverleihung veröffentlichte er einen Aufruf zur Schulgerechtigkeit, einen flammenden Appell an die Bildungspolitik, aber auch ein Debattenbeitrag für Lehrer, Schüler und Eltern. Kleinere Klassen, bessere Ausstattung, individuelle Förderangebote, späterer Unterrichtsbeginn, Rauhs Wunschzettel ist lang. Ihn störte das Lamento, man könne ja doch nichts ändern. Bemerkenswert ist allerdings, dass es Rauh offenbar auch ohne systemische Änderungen gelingt, eine Lehrerpersönlichkeit zu sein, die sich von der strukturell bedingten Lethargie vieler Kollegen löst.

»Viele Lehrer beschweren sich über die Rahmenbedingungen in der Schule. Sie regen sich auf und klagen an. Bei einem Weinabend mit Kollegen haben wir darüber diskutiert, wie man die Bedingungen in der Schule verbessern könnte. Als ein Lehrer am nächsten Tag vorschlug, das einmal zu Papier zu bringen, stieß seine Idee auf wenig Begeisterung. Es verlief im Sande. Und immer wieder die Aussage: ›Das nutzt doch nichts. Wir können doch ohnehin nichts ändern.‹« Mittlerweile steht Rauhs eigener Aufruf im Netz, täglich unterzeichnen neue Unterstützer. Aber die Lehrerschaft selbst sei zu passiv, findet Rauh. Vielleicht auch zu selbstgerecht.

Die mangelnde Bereitschaft, etwas zu verändern, beobachtet Rauh auch im Hinblick auf die Kritikfähigkeit der Lehrer. Seine Schule nimmt an einem Evaluationsprogramm teil, bei dem Schüler anonymisiert die Unterrichtsqualität ihrer Lehrer bewerten können. Kriterien sind unter anderem Kompetenz, Klassen- und Zeitmanagement, Praxisrelevanz; außerdem Sozialklima, Schüleraktivierung, Binnendifferenzierung, Mitbestimmung. Sobald die schriftlichen Ergebnisse im Sekretariat ausliegen, kann sich jeder Lehrer seine anonymisierte Beurteilung abholen. »Meist liegen die Auswertungen wochenlang ungelesen dort herum«, wundert sich Rauh. »Sie werden einfach ignoriert. Eine Begründung lautet: ›Wie sollen Schüler denn meinen Unterricht richtig beurteilen können?‹ Die Auswertung wird in der Lehrerkonferenz zwar vorgestellt, in den Fachkonferenzen – für mögliche Konsequenzen – spielen sie jedoch keine Rolle.«

Qualitätsmanagement an der Schule, das bleibt in Deutschland vorerst ein Wunsch engagierter Lehrer und ebenso engagierter Schulkritiker. Für das Gros der Lehrerschaft besteht offenbar kein Anlass, sich der Kritik zu stellen oder selbst die Initiative für Verbesserungen zu ergreifen. Das ist verwunderlich, denn nicht nur die Schüler leiden unter dem notorischen Beziehungsdilemma, sondern auch die Lehrer – das ist Thema des folgenden Kapitels.

Kapitel 2

# Kampfmodus.
# Lehrer an der Front

# Das Ringen um Autorität

Unrat, der sich von seinen Schülern hinterrücks angefeindet, betrogen und gehasst wusste, behandelte sie seinerseits wie Erbfeinde von denen man nicht genug hineinlegen und vom Ziel der Klasse zurückhalten konnte. [...] Wenn er strafte, tat er es nicht mit dem überlegenen Vorbehalt: Ihr seid Rangen, wie es euch zukommt, aber Strafe muss sein; sondern er strafte im Ernst und mit zusammengebissenen Zähnen. Was in der Schule vorging, hatte für Unrat Ernst und Wirklichkeit des Lebens. Trägheit kam der Verderblichkeit eines unnützen Bürgers gleich, Unachtsamkeit und Lachen waren Widerstand gegen die Staatsgewalt, eine Knallerbse leitete Revolution ein, »versuchter Betrug« entehrte für alle Zukunft.

Heinrich Mann, *Professor Unrat oder Das Ende eines Tyrannen,* 1905

Er gehört zu den berühmtesten Lehrern der deutschen Literaturgeschichte: jener Professor Unrat, der eigentlich Raat heißt und sich um Kopf und Kragen liebt, nachdem er einer singenden Blondine verfällt. Wirklich berühmt wurde der Titelheld aus Heinrich Manns Roman *Professor Unrat oder das Ende eines Tyrannen* durch den Film *Der blaue Engel.* Wer Josef Sternbergs Verfilmung anschaut, mit einem grandios zu Grunde gehenden Emil Jannings und Marlene Dietrich als lasziv bestrumpftem Vamp, erfährt allerdings nicht den ursprünglichen Verlauf der Geschichte. Im *Blauen Engel* scheitert der despotische Pädagoge recht vordergründig an bürgerlichen Moralvorstellungen. In der literarischen Vorlage hingegen wandelt er sich aus eigenem Antrieb zum gewitzten Anarchisten – bevor ihm die unstandesgemäße Liaison dann doch noch zum Verhängnis wird.

Interessant ist Unrats kurze Phase der Anarchie zwischen Schulverweis und tragischem Showdown. Befreit vom Zwang, eine staatstragende Amtsperson zu sein, demaskiert er die Stützen der Gesellschaft als bloße Heuchler. Denn alle Honoratioren stellen sich nun ein, wenn der relegierte Lehrer zügellose Partys gibt. Heinrich Manns Roman schildert nicht einfach einen Tyrannen, der an seinen eigenen Maßstäben zerbricht. Er zeigt einen Helden, der seine systemische Fernsteuerung erkennt und hinter sich lässt. Unrat wird klar, dass er im Klassenzimmer einem autoritären Obrigkeitsstaat diente. Und er begreift, dass sein Krieg gegen die Schüler im Namen einer wenig respektablen Gesellschaft stattfand.

In kollektiver Erinnerung blieb von Roman wie Film die Figur des Lehrers, der im Kampfmodus vor seine Schüler tritt. Bis zur verhängnisvollen Affäre mit einer Nachtclubsängerin bestimmt der aggressive Autoritätsanspruch preußischer Couleur Unrats Identität als Lehrer. Er maßregelt, straft, unterdrückt. Auch um sich permanenter Angriffe zu erwehren. Sie gelten ihm als Person und zugleich der Autoritätsperson, die er gesellschaftlich verkörpert. Letzteres erbost ihn besonders. Ist es nicht seine Aufgabe, staatstragende Ordnung durch Unterordnung herzustellen?

Ein ähnliches Charakterportrait zeichnet bereits vier Jahre zuvor Thomas Mann von Schulleiter Wulicke in den *Buddenbrooks*. Weit stärker noch als im Roman seines Bruders steht hier ein neuer Leistungsgedanke als Legitimation militärischer Zucht im Vordergrund. Thomas Mann beschreibt einen Paradigmenwechsel – von der Pflege schöngeistiger Bildungseliten zur Nachwuchsrekrutierung für eine streng hierarchische Arbeitsgesellschaft. Seine Diagnose: »Die Schule war ein Staat im Staate geworden, in dem preußische Dienststrammigkeit so gewaltig herrschte, dass nicht allein die Lehrer, sondern auch die Schüler sich als Beamte empfanden, die um nichts als ihr Avancement und darum besorgt waren, bei den Machthabern gut angeschrieben zu stehen.«[69] In Wulicke begegnet uns der rationale Geist der Zweckmäßigkeit. Der Schulleiter bringt Begriffe wie Autorität, Pflicht, Macht und Dienst gegen die klassische Bildung als »heiterem Selbstzweck« in Stellung. Die Schule ist nach dem Muster militärischer Hierarchien organisiert. Dementsprechend verlangt sie Gehorsam und Disziplin bis zur Selbstverleugnung.

Zu besichtigen ist in beiden Romanen eine Definition von Autorität, die sich auf gesellschaftliche Machtstrukturen berufen kann – und sie widerspiegelt. Wird Autorität komplementär zur Staatsraison der Unterordnung gedacht, so ist sie gleichsam nicht hinterfragbar. Sie muss zwar durch Sanktionen gesichert werden, doch es herrscht Konsens darüber, dass Unterwerfung geboten ist. Aus der Perspektive des Lehrers lautet die Aufgabe dann mehr Zähmung als Erziehung, mehr Formatierung als Bildung. Das hatte historisch sogar eine gewisse Berechtigung, weil man davon ausging, dass Schüler zu Befehlsempfängern ausgebildet werden sollten. Allerdings waren sie dann auch nur für Systeme tauglich, die starken Druck ausüben und begrenzte, normierte Aufgaben bereithalten. Dafür waren prinzipiell weder Motivation noch Selbstwirksamkeit nötig.

Früh regten sich Zweifel an diesem Drill. Die Erziehung in Schule und Haus werde von Tyrannen beherrscht, empörte sich der Reformpädagoge Ludwig Gurlitt 1905 in seiner Streitschrift *Der Deutsche und seine Schule*. Die elementaren Naturkräfte, die nach eigener Entwicklung drängten, würden zerstört. Noch war unvorstellbar, dass gut hundert Jahre später ein Psychotherapeut deutschen Kindern bescheinigen würde, selbst die wahren Tyrannen zu sein. Noch herrschte ein System, das, so Gurlitt, den Zwang und das Gebot unbedingten Gehorsams zum allein gültigen Grundsatz erhoben habe.

Glücklicherweise leben wir nicht mehr im wilhelminischen Obrigkeitsstaat. Das Beziehungsdilemma von Lehrern und Schülern, das hinter Schulversagen und Bildungsnotstand hindurchscheint, beruht jedoch häufig auf einem anachronistischen Hierarchieverständnis. Lehrer beanspruchen vielfach noch, was der Schulpädagoge Thomas Ziehe »Gratisautorität« genannt hat, also eine Autorität qua Amt. Nach wie vor fühlen sich viele Lehrer im Besitz einer herausgehobenen sozialen Rolle, Herrschaftswissen inklusive. Damit meinen sie, eine gleichsam natürliche Autorität genießen zu dürfen.

Diese Verquickung von Fachkompetenz und Akzeptanzanspruch ist es, unter der die Beziehungsqualität im Klassenzimmer häufig leidet. Zeigen Schüler Desinteresse, wird das vom Lehrer oft als persönlicher Affront verstanden. »Für mich als Lehrerin ist es schwer auszuhalten, dass man sich ziemlich ins Zeug legt und dann so gelangweilte Mienen sieht«, bekennt Hildegard Monheim. »Ich würde inzwischen am liebsten den Vollnicht-langweilig-Preis ausloben. Einfach deshalb, weil ich mal wissen möchte, ob es noch etwas gibt, was nicht nach ein paar Minuten anödet.«[70] Dabei ist demonstrativ zur Schau gestellte Langeweile die harmlosere Form von Verweigerung, die Lehrer erleben. Störungen aller Art sind an der Tagesordnung, bis hin zu aggressiver Renitenz. Wie darauf reagieren?

Menschlich, allzu menschlich ist es, verhaltensauffällige Störenfriede abzulehnen oder ihnen zumindest zu zeigen, wer der Herr im Hause ist. Aber das Waffenarsenal ist begrenzt. »Mir sind die Hände gebunden«, seufzt ein noch junger Mathematiklehrer an einer nordrheinwestfälischen Gesamtschule, der seit sechs Jahren unterrichtet. »Körperliche Züchtigung ist ja leider verboten«, zwinkert er ironisch. »Nachsitzen und Strafarbeiten vergrößern nur die Aufsässigkeit der Schüler. Außerdem hat man dann schnell die Eltern auf der Matte stehen. Ehrlich gesagt, ist mein einziges Druckmittel die Zensur. Manchen Schülern ist sogar die egal. Aber die meisten disziplinieren sich, wenn ich eine mündliche Fünf eintrage.« Für ihn ist die Leistungskontrolle ein Instrument, seine Macht zu konsolidieren; die Note ersetzt den Rohrstock.

Beim Ringen um Autorität im Schulalltag bleiben pädagogische Ambitionen oft auf der Strecke. Kompetenzorientierung, Bindung, Beziehungskultur, Unterrichtsgespräch, für viele Lehrer sind das nur hohle Formeln. Wenn sie mit Autorität den Anspruch institutioneller Macht verbinden, geraten sie jedoch häufig zwischen Allmachtsfantasien und Ohnmachtserfahrungen ins Taumeln. Ein Doublebind, das verwirrt, zumal die gesellschaftlichen Signale ähnlich widersprüchlich sind: Die einen wünschen sich eine Renaissance traditioneller Autorität, die anderen lehnen unkritisch reklamierte Machtverhältnisse ab.

Es geht um Verhaltensmaximen in Zeiten des abnehmenden Konsenses, was denn Autorität überhaupt sei. Immer aufs Neue wird um Definitionshoheit über einen belasteten Begriff gestritten. Seit ein Unrat und ein Wulicke als Zuchtmeister auftraten, erlebte die schulische Autorität als Pendant politischer Raison extreme Schwankungen, vom Kadavergehorsam des Dritten Reichs bis zur völligen Destruktion der Autorität nach '68. Die mentalitätsgeschichtliche Zäsur der späten Sechzigerjahre wirkt bis heute nach. Zum Theoriekern der Studentenbewegung gehörte das Misstrauen gegen Autoritäten aller Art. Carlo Schmids enervierter Ausruf von 1945, man müsse die Kinder zum Ungehorsam erziehen, war noch nicht verhallt. Man berief sich auch auf Erich Fromm, der schon in den Dreißigerjahren seine Studien über den »autoritären Charakter« veröffentlicht hatte. Darin definierte er den Typus des gleichermaßen autoritätshörigen wie Autorität beanspruchenden Menschen als einen Sozialcharakter – als Vertreter eines gesellschaftlichen Systems, das Macht und Gehorsam feiert. Theodor W. Adorno führte den Ansatz weiter in der von ihm und anderen Forschern 1950 veröffentlichten Studie *The Authoritarian Personality*. Vor dem Hintergrund des Dritten Reichs ließen sich diese Analysen zugleich als sozialpsychologischer Schlüssel des Faschismus.

Damit schien jeder Autoritätsanspruch zunächst einmal diskreditiert. Ganz gleich ob im familiären oder politischen Kontext, schon der bloße Begriff stand unter Verdacht. Fortan richtete sich der Furor der linken Avantgarde gegen jegliche Vertreter gesellschaftlicher Instanzen, auch gegen Lehrer. Alles sollte anders werden. Mit neuen Konzepten wie der antiautoritären Erziehung hoffte man, deutschen Untertanengeist ein für alle Mal zu exorzieren. In den folgenden Jahrzehnten sickerten Reste dieser Idee, vermischt mit älterem reformpädagogischem Gedankengut, über den Umweg der erziehungswissenschaftlichen Institute auch in die öffentlichen Schulen. Geronnen zu neuen didaktischen Konzepten, angereichert mit Schlagwörtern wie Diskussionskultur und offener Unterricht, schien es möglich, die Schule zu transformieren.

Die Erwartungen waren hoch, die Ergebnisse zwiespältig. Wenig ist geblieben von der einstigen Euphorie. Denn nachdem Gehorsam, Pflicht und Disziplin als politisch heikle Sekundärtugenden entlarvt waren, hatte man wenig, um das entstandene Vakuum zu füllen. Heute ist die Zeit der Experimente lang vorbei. Manch zündende Idee erwies sich als Tischfeuerwerk. Jetzt drängen neue alte Fragen an die Oberfläche: Dürfen Lehrer ihre Schüler noch führen? Besser nicht. Zu unangenehm ist die Assoziation mit einem Mann, der sich einst Führer nannte. Dürfen Lehrer Gehorsam, ja Unterordnung einklagen? Gott bewahre. So weit jedenfalls die eher liberale Position. Seit Langem fragt sich jedoch, worin eigentlich das aufgeklärte antipodische Prinzip zur Autorität besteht. Ist das Gegenteil von Autorität Freiheit? Ein *Contrait social* Rousseau'scher Prägung? Ein pädagogisch recycelbarer Kant'scher Imperativ?

Heute stehen Lehrer vor Schülern, die sich von solch hochfliegenden Ideen wenig beeindrucken lassen. Und die überdies, vielleicht wie nie zuvor, den Geist von Selbstbestimmung und Selbstverwirklichung eingeatmet haben. Natürlich nur in homöopathischen Dosen, in Form eines deutlich weniger restriktiven Erziehungsstils ihrer Eltern. Das gesellschaftliche Klima ist lässiger geworden, die Umgangsform nachlässiger. Und auch Schüler wissen, dass traditionelle Autoritäten heute einen denkbar schlechten Ruf haben. Die römische *auctoritas* als Attribut des Herrschers dachte noch Ansehen, Würde und Respekt in diesem Begriff mit. Heute wachsen Kinder und Jugendliche mit einer medialen Öffentlichkeit auf, die zur Demontage jeglicher Führungskräfte neigt, vom Ex-Bundespräsidenten bis zum Hedgefondsmanager. Das passt bestens zur Phase ihres Erwachsenwerdens, in der sie sich ohnehin von der Welt der tonangebenden älteren Generationen abgrenzen. Und es passt auch in ein gesellschaftliches Klima, in dem Autoritäten mit wachsendem Misstrauen betrachtet werden. Eine Allensbach-Umfrage von 2010 stellte fest, dass immerhin 33 Prozent der befragten Deutschen negative Assoziationen wie Obrigkeitsdenken und Machtmissbrauch mit dem Begriff Autorität verbinden; im Westen des Landes sind es sogar 37 Prozent, was man sicherlich als ein Erbe der Studentenbewegung interpretieren kann.[71]

So verwundert nicht, wenn Kay Stöck, Schulleiter einer Hamburger Stadtteilschule, feststellt, der »natürliche Respekt« vor Lehrern als Autoritätspersonen sei heute generell dahin. Er plädiert dafür, sie sollten Beziehungen zu ihren Schülern aufbauen, mit Diplomatie und Verhandlungsbereitschaft.[72] Man könnte auch sagen: Heute muss sich ein Lehrer Autorität im Sinne des Respekts vor seiner Funktion wie seiner Person erst einmal verdienen – mit dem Zugeständnis, dass Autorität das Ergebnis erfolgreichen Verhandelns ist. Mit dieser Einsicht steht Stöck jedoch ziemlich allein da. Das zähe Ringen um Autorität ist inzwischen eines der größten Probleme des Lehrerberufs. Dabei ist weniger die fachliche Autorität ein Problem, die Schüler im Allgemeinen anerkennen. Weit schwieriger erweist sich die Frage der Autorität, wenn Lehrer meinen, mit diesem Begriff für Ruhe und Ordnung sorgen zu können, wenn sie also eine instrumentelle Autorität beanspruchen. »Klar hat unser Biolehrer was drauf«, sagt Meike, eine vierzehn Jahre alte Hamburger Gymnasiastin. »Aber er kommt total arrogant rüber, so als müssten wir dauernd an seinen Lippen hängen. Dabei ist sein Unterricht todlangweilig. Wenn er genervt ist, stellt er einzelne Schüler bloß, um uns einzuschüchtern. Oder er bevorzugt seine Lieblinge. Er will immer zeigen, wer am längeren Hebel sitzt. Und er erzieht dauernd an uns rum: Stillsitzen! Hände auf den Tisch! Runter mit dem Basecap! Aber wir lassen ihn ganz schön auflaufen. Manchmal rastet er dann richtig krass aus.«

Es ist kein Geheimnis: Wenn im Klassenzimmer höfliches Desinteresse bis offene Verweigerung vorherrschen, empfinden das Lehrer oft nicht nur als Provokation, sondern auch als Missachtung und gezielte Verletzung ihrer Persönlichkeit. Manche verfallen dann ungewollt in den Kampfmodus längst vergangener Zeiten. Als Rechtfertigung dient zuweilen die apologetische Figur des Selbstschutzes. Ein Lehrer an der gymnasialen Oberstufe, Mitte fünfzig, sagt: »Es geht nur noch ums Überleben. Die Schüler machen mich fertig, wenn ich Schwäche zeige. Deshalb muss ich mit starker Hand regieren.« Er sprach tatsächlich von »regieren«. Eine Lehrerin der Sekundarstufe I, 58 Jahre alt, schwankt zwischen Leidensdruck und harter Hand: »Meine Schüler verhalten sich absolut respektlos, zeigen mir demonstrativ, dass sie mich ablehnen, machen hinter meinem Rücken Witze über mich. Dauernd muss ich mich zusammenreißen, um das auszuhalten. Manchmal bin ich so fertig, dass ich mich krankmelde. Dabei liebe ich meine Fächer Englisch und Geschichte. Leider hechele ich wegen der Störungen und wegen des Unterrichtsausfalls immer dem Lehrplan hinterher. Gegen Ende des Halbjahrs muss ich dann den Stoff irgendwie mit Gewalt reinpauken. Ganz ehrlich? Die mögen mich nicht, und ich mag sie auch nicht.«

Lehrer nehmen das Verhalten ihrer Schüler persönlich – ohne sich immer darüber im Klaren zu sein, dass ihr eigenes Verhalten für die Schüler ebenfalls etwas sehr Persönliches ist. Mancher Pädagoge tröstet sich mit der Meinung, Störungen, Respektlosigkeiten und Provokationen seien ausschließlich gegen seinen

Status als Lehrer gerichtet. Doch meist ist eben nicht nur die Funktion gemeint, sondern tatsächlich ebenso die Person. Trennscharf kann man das ohnehin nicht auseinanderhalten. »Ein Boxer sagt zum anderen:/Ich polier dir gleich den Kopf/und geh dann damit kegeln,/nimm's nicht persönlich«, singt Anett Louisan, um selbst dem Begriffsstutzigsten klarzumachen, dass es wenig in der Beziehung zwischen Menschen gibt, was nicht persönlich gemeint ist. Die künstliche Versachlichung des Lehrer-Schüler-Verhältnisses ist eine Fiktion.

Viele Lehrer sind stark verunsichert, wie sie auf Kränkungen reagieren sollen. Angriff, Verteidigung, Verständnis? Für Lehrer geht es immerhin auch um die persönliche Anerkennung, den persönlichen Respekt, die persönliche Autorität, die von einem Affront des Schülers empfindlich bedroht sind. Um den Respekt wiederzugewinnen oder überhaupt erst herzustellen, ist ein hohes Maß an Selbstreflexion nötig. Sonst passiert, was Psychologen *triggern* nennen: Wird man unvorbereitet angegriffen, löst dies die Erinnerung an alte Verletzungen aus. Die aktuelle Attacke wirkt als Schlüsselreiz für den Flashback. Plötzlich leben längst vergessene, emotional belastende Situationen wieder auf, mit allen dazugehörigen Gefühlen wie Angst und Wut. Die Reaktion folgt spontan als Angriff, Verteidigung oder Flucht. Wobei man darüber spekulieren kann, ob nicht mancher Lehrer-Burnout eine mehr oder weniger bewusste Flucht vor belastenden Situationen ist.

Für jeden Menschen ist es schwierig, sich einzugestehen, dass er als Person nicht akzeptiert wird. Schließlich verlangt die soziale Identität nach einer Erhöhung des Selbstwertgefühls. Umso größer ist die Enttäuschung, wenn die Beziehung zu den Schülern misslingt. Auf diesen Ernstfall im Klassenzimmer sind Lehrer meist nicht professionell vorbereitet. »Ich habe mir jahrelang den Kopf über didaktische Konzepte zerbrochen, aber niemand hat mir gesagt, was ich tun soll, wenn die Schüler meine Autorität untergraben«, erzählt Evelyn, Anfang dreißig, die Sport und

Mathematik an einem hessischen Gymnasium unterrichtet. »Besonders beim Sport ist das gefährlich, weil da manchmal Aggressionen rausgelassen werden, die zu Unfällen führen können. Zum Beispiel beschießen sich die Schüler gegenseitig mit harten Bällen, obwohl ich es ihnen verboten habe. Und ich halte es nicht für einen Zufall, dass auch ich schon einige Schüsse abbekommen habe. Ich bin buchstäblich die Zielscheibe. Mittlerweile habe ich mir einen regelrechten Kasernenhofton angewöhnt. Aber es gibt immer wieder Auseinandersetzungen, weil die Schüler meine Autorität nicht anerkennen wollen.«

Fallen Schüler durch unbotmäßiges Verhalten auf, wird die sogenannte Schulkonferenz anberaumt. Sie gleicht jedoch meist einem Tribunal, bei dem der auffällige Schüler mitsamt seinen Eltern vor einem Gremium aus Schulleiter und Lehrern antreten und sich rechtfertigen muss. Oft ist es eine Farce. Der Schüler gelobt Besserung, man brummt ihm eine mehr oder weniger pädagogisch wertvolle Strafe auf und geht zur Tagesordnung über. Das Versäumnis liegt darin, dass der Schüler a priori als Verursacher eines auftretenden Problems behandelt wird. Somit stellt man die Schuldfrage, statt die dahinterliegende Problematik zu ergründen.

Niemand bestreitet, dass viele Schüler heute die Schule mit brisantem mentalem Gepäck betreten. Pubertäre Renitenzen, hormonelle Sperrfeuer und Konzentrationsschwierigkeiten gehören zu den geläufigen Auffälligkeiten. Doch es ist ebenso unbestreitbar, dass hinter der Fassade der Aufsässigkeit Potenziale schlummern, die es zu erwecken gilt. Wenn Lehrer meinen, dafür nicht zuständig zu sein, wenn sie jede Verantwortung von sich weisen, diese Potenziale freizulegen, stimmt etwas nicht mit der Definition ihrer Aufgabe. Mag sein, dass sich die Herausforderungen vergrößert haben, dass Motivation nicht vorausgesetzt, sondern erzeugt werden muss. Doch wenn diese Problematik vorliegt, muss sie auch bearbeitet werden. Die Vorstellung, ein gleichförmiges, normiertes Angebot feilzubieten, ohne jede

Rücksicht darauf, ob die »Kunden« es wahrnehmen, ist eine bequeme und auf Dauer fahrlässige Haltung. Die Konfrontation mit renitenten oder aggressiven Schülern wird oft als Autoritätskonflikt interpretiert, obwohl sich ein Beziehungskonflikt dahinter verbirgt. Und der sollte auch auf der Beziehungsebene gelöst werden. Wenn Paare über Zahnpastatuben oder Müllbeutel streiten, geht es selten wirklich um Zahnpastatuben oder Müllbeutel.

Manche Lehrer haben das Talent, menschlich klug mit Konfliktsituationen umzugehen. So wie Elisabeth, 48, die an einem Berliner Gymnasium Französisch und Geschichte lehrt. »Lehrer sind im Schulalltag oft heftigen Anfeindungen ausgesetzt; sie zielen vordergründig auf die Funktion als Lehrer, treffen aber immer auch den Menschen«, erklärt sie. Die erziehungswissenschaftlichen Inhalte ihres Studiums habe sie nur am Rande wahrgenommen; lieber lasse sie sich auf Menschen ein als auf Theorien, sagt Elisabeth gleich zu Anfang des Gesprächs. Sie habe festgestellt, dass ein reflektiertes Verhalten viel zur Deeskalation im Klassenzimmer beitrage. »Ist ein Schüler nicht gut drauf und wird ausfallend, bin ich besonders freundlich zu ihm. Meist ist der Schüler dann so verblüfft, dass seine Aggression ins Leere läuft.« Im zweiten Schritt versuche sie, ihn bewusst ins Unterrichtsgeschehen einzubeziehen. Am besten mit Humor. Verweigere er sich immer noch, lasse sie ihn in Ruhe, um Frieden zu halten. »Der dritte Schritt hat sich für mich als besonders konstruktiv erwiesen: Direkt nach Ende der Stunde gehe ich zu dem betreffenden Schüler und rede mit ihm. Ich zeige ihm, dass ich persönliches Interesse an ihm habe, erkundige mich beispielsweise danach, ob sich seine Erkältung gebessert hat.«

Das heißt: Elisabeth vergrößert nicht den Konflikt, indem sie Autorität einklagt und Strafen androht, sondern signalisiert dem Schüler, dass sie ihn als Menschen wahrnimmt. Dies sei eine Abrüstungstaktik, die sich in mehr als zwanzig Jahren Schulpraxis bewährt habe: »Problematische Schüler spreche ich regelmäßig an. Der Gesprächsfaden darf nicht abreißen – so wie bei einer Mutter, die mit ihrem Kind im Supermarkt unterwegs ist. Ignoriert sie das Kind, wird es quengelig und fängt an, die Regale auszuräumen.«

Elisabeths Schüler haben Glück, weil sie eine Lehrerin antreffen, die es nicht auf einen Machtkampf ankommen lässt. Nicht jeder meistert belastende Situationen im Klassenzimmer mit so viel pragmatischer Gelassenheit. Oft fehlen einfach die Energiereserven. Besonders gegen Ende des Schultags, wenn Lehrer wie Schüler bereits ein anstrengendes Pensum bewältigt haben, eskalieren Konflikte. Dann schmilzt die letzte professionelle Distanz, und das Beziehungsdilemma bricht offen auf. Dabei kann es leicht passieren, dass Lehrer ungewollt in die Rolle entnervter Eltern schlüpfen. So wie Markus Nussbauer, der sein Referendariat an einer Berufsfachschule im Südschwarzwald absolvierte. »Jemand hat mich in den Körper meiner Mutter gesteckt«, kommentiert er seinen täglichen Kampf gegen ohrenbetäubenden Lärm. »Ich sage Sätze wie ›Euch geht es viel zu gut‹, ›Hoffentlich sind deine Kinder später auch mal so‹, ›Ich kann auch ganz anders‹, ›Wehe – sonst ziehe ich hier andere Saiten auf‹.«[73]

Man könnte das für einen Anfängerfehler halten, der sich mit zunehmender Berufserfahrung verliert. Doch die simple Tatsache, dass auch Lehrer nur Menschen sind, kann bei starker Belastung alle Professionalisierung zunichtemachen. Erschwerend kommt hinzu, dass angemessene Formen der Intervention nicht im Studium erlernt werden. Auch Hilfsangebote für Lehrer sind so wenig obligatorisch wie psychologische Begleitung selbstverständlich ist. »In der Supervision ließe sich konfliktentschärfendes Verhalten trainieren. Dann könnten sich Lehrer innerlich von ihrer Rolle distanzieren und wären nicht mehr so verwundbar«, sagt Elisabeth. Sie charakterisiert ihren Umgang mit Konflikten durch drei bemerkenswerte Begriffe: Heiterkeit, Freundlichkeit, Distanz. Diese Strategie koste jedoch sehr viel Kraft. »Wenn man provoziert wird, staut sich viel an, was man nie loswird –

weil es eben keine Supervision gibt, in der man unterdrückte
Gefühle aufarbeiten kann. Es gibt an unserer Schule keine Angebote, negative Erfahrungen professionell zu diskutieren. Deshalb werden Eltern und Schüler oft als Feinde empfunden, und
es entsteht eine Abwehrhaltung.«

Von diesem Moment an ist Bindung nur noch ein Wort. Was
sich daraufhin ereignet, zeigt der tägliche Kampf um Ruhe und
Aufmerksamkeit im Klassenzimmer. Der Ton wird härter, häufig entsteht ein Klima, das Frontenbildungen begünstigt: hier der
Lehrer, dort die undurchdringliche Phalanx der Schüler. Spätestens jetzt müsste der Lehrer in einer Supervision seine Gefühle
klären, damit er sich von diesem Bild lösen und wieder bezie-
hungsfähige Einzelwesen sehen kann. Hat er keinerlei Unterstützung oder eine entsprechende Ausbildung, reagiert er reflex-
haft – mit der Annahme, er habe es mit gleichförmigen Gegnern
zu tun. Bastian Bielendorfer, Autor des Buches *Lehrerkind,* schildert eine Szene aus seinem ersten Praktikum in der 10. Klasse
einer Gesamtschule. Sein Fazit: Fluchtreflex. Alles was er wahr-
nahm, war ein verschworener Haufen mit der Lizenz zum Stören: »Mein Geist machte aus den clearasilbetupften Teenagern
eine messerschwingende Armee aus Mongolen, eine Gruppe
Irrer mit brennender Kreissäge, das Hohe Gericht der ewigen
Verdammnis.«

Dafür gibt es einen schön kompliziert klingenden Begriff, den
sogenannten Outgroup-Homogeneity-Effekt. Die Logik dieses
Effekts ist jedem vertraut. Als soziale Wesen fühlen wir uns bestimmten Gruppen zugehörig, den Ingroups. Das kann die Familie sein, der Fußballclub, die Religionsgemeinschaft. Parallel
dazu grenzen wir uns von anderen Gruppen ab, den Outgroups.
Mit dem Ergebnis, dass wir Angehörige der Ingroup als Individuen wahrnehmen, jenen der Outgroup aber kollektive Eigenschaften zusprechen. »Menschen nehmen also an, dass eine größere Ähnlichkeit zwischen Outgroup-Personen als zwischen
Ingroup-Personen besteht.« Man könnte dies in den Satz fassen:

»*Wir* sind alle anders, aber *die* sind alle gleich.«[74] Die Brisanz des Outgroup-Homogeneity-Effekts liegt im Hang, Stereotypen auszubilden: über *die Russen, die Amerikaner,* oder in diesem Fall über *die Schüler.*

Prinzipiell möchte und sollte sich jeder Lehrer als Teil jener Ingroup verstehen, die er zusammen mit der Klasse bildet. Schließlich umkreist er die Schüler nicht wie ein Satellit, sondern nimmt aktiv am Gruppengeschehen teil. In Konfliktsituationen aber spaltet er sich oft unbewusst von ihnen ab: Sie sind jetzt die Outgroup. Die Schüler scheinen alle faul, alle renitent, alle unwillig zu sein. Niemand kann einem Lehrer verdenken, dass er sich daraufhin verpanzert, um nicht verwundbar zu sein. Denn nicht nur Schülern fehlen gute Beziehungen, auch Lehrer leiden unter ihrer wehrhaften Isolation. Dies ist die eigentliche Bedeutung des paramilitärischen Begriffs Frontalunterricht: Einer gegen alle. Manchmal ist der Lehrerberuf der einsamste Job der Welt.

Kaspar Schnetzler, der 37 Jahre lang Deutsch und Kunstgeschichte unterrichtete, schreibt: »Die Anwesenheit von zwanzig Menschen in einem Schulzimmer bedeutet nicht zwingend, dass der einundzwanzigste nicht einsam sein kann – wenn es zwanzig Schüler und ein Lehrer sind. Einsam ist, wer nicht mit anderen Menschen kommuniziert, Gemeinsamkeit pflegt, wie das Wort buchstäblich meint.«[75] Da Deeskalationstrainings nicht notwendigerweise zur Lehrerausbildung gehören, manövrieren sich Lehrer leicht in einen ungewollten Grabenkrieg. Immer wieder kommt es zu Störungen, Respektlosigkeiten, Provokationen seitens der Schüler, die mit mehr oder weniger offener Feindseligkeit beantwortet werden.

Entscheidend für einen positiven Klimawandel wäre das Bewusstsein, dass Schüler damit eine Haltung beantworten. Sie sind nicht einfach abgelenkt, sie folgen den völlig normalen Regeln sozialer Interaktion. Auch Schüler sind – wie Lehrer – bestrebt, ihr Selbstwertgefühl zu steigern. Dies geschieht nach der Theorie der sozialen Identität in zweifacher Weise: Zum einen versucht jeder Mensch, sein Selbstwertgefühl durch Leistungen zu steigern. Zum anderen neigt er dazu, sich einer Ingroup anzuschließen, falls diese größeren Erfolg bei der Erhöhung des Selbstwertgefühls verspricht. Wird das Selbstwertgefühl eines Schülers nun aber bedroht, zum Beispiel durch herabsetzendes, feindseliges Verhalten des Lehrers, ist vorhersehbar, was passiert: Die Schüler verbünden sich gegen den Lehrer, Ingroup-Favorisierung genannt. Man braucht nicht viel Vorstellungskraft, um sich auszumalen, wie sie jetzt den Lehrer betrachten; als feindliches Wesen, als Vertreter einer Outgroup. Mit einer fatalen Nebenwirkung: »Unter Ingroup-Favorisierung versteht man die Tendenz, Outgroups im Vergleich zu Ingroups zu diskriminieren.«[76]

Die oft negative Einstellung von Lehrern ihren Schülern gegenüber zeigt sich schon in Mimik und Körpersprache. Manchmal auch weniger subtil. »Es gibt Lehrer, die sagen ihren Schülern: Ihr seid der Rotz an meinem Ärmel«, erregt sich der Psychologe Manfred Spitzer. »Lehrer machen die simpelsten Sachen falsch.« Er argumentiert aus neurobiologischer Sicht – in einer negativ aufgeladenen Atmosphäre könne das Hirn weder in den Lernmodus finden noch kreative Leistungen vollbringen, die Motivation sinke rasant gegen null.[77] Allerdings gilt auch hier dasselbe für Lehrer. Sie sind starkem emotionalem Stress ausgesetzt, wenn sie ihre Abwehrhaltung ritualisieren. Überzeugt, die Ursache des Konflikts sei nicht auf der Beziehungsebene, sondern im bedrohten hierarchischen Verhältnis zu suchen, erhoffen sie sich oft Entlastung, indem sie die vermisste Autorität mit harter Hand herstellen.

Unter Lehrern kursieren einschlägige Tipps, wie man sich Respekt verschafft. Das hat auch Robert Rauh erlebt. »Als ich meinen Schuldienst begann, riet mir eine Kollegin: ›Wenn Sie eine Klasse zu Beginn des Schuljahres im September neu übernehmen, dann müssen sie spätestens bis Weihnachten geklärt haben, wer der Chef im Ring ist. Danach schaffen Sie es nie mehr!‹ Manche Kollegen machen das folgendermaßen. Sie betreten die

Klasse mit den Worten: ›Das ist mein Raum, hier läuft alles nach meinen Regeln, hier wird nicht mit Kreide geschmissen!‹« Das Problem sei: Werfe dann doch mal ein Schüler mit Kreide, habe der Lehrer schon sein Gesicht verloren.»Ohne Not behauptet er eine Autorität, die er noch gar nicht besitzt und die umso mehr bedroht ist, je markiger er von vornherein auftritt. Manche Lehrer erheben die Einschüchterungstaktik zum System. Sie suchen sich gleich in der ersten Woche einen Schüler heraus, den sie anbrüllen, damit alle wissen, was sie bei ihm zu befürchten haben. Das habe ich im Übrigen auch als Schüler erlebt.«

Ein Hauptproblem sei, dass Lehrer – nach Rauhs Beobachtung vor allem Lehrerinnen – Konflikte auf der persönlichen Ebene austragen. Sie fühlten sich zu Unrecht durch das Verhalten und die Äußerungen von Schülern angegriffen.»Das ist erstaunlich, denn es wird vergessen, dass es sich um Kinder und Jugendliche handelt, die ›nebenbei‹ auch noch pubertieren. Ich habe mich gefreut, als einer meiner Schüler in einem Fernsehinterview über mich sagte: ›Er versteht auch mal Spaß. Und bleibt dabei trotzdem beim Thema. Man kann in seinem Unterricht außerdem mal spontan lachen, ohne dass einem die totale Strenge entgegenschlägt.‹«[78]

Das Lachen ist vielen Lehrern und Schülern längst vergangen, denn der Erfindungsreichtum gegenseitiger Verletzungen ist groß. Für den Lehrer sind es neben der schlechten Zensur eine Reihe kleinerer und größerer Diskriminierungen, die Schülern die wahren Machtverhältnisse vor Augen stellen sollen. Manchmal reicht schon ein böser Blick, eine sarkastische Bemerkung oder konsequentes Übersehen. Im schlimmsten Fall wird ein Schüler vor der Klasse bloßgestellt. Das ganze Repertoire mehr oder weniger subtiler sozialer Kränkungen – das, was Proust die Mikroorganismen des Unrechts nennt – kommt zum Einsatz. Und natürlich umgekehrt. Die Mobbingtechniken von Lehrern, aber auch Schülern sind wahrlich nicht von schlechten Eltern.

Das Problem liegt darin, dass viele Lehrer meinen, ihr diskriminierendes Verhalten sei durch Konflikte legitimiert, also durch das Gesetz des Handelns. Dann agieren Lehrer nicht so, wie es vermutlich ihrer pädagogischen Überzeugung entspricht, sondern so, wie sie persönlich meinen, auf Angriffe reagieren zu müssen. Sie fallen im wahrsten Sinne des Wortes aus der Rolle. Und wundern sich, dass die Schüler dasselbe tun. Niklas Luhmann kennzeichnet dieses Problem als »doppelte Kontingenz«. Der Begriff stammt von dem amerikanischen Soziologen Talcott Parsons und beschreibt ein Verhalten, das lediglich reaktiv ist. Im Normalfall existiert ein gemeinsamer Verhaltenscode, bei unvorhergesehenen Regelverletzungen gerät dieser Code ins Wanken. Der Lehrer reagiert ebenfalls mit einer Regelverletzung – beispielsweise, indem er einen Schüler anschreit. Worauf der Schüler seinerseits etwas Unberechenbares tut. Aus Ordnung wird Chaos.

»Wenn sich Konflikte hochschaukeln, weiß ich nie, was als Nächstes passiert, oft entsteht eine nach oben offene Spirale«, sagt Andreas, Hauptschullehrer aus Hamburg. Er beschreibt eine typische Konfliktsituation. »Ich ermahne einen Schüler, sein Kaugummi auszuspucken. Er verzieht nur spöttisch das Gesicht. Ich erhebe meine Stimme. Er geht zum Abfalleimer, spuckt feixend sein Kaugummi aus, tritt dabei aber den Abfalleimer um. Ich fange an zu brüllen, und nun fegt der Schüler beim Gang zurück zum Platz einem Mitschüler die Bücher vom Tisch. Das ist der Moment, wo ich selbst nicht mehr weiß, was ich tun soll. Und alle starren mich gespannt an, weil sie nicht wissen, was als Nächstes kommt. Ob ich mich geschlagen gebe oder explodiere, ob der Schüler Ruhe gibt oder völlig ausflippt.«

Luhmann fasst dieses Phänomen in einem präzisen, wenn auch sehr akademisch klingenden Satz zusammen: Es könne keine Koordination von Interessen und Intentionen verschiedener Akteure zustande kommen, »wenn Alter sein Handeln davon abhängig macht, wie Ego handelt, und Ego sein Verhalten an Alter anschließen will«.[79] Konkret heißt das für Konflikte im Klassenzimmer: Die unausgesprochene Vereinbarung darüber, wie man unter normalen Verhältnissen miteinander umgeht, ist mit einem Schlag hinfällig. Beziehungsregeln gelten nicht mehr, das Interesse am Unterricht und die Intention, etwas zu lernen, sind in weite Ferne gerückt. Lehrer wie Schüler reagieren nur noch situativ und werden unberechenbar.

Doppelte Kontingenz ist im Sinne Luhmanns eine Unbestimmtheit des Handelns ohne ein gemeinsames Handlungsziel. So in etwa muss man sich die erste Begegnung europäischer Forscher mit Angehörigen nativer Völkern vorstellen: Was diese vorhaben, ist ein großes Rätsel. Bedeutet ihr Lächeln ein Willkommen oder die Vorfreude darauf, die weißen Eindringlinge in den Kochtopf zu stecken? Bedeutet das Schwenken von Palmbüscheln eine kriegerische Geste oder eine Aufforderung zum Tanz? In solch einer Situation helfen Konventionen nicht mehr weiter. Im Klassenzimmer führt doppelte Kontingenz zu einer grundsätzlichen Verunsicherung. Die soziale Ordnung zerfällt, soziales Handeln wird unmöglich. Ein Lösungsversuch könne sein, so Luhmann, die Muster reiner Reaktionen zu durchbrechen. Entweder könne man auf kulturell erlernte Verhaltenscodes zurückzugreifen oder einen neuen Code vereinbaren. Dafür muss ein Lehrer jedoch genau wissen, wie er sich in solchen Situationen verhalten möchte, wie er sich Konfliktmanagement vorstellt. Vor allem muss er eine Vorstellung haben, wie er sich das Lehrer-Schüler-Verhältnis aus professioneller Sicht wünscht. Nur dann kann er verlässlich agieren, statt von Fall zu Fall spontan zu entscheiden.

Schüler legen es keinesfalls darauf an, die Lehrerautorität grundsätzlich zu erschüttern. Sie folgen eher einer Eskalationsdynamik. Manchmal warten sie regelrecht darauf, dass der Lehrer derart in die Enge getrieben ist, bis er seine Einstellung offenlegen muss: Offenbart er eine grundsätzlich abwehrende Haltung? Spielt er stoische Souveränität? Oder ist er bereit, sich auf die Schüler einzulassen und den Konflikt auf einer Meta-ebene anzusprechen, als Beziehungskonflikt? Gelingt es ihm, die zerstörte Bindung wieder aufzubauen? Darauf hoffen Schüler nämlich, obwohl zunächst vieles dagegen zu sprechen scheint.

»Manchmal sind die Signale sehr subtil«, erzählt Barbara, Rektorin einer niedersächsischen Oberschule. »Ein Schüler beispielsweise saß immer nur still da, beteiligte sich nie am Unterricht, sondern baute aus seinen Stiften Häuser. Natürlich wollte er, dass ich auf ihn zugehe und ihn darauf anspreche. Andere ärgern ihre Sitznachbarn oder werfen mit Heften. Wegen der fehlenden Beziehungskultur in der Familie haben Kinder oft verinnerlicht, dass sie lediglich durch negatives Verhalten Aufmerksamkeit wecken können, was sie dann auch in der Schule tun. Eigentlich wollen sie nicht provozieren, sondern nur persönliche Zuwendung erfahren.«

Solche Mechanismen könnten Lehrer leicht durchschauen – falls ihnen das Bindungsbedürfnis ihrer Schüler bewusst wäre. Wer es nicht intuitiv via Empathie wahrnimmt, könnte zumindest durch die Bindungsforschung wissen, dass selbst Schüler, die mit dem Selbstbewusstsein von Erwachsenen auftreten, um Anerkennung kämpfen. Viele Provokationen beruhen auf Selbstbehauptung. Natürlich haben auch Schüler Machtspiele ritualisiert. Aber oft sind sie aufzulösen, sogar wenn Lehrer an ihre Grenzen geraten. Denn eigentlich versteckt sich in vielen Provokationen der Wunsch, über Regeln zu verhandeln.

Der Lehrer Arne Ulbricht schildert eine Situation in einer Klasse mit siebzehn- bis zwanzigjährigen Hamburger Schülern. Ein Junge hatte nach einer verpassten Klausur kein Attest dabei; seine grinsend vorgetragene Begründung – eine defekte AOK-Karte – erwies sich als Ausrede. »Ich erzähle es ihm. Er grinst immer noch. Ich erzähle es ihm erneut, dieses Mal lauter. Er steht da und sagt nichts. Zuckt mit den Schultern und wiederholt, dass er kein Attest hat und verweist auf seine Karte. Daraufhin brülle ich ihn an. Immer lauter schreie ich. Die anderen staunen. So kennen sie mich nicht. Mehmet guckt nicht mehr so frech. Er hat sich an die Tafel gelehnt und sagt mit ruhiger Stimme, während er mir in die Augen schaut: ›Schreien Sie mich nicht an.‹ ›DOCH, DAS TUE ICH!‹ In der Tat brülle ich weiter. Mehmet wird immer ruhiger. Ich merke, wie ich den Zweikampf, und genau dazu hat sich das *Gespräch* entwickelt, verliere. Zuerst habe ich falsch agiert, dann kann ich nicht damit umgehen, dass der Schüler nicht so reagiert, wie ich es erwartet habe. Noch immer steht er da. Mit unbeweglicher Miene. Er zischt: ›Schreien Sie mich nicht an.‹ Mein Herz rast inzwischen. ›Setzen Sie sich.‹ Er setzt sich hin. Und er weiß wohl genauso gut wie ich, dass er gewonnen hat. Schlimmer ist, dass die Schüler es ebenfalls wissen.«[80]

Er habe anfangs viel gebrüllt, bekennt Arne Ulbricht. Ganz abgewöhnt habe er es sich nicht, aber immerhin sei es seltener geworden. Das Erlebnis mit Mehmet hat ihn lange verfolgt, er konnte nachts nicht schlafen, träumte sogar einmal von seinem Schüler. Bis er sich eingestand, dass er einen Fehler gemacht hatte. »Dann habe ich wieder Unterricht in der Klasse. Ich nehme Mehmet raus, wir setzen uns auf die Treppe und unterhalten uns. Ganz ruhig. Anschließend verstehen wir uns besser. Zur nächsten Klausur kommt er pünktlich.« Aus der unbestimmten, unsicheren Situation, in der sowohl der Lehrer als auch der Schüler aus der Rolle fielen, ist eine sichere geworden, in der man miteinander redet. Mit anderen Worten: Die zerstörte Beziehung wird vorsichtig wieder aufgenommen.

Je stärker sich ein Lehrer auf den einzelnen Schüler einlässt, statt ihn als Teil eines unberechenbaren wilden Stammes wahrzunehmen, desto größer wird sein empathisches Verständnis, desto konstruktiver sein Umgang mit Konflikten sein. Dafür reichen ein starrer Frontalunterricht und die anschließende Flucht ins Lehrerzimmer nicht aus. Einschätzen und verstehen kann man einen Schüler nur, wenn man sein Umfeld und seine Eltern kennt, wenn man bereit ist, sich weit über den Unterricht hinaus für einen Schüler zu interessieren.

## Mit harter Hand

Trotz der Erkenntnisse fortschrittlicher Erziehungsexperten ist die Verunsicherung der Lehrer groß. Wer mit Bindung und Empathie argumentiert, gerät leicht in die Ecke der Kuschelpädagogik: gut gemeint, aber nutzlos. Mehr Respekt im Klassenzimmer, so denken viele, könne nur durch Autorität traditionellen Zuschnitts erobert werden. Denn die Problematik realer Unterrichtssituationen dringt weniger in die Öffentlichkeit als das Bild des angeblich zu laschen Lehrers. Seine Nöte, auch sein Scheitern, wenn er das Ringen um Autorität als Machtkampf inszeniert, bleiben in der Regel im Klassenzimmer verborgen. Nur wenige Lehrer haben wie Arne Ulbricht den Mut, ihre Fehler – und Einsichten – öffentlich zu thematisieren.

So nimmt kaum Wunder, dass 2006 ein Buch mit dem Titel *Lob der Disziplin* Furore machte. Die Streitschrift von Bernhard Bueb, ehemaliger Leiter der Internatsschule Schloss Salem, wurde zum Bestseller und beschäftigt bis heute die deutsche Öffentlichkeit. Schnell setzte eine Polarisierung ein. Die einen feierten eine überfällige pädagogische Kehrtwende, die anderen sahen den Geist preußischer Kasernen, wenn nicht Schlimmeres wiederauferstehen.

Immerhin meißelte Bueb Sätze in imaginäre Gesetzestafeln, die nach einer Renaissance preußischer Kadettenanstalten klangen: »Wir versündigen uns an den Jugendlichen, wenn wir ihnen die Erfahrung von Askese, Arbeitsethos und rationaler Lebensführung vorenthalten. Es muss wieder ein gesellschaftlicher Konsens entstehen, dass wir ein Klima der strengen Erziehung brauchen.«[81]

Selbst wenn man Bueb gutwillig liest, erinnern die Stichworte Askese, Arbeitsethos und rationale Lebensführung stark an Thomas Manns Schulleiter Wulicke mit seinem Credo der instrumentellen Vernunft. Autorität, Pflicht, Macht und Dienst, zwischen diesen Begriffen bewegt sich ein Denken, das Schüler als

Rekruten für den Arbeitsmarkt betrachtet. Mit zwei Pointen: zum einen, dass es dabei nicht um Motivation, sondern Wohlverhalten geht, zum anderen, dass der Arbeitsmarkt zwar durchaus Selbstdisziplin verlangt, mittlerweile aber auch eine hohe Motivation. Sich mit seiner Arbeit zu identifizieren, eigenständig Problemlösungen zu finden und sich über die Routine hinaus zu engagieren, gehört heute zum Anforderungsprofil der meisten Berufe. Wer gelernt hat, nur auf Druck zu reagieren, entwickelt selten Eigenständigkeit und Eigeninitiative.

Begriffe wie Autorität müssen erst reflektiert und reformuliert werden, um heute alltagstauglich zu sein. »Wirkliche Autorität entsteht aus einer Mischung von persönlicher Ausstrahlung, Wissen, Sensibilität und ›siebentem Sinn‹ für die Wünsche und Träume, Sorgen und Nöte Heranwachsender.« Mit dieser Neudefinition versucht Jan-Hendrik Olbertz, ehemaliger Kultusminister von Sachsen-Anhalt, eine zeitgemäße Annäherung. »Aufmerksamkeit und Disziplin im Unterricht lassen sich am besten durch Ermutigung und Inspiration, durch das Wecken von Neugier herstellen, indem Kindern etwas zugetraut und abverlangt wird.«[82] Olbertz argumentiert mit Begriffen einer empathischen Beziehungskultur, in der ein zeitgemäßer demokratischer Geist durchschimmert. Buebs Vokabular hingegen zeigt wenig Scheu vor historischen Anspielungen. Tabubegriff reiht sich an Tabubruch: »Erziehung bedeutet immer Führung«, »Wer führt, erwartet Gefolgschaft«, und die sei nur zu haben durch die »vorbehaltlose Anerkennung von Autorität und Disziplin«. In diesem Geiste erließ Bueb unter dem Titel *Von der Pflicht zu führen* seine alttestamentarisch daherkommenden *Neun Gebote der Bildung,* so der Untertitel seines 2009 erschienenen Nachfolgebuches.

Führung, Gefolgschaft, Pflicht, Disziplin, vorbehaltlose Anerkennung – mancher argwöhnte, hier bediene sich jemand aus dem Wörterbuch des Unmenschen. Ehemalige Salem-Schüler zeichnen dennoch ein positives, wenngleich ein wenig schauriges

Bild: »Man fährt in einer Dreißiger-Zone nicht aus Höflichkeit 30, sondern weil man Angst vor dem Strafzettel hat. Angst muss sein, auch als Schüler muss man Angst vor Strafen haben. Jugendliche sind provokant und testen Grenzen aus. Da muss die Schule gegensteuern«, gab ein Ehemaliger der *Zeit* zu Protokoll.[83] Der Strafzettelvergleich entlarvt die vermeintliche Disziplinierung als das, was sie ist: eine vorübergehende Unterwerfung. Der Sinn von Regeln wird dabei nicht verinnerlicht. Andere Äußerungen von Ehemaligen klingen weniger martialisch, doch keiner der Schüler hat den Rektor offenbar als Despoten empfunden, eher als das Modell »streng, aber gerecht«.

Wer zu den Anhängern Buebs gehört, vergisst möglicherweise, dass der gestrenge Rektor einem Internat vorstand. Für ihn stellten sich Erziehungsaufgaben, die normalerweise von Eltern wahrgenommen oder auch vernachlässigt werden. Umgangsformen, Ausgehzeiten, Rauchen, Alkohol, unerlaubte Partys, das sind typische Konfliktherde eines Internats. Das buebsche Regiment auf Schloss Salem ist ein Erziehungskonzept, das die Schule einschließt, nicht umgekehrt. In gewisser Weise erkannten Buebs Schüler ihn vermutlich als Erziehungsautorität an, weil ihnen gar nichts anderes übrig blieb – schließlich lebten sie vierundzwanzig Stunden im Internat und mussten sich notgedrungen dessen Regeln anpassen. Ein Schelm, wer da vom Stockholm-Syndrom spricht.

Auffällig an der Autoritätsdebatte ist, dass wie bei Bueb oft zwei Dinge argumentativ verknüpft werden: Lernen und Erziehung. Wobei Erziehung hier so viel heißt wie Disziplinierung, also rein instrumentell verstanden wird. Die Gleichung der Autoritätsbefürworter konventioneller Prägung ist einfach: Erkennen Schüler die Autorität des Lehrers »vorbehaltlos« an, steht ihnen der Weg zur Bildung offen – erst »Gefolgschaft«, dann Lernerfolg. Dabei könnte es auch umgekehrt sein: Ist der Unterricht so organisiert und in sichere Beziehungen eingebettet, dass er Lernverhalten und Motivation positiv beeinflusst, entstehen erst gar keine größeren Autoritätsprobleme. Das setzt aber eine grundsätzliche Unschuldsvermutung voraus, also die Annahme, Kinder und Jugendliche seien nicht von vornherein schwer erziehbare Anarchisten. Bueb hingegen arbeitet mit der Unterstellung, es gehe stets um der Widerspenstigen Zähmung, wenn er anmerkt, jede Generation von Babys gleiche dem Einfall von Barbaren. Das erinnert an negative Kinderbilder vergangener Jahrhunderte, etwa an den radikalen Pietismus, der ein gut erzogenes Kind als gezähmten Teufel betrachtete. Im Grunde kann Bueb auf Beifall bei all jenen hoffen, die Kinder ohnehin als ebenso lästige wie nervige Rasselbande wahrnehmen und den Lehrerberuf als einen »Knochenjob«: »Jeder weiß das, wenn er ehrlich ist. Wer nicht so ehrlich ist, der möge sich einmal überlegen, wie gestresst er ist, wenn er mit zwei oder drei Kindern eine Einkaufstour durch die Stadt hinter sich hat; und er möge sich überlegen, wie es ihm erginge, wenn er tagtäglich dreißig junge Menschen zu bändigen hat«,[84] sagt der Präsident des Deutschen Lehrerverbandes, der sich auch als Schulpsychologe hervorgetan hat. Eine leichte Gänsehaut ist da niemandem zu verdenken.

»Buebs Buch liegt ein Menschenbild zugrunde, vor dessen Hintergrund Kinder und Jugendliche als primär antisoziale und egoistische Wesen erscheinen«, kritisiert der Psychotherapeut und Neurobiologe Joachim Bauer. »Die jedem Kind eigenen primären Liebes-, Bindungs- und Gemeinschaftsbedürfnisse, die ein zentraler Ausgangspunkt jeder Pädagogik sein sollten, werden nicht oder nur am Rande thematisiert.«[85] Der Familientherapeut und Konfliktberater Jesper Juul geht noch einen Schritt weiter. Lobreden auf Autorität und Disziplinierungsmaßnahmen hält er für sinnlos. Anweisungen sowie Strafen seien wirkungslos, weil Kinder und Jugendliche weniger auf verbale Botschaften als auf das reagierten, was ihnen vorgelebt werde, durch Eltern, aber auch durch Lehrer. »Die Art, wie sie miteinander umgehen, wie sie Konflikte und Streit austragen, das ist es, was erzieht«, stellt Juul fest.[86]

Die berechtigten Einwände konnten nicht verhindern, dass Buebs Plädoyer für strikte Autorität nicht nur Anhänger, sondern auch publizistische Nachahmer fand. Zu ihnen gehört Günther Hoegg, der 2012 das Buch *Gute Lehrer müssen führen* veröffentlichte. Der Begriff der pädagogischen Führerschaft schien damit endgültig wieder salonfähig zu sein. Komprimiert ließe sich Hoeggs Grundannahme mit einem Schuss Polemik in dem Satz zusammenfassen, Lehrern fehle es am Willen zur Macht. Bei Hoegg heißt es kaum weniger eindeutig: »Wer nicht führt, wird geführt.« Das ist in etwa so aufgeklärt wie die Annahme, jede Beziehung beruhe auf der Unterwerfung des einen und der Macht des anderen. Herr und Knecht, *master and slave,* solchen Hierarchien fehlt heute glücklicherweise das gesellschaftliche Pendant. Außerdem kennt die Spannbreite menschlicher Beziehungen bekanntlich auch Formen der Freiwilligkeit, getragen von Anziehungskraft, Identifikation, Zugehörigkeit, Begeisterung. Wer hingegen unterwirft, will weder überzeugen noch motivieren.

Für Hoegg sind Lehrer heute nicht etwa beziehungsschwach, sondern zeigen zu wenig Führungsstärke: »Einige *wollen* nicht führen, andere meinen, sie *dürften* nicht führen.« Da der Autor zudem überzeugt ist, die meisten Lehrer könnten zudem gar nicht führen, gibt er sachdienliche Hinweise für den Erwerb von Führungsqualitäten. Als methodisches Mittel empfiehlt er unter anderem den Einsatz von gelben und roten Karten, wie beim Fußball üblich. Eine klare Sache: Auf die Verwarnung folgt der Platzverweis.[87] So entwirft Hoegg Schule als Ort eines permanenten Machtkampfs, den die Lehrkraft gewinnen sollte. Möglich, dass seine Methode klappt. Dann agieren Lehrer nach seiner Devise, dass Amtsautorität, Wissensvorsprung, Reife und Lebenserfahrung Legitimation genug seien. Die Forderung nach vorbehaltsloser Anerkennung ist allerdings mit zwei Nachteilen erkauft. Ohne Verhandlungen und gemeinsame Vereinbarungen erkennen Schüler nicht den Sinn von Regeln und befolgen sie daher nicht aus eigener Überzeugung; zum anderen entsteht ein verdeckter Konflikt, den Gymnasiallehrerin Maria benennt: »Bei einem Machtkampf verliert immer einer das Gesicht: der Lehrer oder der Schüler. Beides ist schädlich für die Lehrer-Schüler-Beziehung.« Deshalb vermeide sie offene Konfrontationen.

Bezeichnenderweise beteuert Hoegg bereits im Vorwort seines Buches, er wolle Lehrern das Leben leichter machen. Auf den ersten Blick macht seine Sicht der Dinge den Schulalltag tatsächlich einfacher: keine Diskussionen über Regeln, Stoff und Methoden, keine unvorhergesehenen Abweichungen, keine Störungen – falls die Dressur gelingt. Jenseits von Internaten wird das zusehends schwieriger. Und man muss nicht erst die Dialektik der Aufklärung bemühen, um zu erkennen, dass jede Unterwerfung mit Selbstunterwerfung erkauft ist, also auch mit der Selbstdeformation des Lehrers.

Aber ist es wirklich sinnvoller, Machtverhältnisse zu erzwingen, statt um Autorität zu werben? Nicht erst Casanova entdeckte, dass Verführung größere Begeisterung hervorruft als gewaltsam erzwungene Liebesdienste. »Die Schule ist für die meisten Kinder heute die Initiation in eine Lage, in der sie spüren, dass es auf sie nicht ankommt«, sagt Peter Sloterdijk.[88] Was kann man von Schülern erwarten, die sich vor allem fügen müssen? Wie viel Diskurskultur und eigenständiges Denken entwickeln sie, wenn die Lehrkraft mit dem rein hierarchischen Argument auftrumpft? All die bildungspolitischen Sonntagsreden, Zielvereinbarungen und Mündigkeitskonzepte beschwören unablässig den eigenständigen, selbstbestimmten Schüler. Doch sie feiern eine Autonomie, die im Schulalltag häufig daran scheitert, dass Lehrer die Konsequenzen als zu schwierig empfinden. Sie müssten umlernen, um Konflikte moderieren zu können und einen einvernehmlichen Konsens herzustellen; sie müssten Schüler nach ihrer Meinung fragen, und nicht zuletzt müssten sie Verantwortung für einen permanenten Steuerungsprozess übernehmen, der auf Bindung beruht.

Eine ehemalige Schulrektorin wird deutlich: »Es muss einmal gesagt werden, dass es Lehrern fast unmöglich ist, mit Kindern zurechtzukommen, die sich benehmen, als seien sie selbstbestimmt. Wir verlangen von ihnen, eine Menge absurde Dinge zu tun, die wir selbst nie täten, es sei denn, man zahlte dafür.«[89] Die Verwechslung von – rein disziplinierender – Erziehung und Lernkultur weckt nicht nur zwiespältige historische Assoziationen. Sie ignoriert auch die Unterscheidung zwischen Umgangsformen und Lernklima. Es versteht sich von selbst, dass Unterricht in einer entfesselt lärmenden Klasse unmöglich ist. Doch der Umkehrschluss, dass ruhiggestellte Schüler zwangsläufig motiviert seien, ist absurd. Zähmung und Kontrolle sind reine Disziplinierungsinstrumente. Wer meint, das sei ein gutes Training für den Arbeitsmarkt, kultiviert eine reichlich antiquierte Vorstellung vom Arbeitnehmer als bloßem Befehlsempfänger.

Der autoritäre statt kooperative Führungsstil ist längst überholt. Sicherlich gelten auch in Berufskontexten häufig Regeln, die gesetzt und nicht verhandelbar sind. Aber jeder Unternehmer wird darauf achten, dass sich solche Regeln nicht nachteilig auf Motivation und Engagement der Mitarbeiter auswirken. Ein restriktiver Führungsstil, der unterwirft statt ermöglicht, unterbindet Motivation, Loyalität und nicht zuletzt auch Leistung. Wer dienen muss, nach Vorgaben, die er insgeheim sinnlos findet, leistet Dienst nach Vorschrift. Eigeninitiative und Kreativität entstehen nicht in solch einem Klima. Oft kommt es sogar zu unbewussten oder bewussten Sabotageakten.

Wolfgang Vogelsaenger, Leiter der Integrierten Gesamtschule Göttingen, verwirklicht ein Schulkonzept, in dem Teamgeist und Selbstverantwortung im Vordergrund stehen. Für ihn sind Bindung und Beziehung ein selbstverständlicher Teil der Schulkultur. Autoritätsprobleme gebe es nicht, weil die Schüler Regeln als sinnvoll anerkennen und Konflikte im Team gelöst werden. Vogelsaengers Credo: »Konfliktmanagement hat für mich immer mit Kooperation zu tun.« Dieses Konzept sei auch in Arbeitskontexten tauglich. Nachdem seine Schule 2011 mit dem Deutschen Schulpreis ausgezeichnet worden war, stand eines Morgens der Prokurist eines großen Göttinger Umzugsunternehmens in seinem Büro. »Zu meinem größten Erstaunen wollte er eine Managementberatung von mir. Sonst ist es ja meist umgekehrt: Wir Schulen sollen von modernen Managementmethoden lernen.« Der Prokurist erzählte von einem unlösbaren Problem: Pro Monat entstanden der Firma 30 000 Euro Verlust, weil die Packer massive Schäden an den transportierten Möbeln verursachten. Weder Abmahnungen noch Gehaltsabzüge hatten zu einer Verbesserung geführt. »Ich empfahl ihm, dass sich Packer und geschädigte Kunden bei einem Bier zusammensetzen und reden sollten«, erzählt Vogelsaenger. »Man solle einander kennenlernen, sich austauschen. Die Sache gelang; seither sind die Schäden extrem zurückgegangen.«

Übrigens gibt es an Vogelsaengers Schule keinen Vandalismus, weil die Transparenz und Verhandelbarkeit von Regeln eine hohe Identifikation mit der Schule erzeugt. Dazu gehört allerdings eine ausgeprägte Gesprächs- und Beziehungskultur. Nur im Gemeinschaftsgefühl entsteht Konsens über akzeptables Verhalten.

»Disziplin ist nur erfolgreich, wenn sie als Mittel eines gemeinsamen Ziels dient und nicht nur dem Ziel des Lehrers, eine Klasse unter Kontrolle zu halten«, sagt der sechzehnjährige Gymnasiast Leon. »Es muss ein nachvollziehbares Ziel sein, das Sinn macht – es muss unseren eigenen Interessen entsprechen. Wenn sich jemand zum Beispiel beim Essen diszipliniert, weil er abnehmen möchte, hat er ein klares Ziel vor Augen. Disziplin als Selbstzweck funktioniert nicht. Die Schüler werden sich nie disziplinieren, wenn sie das Ziel nicht sinnvoll finden. Im Gegenteil: Dann werden wir erst recht unangenehm.« Ein Schulerlebnis hat Leon besonders beschäftigt. Auf dem Weg nach draußen, wenige Treppenstufen vom Ausgang entfernt, forderte ihn ein Lehrer barsch auf, seine Mütze abzunehmen. Der Schüler weigerte sich. Er trage Mantel und Mütze, weil er Schulschluss habe und auf dem Nachhauseweg sei. Daraufhin entbrannte ein lautstarker Konflikt. Denn für den Lehrer war das Tragen der Mütze ein Zeichen unhaltbarer Respektlosigkeit, für den Schüler jedoch der Tatsache geschuldet, dass er sich im Winter eben warm anzieht, wenn er die Schule verlässt.

»Viele Lehrer suchen häufig ohne erkennbaren Grund den Machtkampf mit den Schülern«, kommentiert Robert Rauh diese Geschichte. »Entweder sie legen sich gleich mit sogenannten Meinungsführern an, um sich durchzusetzen. Oder sie vermeiden es bewusst – häufig aus Angst, sich mit den tonangebenden, selbstbewussten Schülern anzulegen. Dann trifft es einen eher zurückhaltenden, weniger selbstbewussten Schüler. Oder Lehrer beteiligen sich daran, Außenseiter weiter auszugrenzen, indem sie diese permanent vorführen: ›Du wieder! Typisch!‹« Dabei würden viele Konflikte sinnlos provoziert, die in einer entspannten, von gegenseitigem Respekt bestimmten Lernatmosphäre gar nicht erst aufträten. Letztlich seien es Stellvertreterkämpfe: »Viele Lehrer leiden unter ihrer Machtlosigkeit, wenn sie etwa das Gefühl haben, sich nicht gegen eine undisziplinierte Klasse durchzusetzen – ›So eine schlimme Klasse‹, keinen Lernerfolg erzielen – ›Schüler werden immer dümmer‹ – oder sich von der Schulleitung gegängelt fühlen – ›Der hat mich schon wieder für eine Vertretung eingeteilt‹.«

Ohnmacht erzeugt regressive Machtgelüste, und das wirkt sich natürlich wenig erfreulich auf das Verhältnis von Lehrern und Schülern aus. Für die Reflexion der Beziehungsebene haben Lehrer jedoch meist nur ausgesprochen leichtes theoretisches Marschgepäck mitbekommen. Man tut sich schwer mit der konkreten Unterrichtssituation, in der Lehrer vor ganz andere Probleme gestellt sind, als Lernprozesse eifriger Schüler zu begleiten. Zudem wird im Studium wenig Praxistaugliches vermittelt. Das beginnt bereits bei der Fachdidaktik, obwohl sie im Studium eine wesentliche Rolle spielt. »Da wurde über die Koryphäen der Didaktik philosophiert, und das war's. Damit kann ich so gut wie gar nichts anfangen«, bekennt ein Referendar für Deutsch und Politik. Eine adäquate pädagogische Ausbildung habe ohnehin nicht stattgefunden:»Den großen Teil meiner Uni-Abschriften kann ich eigentlich verbrennen.[90]

Betreten Lehramtskandidaten die Schule, stürzt manches Theoriegebäude ein. Wenig ist aus den Trümmern zu retten. Und je länger Lehrer sich dem Schulalltag stellen müssen, desto mehr verflüchtigt sich die Erinnerung an theoretische Handreichungen. Sehr kritisch kommentiert der Erziehungswissenschaftler Hans Berner diesen Verfallsprozess:»Eine empirische Untersuchung zum alltäglichen Planungshandeln von Lehrkräften verschiedener Stufen zeigt, dass die in den Phasen der Lehrerausbildung erlernten allgemein- und fachdidaktischen Theorien sowie die didaktischen Leitlinien nahezu völlig verschwinden und dass ein rudimentäres, an Schlichtheit kaum zu überbietendes Planungshandeln übrig bleibt.[91]

Weit fataler wirkt sich das fehlende Wissen über die Erkenntnisse der Entwicklungspsychologie, der Jugendpsychologie und der Lernforschung aus, von Themen wie der Bindungssicherheit im Klassenraum ganz zu schweigen. Aufschluss über die wesentliche Rolle von Beziehungen sucht man im Lehramtsstudium oft vergebens, weil die Bindungsforschung in der deutschen Bildungsdebatte kein sonderliches Renommee hat. Ihre einstige empirische Basis, die sich aus Studien an Babys und Kleinkindern herleitet, macht sie offenbar wenig attraktiv für ambitionierte Bildungsexperten. Bindungstheorien gehörten in den Kindergarten und allenfalls in die Grundschule, hört man von einigen Lehrern. In weiterführenden Schulen dagegen gehe es um Verstand und Intellekt, um Lernen und Denken – als seien Beziehungen spätestens nach Beendigung der Grundschule nicht mehr relevant.

Ein Menschenbild, das Beziehungen ausklammert, überträgt sich auch auf die Schüler. Lehrer sind in diesem Sinne immer

Vorbilder, seien sie nun gute oder schlechte. Wie in den Massenmedien, lauere in der Schule unter der Oberfläche eine »versteckte Agenda, ein verborgener Lehrplan«, so der Medienwissenschaftler Norbert Bolz: »Und dessen einziges Fach heißt ›Soziale Intelligenz‹.« Die könne bekanntlich sehr unterschiedlich geprägt werden, immer jedoch laufe der Lernprozess unbewusst ab. Zur »Alphabetisierung des Verhaltens« zählt Bolz daher von Anfang an auch die Beziehungskultur der Schule. »Kleine Kinder, die noch nicht in der Lage sind, den einfachsten logischen Zusammenhang zu rekonstruieren, haben oft ein hervorragendes Gespür für soziale Situationen und ihre Dynamik. Im Erwachsenenalter bedeutet dies, dass man merkt, worauf es in der Gesellschaft ankommt, und entsprechende Verhaltensmuster trainiert: Wie geht man mit Frauen um? Wie mit seinem Boss? Wie verhält man sich gegenüber den eigenen Eltern?«[92]

Die Forderung, Schulen sollten verstärkt Werteerziehung betreiben, scheitert oft daran, dass diese Werte zwar benannt, aber nicht gelebt werden. Stattdessen werden Schüler häufig sozial inkompetent alphabetisiert. Lehrer, die Autorität mit Macht verwechseln und die Demütigung ihrer Schüler in Kauf nehmen, müssen sich den Vorwurf gefallen lassen, einer ethischen Schizophrenie zu erliegen. Es geht um Haltungsfragen. Ist das Klassenzimmer zugleich ein Raum, in dem Verständigungsbereitschaft und Verantwortungsbewusstsein gelebt werden? Sind Lehrer bereit, dies auf der Basis sicherer Bindungen zu verwirklichen? Reines Konfliktmanagement beantwortet diese Frage nur unzureichend.

Ändern wird sich der Kampfmodus vieler Lehrer nur, wenn sie aus der Outgroup-Wahrnehmung aussteigen, sich dem einzelnen Schüler zuwenden und erkennen, wie stark sein Bindungsbedürfnis ist. Dafür müsste man sich allerdings zu einer fundamentalen Neuorientierung des Lehramtsstudiums entschließen. Und Lehrer müssten durch obligatorische Fortbildungen und professionelle Begleitung die Chance haben, alte Handlungsmuster zu revidieren. Auch deshalb, weil es ihnen selber Sicherheit geben würde, wenn sie Bindungen erleben würden. Es geht aber immer zugleich um den ersten Schritt. Schon das Bewusstsein, wie stark die Beziehungsqualität die Unterrichtsqualität beeinflusst, würde viel verändern. Zurzeit ist wenig davon zu spüren. Nach wie vor überwiegt die Konzentration auf das jeweilige Fach und die Fachdidaktik. Und selbst dieses Wissen hilft oft wenig – dann nämlich, wenn ein angehender Lehrer zum ersten Mal vor einer Schulklasse steht.

## Bootcamp Referendariat

Erstaunlich ist es schon, dass jahrzehntelange öffentliche Debatten, diverse Schulreformen und nicht zuletzt mehrere Generationswechsel in der Lehrerschaft wenig am oft defizitären Lehrer-Schüler-Verhältnis geändert haben. Nach wie vor erleben viele Kinder und Jugendliche entmutigenden Unterricht, nach wie vor empfinden viele Lehrer tiefes Unbehagen, wenn sie die Schule betreten. Widersprüchliche Anforderungen und Bildungskonzepte hinterlassen wenig mehr als Ratlosigkeit. »Das Ergebnis sind verzagte Lehrerinnen und Lehrer, aufgebrachte Eltern, gleichgültige oder zynische, uneinholbar entfremdete oder zum Verzweifeln angepasste Schüler und Schülerinnen«, resümiert Hartmut von Hentig.[93] Ist dies nur einfach die Beharrungskraft des Faktischen? Warum erbt sich ein negatives Schulklima fort, wenn sich alle prinzipiell einig sind, dass Schule heute oft eine unerträgliche Zumutung ist?

Es liegt nahe, eine Ursache in der Lehrerausbildung in Deutschland zu suchen. Die Kritik konzentriert sich dabei vor allem auf das praxisferne Studium. Weniger Beachtung schenkt man dem Referendariat, obwohl es für den späteren Unterrichtsstil deutlich prägender ist als die akademische Ausbildung. Denn im

Transitraum zwischen universitärem Studium und künftigem Lehreralltag werden die Weichen gestellt: Wie fühlt sich das Lehrerdasein an? Mit welcher Einstellung gehe ich in die Klasse? Wie nehme ich meine Schüler wahr?

Schaudernd erinnert sich Hildegard Monheim, heute knapp sechzig Jahre alt, an den Beginn ihrer Lehrerlaufbahn:»Jeden Morgen litt ich, jeden Morgen war ich in Sorge, jeden Morgen hatte ich Angst vor den Dingen, die da kommen würden.«[94] Man könnte meinen, so etwas lege sich mit der Zeit. Doch Hildegard Monheim spricht von Konditionierung.»Bis heute bin ich vor dem Unterricht aufgeregt«, bekennt die Lehrerin.»Irgendwie scheint mein Körper konditioniert zu sein: Dir steht Unterricht bevor, also muss dein Herz laut klopfen.« Entspannt sei sie nie, wenn sie ins Auto steige und zur Schule fahre.

Eigentlich sollte das Referendariat, auch Vorbereitungsdienst genannt, ein geschützter Raum sein. Je nach Bundesland 18 Monate bis zwei Jahre lang gehen künftige Lehrer nach dem Ersten Staatsexamen an die Schule, wo sie hospitieren und unterrichten. Parallel dazu nehmen sie im Studienseminar an einem Hauptseminar und zwei Fachseminaren teil; der Fachseminarleiter betreut sie in dieser Zeit. Hinzu kommen »anleitende Lehrer«, auch Mentoren genannt.[95] Eingebettet in diese Struktur, wäre das Referendariat eine Chance, Theorie und Praxis miteinander zu versöhnen. Die Lehramtskandidaten sollten Erfahrungen sammeln, Probleme mit Betreuern besprechen, zu einem eigenen Unterrichtsstil finden und möglichst ein Gefühl dafür entwickeln, wie man mit Kindern umgeht. Doch für viele angehende Lehrer ist es ein Sprung in eisiges Wasser. Bootcamp, Stresstest, Tortur, Hölle – so charakterisieren sie das Referendariat. Anspruch und Realität treffen oft schmerzhaft ernüchternd aufeinander. Trotz der Einführung von Praktika und Praxissemestern existiert immer noch die weitgehende Trennung von universitärer Ausbildung und Unterrichtserfahrung. Dies rächt sich als schockierende Begegnung mit Schülern, Eltern und Lehrern. Erst beim

»Nahkampf an der Bildungsfront[96] stellt sich meist heraus, was das Lehrersein überhaupt bedeutet.

Was auch immer sie sich vorgestellt haben: Die Konfrontation mit der Wirklichkeit ist für Referendare vielfach ein Desaster. Die Diskrepanz zwischen fachlicher Ausbildung und realer Unterrichtssituation erzeugt Irritation bis Angst, und das Rollenverständnis, wie es sich im Studium dargestellt hat, verflüchtigt sich zur Illusion. »Zwischen den Pausen der Clown, der Buhmann, der Dorfpolizist, die Krankenschwester sein – so haben sich das viele das nicht vorgestellt«, schreibt Thorsten Wiese, der ein Buch mit Geschichten aus dem Alltag des Referendariats herausgegeben hat. Nicht zufällig wählte er den Untertitel *Referendare erzählen vom täglichen Klassen-Kampf.* Mit viel Idealismus und neuen Ideen für die Schule gehe es los, dann aber hole die Wirklichkeit den Kandidaten ein. Und diese Wirklichkeit habe wenig mit akademischen Vorstellungen von Pädagogik zu tun: »Nach einigen Monaten weicht der unbedingte Drang zur Erziehungsaufgabe der Aufgabe jeglicher Erziehungsarbeit.«

Die besten Vorsätze und die ehrgeizigsten Konzepte sind oft vergessen, wenn der Lärmpegel einer fünften Klasse an den Nerven zerrt, wenn sich der ganz normale Wahnsinn des Schulalltags in Form umherfliegender Gegenstände, handfester Rangeleien und ohrenbetäubenden Geschreis entlädt. Überrollt von temperamentvollen, unkonzentrierten Kindern, stehen Referendare sehr bald im Bann der »A-Frage«. »Zu den ersten und wichtigsten Aufgaben als neuer Referendar gehört es, sich Autorität bei den Schülern zu verschaffen«, meint Alexander Schweizer im Rückblick auf seine Zeit an einem Gelsenkirchener Gymnasium. »Sonst gehst du schneller unter als ein Mafia-Opfer im Golf von Neapel.«[97]

Die Frage ist allerdings, wie der drohende Untergang verhindert werden könnte. Classroom-Management, Bindung, Motivation und der Umgang mit Provokationen sind meist ein weißer Fleck auf der Landkarte des Studiums. »Auf Autoritäts- oder

Disziplinprobleme wurde ich überhaupt nicht vorbereitet. In dieser Hinsicht klaffen Studium und Schule weit auseinander«, sagt Sarah, die gerade ihre Vorbereitungszeit in einer Berliner Grundschule absolviert. Dabei hatte sie sogar Unterrichtsstörung als eines ihrer vier Examensfächer gewählt. »Aber die Art und Weise, sich an der Universität damit auseinanderzusetzen, ist zu akademisch. Man geht nicht von einem konkreten Fall aus, sondern bleibt sehr allgemein.« Die meisten ihrer Kommilitonen hätten sich nicht einmal theoretisch damit beschäftigt, weil sie diesen Aspekt des Unterrichts nicht als wichtig erkannten.

Sarah machte die Erfahrung, dass sie an der Grundschule zugleich »Sozialarbeiterin« sein muss, wie sie sagt. Viele ihrer Schüler kommen aus schwierigen häuslichen Verhältnissen, sind verstört, in sich gekehrt oder streitsüchtig. Manche haben keine Hausaufgaben dabei, weil sie in der Familie keine Ruhe dafür finden. Jetzt versucht Sarah, pragmatisch mit diesem unvorhergesehenen Problem und mit ihrer neuen Rolle umzugehen. Das sei jedoch schwierig, weil sie sich dabei alleingelassen fühle. Das Kollegium sei in dieser Hinsicht kein Team. Sarah muss improvisieren, gerade in einem Bereich, der zu den wichtigsten ihres Berufs gehört: der Lehrer-Schüler-Beziehung.

Ungeklärt bleibt oft, wie man es denn nun halten soll mit dem Thema Autorität. Tanja Rohwedder versuchte es während des Referendariats an einer Hauptschule in Celle mit Günther Hoeggs Methode. Man könnte auch sagen: Sie hat sich auf den Machtkampf eingelassen. Dabei stieß sie auf einige Hindernisse. Zum einen verlangt harte Führung nach harten Sanktionen. Die aber gab es nicht, das musste sie schnell einsehen. Keiner ihrer Schüler ließ sich etwa mit dem Hinweis einschüchtern, er werde bei Verfehlungen zum Direktor zitiert. So probierte sie es mit diffusen Drohungen, wohl wissend, wie lächerlich dies im Grunde war. »Der einzige Weg ist der, Konsequenzen anzudrohen, von denen ich im Moment noch nichts weiß«, gibt sie. zu »Also nähre ich meine Autorität in solchen Situationen meist mit Sätzen, die

die Schüler ins Grübeln bringen, wie etwa: ›Das wirst du dann noch sehen.‹ Oder: ›Darauf würde ich es an deiner Stelle nicht ankommen lassen.‹«

Keine schwarze, aber eine ziemlich dunkelgraue Pädagogik wird da praktiziert. Im Studienseminar hatte die Referendarin einiges über Didaktik, Methodik und »Taktik« gelernt. »Im täglichen Klassen-Kampf wird all das aber schnell von Überlebensstrategien verdrängt.« Da kam der Rat ihres Fachleiters aus dem Studienseminar gerade recht, doch mal Hoeggs Schiedsrichterkarten auszuprobieren. »Das klingt einleuchtend, hat bei meinen Versuchen in der achten Klasse aber wenig Ruhe ins Spiel gebracht«, so ihr Resümee. »Denn dazu müssen die Schüler ja erst mal mitspielen wollen. In der Theorie wollen die Kinder von sich aus lernen. Einige tun das auch. Viele aber leider nicht.«[98]

Während sich die einen Referendare Überlebenstechniken aneignen, häufig jenseits aller pädagogischen Raison, taumeln die anderen am Rande des Nervenzusammenbruchs. Auf dem Portal *www.referendar.de* stehen unter dem Stichwort »Leid und Frust« Beiträge mit Titeln wie »Überfordert«, »Hilfe!«, »Am Ende«. Es sind kaum larmoyante Beschwerden darunter, stattdessen dominiert gnadenlose Selbstkritik. Vor allem aber scheint immer wieder durch, wie alleingelassen sich viele Referendare fühlen. Denn so, wie an Schulen Bindung und Beziehung im Lehrer-Schüler-Verhältnis ausgeklammert werden, erleben sie auch das Verhältnis zu ihren Betreuern als beziehungslos. Es fehlt an Vertrauen, an Bindungssicherheit, an verbindlichen Lernbeziehungen. Das System der Entmutigung, das viele Schüler erleben, prägt auch das Referendariat. Ins Gelingen verliebt sind wenige, das Prinzip der Selbstwirksamkeit fehlt häufig. Psychotherapeut Uwe Rohlje nennt das Referendariat klipp und klar eine »gesellschaftlich akzeptierte Traumatisierung«. In seiner Praxis sitzen immer häufiger junge Akademiker aus dem schulischen Vorbereitungsdienst, die nach einem Unterrichtsbesuch ihrer

Betreuer Hilfe suchen – weil sie schlicht fertiggemacht wurden. Für echte Betreuung fehle es an Unterstützung, auch an Zeit, kritisiert Rohlje, da komplexe Kommunikations-, Konflikt- und Problemlösungsfertigkeiten erlernt werden müssten. Stattdessen würden die Referendare oft demoralisiert.[99]

Viele Lehramtskandidaten sind derart verunsichert, dass sie in den einschlägigen Foren Rat suchen, ob sie besser aussteigen sollten. »Hinschmeißen« ist ein häufiges Wort. Ein User namens *Coldmirror* hat es getan und zieht bittere Bilanz: »Beratende und betreuende Lehrer: Na ja, es hat menschlich nicht geklappt, fachlich noch weniger. Chef: Nicht begeistert von jemandem, der keine schwierigen Neuntklässler im Griff hat. Schüler: Im Laufe des Schuljahres ist mir dann wirklich die Kraft ausgegangen, mich gegen freche, unverschämte SuS (Schülerinnen und Schüler, Anm. d. V) zur Wehr zu setzen. Hinweise, Verweise … interessieren eh wenig. Kerngeschäft Unterricht: Konnte die Balance zwischen Klasse im Griff haben und Stoff irgendwie vermitteln nie finden. Privatleben: Irgendwann nicht mehr vorhanden.«[100]

Auch in diesem Beitrag richtet sich fast die gesamte Aufmerksamkeit auf das Autoritätsproblem. Unter den kritischen Augen von Betreuern, die selbst mehr kontrollieren als zugewandt fördern, bleibt kein Raum für Beziehungskultur. Die Schüler seien eben schwierig, so die Einschätzung vieler User; dementsprechend müsse man sie »im Griff« haben. Und so steht im Mittelpunkt häufig – wie schon bei Professor Unrat & Co. – der Widerspenstigen Zähmung.

Diese Erkenntnis beschäftigt auch Anne-Katrin, die gerade ihr Referendariat begonnen hat. Mit eher gemischten Gefühlen. »Ich hätte nie gedacht, dass ich mich mal verhalte wie die schlimmsten Pauker meiner Schulzeit«, erzählt die Gymnasialreferendarin mit den Fächern Französisch und Ethik. »Aber ich glaube, es geht nicht anders. Die Kinder sind manchmal wie kleine Teufel. Und ich fühle mich wie die böse Hexe. Ich weiß wirklich nicht, was ich sonst noch tun könnte als schreien, verbieten, bestrafen. Toll fühle ich mich dabei nicht. So wollte ich nie werden.«

Liest man manche Beiträge in den einschlägigen Foren, erhält man einen Eindruck, wie unvorbereitet, um nicht zu sagen ahnungslos manche Referendare die Schule betreten. Auf dem Portal *www.lehrerforen.de* stellte *juli*2003 im Sommer 2013 unter dem Stichwort »Eigenständiger Unterricht: Erster Schultag, was tun?« folgende Frage zur Debatte:»Hallo, ich bekomme jetzt ab Sep. meinen eigenständigen Unterricht und stehe vor einem Rätsel. Ich habe folgende Klassen: 4, 8 und 9. Was mache ich am ersten Schultag, z.B. Organisatorisches, Kennenlernspiele etc. Bin etwas unsicher.« Nach Studium, Praktika und ersten Hospitationen vor einem Rätsel zu stehen, wirkt schon merkwürdig genug. Fassungslos aber machen die Antworten der anderen User. Wohlgemerkt: Es geht um die erste Begegnung mit einer neuen Klasse, um eine Situation also, die der Kontaktaufnahme dient.

Eine kleine Auswahl. *Brick in the wall* empfiehlt »Orga: Leistungsbewertungskriterien, Schüler daran erinnern, dass sie Versäumtes nacharbeiten u.a., Anzahl Klassenarbeiten, Kurzübersicht über Themen im Schuljahr. Dann: Unterricht« – und bloß keine Kennenlernspiele. *Trantor* weist zumindest darauf hin, eine Vorstellungsrunde könne sinnvoll sein – »schließlich will ich die Schüler ja auch kennenlernen und diese sollen ja auch wissen, mit wem sie es zu tun haben.« Darauf folgt der Tipp: »Ansonsten finde ich immer kurze Einstufungstests sinnvoll, um den allgemeinen Stand und individuelle Stärken und Schwächen kennenzulernen.«

Von *Elternschreck* stammt die kühle Anleitung:»Einfach nur unkomplizierten und straffen Unterricht durchführen und aus die Maus! Nach einer kurzen Aufgabeneinleitung Stillarbeit, währenddessen Sondierung und Fixierung der Ablenker/Störer (deswegen Stillarbeit) mit anschließender Schülerneuplatzierung.

Danach Erstellung des (vorläufigen) Sitzplans.« Eine Vorstellungsrunde sei überflüssig, findet *Elternschreck,* der nach eigener Darstellung Lehrer für Musik und Erdkunde in der Sekundarstufe I ist: »So handhabe ich es persönlich nicht. Die Schüler merken automatisch schon sehr bald, mit wem sie es zu tun haben. Die Defizite und Schwächen der Schüler, die eh immer größer werden, nehme ich auch sehr schnell wahr. Und Privates von 30 Hansels interessiert mich eh nicht.«

Kalt und geschäftsmäßig sind die meisten Hinweise, als gehe es um die Einweisung von Kadetten. Schon die Begrifflichkeiten signalisieren emotionale Distanz: Orga, Leistungsnachweiskriterien, straffer Unterricht, Einstufungstests, Sondierung, Fixierung. Wer den Verfall der schulischen Sitten beklagt, sollte sich solche Foren anschauen. Hier tauschen sich Menschen aus, die offenbar meinen, die Grundregeln sozialen Verhaltens seien im Klassenzimmer unangebracht. Sich langsam kennenlernen, Fragen stellen, sich für das Gegenüber interessieren, das alles scheint vielen Usern persönlich unwichtig zu sein. Dass sie offenbar weder während des Studiums noch während des Referendariats lernen, die starre Front zwischen Lehrer und Schüler aufzubrechen, ist ein Armutszeugnis unserer Bildungspolitik. Es wird sogar behauptet, es sei unnatürlich, bei der ersten Begegnung über Privates zu sprechen. Nur ein einziger Beitrag zur Frage der ersten Unterrichtsstunde, verfasst von *RichMcCraw,* lässt so etwas wie Neugier und Interesse an den Kindern erkennen: »Als Eisbrecher benutze ich gerne kleine Spielchen, um fokussiert auf Schüler persönliche Dinge (kleine Oberflächlichkeiten, nichts Großes!) auszutauschen und somit Interesse an den Personen zu zeigen und eine persönliche Verbindung aufzubauen.«[101] Vielen Referendaren ist bewusst, dass ihre Feindseligkeit von Überforderung herrührt. Die Beiträge auf *www.referendar.de* zeigen, dass sie um Selbstbehauptung ringen, weil sie das Referendariat oft als entmutigende Phase der Ausbildung erleben. Das erschwert die Kommunikation mit den Schülern und erst recht den Aufbau von Beziehungen. Zu belastend, zu übermächtig ist der Stress, der später zum Beruf werden soll.

In der Tat ist der Arbeitsaufwand gewaltig. Manche Referendare berichten, dass sie für die Vorbereitung einer einzigen Unterrichtsstunde bis zu acht Stunden am Schreibtisch sitzen. Entsprechend erschöpft stehen sie am nächsten Tag vor der Klasse. Stärker noch ist der psychische Druck. Liest man die Beiträge auf *www.referendar.de,* meint man, Geschichten von Burn-out-Patienten zu lesen. »Ich bin nervlich total am Ende, heule fast jeden Tag, weil ich denke, ich kann das nicht mehr bewältigen«, schreibt *Awu*1234.

Das Referendariat könnte ein Lackmustest sein: Eigne ich mich für diesen Beruf? Macht er mir Spaß? Oder sollte ich mich lieber nach etwas anderem umsehen? Dafür ist es nach vier bis sechs Jahren Studium für manchen zu spät. Trotz aller Schocks und Zweifel halten viele Referendare durch. »Ich habe keine Alternativen, von daher muss ich das durchziehen mit dem Ref. Für MICH persönlich ist das Ganze hier ein ›too big to fail‹ Ding, da hängt zu viel dran für mich. Gestern Abend saß ich vor meinem Laptop und dachte ernsthaft darüber nach, abzubrechen – doch, was wäre, wenn ich von jetzt auf gleich keine Referendarin mehr wäre? Ich wüsste ja gar nicht, was ich mit mir anfangen sollte, ich habe doch seit dem Abi genau darauf hingearbeitet. Ich kann ja sonst nichts weiter, und offensichtlich kann ich nicht mal das, worauf ich hingearbeitet habe.« Der Lehrerberuf – alternativlos? Immerhin nennen in einer Allensbach Studie von 2012 66 Prozent der Lehrer die Aussicht auf einen krisenfesten Job, möglichst mit den Annehmlichkeiten einer Verbeamtung, als einen wichtigen Beweggrund für den Pädagogenberuf. Deshalb quälen sich viele trotz massiver Selbstzweifel durchs Referendariat.

Selbst jene Lehramtskandidaten, die neben ihrem Fach durchaus die Schüler im Blick haben, sind oft ernüchtert, weil sie sich in einer starren Struktur gefangen fühlen. *A-little-ratlos* schreibt:

»Je länger ich in die Schule gehe, umso klarer wird mir, dass dieses ›6 Stunden, nach 45 Minuten Klassenraumwechsel, Fachwechsel usw.‹ nichts für mich ist. Zu streng getaktet, zu wenig Kontakt zu den Schülern, zu viel ›Unterrichten‹ und zu wenig ›nah am Kind‹.« Mancher ist aber auch überrascht von der schlichten Tatsache, dass er nicht nur Spezialist für seine Materie sein muss, sondern zugleich Vermittler. »Das Referendariat habe ich als gute Zeit in Erinnerung«, erzählt Schulleiterin Barbara, heute 48. »Allerdings empfand ich es als schwierig, mein an der Uni erworbenes Fachwissen auf kleine Unterrichtseinheiten herunterzubrechen. Mein Fach Geschichte hatte ich mit Leidenschaft studiert. Aber wie sollte ich beispielsweise das riesige Thema Imperialismus in nur vier Schulstunden vermitteln? Diese Diskrepanz machte mir anfangs sehr zu schaffen.« Inzwischen habe sie diese Hürde längst überwunden. Andere Lehrer hadern im Laufe ihres Berufslebens immer stärker mit dem Konflikt zwischen Fachkompetenz und Vermittlungsarbeit.

Birte, im selben Alter wie Barbara und Lehrerin für Deutsch und Französisch an einem Gymnasium, sieht den Lehrerberuf nicht als Erfüllung ihrer intellektuellen Ambitionen. Das Unterrichten sei nicht ihr »Koordinatensystem«, sagt sie in einem leicht abfälligen Ton. Besonders störe sie, dass viele Schüler mit Migrationshintergrund in den Klassen seien, weshalb sie das Niveau ihres Unterrichts absenken müsse. Ihre ganze Energie richte sie jetzt auf einen selbst gegründeten Literaturzirkel und eigene wissenschaftliche Publikationen; das verschaffe ihr mehr Befriedigung. Ohnehin unterrichte sie nur noch in Teilzeit. Eigentlich sei sie bloß weiterhin an der Schule, weil man schließlich nicht so leicht eine Planstelle aufgebe.

Solch eine Einstellung zum Lehrerberuf mag individuell verständlich sein. Doch es ist mehr als wahrscheinlich, dass die Enttäuschung des Lehrers, intellektuell unterfordert zu bleiben, beim Schüler ankommt. Motivierend oder gar ermutigend kann das nicht wirken. Es wäre sicherlich ehrlicher und im Sinne der

Schüler, diesen Widerspruch konsequent aufzulösen, indem man gar nicht erst in den Schuldienst geht – oder den Dienst quittiert. Wer seine Neigungsfächer studiert hat und wissenschaftliche Forschungsarbeit schätzt, bindet seine Identität leicht an sein Spezialgebiet, ohne zu bedenken, dass später weniger akademische als pädagogische Kompetenzen gefragt sind. Im Schulalltag fühlen sich manche Lehrer dann geistig unterfordert und betrachten die Arbeit mit Kindern und Jugendlichen als minderwertig. Symptomatisch dafür ist ein Beitrag auf *www.referendar. de.*»Fachlich finde ich es nicht zu schwer, aber das Ganze pädagogische Drumherum ist einfach nicht mein Ding! Ich möchte keine Kinder bespaßen! Viel lieber würde ich als Experte detailliertes Fachwissen vermitteln, aber dafür ist in der Schule kein Raum!«, beschwert sich *Apollon78* auf *www.referendar.de.* Dieser Widerspruch kontaminiert natürlich die Unterrichtssituation. »Die ersten 2 Wochen eigenverantwortlicher Unterricht waren der reinste Nervenkrieg aus Herzrasen, Dauernervosität, Übelkeit und Atemnot. Mit einem Wort: die Hölle!«

Robert Rauh, der selber nebenberuflich als Fachseminarleiter arbeitet, kennt dieses Dilemma. Im Studium stehe das jeweilige Fach zu sehr im Vordergrund, was in den Lehrproben, die er begutachtet, deutlich zu spüren sei. »Deshalb neigen viele Referendare – und übrigens auch viele Lehrer – dazu, den Unterricht mit Stoff zu überfrachten. Es kommt vor, dass ich provokativ sage: ›Wir sind hier nicht in der Uni!‹ Denn Referendare spielen ihren Wissensvorsprung häufig unbewusst im Sinne einer Entmutigung der Schüler aus. Etwa, wenn sie sagen: ›Ach, das wisst ihr nicht?‹ Deshalb rate ich zunächst zu einer Lerngruppenanalyse, um festzustellen, über welches Wissen und welche Kompetenzen die Schüler tatsächlich verfügen.« Als Fachseminarleiter kennt er die offiziellen Kriterien für einen gelungenen Unterricht. »Im Kern geht es um eine logische Stundenstruktur, angemessene Impulse für die Unterrichtssteuerung sowie ein adäquates Unterrichtsarrangement, zu dem in erster Linie der funktionale Einsatz von Methoden und Sozialformen sowie altersgemäße Aufgabenstellungen gehören. Diese durchaus relevanten Kriterien vernachlässigen jedoch die Rolle der Lehrerpersönlichkeit. Denn entscheidend ist auch: Zeigt der Lehrer ein schülerzugewandtes Verhalten? Schafft er es, im Rahmen eines Unterrichtsgespräches eine Kommunikation herzustellen, die es ermöglicht, dass die Schüler auch interaktiv agieren? Das bedeutet, dass der Lehrer sich weitgehend zurückzunehmen hat.«

Solche Hinweise fehlen meist. Stattdessen trainieren Referendare häufig einen Rollenmix aus Conférencier und Löwenbändiger. Das ist umso problematischer, als sich in dieser Phase der Ausbildung die Einstellung zum Schüler entscheidet und sich die entsprechenden Verhaltensmuster verfestigen. Jahre oft einsamen Studierens werden jäh beendet durch gut zwei Dutzend Kinder und Jugendliche, die alles andere als nachsichtig oder gar wohlwollend auf den jungen Kandidaten reagieren. Es versteht sich von selbst, dass die Anspannung des Referendars groß ist. Dabei spielt keine Rolle, wie gut seine Note im Ersten Staatsexamen war. Jetzt wird er ohne Rücksicht auf Fachkompetenz bewertet, durch eine Schulklasse, die den Referendar testet: Was hat er drauf? Stellt er etwa irgendwelche Experimente mit uns an? Lässt er sich auf einen Machtkampf ein?

Im besten Fall kennt der Referendar diese Situation bereits durch studienbegleitende Praktika. Dann wird früh offenbar, dass die Konkretion ihre Tücken hat. Man kann einen Unterricht planen, Arbeitsphasen strukturieren, Lernziele festlegen. Oft aber überrumpelt den Lehramtskandidaten die Notwendigkeit ganz anderer Kompetenzen: die Fähigkeit, Konflikte auszuhalten zum Beispiel, was im Studium nie auf der Agenda stand. Bastian Bielendorfer, der beschloss, lieber doch nicht Lehrer zu werden, erzählt von typischen Streitereien seiner Schüler und bekennt:»Eigentlich gefiel mir der Gedanke, die Klasse so weit auszudünnen, bis nur die übrig blieben, die Lust auf Zusammenarbeit hatten, ganz gut.«[102] Immerhin zog er bereits nach dem ersten Praktikum die Konsequenz, den Lehrerberuf nicht auszuüben. Ihm graute davor, so zu werden wie seine Eltern, ebenfalls Lehrer. Mit einigem Erschrecken stellte er fest, dass er aus seiner Hilflosigkeit heraus zu Methoden griff, die eher an die Fünfzigerjahre erinnerten.

Die Problematik des praxisfernen Studiums ist lange bekannt, und die Bildungspolitik hat darauf auch reagiert, mit studienbegleitenden Praktika. Jedes Bundesland handhabt sie allerdings anders. Die deutsche Föderalismusfolklore erzeugt ein Patchwork unterschiedlichster Konzepte. Eine verbindliche Regelung versprechen die »Empfehlungen zur Eignungsabklärung in der ersten Phase der Lehrerausbildung«, die im März 2013 von der Kultusministerkonferenz beschlossen wurden. Ein leicht gewundener Satz fasst zusammen, was seit Jahrzehnten offensichtlich ist: »Häufig beginnen Studierende, die das Lehramt anstreben, erst spät im Studium oder im Vorbereitungsdienst darüber zu reflektieren, inwiefern sie die für den Beruf erforderlichen Voraussetzungen mitbringen bzw. bereit und in der Lage sind, erforderliche Kompetenzen im Verlauf des Studiums und des Vorbereitungsdienstes zu erwerben.«[103]

Ginge es nach der Kultusministerkonferenz, die jedoch nur Empfehlungen ausspricht, sollte der Zugang zu Lehramtsstudiengängen bundesweit vereinheitlicht werden. Im Amtsdeutsch spricht man von einer »Eignungsklärung«, um herauszufinden, ob jemand überhaupt fähig ist, dereinst vor einer Klasse zu stehen. Neben einer verbesserten Studienberatung und einem onlinebasierten Self-Assessment empfehlen die Kultusminister ein Eignungspraktikum und weitere studienbegleitende Praktika. Die sollten künftig mit einer besseren »Rückmeldung über die lehramtsbezogene Kompetenzentwicklung« verbunden werden. Außerdem regen die Kultusminister an, dass Referendare intensiver als bisher über Entwicklungs- und Umstiegsmöglichkeiten informiert werden, und zwar durch Betreuer an der Universität oder Fachleute externer Fortbildungsinstitute. Ein ergebnisoffener Prozess solle dies sein – was so viel bedeutet wie eine offizielle Exitstrategie.

Das Papier stammt aus dem Jahr 2013. Und doch klingt es so, als seien die Probleme von Lehramtsstudenten gerade erst aufgetaucht. Immerhin war schon 2005 durch den Quedlinburger Beschluss festgelegt worden, dass schulpraktische Studien bereits während des Bachelorstudiums stattfinden sollten. Zwei Jahre später konkretisierte man diese Forderung mit drei Modulen: Eignungspraktika vor Studienbeginn, Praktika und Praxissemester während des Studiums sowie außerschulische Praktika. Aber auch der »Quedlinburger Beschluss« war nur eine Empfehlung, da die Länder das letzte Wort haben. Besonders das Praxissemester ist nach wie vor umstritten. Die Vorteile liegen auf der Hand: Ein mehrmonatiger Aufenthalt an einer Schule während des Studiums gibt weit besser als kurze Praktika Aufschluss über den künftigen Beruf. Im Jahr 2013 gehörte das Praxissemester allerdings erst in fünf Bundesländern verbindlich zum Curriculum des Bacherlorstudiengangs. Bremen will 2014/2015 starten, Hessen plant ein Pilotprojekt.[104]

Im Frühjahr 2013 bewilligte die alte Bundesregierung ein stattliches Budget für die »Qualitätsoffensive Lehrerbildung«, eine Reform des Lehramtsstudiums, um Theorie und Praxis besser miteinander zu verbinden. Wer überzeugende Konzepte entwickelt, darf mit Förderung rechnen: 500 Millionen Euro spendiert der Bund dafür in den kommenden zehn Jahren. Ganz so großzügig ist das wiederum nicht. 50 Millionen Euro pro Jahr, verteilt auf 16 Bundesländer, da ist das Geld schnell versickert. Und was ist überhaupt ein gutes Konzept? Möglicherweise jenes von Manfred Prenzel, der ein Projekt an der School of Education der Technischen Universität München leitet. Prenzel, der als Bildungsforscher und PISA-Koordinator bekannt wurde, setzt darauf, dass Studenten in Praxiseinheiten vom ersten Semester

an Erfahrungen sammeln und in Rollenspielen und Beratungsgesprächen aufarbeiten.

Anderswo tut man sich noch schwer mit der Frage, wie die
Praxissemester begleitet werden sollen. Manche Bundesländer delegieren diese Aufgabe an die Hochschulen, andere an
die Studienseminare, die auch für Referendare zuständig sind.
In Nordrhein-Westfalen beispielsweise sind Praxiselemente in
Schulen und schulnahen Einrichtungen vorgesehen. Zum Ba-
chelorstudium gehören ein mindestens einmonatiges Orien-
tierungspraktikum sowie ein vierwöchiges außerschulisches
Berufsfeldpraktikum. Für den Masterstudiengang ist ein mindestens fünfmonatiges Praxissemester geplant. Diese Praxis-
phasen sind mit Lehrveranstaltungen an den Hochschulen verknüpft. Gerade die Feedbackkontrolle gelingt jedoch nicht
immer. »Ich fühlte mich vor allem als Hilfslehrer verheizt«,
sagt Sven, der Sport und Mathematik studiert, über sein Praxissemester. »Der Erkenntnisgewinn war nicht besonders hoch,
weil zur Reflexion und Nachbearbeitung einzelner Stunden
kaum Zeit blieb. Ich musste sofort ran und zusätzlich Vertretungsstunden geben, weil Mathelehrer fehlten. Ich habe mich
irgendwie durchgeschlagen, mehr nicht. Gelernt habe ich eigentlich nur, dass Unterricht eine verdammt harte Sache ist. Jetzt
hoffe ich, dass es im Referendariat besser wird.«

Diese Erfahrung kann Heinz-Peter Meidinger, Vorsitzender
des Deutschen Philologenverbands, nur bestätigen. »Die Leute
werden im Praxissemester oft nur als billige Arbeitskraft im Unterricht eingesetzt.« Obwohl es heute im Lehramtsstudium deutlich mehr Praxisanteile gebe als vor 20 Jahren, habe »dieses
Mehr leider nicht viel bewirkt«.[105] Mit Hinweis auf das Praxissemester zeigt sich bundesweit zudem die Tendenz, das Referendariat zu verkürzen. In Berlin zum Beispiel dauert dieses zurzeit
zwei Jahre, beim Masterabschluss für Lehrämter des gehobenen
Dienstes ein Jahr. Künftig sollen es für alle Lehramtskandidaten nur noch eineinhalb Jahre sein. Eine Evaluation, die das

Forschungsinstitut für Bildungs- und Sozialökonomie (FiBS) im Auftrag des Berliner Senats zwischen 2010 und 2012 durchführte, kam zu dem wenig überraschenden Schluss: »Die Ergebnisse am Ende des zweijährigen Vorbereitungsdienstes sind deutlich besser als am Ende des einjährigen. Der Kompetenzaufbau im zweiten Ausbildungsjahr schwächt sich ab, ist aber noch deutlich zu sehen, was für den zukünftigen 18-monatigen Vorbereitungsdienst hoffen lässt.«[106]

Was Politiker erhoffen, sind vor allem Einsparungen. Die Kandidaten sollen früher in den Schuldienst gehen als bisher, um vakante Stellen zu füllen, möglichst als budgetschonende Angestellte. Umso größer müsste die Sorgfalt bei der Begleitung des Referendariats sein. Doch die ist ein Lotteriespiel. »Das hängt stark davon ab, an was für einen Seminarleiter man gerät«, sagt Sarah, die ihre Vorbereitungzeit an einer Grundschule absolviert. »Ist es jemand, der nur stur den Unterricht durchzieht? Oder jemand, dem die Kommunikation mit den Kindern wichtig ist?« Dasselbe gelte für die »anleitenden« Lehrer vor Ort. »Es gibt Lehrer, die sehr offen sind, andere reagieren persönlich beleidigt, wenn man ihre Ratschläge nicht annimmt.« Viele dieser Empfehlungen empfindet Sarah nämlich nicht als besonders hilfreich. »Mir ist aufgefallen, dass ältere Kollegen eher defizitorientiert sind. Sie sagen zum Beispiel: ›Die 3b ist eine ganz schreckliche Klasse.‹ Außerdem spielen ältere Kollegen oft ihre Macht aus. Sie drohen den Schülern mit schlechten Zensuren und Elterngesprächen. Das empfinde ich nicht gerade als vorbildlich.«

Viele Referendare haben den Eindruck, es gehe Lehrern nicht darum, Freude am Lernen zu wecken, sondern einzig um Selbstbehauptung. Meist geschieht das über den Machtaspekt der Benotung. Der persönliche Lernerfolg, die Motivation des Schülers, das Ziel, sein Selbstvertrauen in die eigene Leistung zu stärken, geraten aus dem Blickwinkel. »Mein Mentor steht wie ein Dompteur vor der Klasse«, sagt die bayerische Hauptschulreferendarin Vicky. »Im Zweifel flüchtet er sich in den Frontal-unterricht, obwohl er so gut wie ich weiß, dass lange Monologe tödlich sind. Vor offenen Konfrontationen schützt er sich mit Aufgabenzetteln, die die Schüler durcharbeiten müssen. Still-arbeit. Da hat er sie am besten unter Kontrolle.«

Zunehmend stammen diese Aufgabenzettel übrigens aus dem Internet oder aus Lehrbüchern. Man klaue sich halt alles zusam-men, erklärt der Berufsschulreferendar Markus Nussbauer. Es gehe gar nicht anders. »Du bekommst im Studium einfach nicht das in die Hand, was du in der Praxis brauchst. In Wirklichkeit sind es die Schulbuchverlage, die die wahre Macht im Bildungs-system haben. Sie geben die Bücher mit den Übungen heraus, aus denen die Lehrer dann die Arbeitsblätter zusammenstellen. Was sie veröffentlichen, landet hunderttausendfach in den Schulranzen von Flensburg bis Friedrichshafen.«[107] Gerade in der heiklen Phase zwischen Erstem Staatsexamen und Berufs-beginn verfestigen sich häufig negative Bilder und Verhaltens-stereotype. Nach der thematischen und personellen Breite des Universitätsstudiums sind es auf einmal nur noch wenige Leh-rende, die Referendare anleiten. Wer Pech hat, trifft auf Päda-gogen, die ihre Unzulänglichkeiten weitergeben. Oft tun sie es unbewusst durch die zwanghafte Atmosphäre, die sie aufbauen. Gottfried Benn sprach einmal von »Erbmilieu«, um zu erklären, warum Einstellungen und Verhaltensweisen selbst ohne direkte Instruktion weitergegeben werden. Man lernt eben immer auch implizit, mit allen dazugehörigen Gefühlen. Für Referendare ist es häufig ein entmutigender Lernprozess.

Sicherlich verliert die Vorbereitungszeit einiges von ihrem Schrecken, wenn Referendare bereits während des Studiums ausgiebige Erfahrungen mit Schülern gemacht haben. Seinen schlechten Ruf verdankt das Referendariat jedoch der personel-len Konstellation, in der es stattfindet. Es existiert zwar eine Fülle von Rahmenrichtlinien, was aber im Einzelnen geschieht, ergibt sich aus dem individuellen Zusammenspiel von Referendar,

Mentor und Fachseminarleiter. Oft ist es eine spannungsgeladene Dreiecksbeziehung.

Die betreuenden Lehrer aus dem Kollegium der jeweiligen Schule, anleitende Lehrer oder Mentoren genannt, sind für diese Aufgabe in der Regel nicht speziell ausgebildet. Sie können an Fortbildungen teilnehmen, müssen dies aber nicht tun. Entschließen sie sich dazu, werden sie darauf hingewiesen, dem Referendar in drei Schritten zur Seite zu stehen: seine Haltung und Rolle zu klären, ihn in Gesprächen zu beraten sowie den Unterricht zu beobachten und zu analysieren. Mentorship ist nicht sonderlich beliebt bei Lehrern. Meist wird dieser Zusatzjob mit nur einer Entlastungsstunde pro Woche honoriert. Oder es gibt, wie in Mecklenburg-Vorpommern, ein Taschengeld dazu: pro Referendar 100 Euro im Monat. Werden mehrere Referendare betreut, wird's billiger für die Verwaltung, dann sind lediglich jeweils 50 Euro fällig.[108] Von einem finanziellen Anreiz kann man da kaum sprechen. Dafür muss der Mentor beim Unterricht des Referendars hospitieren, Klassenarbeiten zweitlesen, für Gespräche zur Verfügung stehen.

Im Grunde könnte sich ein Meister-Schüler-Verhältnis einstellen. Zumindest sind die Voraussetzungen dafür gegeben: Der Referendar profitiert von der Erfahrung des älteren Kollegen, holt sich Rat in Konfliktsituationen und erhält wertvolle Praxistipps; der Mentor wiederum erfährt vom Uni-Absolventen etwas über den aktuellen wissenschaftlichen Forschungsstand. Er wird außerdem mit einem deutlich jüngeren Lehramtskandidaten und damit zugleich mit der Lebenswelt einer jüngeren Generation konfrontiert – was ja nicht schaden kann, wenn man mit Kindern und Jugendlichen arbeitet. Man könnte also voneinander lernen.

Manchmal ist das sogar der Fall. Robert Rauh, der während seines Referendariats selber großartige Seminarleiter und Mentoren hatte, erlebte einen echten Austausch und lässt ihn auch in seiner Rolle als heutiger Fachseminarleiter zu. »Zusätzlich erteile ich Unterricht, und die Referendare hospitieren und analysieren mit mir zusammen die Stunde. In der Auswertung spreche ich dann jeden eigenen Fehler an. Um zu verdeutlichen: Die perfekte Unterrichtsstunde gibt es nicht. Ich habe nichts dagegen, Hinweise der Referendare anzunehmen. Und häufig lerne ich noch etwas dazu.« Wer weniger Glück hat, gerät an einen mäßig motivierten Mentor. Da Mentoren Beurteilungen schreiben, halten sich Referendare klug zurück und lassen sich so einiges bieten. Wenig erstaunlich, dass die Ultima Ratio oft darin besteht, dass Referendare das gesamte Repertoire alter Autoritätsgesten aktivieren, weil sie meist daran gemessen werden, ob sie die Klasse ruhig halten. Auch solche Muster werden eingeübt im Referendariat. Es sind Strategien, die schließlich zu verlässlichen Ritualen werden, um den Schulalltag zu überstehen. Das ist pragmatisch gedacht, aber weit entfernt von der Ambition, Schüler als denkende und fühlende Wesen zu betrachten, deren Bindungsbedürfnis Grundlage des Lernerfolgs ist.

»Viele Referendare machen einen negativen Lernprozess durch: Sie lernen, dass Druck ausgeübt wird, dass man Lernende kleinmacht, dass man nach Fehlern sucht«, sagt Schulleiter Wolfgang Vogelsaenger. »Sie üben eine defizitorientierte Ausrichtung des Lehrens und der Lehrer-Schüler-Beziehung ein. Charakterstarke Naturen stehen das unbeschadet durch und praktizieren später dennoch einen angstfreien Unterrichtsstil. Aber das gelingt bei Weitem nicht allen.« Auf dem Portal *www.lehrerforen.de* kann man nachlesen, dass häufig Überheblichkeit im Spiel ist, wenn altgediente Lehrer angehende Kollegen begutachten. »Meine Mentorin gibt mir gar keine Chance. Ich hab das Gefühl, sie blickt auf mich herab, weil ich die Schüler nicht so im Griff habe wie sie, sie mischt sich ständig in meinen Unterricht ein und redet hinter meinem Rücken schlecht über mich«, heißt es in einem typischen Beitrag. Auch der männliche Mentor sei eine Katastrophe: »Er geht sehr unsensibel mit den Kindern um, beleidigt sie zum Teil richtig oder benutzt körperliche Gewalt, um sie zu disziplinieren, dreht ihnen z. B. den Arm auf den Rücken. Mir sagt er zwar immer Unterstützung zu, trifft aber keine Absprachen mit mir.«[109]

Einwenden könnte man, dass es sich hier wahrscheinlich um die statistischen schwarzen Schafe handelt. Doch die Konflikte sind unter Referendaren hinlänglich bekannt. Meist sind die Mentoren äußerst skeptisch, wenn Referendare neue Konzepte aus dem Studienseminar mitbringen. Offenbar fühlen sich viele Lehrer in ihrer langjährigen Berufserfahrung infrage gestellt und beharren auf dem vermeintlich Bewährten. *Mumu*03 klagt auf *Lehrerforen.de* unter dem Stichwort »Mir geht's so schlecht«: »In der Startphase hatte ich keine Mentoren und lief wie eine Wilde von Lehrer zu Lehrer und bettelte um Unterrichtsstunden. Diese zu geben klappte ganz gut. Ich hatte auch schon meinen ersten Besuch in der Zeit, und mein Fachseminarleiter bestätigte mir, dass ich für den Beruf geboren sei (seine Worte). Nun befinde ich mich in der Kernphase 1 (ich muss nun 12 std alleine unterrichten) und habe seit etw. mehr als einer Woche Schule. Ich habe jetzt zwar Mentoren, aber die sind recht alt und können mit diesen Kompetenzen nicht viel anfangen.«[110]

Oft ist es den Fachseminarleitern zu verdanken, dass Referendare mit Schaudern auf diese Phase ihrer Ausbildung zurückschauen. Letztlich wiederholen sich hier alle negativen Aspekte, die auch eine gute Beziehung zwischen Lehrer und Schüler verhindern. »Ehrlich gesagt, glaubt man im Referendariat nicht, dass man es überlebt«, erinnert sich Gymnasiallehrerin Maria. »Das liegt an einer Mega-Paradoxie: Fachseminarleiter lehren das Lehren, aber sie bewerten die Referendare am Ende auch. Deshalb wendet man sich nicht vertrauensvoll an sie, wenn es Probleme gibt. Wer gibt schon gerne zu, dass er unsicher ist, dass etwas nicht geklappt hat, wenn ihm das zum Nachteil gereichen kann?« Nur selten entwickele sich ein Vertrauensverhältnis zwischen Fachleiter und Referendar, resümiert Maria.

Die Note des Zweiten Staatsexamens nach dem Referendariat ist ausschlaggebend für spätere Bewerbungen, und man verdirbt sie sich besser nicht. Dieselben Lehramtskandidaten, die im Studium möglicherweise etwas über angstfreien Unterricht erfahren haben, müssen sich einer einschüchternden Situation stellen: etwas zu lernen, bei Förderungsbedarf aber besser nicht den Lehrenden respektive Fachseminarleiter anzusprechen – es könnte sich ja ein ungünstiges Bild ergeben. Damit werden Beziehungsstrukturen festgelegt. Das Machtverhältnis vom Lehrenden zum Lernenden definiert die Rollenverteilung, und die wird oft im Lehrer-Schüler-Verhältnis weitergereicht: als Delegationsdruck. Dieser Konflikt verschärft sich, weil für ein echtes Learning by Doing, ein vorsichtiges Austesten von Schülerreaktionen auf Beziehungssignale und Unterrichtsmethoden, oft kein Raum bleibt.

»Für mich steht im Vordergrund, dass der Referendar einen eigenen Unterrichtsstil findet, der zu seiner Persönlichkeit passt«, erläutert Robert Rauh sein Selbstverständnis als Fachseminarleiter. »Referendare sollten nicht kritiklos Verhalten und Methoden übernehmen, die ihm von Mentoren und Seminarleitern empfohlen werden. Grundsätzlich sage ich den Referendaren immer: ›Wenn etwas nicht funktioniert, müssen Sie sich fragen: Worin liegt *mein* Fehler?‹ Man darf die Schuld nicht einfach auf die Schüler schieben. Der Lehrer muss die Verantwortung dafür übernehmen, dass der Unterricht gelingt.«

Häufig sind Referendare jedoch ganz einfach verunsichert. »Man hat einen inneren Konflikt, den auch die Schüler spüren und der die Kommunikation stört«, sagt Maria. »Wer dauernd mit Selbstreflexion beschäftigt ist, kann nicht direkt und spontan agieren. Furchtbar sind auch die anschließenden Gespräche mit dem Fachleiter. Wie früher im Kommunismus muss man Selbstkritik üben. Man muss sich selbst zerpflücken und wird danach noch einmal vom Fachleiter zerpflückt. Mir wurde zum Beispiel gesagt: ›Sie erdrücken mit Ihrer energischen Art die Schüler.‹

Deshalb geht man verunsichert aus dem Referendariat hervor, nicht gestärkt. Wer das Referendariat mit der Note 4,5 verlässt, ist der Meinung: Ich kann nichts. Dieser Selbstzweifel bleibt oft jahrelang.«

Entsprechend hart schlagen selbst Junglehrer in der Wirklichkeit auf. Ein Fünftel, so ergab die Allensbach-Studie von 2012, erlebt den Beginn des Berufslebens als Praxisschock. Sicherlich kann man hier verfehlte Rahmenbedingungen ins Feld führen – etwa dass Schulpraktika wegen notorischen Personalmangels vielfach zur Ausbeutung angehender Lehrer missbraucht werden oder dass mehrere Bundesländer in den vergangenen Jahren die Referendariatszeit verkürzt haben. Doch schwerer wiegt: Die ungeheure Herausforderung, die mit dem Beruf des Lehrers verbunden ist, machen sich wenige bewusst, wenn sie sich für das Lehramt entscheiden.

Unterrichtsvorbereitung wird primär als fachliche Vorbereitung verstanden: Sicherheit im Stoff, lupenreine Didaktik. Befragt, worauf das Studium nur unzureichend vorbereitet habe, antworten rund 40 Prozent der Junglehrer: auf Schüler, Eltern und auf den Schulalltag generell. Aber nur jeder Fünfte sagt, er fühle sich für die Vermittlung des Stoffes zu wenig qualifiziert.[111] Dabei sind diese Ebenen gar nicht voneinander zu trennen. Die sogenannte Stoffvermittlung geschieht im Zusammenspiel mit den Schülern und im Kontext des Schulalltags. Man muss schon eine sehr eigenwillige Selbstwahrnehmung besitzen, wenn man meint, eigentlich sei man gut im Lehren, nur die Schüler seien leider schwierig und der Schulalltag stressig. Diese Haltung kann man Referendaren und jungen Lehrern nicht einmal übel nehmen. Sie haben es nicht anders gelernt.

Ein angehender Gymnasiallehrer schildert, wie er sich auf den Unterricht der gymnasialen Mittelstufe vorbereiten muss: »Für jede einzelne Unterrichtsstunde habe ich einen mehrstufigen Plan zu entwerfen, in dem Inhalte, didaktische Methoden und Erfolgskontrolle ein modulares Modell bilden. Dieses

vierphasige Modell muss ich im Unterricht möglichst exakt ab-
arbeiten, ohne Rücksicht auf unvorhergesehene Komplikationen. In der Nachbereitung muss ich jede Stufe noch einmal
schriftlich kommentieren; und da solche Pläne zugleich meine
Erfolgskontrolle darstellen, lasse ich natürlich weg, was nicht
funktioniert hat.« Man fühlt sich an Brechts Verse aus der *Drei-*
*groschenoper* erinnert: »Ja, mach nur einen Plan/sei nur ein großes Licht/und mach dann noch 'nen zweiten Plan/gehn tun sie
beide nicht.« Autoritätsprobleme, Renitenz, unkonzentrierte
oder missgelaunte Schüler kommen in dem Unterrichtsplan
nicht vor. Diese Phänomene werden als Störfaktor wahrgenommen, nicht als Anlass, den Plan zu überdenken. Bei den Lehrproben, in Anwesenheit der Fachseminarleiter, könnte natürlich
auffallen, dass vieles nicht so klappt, wie auf dem Papier vorgesehen. Doch Lehrproben, auch das wissen viele Referendare,
haben oft den Realitätsgehalt von Theateraufführungen.

»Lehrproben sind ›Zauberstunden‹«, sagt Sarah über ihren
Vorbereitungsdienst in der Grundschule. »Da setzt man eine
Fülle von Materialien und Methoden ein, die in der Vorbereitung
sehr aufwendig sind, die aber im normalen Unterrichtsalltag so
gar nicht zu leisten wären.« Außerdem findet sie es problematisch, dass der Fachseminarleiter zugleich Kollege und Bewer-
tender ist. »Es besteht ein gewisses Abhängigkeitsverhältnis.
Man versucht unwillkürlich, es ihm recht zu machen. Oft zeigt
man deshalb in der Lehrprobe auch nicht den Unterrichtsstil,
den man selbst richtig findet.« Wenn keiner hinschaut verwirk-
liche sie einen zugewandten Unterrichtstil. Doch viele Referendare erreichen das Zweite Staatsexamen mit der Überzeugung,
dass sie ihre pädagogischen Ambitionen eigentlich ad acta legen
können.

# Lehrer im Test

Auch wer Lehrer wird, war selbst einmal Schüler. Er sollte sich eigentlich keine Illusionen darüber machen, wie wenig Aufmerksamkeit und Selbstdisziplin man a priori im Unterricht erwarten kann. Deshalb könnte er auch *aus* Fehlern seiner ehemaligen Lehrer und seiner Mentoren lernen, sich überlegen, was er anders machen möchte, wie er eine positive Schüler-Lehrer-Beziehung aufbaut. Er könnte also den Kampf gegen die Schüler aufgeben und es mit Friedensverhandlungen versuchen.

Vielen Referendaren gelingt dies, und sie werden hervorragende Lehrer. Viele, nicht alle. Wilma Pause – hübsches Pseudonym, übrigens –, die als Lehrerin für Deutsch und Geschichte an der Mittel- und Oberstufe einer Gesamtschule arbeitet, hat dies offenbar geschafft. Das Referendariat sei anstrengend gewesen, aber sie habe Verständnis auch für jene Schüler entwickelt, die nicht nach Plan funktionieren: »An wem sollen sie sich sonst reiben? Es bleiben doch meist nur Lehrer und Eltern, weswegen es ein unverzichtbarer Teil des Schüleralltags ist, sich den Anweisungen der Lehrer zu widersetzen und sie mitunter sogar ein wenig zu provozieren.«[112] Ihre Begründung, warum sie unbeschadet durchgehalten hat, ist simpel: Sie habe festgestellt, dass ihr der Job Spaß mache. Trotz temperamentvoller Schüler, trotz Eltern, die »ständig beleidigt und wütend« sind. Aber nicht jeder schafft es, da noch von Spaß zu sprechen. Und nicht jeder hat die Energie, die Gelassenheit und das diplomatische Geschick, die vielen emotionalen Verwerfungen des Schulalltags zu meistern.

Braucht man also bestimmte Charaktermerkmale, um eine adäquate Lehrerpersönlichkeit zu werden? Ja, natürlich. Wo Menschen eng zusammenarbeiten, sind es eben auch menschliche Qualitäten, die über den Erfolg entscheiden. Und das ganz besonders, wenn das Umfeld gleich ein Bündel von Stressfaktoren bereithält. Vieles, was im Kampf um Autorität im

Klassenzimmer geschieht, viele Auseinandersetzungen, Missverständnisse und Demütigungen könnten verhindert werden, wenn Lehrer vor der Klasse ständen, die Fachkompetenz mit Herzensklugheit verknüpfen. Und die den Wert von Bindung und Empathie nicht nur eventuell aus der Fachliteratur kennen, sondern als Grundlage ihrer Beziehungen betrachten. Auch ihrer Beziehung zu Schülern.

Nichts liegt daher näher, als bereits vor Beginn des Lehramtsstudiums sehr genau hinzuschauen, wer sich da eigentlich bewirbt. Doch erst seit wenigen Jahren denkt man überhaupt darüber nach, wie eigentlich fähige Kandidaten für den Lehrerberuf ausgesucht werden könnten. »Ich plädiere für Aufnahmeprüfungen vor Beginn des Studiums, weil die Lehrerpersönlichkeit für diesen Beruf eine entscheidende Rolle spielt«, sagt Robert Rauh. »Als Fachseminarleiter in Berlin stelle ich oft fest, dass Referendare überhaupt nicht wissen, worauf sie sich eingelassen haben.« Es gebe aber große Ängste, die Rolle des Lehrers transparent zu machen. Einmal habe er in einer 8. Klasse die Schulpolitik des preußischen Königs Friedrich II. in Anwesenheit seines Fachseminars behandelt. Als er den Stoff aktualisierte und mit den Schülern über Kriterien für eine Aufnahmeprüfung zum Lehramtsstudium sprach, erklärte ihm ein Referendar nach der Stunde, er halte das für sehr gefährlich. Man dürfe mit so jungen Schülern nicht über die Rolle des Lehrers sprechen. »Ich fragte zurück: ›Warum nicht? Dürfen Schüler etwa nicht darüber nachdenken, was einen guten Lehrer ausmacht?‹«

Ein Auswahlverfahren, das fachspezifische Qualifikationen testet, ist in Deutschland längst noch nicht praxisreif. Nur an Kunst- und Musikhochschulen ist es üblich. Niemand käme auf die Idee, einen Abiturienten, der nie aus eigenem Antrieb ein Bild gemalt, nie eine Gemäldeausstellung besucht hat, zum Studium der Bildenden Kunst zuzulassen. Hält man es ernsthaft für möglich, dass Menschen, die sich nie intensiv mit Kindern und Jugendlichen beschäftigt haben, gute Lehrer werden könnten?

Offenbar ja. Man hält es prinzipiell sogar für denkbar, dass gehemmte, kontaktscheue und beziehungsversehrte Pessimisten bei Schülern so etwas wie Selbstwirksamkeit hervorbringen – sonst wäre man längst dazu übergegangen, soziale und emotionale Kompetenzen abzufragen, und zwar vor der Studienzulassung. Es grenzt an Aberwitz, ausgerechnet dort, wo es auf Beziehungsfähigkeit, Stressresilienz und Empathie ankommt, jeden aufzunehmen, der, aus welchen Gründen auch immer, Lehrer werden will.

Zwar gaben in einer Allensbach-Studie von 2012 starke 83 Prozent der Junglehrer an, sie hätten mit Kindern und Jugendlichen arbeiten wollen. Doch für 66 Prozent war zudem die Aussicht auf eine Verbeamtung wichtig oder sehr wichtig. 23 Prozent der Junglehrer gefiel, dass sie, anders als in anderen Berufen, viele Wochen des Jahres zur freien Verfügung – vulgo: Ferien – hätten. Diese Gründe sind ebenso menschlich wie legitim, weisen aber den Schönheitsfehler auf, dass sie in nichts erkennen lassen, ob jemand später ein guter Lehrer wird. Die Angabe, mit Kindern und Jugendlichen »arbeiten« zu wollen, ist zu diffus, um die Bereitschaft zum persönlichen Engagement für Schüler abzubilden. 54 Prozent der Junglehrer stimmten folgender Aussage zu: »Ich fand meine Fächer interessant und wollte beruflich etwas in diesem Bereich machen.« Der Erziehungswissenschaftler Ulrich Herrmann fasst in seiner eigenen Studie die wichtigsten Beweggründe zusammen, warum sich Menschen entschließen, Lehrer zu werden: »Im Allgemeinen aus Interesse und Begeisterung für ihr Fach – und weil sie diese Begeisterung weitergeben wollten. Männer suchten einen Beruf ohne Risiko, Frauen wollten Beruf und Familie verbinden können. Mit anderen Worten: In den meisten Fällen trafen sie keine bewusste Entscheidung für die Arbeit als Pädagoge.«[113]

Rund jeder zehnte Studierende in Deutschland wählt einen Studiengang, der ihn zum Unterrichten befähigen soll. Der Ansturm auf das Lehramtsstudium ist durchaus erwünscht, weil schon jetzt in manchen Fächern Lehrermangel besteht. Auch noch wählerisch zu sein, erscheint unter diesen Bedingungen als unzulässiger Luxus. Produziert man auf diese Weise nicht weiteren Mangel? Diese Frage wird gern gegen mögliche Eignungstests ins Feld geführt. Sie ist in der Tat nicht ganz unwichtig, mogelt sich aber an der entscheidenden Frage vorbei: Was macht gute Lehrer aus?

Gute Lehrer sind an konstruktiven, emotional intensiven Beziehungen im Klassenzimmer interessiert, lassen sich auf Bindungen ein und reflektieren das Lehrer-Schüler-Verhältnis professionell. Dies können nur Menschen mit bestimmten Persönlichkeitsmerkmalen leisten. Soziale und emotionale Kompetenzen kann man zwar auch erwerben, doch die Lernfähigkeit ist in diesem Bereich nicht unendlich dehnbar, und in der gegenwärtigen Lehrerausbildung wird zu wenig Wert auf die soft skills gelegt.[114] Wer Schwierigkeiten hat, vor einer Gruppe frei zu sprechen, wer sich lieber in Fachliteratur versenkt als auf Menschen zugeht, wer wenig Einfühlungsvermögen besitzt und sich bei Konflikten lieber zurückzieht, wird durch ein Lehramtsstudium kaum ein grandioser Kommunikator werden.

Mittlerweile hofft man, ein früher Praxiskontakt könne zumindest der kritischen Selbstreflexion aufhelfen. In Nordrhein-Westfalen beispielsweise gilt seit 2009 ein Lehrerausbildungsgesetz, das ein Eignungspraktikum zwingend vorschreibt. Zwanzig Tage lang können Studienbewerber an einer Schule hospitieren und sich Gedanken machen, ob sie sich tatsächlich dem Pädagogenberuf gewachsen fühlen. Zweifellos ein Schritt in die richtige Richtung, aber eben nur ein Schritt. Denn was in diesen zwanzig Tagen passiert, hängt gänzlich von der Schule ab. Möglich, dass der Praktikant von der hintersten Bank aus beim Unterricht zusieht und letztlich nichts erfährt, was er nicht schon aus der eigenen Schulzeit wüsste – die ja gerade erst hinter ihm liegt. Möglich auch, dass er kleinere Aufgaben bekommt, mit denen er sich probeweise in eine Klasse begibt. Oder er wird als

Mädchen für alles eingesetzt, vielleicht sogar als Vertretungslehrer. Noch ist das Eignungspraktikum ein unverbindlicher Selbsttest. Für die Reflexion der eigenen Voraussetzungen kann, aber muss er nicht notwendigerweise Erkenntnisgewinne bringen.

Umso intensiver überlegt man jetzt, wie die ideale Lehrerpersönlichkeit beschaffen sein könnte. Vorhang auf zum Wunschkonzert. Josef Kraus, Präsident des Deutschen Lehrerverbandes, beschreibt den idealen Lehrer folgendermaßen:»Um Lehrer zu werden, sollte man ein aufgeschlossener und extrovertierter Mensch sein. Auch ein stabiles Nervensystem ist wichtig. Das gilt genauso für den Umgang mit 14-jährigen in der Pubertät wie für das Unterrichten von Achtjährigen. Zudem brauchen junge Leute, die sich für diesen Beruf entscheiden, eine gleichermaßen idealistische wie realistische Einstellung dazu, denn als Lehrer kann man die Gesellschaft mitgestalten, aber nicht umkrempeln.«[115] Aufgeschlossen, stressfest, engagiert und dabei pragmatisch – dieses Anforderungsprofil ist kaum aus Lebenslauf und Abschlusszeugnis herauszulesen. Seit bekannt ist, dass sich eine überzeugende Lehrerpersönlichkeit sehr wahrscheinlich aus bereits vorhandenen Charakterzügen entwickelt, diskutiert man deshalb verstärkt über obligatorische Eignungstests.

Einige Bundesländer haben bereits ein Self-Assessment eingeführt. In Baden-Württemberg ist beispielsweise seit dem Wintersemester 2011/12 ein Onlinetest verbindlich, wenn man sich für das Lehramtsstudium bewirbt. Die Fragen wirken allerdings reichlich suggestiv. Jeder Nerd, der rund um die Uhr vor seinem Laptop vereinsamt, wird ohne Schwierigkeiten herausfinden, was er auf solche Fragen antworten sollte:»Wie gern erklären Sie Schülern einen Sachverhalt?«»Wie gern denken Sie sich Übungsaufgaben aus?«»Wie gern integrieren Sie Kinder aus anderen Kulturen in die Klasse?« Abgesehen davon, dass solche Fragen wohl kaum beantwortet werden können, wenn man nicht bereits längere Zeit in der Schule unterrichtet hat, dürfte jedem klar sein, welche Antwort hier opportun ist. Solch ein Selbsttest kann schwerlich kommunikative Kompetenzen erforschen oder soziale und emotionale Intelligenz auf den Prüfstand stellen.

In Nordrhein-Westfalen werden Studieninteressierte auf eine Website des CCT – Career Counselling for Teachers – geführt. Dort können sie online einen Persönlichkeitstest durchführen, dessen Komplexität an die Psychotests von Frauenzeitschriften erinnert. Das Testdesign umfasst Gegensatzpaare von Eigenschaften mit jeweils neun Feldern dazwischen, auf denen man sich eher zur einen oder anderen Eigenschaft hin verorten kann.[116] Gegensatzpaare sind zum Beispiel: ruhig-lebhaft, gelassen-angespannt, wechselhaft-selbstbeherrscht, sachbezogen-kontaktfreudig, mit mir zufrieden-an mir zweifelnd, sorglos-gewissenhaft, kühl-warmherzig. Schon der Wortlaut erinnert an den Sprachmodus von Kontaktanzeigen und Flirtportalen – mit dem Unterschied, dass auch hier die Kriterien mehr als durchsichtig sind. Wer beschreibt sich nicht gern als lebhaft, gelassen, selbstbeherrscht und kontaktfreudig? Wer möchte schon als zweifelnd, kühl und sorglos zugleich gelten? Aber selbst wer so wahrheitsgetreu wie möglich antwortet, spiegelt natürlich immer die Selbstwahrnehmung und nicht das, was andere oder gar Kinder und Jugendliche in ihm sehen. Der Onlinetest »Fit für den Lehrerberuf«, der im Rahmen der Potsdamer Lehrerstudie entwickelt wurde, enthält deshalb einen weiteren Testbogen für die Fremdeinschätzung.

Die Kriterien des CCT-Tests bleiben holzschnittartig. Negativ bewertet wird zum Beispiel, wenn man an sich zweifelt. Doch wäre die Fähigkeit zur Selbstkritik nicht eine gute Startbedingung für Lehrer? Auch das Gegensatzpaar leichtlebig-prinzipientreu irritiert. Ginge es nicht vielleicht lebendiger an Schulen zu, wenn statt pedantischer Prinzipienverfechter ebenso ein paar leichtlebige Lehrer dabei wären? Und wie will man damit die pädagogische Begabung oder gar Beziehungsfähigkeit künftiger Lehrer testen?

Welches Ergebnis auch immer man erhält – auf die Studienzulassung hat es ohnehin keine Auswirkung. Solche Tests sind eher eine Art freiwilliger Selbstkontrolle. Was jemand daraus macht und welche Schlüsse er daraus zieht, ist ihm selbst überlassen. Über datenschutzrechtliche Komplikationen, falls Onlinetests jemals Konsequenzen für den Zugang zum Studium haben sollten, beginnt man besser erst gar nicht nachzudenken. Die Diskussion um Eignungstests mit der Funktion einer Aufnahmeprüfung rufen zudem Kritiker auf den Plan, die befürchten, es könnten unentdeckte Potenziale verschenkt werden. »Anstatt selektiver Eignungsverfahren zu Beginn des Studiums würde ich mir daher Mentoring-Modelle wünschen, die Studenten während des gesamten Studiums bei der Entwicklung ihrer Lehrerpersönlichkeit beraten und begleiten«, wirft Lara Ruppertz von der Bertelsmann Stiftung ein neues Argument in die Debatte. Solche Modelle seien zwar aufwendiger und teurer als Onlinetests, à la longue jedoch eine lohnende Investition.[117]

Über Testdesigns und die Frage, ob negative Bewertungen ein Grund sein dürfen, Lehramtsbewerber vom Studium auszuschließen, lässt sich trefflich streiten. Denn man könnte sehr wohl einwenden, es gebe das Recht auf Chancengleichheit und freie Berufswahl. Darf man es Menschen schwer machen, die vielleicht ohnehin Probleme haben, sich in Arbeitsprozesse einzugliedern? Hat nicht jeder das Recht auf Entwicklung und Entfaltung? All diese Bedenken hinderten die Finnen nicht daran, ein konsequentes Auswahlverfahren einzuführen. Der Erfolg ihres Schulsystems zeigt, was sinnvolle Eignungstests bewirken können: Lehrer, die engagiert, neugierig, selbstkritisch, stressfest, zugewandt sind. Nicht als Behauptung, sondern als Ergebnis eines höchst komplizierten Verfahrens. Solch günstigen Eigenschaften sind nicht breit gestreut. In Finnland wird nur etwa jeder zehnte Bewerber zum Lehramtsstudium zugelassen.

Der finnische Pädagogikprofessor Matti Meri beschreibt den Eignungstest als die schwierigste Prüfung überhaupt. Denn nach einem ersten Multiple-Choice-Test folgen erst Gruppeninterviews, dann Einzelgespräche. Und die sind nicht so leicht zu durchschauen wie ein Onlinetest. Es wird unter anderem darauf geachtet, ob der Kandidat auch nach längeren Gesprächen noch eine gewisse Körperspannung hat und die notwendige Geduld aufbringt, über seine Motivation Aufschluss zu geben. Diffuse Äußerungen, jemand sei gern mit Kindern zusammen, reichen nicht aus, so wenig wie die Vorbereitung auf pädagogische Fachfragen. »Wer alles zu wissen glaubt, weiß nichts von Erziehung«, sagt Matti. »Wer sagt, er hält seine Stunde ›erstens, zweitens, drittens …‹, den nehmen wir nicht. Wer die ganze Prüfung über nicht einmal lacht, den nehmen wir nicht. Wer zu viel redet, den nehmen wir nicht.«[118]

Wären solche Tests in Deutschland vorstellbar? Dafür müsste sich ein Mentalitätswandel ereignen, der revolutionär wäre: das Schleifen einer Bastion, der Vorstellung nämlich, Lehrer seien sakrosankte Respektspersonen. Das neue Berufsbild müsste den Lehrer in einem ganz anderen Feld verorten: im sozialen Bereich und, noch provozierender, im Dienstleistungsgewerbe. Faktisch ist das ohnehin der Fall. Auch wenn kein Schulgeld entrichtet wird, finanzieren Eltern über ihre Steuern die Lehrergehälter. Sie könnten Dienst am Kunden erwarten. Dennoch kultivieren viele Lehrer ein Standesbewusstsein, das vom Dienstleistungsgedanken weit entfernt ist. Ihr Berufsbild schließt die Betreuung und Begleitung zwar grundsätzlich ein, wie intensiv sich ein Lehrender aber um den einzelnen Schüler kümmert, ist ihm jedoch freigestellt.

Eignungstests haben nur dann einen Sinn, wenn sie mit einem Bewusstseinswandel verknüpft sind, der die Rolle des Lehrers neu definiert. Das finnische Auswahlverfahren sucht nach Menschen für ein Schulsystem, das fördert statt selektiert. Die Funktionsebene, auf der sich deutsche Lehrer an öffentlichen Schulen vielfach sehen, lässt die Schüler dagegen zum Publikum werden, nicht zum Partner. Oft agieren deutsche Lehrer deshalb wie auf einer Bühne, hat Matti Meri beobachtet: als »sprechende Köpfe. Sie reden am liebsten zu einer homogenen Masse, ungestört von Individuen.«

Eine dem einzelnen Schüler zugewandte Haltung findet man hierzulande am ehesten an Privatschulen. Den Eltern zu attestieren, es komme ihnen vorrangig auf ein exklusives Umfeld für ihre Kinder an, ist eine unzulässige Unterstellung. An Privatschulen treffen Schüler wie Eltern eben nicht auf Beamte oder staatlich angestellte Lehrer, die sich wie Beamte verhalten. Anfragen und Kritik werden hier – anders als zuweilen an öffentlichen Schulen – nicht mit einem obsoleten Standesdünkel zurückgewiesen.

Der wichtigste Unterschied zu Deutschland besteht in Ländern wie Finnland, aber sogar auch den USA in der vollen Verantwortung, die ein Lehrer für den Bildungserfolg seiner Schüler übernimmt. In den USA wurde qua Gesetz verfügt: »Kein Kind bleibt zurück.« Das ist nicht nur eine politische Entscheidung, möglichst alle Schüler am Bildungsprozess teilhaben zu lassen, es ist zugleich eine Würdigung des einzelnen Schülers. Klaus E. Grossman und Karen Grossmann erwähnen, dass man deshalb in den USA dazu übergegangen sei, schulischen Erfolg als Ergebnis »sozialer und zwischenmenschlicher Beziehungen zu begreifen, wertzuschätzen und zu erfassen«. Das Gesetz »Kein Kind bleibt zurück« beziehe deshalb »wie selbstverständlich Motivation, persönliche Kompetenz sowie mentale Gesundheit und emotionales Wohlbefinden ein.«[119] Wie viele deutsche Lehrer würden sich mit diesem Bildungsziel identifizieren? Wie viele von ihnen betrachten es als ihre dringlichste Aufgabe, mentale Gesundheit und emotionales Wohlbefinden ihrer Schüler zu befördern?

Solange die Beziehungsqualität zwischen Lehrer und Schüler bei uns als wünschenswertes, wenngleich nicht zentrales Element schulischen Lernens betrachtet wird, sind Eignungstests eine

Farce. Solange Lehrer meinen, ein Schüler stehe vor der Wahl, entweder seine Leistung zu erbringen oder zum Bildungsverlierer zu werden, liegt es allein im Ermessen des Lehrers, ob er sich als solistischer Performer oder interaktiver Helfer betrachtet. Die Haltung macht den Unterschied aus. Schon jetzt gibt es viele Lehrer, die sozusagen aus freien Stücken und aufgrund ihrer Persönlichkeit eine zugewandte Haltung verwirklichen. Ermutigt werden sie dazu nicht. Das zeigte bereits die Geschichte von Sabine Czerny, der man sogar vorwarf, sie sortiere nicht genügend aus.

Schulleiter Reinhard Stähling sieht hierin ein Kernproblem. Bereits 2002 kritisierte er, Lehrer schienen zu glauben, dass Selektion der Lernentwicklung nütze: »24 % der 15-Jährigen haben eine Klasse wiederholt – damit ist Deutschland Weltspitze –, aber offensichtlich ohne Erfolg. Und der Gipfel deutschen Schulalltags: 9 von 10 jugendlichen Analphabeten wurden von ihren Klassenlehrern nicht als solche identifiziert.«[120] Schwache Schüler geraten schnell aus dem Blick, auch weil sie oft anstrengender im Umgang sind. Wie sie sich aus ihrer Misere befreien, ist ihre Sache. Deshalb ist schulische Selektion bei uns immer auch soziale Selektion. Mit etwas Glück haben Schüler Eltern, die einen Nachhilfelehrer engagieren und ihn bezahlen können. Schulische Einzelförderung ist jedoch abgesehen von den Grundschulen weder strukturell vorgesehen, noch wird sie vom Lehrer als seine Aufgabe betrachtet. »Bayern liegt bei den verschiedenen Tests meist in der Spitzengruppe«, sagt Schulleiter Günther Schmalisch. »Meiner Meinung nach wird einer der Gründe dafür zu wenig bedacht: Bayern ist ein reiches Bundesland, die Arbeitslosenzahlen sind sehr gering, und viele Eltern haben das Geld, Nachhilfestunden für ihre Kinder zu bezahlen. In anderen Bundesländern wie zum Beispiel Brandenburg oder Mecklenburg-Vorpommern haben viele Eltern diese Möglichkeit nicht.« Tatsächlich finden sich in bayerischen Grundschulzeugnissen, etwa der zweiten Klasse, standardisierte Formulierungen wie »es bedarf noch intensiver häuslicher Arbeit«, damit die Schülerin rechnen lerne – so delegiert die Schule das Einüben des Stoffes komplett an Eltern und Nachhilfelehrer.

Stähling schrieb schon vor gut zehn Jahren: »Will oder kann man in diesen pädagogischen ›Anstalten‹ überhaupt ein Kind mit Lernschwierigkeiten fördern und dafür sorgen, dass es ›mitkommt‹? Falls unser Bildungswesen – warum auch immer – gar nicht dazu fähig ist, ›schwachen Schülern‹ z.B. das Lesen beizubringen und ihr Interesse an Büchern zu wecken (nach PISA sind das 23 % der 15-Jährigen), dann müssen wir uns nicht wundern, wenn Pädagogen mit einem offenbar ›typisch deutschen‹ Argument auf ihre Schützlinge einknüppeln: ›Die gehören hier nicht hin!‹ Wenn der Konsens der Fachleute über die Förderkonzeption für ›schwache Schüler‹ fehlt, wie sollen dann diese Kinder wieder Mut zum Lernen finden.«[121]

Schaut man nach Finnland, so hat man das Gefühl, im Verhältnis zu Deutschland spiele da eine ganze Nation verkehrte Welt. Alles ist anders, aber sozusagen spiegelbildlich anders. Kein Sitzenbleiben, dafür schulische Nachhilfe. Keine allgemeine Zulassung zum Lehramtsstudium, dafür der Mut zur Auslese geeigneter Persönlichkeiten für den Lehrerberuf. Keine Schülerselektion, dafür Bestergebnisse bei der PISA-Studie. Keine frühere Einschulung – in Finnland müssen Kinder sieben Jahre alt sein –, dafür erreichen 80 Prozent eines Jahrgangs das Abitur oder die Fachhochschulreife. Und selbst wer meint, das alles habe eben nicht zuletzt damit zu tun, dass weniger Schüler mit Migrationshintergrund in den Klassen säßen, der wird von Matti Meri belehrt, dass das finnische System auch in Helsinki funktioniere, wo der Migrationsanteil bis zu 40 Prozent betrage.

Diese Erfolge mussten hart erkämpft werden. Die Transformation des finnischen Schulsystems war mehr als gewöhnungsbedürftig für die Lehrer. Viele lehnten die Neuerungen zunächst ab. Vor allem die Einführung der Gesamtschule bis zur neunten Klasse stieß auf heftige Widerstände. Der Systemwechsel sei für viele Lehrer so schockierend gewesen, dass an den Universitäten Studenten ihr Lehramtsstudium abbrachen und Pädagogen von den Schulen auf langweilige Posten in Stadtbüchereien flüchteten, berichtet der Journalist Henning Sußebach.[122]

Für einen Systemvergleich ist das finnische Beispiel höchst aufschlussreich. Allerdings wäre es tragisch, wenn deutsche Lehrer daraus den Schluss ziehen würden, erst durch systemische Veränderungen seien sie aufgefordert, ein beziehungsorientiertes Ethos zu verwirklichen. Zweifellos wäre es eine bahnbrechende Reform, wenn in Ausbildung, Schulgesetz und Evaluationsprogrammen die Beziehungsqualität zwischen Lehrern und Schülern verankert würde. Aber letztlich kann man Beziehungsfähigkeit nicht diktieren. So wenig wie Schüler Autorität anerkennen, wenn sie einfach nur eingeklagt wird, werden Lehrer plötzlich mitfühlend, zugewandt und fördernd agieren, weil man sie gesetzlich dazu verpflichtet. Ein Wandel des Selbstbilds ist immer auch ein Bewusstseinswandel. Er hat viel mit Atmosphärischem zu tun, mit gesellschaftlich verbreiteten Einstellungen und Haltungen. Wenn Lehrer im Kampfmodus zum gesellschaftlichen Konsens gehören, wird sich wenig verbessern an deutschen Schulen. Wenn Lehrer, Schulleiter und Eltern meinen, Frontbildungen im Klassenzimmer gehörten zu den normalen Nebenwirkungen schulischer Bildung, werden die Argumente von Bindungstheoretikern, Lernforschern und Entwicklungspsychologen weiterhin ignoriert.

## Vom Kriegsschauplatz zum Kulturfaktor: Cordula Heckmann und das Rütli-Experiment

Hardliner meinen von jeher, es gebe eine Schülerklientel, bei der nur eisernes Durchgreifen nütze. Schauen wir uns eine Schule an, die alle Erschwerniskriterien erfüllt: Sie liegt in einem sogenannten prekären Stadtteil, die Schüler zeigen hohe Gewaltbereitschaft, sind respektlos und notorische Schwänzer. Sie akzeptieren keinerlei Regeln, stammen fast alle aus benachteiligten Familien und haben überwiegend einen Migrationshintergrund. Wobei die Elemente dieser Aufzählung nicht ursächlich miteinander zu tun haben, in der Kombination aber ein beträchtliches Konfliktpotenzial darstellen. Eine Schule, in der diese Faktoren fast zum Kollaps führten, liegt in Berlin-Neukölln und hat zweifelhafte Berühmtheit erlangt: 2006 sorgte die Rütli-Schule bundesweit für Schlagzeilen. In einem Brandbrief an den Berliner Senat empörten sich die Lehrer, die Hauptschule sei am Ende der Sackgasse angekommen. An einen geregelten Unterricht war nicht mehr zu denken. Lehrer wurden beschimpft und bedroht, manchmal flog Mobiliar aus dem Fenster, die Klappmesser saßen locker. Alle Klischees von Hartz-IV-Ghetto und Bildungsferne schienen hier Realität geworden zu sein.

Schnell waren medial attraktive Etiketten wie Chaosschule, Hassschule, Gewaltschule gefunden: Schülerterror statt Lehrerhoheit. Die damalige Schulleiterin erhielt einen Drohbrief mit der Überschrift »Der Islam siegt«, Polizeischutz musste angefordert werden. Die zeitweilige Präsenz von Sicherheitskräften schien zu bestätigen, was viele dachten: Solchen Verhältnissen sei nur mit den Muskelspielen einer starken Autorität beizukommen, am besten in Gestalt staatlicher Ordnungshüter oder privater Security.

In ihrem Buch *Kopfschüsse – wer PISA nicht versteht, muss mit Rütli rechnen,* zog Schulleiterin Brigitte Pick erbitterte Bilanz. Die Politik habe einfach weggeschaut, die Öffentlichkeit habe die Rütli-Hauptschule mit Häme überschüttet. Niemand habe die systemischen Fehler wahrnehmen wollen, stattdessen sei es um Schuldzuweisungen gegangen. »Man begann, die Opfer des obsoleten Systems zu denunzieren: die Schüler – weil sie angeblich nichts wollten und nichts konnten, als gewalttätig zu sein; die Lehrer – weil sie inkompetent, faul, unfähig, Werte zu vermitteln, vor allem aber von einem mysteriösen Virus befallen worden waren. Dieser hatte wohl in der Folge des gesellschaftlichen Unfalls von 1968 die unheilvolle ›Kuschelpädagogik‹ ausgelöst.«[123]

Heute haben sich die Zustände an der Rütli-Schule, die nach der Zusammenlegung mit einer Grund- und einer Realschule inzwischen »1. Gemeinschaftsschule« am neugegründeten Campus Rütli heißt, radikal verändert. Nicht etwa, weil die Lehrer sich entschlossen hätten, mit eiserner Hand und unter Androhung drakonischer Strafen Autorität einzuklagen. Die Schulleitung wählte einen anderen Weg, um mit Regelverletzungen, Jugendkriminalität und Integrationsproblemen umzugehen: Sie machte die berüchtigte Chaosschule zu einem Lebensraum, auch zu einer Schule der Beziehungskultur – unter dem Motto: »Eine Schule für alle! – kein Schüler bleibt zurück.« Man setzte auf Kooperation, auf gemeinsame Ziele, außerdem auf Gemeinschaftserlebnisse jenseits des Unterrichts. Alle Beteiligten waren in den Veränderungsprozess einbezogen, was im Besonderen für die Schulregeln galt. Der Impuls ging nicht einseitig von den Lehrern aus, jetzt waren es die Schüler selbst, die sich zu Wort melden konnten und die neuen Bedingungen mitbestimmten.

Seither hat jede Klasse einen Klassenrat, in dem die Schüler einmal in der Woche über ihre Probleme sprechen. »Werte müssen erfahren und erlebt werden«, sagt die neue Schulleiterin Cordula Heckmann. »Da wir sie bei uns gemeinsam mit den Schülern und Eltern festgelegt haben, ist für den Schüler deutlich: Wir haben Werte, die mir helfen, eine erfolgreiche und harmonische Schulzeit zu erleben. Auf dieser Basis können Regelverstöße ganz anders bearbeitet werden. Dann sind beispielsweise Verspätungen keine Kleinigkeit mehr, sondern eine Missachtung gemeinsamer Werte.« Klare Positionen gibt es in Bezug auf Gewaltverzicht. »Diese Leitlinie ist absolut verbindlich. Schon in der Grundschule bilden wir Streitschlichter aus, und zwar immer mit dem Ansatz: Wie stellt ihr euch das vor? Was versteht ihr unter Gewaltfreiheit? In den Klassenräten setzt sich diese Diskussion fort. Für ältere Schüler gibt es außerdem ein Antimobbing-Training.«

Die Debatte über Autorität hat Cordula Heckmann intensiv verfolgt. »Der Ruf ›zurück zur Autorität‹ arbeitet meist mit einer Verkürzung des Begriffs im Sinne der Disziplinierung«, kritisiert sie. »Antoine de Saint-Exupéry beispielsweise entwickelt im *Kleinen Prinzen* eine Definition von Autorität, die nicht auf Herrschaftsverhältnissen beruht. Mittlerweile verwende ich lieber den Begriff Klarheit, um mein Konzept deutlich zu machen, weil der Autoritätsbegriff in der Öffentlichkeit einseitig besetzt ist.« Notwendig sei die Debatte definitiv, weil wir in einer zunehmend pluralen Gesellschaft mit unterschiedlichen Herkünften und Wertvorstellungen leben. »Umso wichtiger ist mehr Klarheit bei den wesentlichen Eckpunkten des Zusammenlebens auch in der Schule.«

Das Schulklima habe sich dadurch stark verbessert. Zu den wichtigsten Neuerungen gehörte die Einführung der Ganztagsschule. »Wir verstehen ein Freizeitangebot immer auch als ein Bildungsangebot«, erklärt Heckmann. Die Angebote seien im Verlauf zahlloser Gespräche entstanden, in denen Schüler, Lehrer und Eltern ihre Wünsche und Schwierigkeiten austauschten. Keine Reform von oben also, sondern ein partizipatorischer Prozess. Die Botschaft an Schüler und Eltern lautete: »Ihr seid willkommen, und wir wollen mit euch gemeinsam gucken, dass wir erfolgreich sind.« So war das Bildungsangebot zugleich ein Bindungsangebot.

»Unser Grundsatz heißt: Erziehung ist Beziehungsarbeit«, so die Schulleiterin. »Es reicht nicht, bei Konflikten die Eltern zur Schule zu zitieren und ihnen zu sagen: ›Ihr Sohn ist unmöglich!‹ Stattdessen sagen wir: ›Lassen Sie uns überlegen, wie wir Ihren Sohn gemeinsam begleiten.‹ Das sei allerdings nur dann erfolgreich, wenn man sich bereits kenne. Hausbesuche sind für das Kollegium selbstverständlich. Beispielsweise besuchen alle Lehrer die Schüler der künftigen siebten Klasse zu Hause, im Kreis ihrer Familie. Das ist obligatorisch. »Anschließend können sie die Kinder besser einschätzen, und sie werden auch von den Eltern ganz anders wahrgenommen. Eine Vertrauenskultur entsteht.« Natürlich fragt man sich sofort, ob die Lehrer begeistert sind von der Mehrarbeit. »Hausbesuche bedeuten natürlich eine enorme zeitliche Belastung«, weiß die Schulleiterin, »zumal die Familien, mit denen wir es zu tun haben, sehr gastfreundlich sind. Mit einer halben Stunde ist es da nicht getan. Doch dieser Zeitaufwand ist eine gute Investition und lohnt sich ungeheuer, weil sie die Zusammenarbeit einfacher und klarer macht. Deshalb sind die Lehrer auch motiviert, diese zusätzliche Belastung auf sich zu nehmen.«

Eltern sind Experten für ihre Kinder, diese Überzeugung Heckmanns kommt Lehrern vieler anderer Schulen wohl nur schwer über die Lippen. Auf dem Campus Rütli gehören Eltern dazu. Dafür reichen die im Schulgesetz festgelegten Formen allerdings nicht aus. »Wir haben zum Beispiel Elternfrühstücke eingeführt, damit man sich kennenlernt und miteinander redet, schon bevor es möglicherweise zu Konflikten kommt. Das ist schon deshalb wichtig, weil türkische und arabische Eltern eine andere Mentalität haben; sie meinen, Schule finde ohne die Eltern statt.« Wie wichtig die Kooperation mit den Eltern ist, erlebt Cordula Heckmann immer wieder bei diesen Schulfrühstücken. »Einmal haben wir über Pubertätsprobleme gesprochen, und es war für alle Beteiligten schön zu erfahren, dass wir gemeinsame Probleme haben, Eltern und Lehrer. Daraus entstand übrigens die Idee, doch einmal einen Referenten einzuladen, der einen Vortrag über die entwicklungstypischen Verhaltensmuster Pubertierender hält.«

Das Konzept der Kooperation geht weit über den Bereich der Schule hinaus. Mit dem Konzept »Schule als Lebensraum« geht der Campus Rütli in den sozialen Raum hinein. Cordula Heckmann zitiert ein afrikanisches Sprichwort: »Man braucht ein ganzes Dorf, um ein Kind zu erziehen.« Deshalb kooperiert sie mit den Institutionen des Bezirks.»Lehrer sind so begrenzt wie jeder andere Mensch auch, wir sind auf Fachleute angewiesen. Bei vielen Problemen reicht die eigene Erfahrung oder das eigene Bauchgefühl nicht aus.« Kooperationen gibt es mit dem Bezirks-jugendamt und mit Schulpsychologen, mit den Musik- und Volks-hochschulen des Bezirks, mit dem Quartiersmanagement und der Polizei, die Präventionsprogramme veranstaltet.»Die Volks-hochschulen binden wir ein, damit Kinder mit Migrationshinter-grund ihre Muttersprache lernen – das ist auch eine Geste des Respekts vor ihrer Herkunftskultur. Und da wir eine musikbe-tonte Schule sind, ist die Zusammenarbeit mit den Musikschulen des Bezirks eine wesentliche Unterstützung.«

Weil Cordula Heckmann weniger auf Autorität und stattdes-sen auf das Wohlbefinden aller setzte, hat sie einen bemerkens-werten Transformationsprozess in Gang gesetzt – und einen ho-hen Grad an Identifikation erzeugt. Heute tragen die Schüler T-Shirts mit Aufdrucken wie »Wir sind Rütli«. Eine Bindung zwischen Lehrern und Schülern ist entstanden, aber auch zwi-schen Schule und Schülern. Diese empfinden den Klassenraum nicht mehr als feindliches Gebiet. Vielmehr betrachten sie ihn als ihr Terrain, in dem sie respektiert werden und selbst Respekt zeigen. Auf diese Weise ist Respekt keine einseitig von oben durchgesetzte Regel mehr, sondern Bestandteil des Schulethos.

Wandel durch Annäherung, eine Devise, mit der einst die neue Ostpolitik den Kalten Krieg überwinden wollte, gewinnt hier eine ganz neue Bedeutung. Die Fronten haben sich aufgelöst, und viele Eltern lassen sich jetzt regelmäßig in der Schule blicken, vorher eine Seltenheit. Gremienarbeit liege den Eltern weniger, hat Cordula Heckmann festgestellt, doch in sogenannten Eltern-cafés, die sie selber organisieren, seien sie hochengagiert, unter-stützt von interkulturellen Moderatoren. Der Erfolg dieses von der Schule selbst entwickelten Konzepts ist so groß, dass es heute mehr Anmeldungen als zu vergebende Plätze gibt. Es ist zugleich das Ergebnis einer bemerkenswerten Verantwortungskultur. Christina Rauh von der Stiftung Zukunft Berlin, die den Campus Rütli seit einiger Zeit begleitet, bringt dies auf den Punkt: »Der Campus Rütli zeigt, dass wir in Neukölln viel bewegen können, wenn wir nicht in Zuständigkeiten, sondern in Verantwortung denken.« Dieser Satz bezieht sich nicht nur auf staatliche Partner, sondern auf diverse Stiftungen, mit denen Cordula Heckmann unter anderem die Lernplattform »ein Quadratkilometer Bildung« aus der Taufe gehoben hat. Das betrifft alle Ebenen. Soziales Lernen ist hier nicht nur eine Absichtserklärung, es gehört curricular zum Schulprogramm, obwohl es nicht auf dem vorgegebenen Lehrplan steht. Etwa zwei Stunden pro Woche sind dem sozialen Lernen gewidmet, dann besprechen Schüler Konflikte und Themen wie Mobbing. Für ältere Schüler gibt es außerdem ein Antimobbingtraining. Dadurch fühlt sich jeder verantwortlich für das Schulklima.

Die Mitarbeit der Eltern ist auch eine Säule des Interventionsprogramms, das Arist von Schlippe und Haim Omer entwickelt und vor allem bei Problemen mit gewalttätigen Jugendlichen erprobt haben. Auch hier ist das Ziel eine »neue Autorität«, die durch ein Bündnis aller Beteiligten entsteht: »Die Zusammenarbeit von Eltern und Lehrern, die wir zu fördern suchen, ermöglicht den Lehrern, die elterliche Präsenz in der Schule als unterstützendes und stärkendes Element zu erleben«, erklären von Schlippe und Omer. Sobald die Schule sich öffne, komme Unterstützung auch aus dem weiteren Umfeld, von Verwandten, Freunden, Sozialarbeitern, Polizisten.[124] Dies gilt auch für den Campus Rütli, der sich inzwischen mit externen Organisationen des Stadtteils vernetzt hat.

Mit der Devise »Stärke statt Macht«, die von Schlippe und Omer favorisieren, nimmt der Autoritätsdiskurs eine neue Richtung: Kooperation statt Frontenbildung. Die Bereitschaft zur Zusammenarbeit helfe den Schülern, »sich von ihrer misstrauischen und feindseligen Haltung der Schule und den Lehrern gegenüber zu befreien«. Das mag man auf den ersten Blick für eine eher triviale Erkenntnis halten, im Schulalltag ist die tendenziell feindselige Haltung jedoch ein wesentlicher Faktor für den verbreiteten Berufspessimismus von Lehrern. Und darunter leidet nicht nur die Beziehungskultur, sondern auch die Unterrichtsqualität. »Es gibt viele Lehrer, die wissen, dass man eine angenehme Atmosphäre braucht, die es aber trotzdem nicht schaffen, dies umzusetzen«, moniert die Kognitionspsychologin und Lernforscherin Elsbeth Stern.[125]

Konfliktmanagement und neue Autoritätsdiskurse werden künftig nötig sein, um sogenannte Brennpunktschulen – und ihre Schüler – nicht an den Rand zu drängen. Das Gleiche gilt prinzipiell für jede Schule. Dafür brauchen Lehrer Unterstützung und Begleitung. Dafür brauchen sie außerdem den Willen, ihr Berufsbild zu erweitern. Wenn sich die Gesellschaft verändert, muss sich die Schule ebenfalls verändern und mit ihr die Lehrer. Da von der Bildungspolitik kein grundlegender Wandel zu erwarten ist, wird für Generationen von Schülern deshalb die Bereitschaft ihrer Lehrer zum Umdenken zukunftsentscheidend sein. Auch eine gute Dosis Optimismus täte gut. »In anderen Ländern reden Lehrer nachmittags über den Unterricht. Nicht darüber, warum die Welt so schlecht ist«, grollt Elsbeth Stern.[126] Im negativen Weltbild, das sie Lehrern attestiert, spiegelt sich allerdings deren ziemlich düsteres Selbstbild. Lehrer wissen, dass sie sich abseits schön gelegener Theorien in einer gesellschaftlichen No go area befinden, dort wo es nach Kreide und Bohnerwachs riecht, in einer Zone der verbitterten Besserwisser und vergrämten Wehleider. So jedenfalls sieht weithin ihr Image aus.

Unüberhörbar wird die Schuldebatte von schnarrenden Nebengeräuschen begleitet, von Seitenhieben auf vermeintliche Selbstgefälligkeit und Arroganz, Kleinmut und Pedanterie der Pädagogen. Viele Lehrer fühlen sich in der Defensive. Das bleibt nicht ohne Wirkung auf ihre Selbstwahrnehmung, die stets mit dem gesellschaftlichen Bild ihres Berufsstands verknüpft ist.

Und so, wie Schüler schon aus reinem Trotz das Gelernte vergessen, wenn das Lernklima negativ aufgeladen ist, verweigern sich viele Lehrer aus Selbstbehauptungstrotz den allseits kursierenden Expertenmeinungen, Ratschlägen, Forschungsergebnissen und Innovationskonzepten. Das beamtenrechtlich geschützte Unrecht, das vielen Schülern widerfährt, spiegelt im Grunde eine symptomatische Frustration ihrer Lehrer wider. Es gibt kein richtiges Leben im falschen Bewusstsein, könnte man einen berühmten Satz variieren. Das Bewusstsein der Lehrer nährt sich vielfach aus einer auf der Stelle tretenden Ohnmacht. Was auch immer sie tun, sie scheinen nur Vorurteile zu bestätigen, die zumeist älter sind als die aktuelle Diskussion. Es könnte nämlich sein, dass es die Historie des Lehrerberufs ist, die zusätzlich zukunftsverhindernd wirkt. Daher verdient das Image der Lehrer eine nähere Betrachtung.

# Kapitel 3

## Imageprobleme.
## Die Misere des Lehrerberufs

## Ritter von der traurigen Gestalt

Die Kollegen kapierten einfach nicht, dass sie nur ihrer eigenen Gesundheit schadeten, wenn sie auf die Schüler eingingen. Dabei waren das nichts als Blutsauger, die einem jede Lebensenergie raubten. Sich vom Lehrkörper ernährten, von seiner Zuständigkeit und der Angst, die Aufsichtspflicht zu verletzen. Unentwegt fielen sie über einen her. Mit unsinnigen Fragen, dürftigen Eingebungen und unappetitlichen Vertraulichkeiten. Reinster Vampirismus.

Inge Lohmark ließ sich nicht mehr aussaugen. Sie war dafür bekannt, dass sie die Zügel anziehen und die Leine kurz halten konnte, ganz ohne Tobsuchtsanfall und Schlüsselbundwerferei. Und sie war stolz darauf. Nachlassen konnte man immer noch. Hier und da ein Zuckerbrötchen aus heiterem Himmel.

Wichtig war, den Schülern die Richtung vorzugeben, ihnen Scheuklappen anzulegen, um ihre Konzentrationsfähigkeit zu fördern.

Judith Schalansky, *Der Hals der Giraffe*. Bildungsroman,
Suhrkamp Verlag 2011

Verbittert wirkt sie, diese Inge Lohmark, spröde, in sich verkapselt. Die Heldin des Romans *Der Hals der Giraffe* ist überzeugt: »Die wichtigsten Formen des Zusammenlebens sind Konkurrenz und Räuber-Beute-Beziehungen.« Ihre Raubtierpädagogik lässt sich in einem literarischen Text nachlesen, der sich nicht etwa mit den schulischen Verhältnissen des 19. oder beginnenden 20. Jahrhunderts auseinandersetzt, sondern mit der Gegenwart. 2011 veröffentlichte die Schriftstellerin Judith Schalansky das bemerkenswerte Psychogramm einer Biologielehrerin, der das Leben trotz und wegen ihrer wehrhaften

Ablehnung der Schüler entgleitet. Ihr rigider Unterrichtsstil, ihre Labilität, gepanzert mit Unnahbarkeit, lassen sie schließlich scheitern. Ihre Ehe dümpelt dahin, die Tochter hat sich ihr entfremdet, möglicherweise auch deshalb, weil sie einst gemobbt wurde, ohne dass Inge Lohmark ihr half. Mit ihrer zunehmend autistischen Überlebenstaktik driftet die Lehrerin in eine Krise, als sie in gefährliche emotionale Nähe zu einer Schülerin gerät. Fachlich hochkompetent, labortauglich sozusagen, versagt die Biologielehrerin im Freigehege sozialer und emotionaler Kompetenz.

Damit befindet sich Inge Lohmark in bester schlechter literarischer Gesellschaft. Wenn Schriftsteller sich Lehrern widmen, marschieren sie auch schon auf, die Unerlösten, die Despoten, die Lächerlichen, die Versager – mehr Zielscheibe als Helden, mehr tragische Figuren als lebenswarme Lehrkörper. Niemand scheint sich wirklich darüber zu wundern. Zwar wissen selbst jene, die sich über Lehrer beschweren, in welch belastendem Reizklima heute der schulische Unterricht stattfindet, auf Verständnis jedoch können Pädagogen kaum hoffen. Zu den vielen Zumutungen, denen sie ausgesetzt sind, gesellt sich eine grundsätzliche Skepsis. Sie nährt sich aus Vorurteilen und unerfüllbaren Erwartungen, ganz wesentlich aber rührt sie aus unserer Mentalitätsgeschichte her. Der negative Reflex hat nicht nur Methode, er hat auch Tradition. Deutschland und seine Lehrer, das ist eine verquere Beziehung. Sie bildet sich in privaten und öffentlichen Debatten ab, ebenso in Romanen, Filmen, Karikaturen, Witzen, die negative Einstellungen multiplizieren. So verhaken sich Bilder und Zerrbilder im kollektiven Bewusstsein, mit großer Beharrungskraft. Ignorante, autoritäre, persönlichkeitsgestörte und besserwisserische Lehrer gehören zu den hartnäckigsten Alltagsmythen. Und ein bisschen armselig stehen Pädagogen meist schon da.

Vor allem Schriftsteller waren nie sonderlich zartfühlend, wenn es um Lehrer ging. Die desolate Inge Lohmark ist kein belletristischer Einzelfall. Lehrer wurden und werden häufig als Ritter von der traurigen Gestalt dargestellt wie jener Alsonso Quijano, besser bekannt als Don Quijote, der hochbelesene, aber der Wirklichkeit entrückte Möchtegernritter, Überbleibsel einer ausgestorbenen Spezies. Noch immer wähnt er sich im Besitz des Durchblicks, obwohl sich die Verhältnisse längst geändert haben. Deshalb kämpft er unter anderem gegen Windmühlenflügel, ein armer Tropf, der sich in seiner rostzerfressenen Rüstung als Retter aufspielt, obwohl er als Erstes sich selbst retten müsste. Ähnlich bedürftig bis bizarr wirken auch viele Lehrer, wenn sie zu literarischen Weihen gelangen. Der Grund, warum gerade Schriftsteller wenig Positives über sie zu berichten haben, dürfte klar sein. Wer kreative Kräfte in sich schlummern fühlt, muss die oft uniformierende Schulzeit als umso größere Herabwürdigung erleben. Und übt späte Rache durch die nachträgliche literarische Abrechnung mit den Lehrern. Im Rückblick sind die autoritären Übermenschen dann nur noch intellektuelle Kleinstlebewesen, die kluge Schüler als Bedrohung empfanden. Stellvertretend für viele seiner Kollegen schreibt Hermann Hesse im Roman *Unterm Rad:* »Ein Schulmeister hat lieber einige Esel als ein Genie in seiner Klasse.«[127]

Und was lernt man in der Schule? Wie man sich rächt, meint Bertolt Brecht beim Gedanken an seinen Chemielehrer, einen von der hinterhältigen Sorte: »Er liebte es, uns unvorbereitet einem Examen zu unterwerfen und stieß kleine Schreie der Wollust aus, wenn wir keine Antwort wussten.« Brechts sarkastischer Kommentar: »Das Wichtigste ist doch die Menschenkenntnis. Sie wird in Form von Lehrerkenntnis erworben. Der Schüler muss die Schwächen des Lehrers erkennen und sie auszunutzen verstehen, sonst wird er sich niemals dagegen wehren können, einen ganzen Rattenschwanz völlig wertlosen Bildungsguts hineingestopft zu bekommen.«[128] Ein schönes Beispiel für Spiegelungen: Die defizitorientierte Wahrnehmung der Schüler durch den Lehrer kehrt sich um; nun ist es der Lehrer, der mit seinen Defiziten erkannt werden muss. Nennen wir es Notwehr. Nicht immer äußert sie sich so deftig wie in Ludwig Thomas *Lausbubengeschichten* von 1905. Da wird dem frömmelnden Religionslehrer übel mitgespielt, weil er erst salbadert – »Armer Verlorener! Ich habe immer Nachsicht gegen dich geübt« – und dann straft –, »aber ein räudiges Schaf darf nicht die ganze Herde anstecken«.[129] Solche Possen, in denen Lehrer nach Kräften malträtiert werden, appellieren stets an das geheime Einverständnis des Lesers: Haben die Kinder nicht recht, wenn sie aufbegehren? Und sind die Lehrer nicht selbst schuld, wenn man sie piesackt?

Allein die Namensgebung verrät meist schon, was Schriftsteller von Pädagogen halten. Bei Heinrich Mann begegnen wir Professor Unrat, in Thomas Manns *Buddenbrooks* dem tyrannischen Oberlehrer Dr. Mantelsack und dem unreinlichen Chemielehrer Dr. Marotzke. Frank Wedekind wartet in *Frühlingserwachen* gleich mit einer Flut von Lehrernamen auf, die nichts Gutes verheißen: Affenschmalz, Fliegentod, Hungergurt, Knochenbruch, Knüppeldick, Sonnenstich, Zungenschlag. Aber auch die Alltagssprache kennt Bezeichnungen, die wenig freundlich klingen. »Im Deutschen der bekannteste wohl Pauker; vulgärer und ebenfalls aus der Sphäre des Schlagzeugs stammend, Steißtrommler«, merkt Adorno an, der überdies meint, Lehrern hafte »ein gewisses Aroma des gesellschaftlich nicht ganz Vollgenommenen« an.[130]

Erstaunlich genug, bildeten sich früh zwei Stereotype aus: der kalte, zynische, furchterregende Lehrer auf der einen Seite und der bemitleidenswerte auf der anderen. Historisch finden sie ihr Pendant im zuchtmeisterlichen Staatsbeamten und im verachteten Dorfschulmeister. Franz Werfel erzählt 1928 in der Rückschau vom sadistischen Sportlehrer, der einen ungelenken Schüler vor versammelter Klasse am Reck zappeln lässt: »Zuletzt sagte unser Turnlehrer, der schadenfroh übers ganze

Gesicht grinste: ›Wissen Sie, Adler, da kann wirklich kein Mensch den Ernst bewahren!‹ Nach diesen Worten erhob sich eines jener hysterisch-grausamen Lachgewitter, ein gellender Hohnschrei, wie ihn nur eine Schulklasse auszustoßen vermag.«[131] Da ist der Lehrer noch ganz Beelzebub und Bösewicht, der die Gruppendynamik der Demütigung steuert. Ein Hungerleider und sozial Deklassierter dagegen ist das arme Dorfschulmeisterlein in Samuel Friedrich Sauters gleichnamigem Gedicht Mitte des 19. Jahrhunderts. »Willst wissen du, mein lieber Christ,/ Wer das geplagteste Männchen ist?/ Die Antwort lautet allgemein:/ Ein armes Dorfschulmeisterlein.« Minderbemittelt an geistigen wie weltlichen Gütern, muss es sich zu allem Überfluss seine Unzulänglichkeit vorhalten lassen: »Anfänglich nahm man gern vorlieb,/ Wenn es den Unterricht betrieb./ Jetzt sollt's ein halb Gelehrter sein,/ Das arme Dorfschulmeisterlein.«[132] Sauter wusste, wovon er dichtete: Der Volksschriftsteller war selber Dorfschulmeister.

Heute löst sich die Polarität zwischen Machtmensch und verzagtem Eigenbrötler zusehends auf, wie in Judith Schalanskys Roman *Der Hals der Giraffe*. Auch Lehrer können Opfer sein, und häufig sind sie Opfer ihrer gesellschaftlichen Bedeutungslosigkeit. Je näher die Gegenwart rückt, desto kläglicher werden die Lehrerfiguren, wenngleich sie nicht mehr finanzielle Nöte leiden. So wie Helmut Halm in Martin Walsers Novelle *Ein fliehendes Pferd* von 1978. Ein Lehrer, der als »schicksalsloser Kleinbürger« bezeichnet wird, ohne Berufsstolz, ohne die Sicherheit, einer geachteten Klasse anzugehören. Stattdessen: Sinnfragen, Ausstiegsfantasien, Ängste. Bodenspecht nennen ihn seine Schüler, weil er ihnen nie in die Augen schaut, sondern zu Boden blickt. Zum einen fürchtet Halm, erotisch schwer gehemmt, die körperliche Präsenz der Mädchen, zum anderen ist ihm generell jeder Kontakt mit seinen Schülern zuwider. Selbst mit den inzwischen erwachsenen. »Das passiert einem ja leider immer wieder, dass man von ehemaligen Schülern oder Schülerinnen angesprochen wird. Und meistens von denen, die vorher alles getan haben, einem die Arbeit in der Schule unerträglich zu machen. Die einen gequält haben bis aufs Blut.« Alles in Halm sträubt sich dagegen: »Er konnte sich die Sentimentalitätsausbrüche seiner ehemaligen Peiniger nur mit Widerwillen und Ekel anhören.«[133]

Man stutzt unwillkürlich, so ungewohnt ist zunächst der Rollenwechsel. Denn Schüler als Peiniger, schon allein diese Begriffskombination bricht mit den alten Vorstellungen des Hierarchiegefälles. Bei den Schülern dagegen setzt ein, was man den Feuerzangenbowleneffekt nennt: die rückwirkende Verklärung der Schulzeit, die zum Poesiealbum charmanter Anekdoten kondensiert. Der Name des Effekts rührt von Heinrich Spoerls Roman her, in dem vom »Verschönerungsspiegel der Erinnerung« die Rede ist. Nicht nur aus diesem Grund blieb die *Feuerzangenbowle* in Erinnerung. Auch deshalb, weil das Buch einen Übergang der Lehrertypisierungen dokumentiert. 1933 erschienen, blickt der Roman auf Verhältnisse der Weimarer Republik zurück. Die einstigen Klassenzimmertyrannen sind schon zu schrulligen Käuzen domestiziert, keine Bedrohung mehr, nur noch nostalgisches Lehrervarieté. Betulich stellen sie ihre Tugenden aus, halb Relikte der Kaiserzeit, halb liebenswerte Witzfiguren.

Kaum ein Schriftsteller hat Lehrer mit so viel augenzwinkerndem Wohlwollen beschrieben wie Spoerl. Für Zeitgenossen jenseits der Fünfzig gehört die *Feuerzangenbowle* zu den Klassikern der Schul- und Lehrerliteratur. Berühmt wurde der Roman durch gleich zwei Verfilmungen mit dem vergnügt krähenden Heinz Rühmann in der Rolle des Johannes Pfeiffer »mit drei F«. Längst erwachsen, schlüpft Pfeiffer noch einmal in die Pennäleruniform, weil er einst von einem Hauslehrer unterrichtet wurde und seine Freunde ihn zum nachträglichen Schulbesuch überreden. Die Streiche der *Feuerzangenbowle* sind legendär. Interessanter aber ist: Die Handlung spielt in einem politischen Niemandsland, ohne wirklich furchterregende Autoritäten. Nichts ist von der Unruhe der Weimarer Republik zu spüren, wenig vom aufkommenden Nationalsozialismus. Die Idylle ist so perfekt aufgeräumt, dass sie ein bisschen Aufregung gebrauchen kann, auch einen Wandel. Sogar reformpädagogische Anspielungen finden sich deshalb im Roman, verkörpert im bodenständigen Lehrer Bömmel, stärker noch im Mathematiklehrer Dr. Brett. Zu Beginn seiner Stunden wird geturnt, seine Unterrichtsmethode ist, ganz modern, der Dialog. Dr. Brett will die Schüler begeistern, nicht unterwerfen, will sie durch ein spannendes Fragelabyrinth führen. Das verleiht ihm das Charisma einer echten Lehrerpersönlichkeit: »Seine Entwicklungen und Lösungen erschienen wie gotische Kathedralen von unerhörter Architektur. Wenn er sprach und mit verhaltener Stimme auf die entscheidende Wendung hinsteuerte, hätte man das Fallen einer Stecknadel hören können.«[134]

Der Schriftsteller schrieb sich damit seinen Frust von der Seele, enerviert, weil sein eigener Sohn in der Schule aneckte und den Vater zu Entschuldigungsschreiben nötigte. Am Ende entpuppt sich die herzwärmende Versöhnlichkeit Spoerls zwar als Täuschung des retrospektiven Verschönerungsspiegels, aber ein Anhauch von Möglichkeitssinn ist schon spürbar in dieser Schulidylle. Lehrer sind auch nur Menschen und eigentlich ganz sympathische, könnte das etwas banale, aber entspannte Fazit heißen. Mit hohem Schmunzelfaktor. Unsterblich im Gedächtnis älterer Semester verankert sind Lehrersätze wie »Wat is'n Dampfmaschien? Da stelle mer uns ma janz dumm ...« und »Sötzen Se sich, Pfeiffer, Se send'n Flögel!«

Darüber hinaus blieb das friedfertige Zwischenspiel weitgehend folgenlos. Was danach kam, ist bekannt: das Wiedererstarken unerbittlicher Autorität im Dritten Reich, mit allen anschließenden Debatten um alte und neue Disziplin. Seither hat der Lehrerstand einige Metamorphosen und Krisen erlebt. Geblieben ist das Phänomen widersprüchlicher Wahrnehmungen, denn wohl nie zuvor gab es eine derartige Pluralität im Lehrerberuf. Kauz und Kumpel, Beamter und Bespaßer, Hardliner und

Softie – zwischen alten und neuen Schablonen zerfleddert das Bild des Lehrers und setzt sich zu einer provisorischen Collage zusammen. *Den* Lehrer gibt es heute ebenso wenig wie *die* Schule. Dafür haben sich Ressentiments zuhauf gehalten. Unschöne Vorurteile, die eigentümlich anachronistisch wirken. Ein Bestiarium merkwürdiger Gestalten darf die Annehmlichkeiten des Beamtentums in Anspruch nehmen, sitzt bei vollem Salär schon mittags gemütlich zu Hause, hat mehr Freizeit, mehr Ferien als irgendwer, quasi lebenslänglich große Pause. So jedenfalls die verbreitete Meinung.

Und was leisten Lehrer dafür? Zu wenig, finden immer mehr Deutsche. Wen wundert es da noch, dass sich das Sozialprestige der Lehrer unübersehbar im Sinkflug befindet? Zur Erinnerung: Mit der allgemeinen Anerkennung des Berufs ist es bei uns nicht weit her, statistisch liegen wir international im letzten Drittel. Der »Global Teacher Status Index 2013« stellt Lehrern hierzulande ein beschämendes Zeugnis aus. Haben Schüler Respekt vor ihren Lehrern? Das meinen nicht einmal 20 Prozent der befragten Deutschen. Kann man Lehrern vertrauen, dass sie Schülern eine gute Bildung vermitteln? In keinem anderen europäischen Land fällt das Ergebnis derart negativ aus. Und das Image? Weniger als ein Fünftel der Deutschen würde seinem Kind empfehlen, Lehrer zu werden.[135] Schon eine Allensbach-Umfrage von 2010 kam zu ähnlich entmutigenden Befunden. 31 Prozent der Deutschen meinten, Lehrer könnten nicht richtig mit Kindern umgehen, 39 Prozent, dass sie keine Kritik akzeptieren, 51 Prozent der Deutschen stimmten der Aussage zu, dass Lehrer über ihren Beruf klagen. Und weiter geht es mit der Negativbilanz: 44 Prozent der Bevölkerung plädierten für Eignungstests, 48 Prozent der Eltern mit Kindern über 14 Jahren hielten die Lehrerausbildung für unzureichend. Noch dunkler wird das Bild, wenn nach den Ursachen für schlechte Schulleistungen gefragt wurde, Lehrer seien zu wenig engagiert und zu gleichgültig, glaubten 47 Prozent der Eltern von Schulkindern, Lehrer seien mit ihren

Klassen überfordert, 69 Prozent, überwältigende 71 Prozent der Eltern meinten, dass es Lehrern nicht gelinge, den Stoff angemessen zu vermitteln.[136]

Die kollektive Missachtung wirkt überzogen, wenn man weiß, was Lehrer täglich leisten. Ähnlich schwer wiegt, dass man ihnen so einiges Unschmeichelhafte nachsagt. »Sie sind ungerecht, dünkelhaft, cholerisch, humorlos«, summiert Alex Rühe die gängigen Vorstellungen, bevor er zu einer großen Apologie des Berufsstands ansetzt.[137] Am hartnäckigsten hält sich das Bild der ewigen Besserwisser. »Solange ich mich erinnern kann, waren meine Eltern immer gleich, sie haben sich nie verändert und werden wohl auch noch mit neunzig den roten Korrekturfineliner für mein Leben dabeihaben. Sie können nicht anders, es liegt in ihren Genen, sie gehören einer menschlichen Splittergruppe an, die ihre Kinder schon von Berufs wegen zu lebenslangen Versagern zwingt. Meine Eltern sind Lehrer.« So beschreibt Bastian Bielendorfer seine Leiden als Lehrerssohn, denen er ein ganzes Buch widmete. Auf unterhaltsame Weise schildert er, warum Besserwisserei zugleich eine Taktik der Kommunikationsverweigerung ist. Ein typischer Dialog entspinnt sich, als Bielendorfer, damals noch Schüler, mit einer Eins nach Hause kommt; dafür erhält er kein Lob, sondern nur den dürren Hinweis, das liege an seinen Genen, den Lehrergenen natürlich. Der Sohn protestiert. »Ey, das kann doch nicht wahr sein, ich reiß mir da den Arsch auf, und das ist der Dank?« Worauf sein Vater antwortet: »›Ey‹ ist kein deutsches Wort, so reden wir hier nicht, Bastian. Und mit Fäkalbegriffen wie Arsch musst du erst gar nicht hervortreten.«[138] Fehlt bloß, dass der Vater die Diskussion mit dem Befehl »Abtreten!« beendet.

Solche verbalen Airbags kennen auch schulversehrte Eltern. Sie stimmen das Schmählied auf besserwisserische Lehrer besonders schrill an. »Wenn ich versuche, mit den Lehrern meiner Tochter zu sprechen, fühle ich mich ständig, als wollten sie mir ein Pflaster auf den Mund kleben«, sagt Sven, Vater einer

15jährigen Gymnasiastin. »Die überrollen einen immer mit dieser schrecklichen Belehrungsrhetorik. Im Schulalltag widerspricht denen ja keiner, da stehen sie wie ein wandelndes Lexikon vor der Klasse. Deshalb spielen sie sich auch bei den Eltern allwissend auf, als notorische Besserwisser.« Ähnliche Erfahrungen hat Lisa gemacht, deren Tochter eine Grundschule besucht. »Für mich sind Lehrer ein rotes Tuch. Vor allem Lehrerinnen, denn an der Grundschule gibt es ja kaum noch Männer. Wenn ich die komischen Unterrichtsmethoden infrage stelle, werde ich mit Gegenargumenten regelrecht abgewatscht. Alles wissen die Lehrerinnen besser, dabei sind sie total weltfremd. Mal im Ernst – wenn die sich im freien Wettbewerb behaupten müssten, kämen sie doch nicht weit. Aber als Beamtinnen haben sie ein warmes Plätzchen, da können sie schalten und walten wie Königinnen. Mich nervt das, denn jeder weiß schließlich, dass sich die Welt weiterdreht, dass es neue Forschungen über Schule und Motivation gibt. Doch wer alles besser weiß, will eben nichts Neues lernen. Die Leidtragenden sind unsere Kinder.«

Die komfortable Absicherung durch das Berufsbeamtentum, so die Meinung vieler Eltern, fördere einen gewissen Starrsinn der Lehrer. Dabei könnte es auch ganz anders sein. Psychologen wie Michael Thiel sind überzeugt, dass Besserwisser ein niedriges Selbstwertgefühl haben. In Wahrheit müssten sie durch permanente Belehrungen eigene schlechte Gefühle kompensieren. »Ähnlich wie bei einem Drogensüchtigen werden bei einem notorischen Besserwisser Botenstoffe im Gehirn ausgeschüttet, die für Zufriedenheit sorgen.«[139] Dient die Besserwisserei also der Psychohygiene? Aber stimmt das Bild vom ewig auftrumpfenden Lehrer überhaupt, oder werden hier simple Klischees bedient? Einer, der sich heftig an der Diskussion stört, ist Mathias Brodkorb, SPD-Minister für Bildung, Wissenschaft und Kultur in Mecklenburg-Vorpommern. Nicht die Lehrer, kontert er, vielmehr die Lehrerkritiker seien die wahren Besserwisser, allen voran Richard David Precht. »Man weiß dabei gar nicht, worüber man sich mehr ärgern soll«, erregt sich Brodkorb. »Ob über die unbedarfte Lässigkeit, mit der Precht nicht nur schulsystemische Großreformen, sondern gar ›Revolutionen‹ einfordert, oder über die bis an den Rand der Anmaßung heranreichende Lehrerbeschimpfung.« Brodkorbs schäumende Replik: »In Wahrheit sind übrigens weniger die Schulen als die Besserwisser unser Problem: Damit Schule funktioniert und Unterricht pädagogisch wirksam wird, müssen Lehrerinnen und Lehrer bei den Schülerinnen und Schülern als Respektspersonen anerkannt sein.«[140]

Auch ohne Precht unnötigerweise zu diskreditieren, hätte Brodkorb natürlich recht, wenn er mehr Anerkennung fordert. Der Ausdruck Respektsperson wirkt zwar etwas ungelüftet, im Kern aber kann es dem Engagement und der Motivation von Lehrern nicht zuträglich sein, wenn sie als neunmalkluge, lebensuntaugliche Sonderlinge eingestuft werden. Denn das denken nicht nur viele über sie, das wird ihnen auch deutlich gesagt. »Wenn ich auf eine Party gehe, erzähle ich oft nicht, dass ich Lehrerin bin, weil Lehrer als skurrile Wesen betrachtet werden«, seufzt Gymnasiallehrerin Maria, 32. Nachdem sie einmal fast eine Hochzeit gesprengt hätte, als ein Gast sie wegen ihres Berufs anpöbelte, verschweigt sie jetzt lieber, womit sie ihr Geld verdient. »Häufig erlebte ich Aggressionen. Sobald jemand erfährt, dass ich Lehrerin bin, weiß ich, was mich erwartet: Jeder kennt einen schlechten Lehrer, und schon muss ich mir negative Geschichten anhören. Oder mir sogar den Vorwurf gefallen lassen, Lehrer seien faul und hätten eigentlich gar keinen richtigen Beruf. Deshalb sage ich lieber, ich hätte Musik studiert – das findet jeder interessant.«

So viel soziale Ächtung kränkt. Selbst dann, wenn sie als kleingemünzter Spaß daherkommt wie in den unausrottbaren Lehrerwitzen. Was ist der Unterschied zwischen Gott und den Lehrern? Gott weiß alles, Lehrer wissen es besser. Was steht auf einem Warnschild vor der Schule? Vorsicht, überfahren Sie keine

Schulkinder, warten Sie lieber auf die Lehrer. Was können Schimpansen besser als Lehrer? Mit Menschen kommunizieren. Sicherlich gibt es auch Ärztewitze und Politikerwitze, doch hier greift das Passepartoutprinzip: Jede Unterstellung von Dämlichkeit, falscher Hybris und Borniertheit lässt sich leichthändig auf Lehrer projizieren. Genauso leicht lässt sich diese Mechanik aber auch als regressive Haltung entlarven. Man denunziert im Witz nun mal nicht, was man schätzt und mag, sondern nur Ärgernisse, derer man sich nicht mit anderen Mitteln erwehren kann. Einfältige Blondinen haben erst Konjunktur, seit im Gefolge der Emanzipation immer mehr selbstbewusste Frauen die Männerwelt provozierten. Da mussten Blondinenwitze her. Narzisstische Kränkungen reizen zum Spott; Ohnmacht hat ein hohes Komikpotenzial, weil der Witz Entlastung verspricht.

Und so ist es bevorzugt die vielfach empfundene Ohnmacht gegenüber den Lehrern, die sich mal in dürftigem Humor, mal in kapitaler Aggression entlädt. Jeder weiß: Man kann Lehrer noch so gut begründet kritisieren, am Ende haben sie die Macht, weil sie über Schüler und deren weiteres Schicksal entscheiden. Obwohl die Autorität im Klassenzimmer praktisch oft ein Problem ist – faktisch ist sie spätestens spürbar, wenn es um Zeugnisse und Versetzungen geht. Dann zeigt sich, wer am längeren Hebel sitzt. Mit der Note hat der Lehrer immer das letzte Wort, und alle Argumente versinken in fugenlosem Schweigen. Interventionen sind schwierig, wenn man nicht gleich vor Gericht ziehen will. Das verletzt das Gerechtigkeitsempfinden, und nicht nur das der Eltern. Als letzter Ausweg bleibt da scheinbar nur, dem Lehrer jede Kompetenz abzusprechen, sozusagen die fundamentalfinale Bankrotterklärung auszurufen. Am besten gleich auf der persönlichen Ebene. Was antwortet man einer Lehrerin, die beklagt, bei jedem einzelnen ihrer Atemzüge sterbe ein Mensch? Man empfiehlt ihr, es doch mal mit Mundwasser zu versuchen.

Zu den vielen feindseligen Mythen, die blühen, gehört seit einigen Jahren der ungepflegte Lehrer. Auch so ein Klischee?

Unübersehbar vorbei sind zumindest die Zeiten, als Lehrerinnen im adretten Schneiderkostüm vor ihre Schüler traten und Lehrer in Anzug, Krawatte, frisch gestärktem Hemd. Heute zählen formell gekleidete Pädagogen zu den Ausnahmen, Entgleisungen sind nicht ausgeschlossen. Sensiblere Lehrer beschwören ihre Kollegen schon, doch bitte auf ihr Äußeres zu achten. So wie Ratgeberautor Gert Lohmann, der offenbar Nachholbedarf beim angemessenen Dresscode sieht: »Unterstreichen Sie Ihren Professionalitätsanspruch durch Ihr Äußeres und kommen Sie nicht in Freizeitkleidung zur Schule! Kleiden Sie sich nicht wie Jugendliche im Stil Ihrer Schüler. Unterstreichen Sie Ihre Bedeutung. Gerade wenn Sie eher klein und zierlich sind oder eine leise, dünne Stimme haben, sollten Sie sich nicht wie eine graue Maus kleiden. Wechseln Sie häufig und variieren Sie; so vermeiden Sie Eintönigkeit – den Schülern und Kolleg(innen) zuliebe. Lassen Sie sich beim Einkauf beraten (z. B. zu Kombinationen von Kleidungsstücken, Farben und Stoffen)!«[141]

Im Umkehrschluss sind so einige Verfehlungen aus diesen Ratschlägen herauslesen, die weniger von Modesünden als von fehlender Achtsamkeit zeugen. Lehrer, die sich gehen lassen, haben wenig Respekt vor ihren Schülern und können umgekehrt nicht mit sonderlich hoher Achtung rechnen. Oder sind solche Details unzulässige Erbsenzählerei? Darf man so persönlich werden? Wo hört Kritik auf, wo fängt Mobbing an? Immerhin, wer unter seinem negativen Image leidet, und das tun Lehrer durchaus, könnte auch mal über sein Erscheinungsbild nachdenken. Es wird genauso als kommunikatives Signal decodiert wie Mimik und Körpersprache. Bei Schülern ist das heikle Thema jedenfalls äußerst beliebt. Sie zählen die Wochen, in denen der Mathelehrer den immer gleichen, fortschreitend müffelnden Wollpullover trägt, und gruseln sich über die unrasierten Beine ihrer Lehrerinnen.

Unerfreulich ist auch, was Lotte Kühn an den Lehrern ihrer Kinder entdeckte: ausgebeulte Cordhosen und eingewachsene

Zehennägel in offenen Sandalen z. B. Doch das sind Petitessen. Weit ernsthafter beschäftigt sich die Verfasserin des *Lehrerhasserbuchs* mit der Frage, warum es so wenige gute Lehrer gebe. Wie andere Eltern auch, machte sie die Erfahrung, dass aus wissbegierigen Vorschulkindern allzu rasch gelangweilte, desinteressierte Schüler werden. »Bevor sie in die Schule kommen, stellen sie Fragen wie: ›Aber, Mama, wenn der Mond ganz trocken und steinig ist, warum leuchtet er dann?‹ Wenige Jahre später dann, der Erdkundelehrer hat gerade das Abfragen der uns umgebenden Planetennachbarn angeordnet, schnauben sie verächtlich und winken ab: Mir doch egal, wie die Dinger da oben heißen.«

Lotte Kühn meint zu wissen, warum die hohe Motivation versiegt. Weil sie vermeintlich Lehrer beschreibt, »wie sie wirklich sind – unprofessionell, faul, ohne jede Ahnung von Kindern, hilflos, überfordert und total gestresst«. Wohl selten hat jemand so unverblümt öffentlich drauflosgewütet. Unfair? Definitiv, doch die Quelle ihrer Wut sprudelt dort, wo sie das Wohl ihrer Kinder bedroht sieht: »Das ganze Schulsystem ist wie ein Prokrustesbett, in dem Kinder mit pseudopädagogischem Getue gleichgemacht werden.«[142]

Wer ist Lotte Kühn? Anfang 2006 wurde die große Unbekannte geoutet; eine aufmerksame Lehrerin erkannte sie in einem Stadtmagazin, obwohl das Foto die Autorin nur von hinten zeigte. Sie heißt Gerlinde Unverzagt, ist Journalistin, Ratgeberautorin und war nie durch unversöhnliche Töne aufgefallen, bevor sie mit ihrem Lehrerbashing einen Bestseller landete. Um den Preis, Schmerzgrenzen und manchmal Anstandsgrenzen zu überschreiten. Das ahnte wohl auch Josef Kraus, Präsident des Deutschen Lehrerverbandes. Er protestierte persönlich beim Verlag gegen die Veröffentlichung der Schmähschrift. Ohne Erfolg. So gelangte 2005 an die Öffentlichkeit, was die alleinerziehende Mutter von vier Kindern innerhalb von insgesamt 26 Schuljahren erlebt hatte. »Da musste einiges mal raus«, bekannte sie, versicherte jedoch, alles sei wahrheitsgetreu berichtet, nur die Namen der Lehrer habe sie verändert.

Ihre Beobachtungen gehen über verwahrloste Lehrkörper und andere Stillosigkeiten weit hinaus. Unverantwortlich sei, was die Bildungspolitik anrichte, mit der neuen Rechtschreibfreiheit zum »Beischbiel« – so schrieb ihr achtjähriger Sohn das Wort in der dritten Klasse. Spätestens mit diesem Reizthema hatte die Autorin die Leser auf ihrer Seite. Der Streit um die überproportional gestiegene orthografische Fehlertoleranz in der Grundschule sorgt seit Jahren bundesweit für anhaltenden Protest. Reformen, die Regelzwänge lockern, sind das eine. Aber nicht nur Gerlinde Unverzagt fragt sich, was eigentlich in den Köpfen der Lehrer vor sich geht, wenn sie täglich die abenteuerlichsten Schreibweisen lesen, ohne sie zu korrigieren. Erst in der vierten Klasse habe ein neuer Lehrer das Problem erkannt und prompt den Eltern zugeschoben, mit den Worten: »Da wird es jetzt allerhöchste Zeit, dass Sie nachfassen.«[143] Wollen die nur spielen, die Lehrer? Sind sie am Ende infantiler als ihre Schüler? Gerlinde Unverzagt alias Lotte Kühn hat aus der Schulliteratur gelernt: Nomen est omen. Statt Unrat und Affenschmalz heißen Lehrerinnen bei ihr Frau Friedensreich-Bedürftig, Frau Wunderlich-Kapitzky oder Frau Dingel-Domdei. Das pädagogische Grundschulpersonal, vor allem das weibliche, kommt als Vertreter eines Menschentypus daher, der offenbar die eigene Kindheit verlängern will, in einer gleichsam windgeschützten Zone, wo man ungestört spielen, matschen und Plätzchen backen darf.

Abrechnungen sind so etwas wie Triebabfuhr und gehorchen den Gesetzen von Polemik und Provokation. Ist der Druck weit über das normale Maß erhöht, platzt der Kragen nicht unbedingt nach den Regeln der gehobenen Konversation. Das kann man als psychischen Mechanismus zur Kenntnis nehmen. Wie aber gehen Lehrer mit solch massiven Vorwürfen und Diffamierungen um? Als pädagogisch feuervergoldete, verständnisvolle Profis, die in der Provokation den dringenden Gesprächswunsch erkennen? Klug wäre das schon. Hinter der Maske einer oft peinigend kabarettistischen Sprache verbirgt sich bei Gerlinde Unverzagt eine durchaus ernsthafte Auseinandersetzung mit dem Lehrerstand. Der Präsident des Deutschen Lehrerverbandes entschloss sich hingegen zu einem herablassenden bis warnenden Ton. Als er die Veröffentlichung nicht verhindern konnte, bestieg er die Retourkutsche. Die Autorin sei eine »Mami«, ließ er die Leser der *Welt* wissen. »Die Sache ist trivial: Eine Mami schreibt ein Buch, und weil sie davon als Mutter von vier Kindern ja viel versteht, lässt sie ihren Frust über Schule und Lehrer los.«

Die Sache ist wirklich trivial: Ein Lehrer liest ein Buch, und weil er als langjähriger Pädagoge von Respekt ja viel versteht, erfreut er die Journalistin und Sachbuchautorin, indem er sie eine Mami nennt. Der Gestus von Kraus hatte Methode. Sein erster Satz genügte eigentlich schon, um jede weitere Beschäftigung mit dem *Lehrerhasserbuch* abzuwehren. Wer einen weiteren Grund brauchte, fand ihn ein paar Absätze später. »Den Titel des Buches vergessen und sich ernsthaft mit dessen Inhalt auseinandersetzen, das funktioniert hier nicht, das entspricht nicht mitteleuropäischen Kommunikationsregeln«, schreibt Kraus so schmalippig, dass einem sogleich der Lehrervater von Bastian Bielendorfer einfällt – »so reden wir hier nicht, Bastian«. »Das wäre wie eine Pädagogik, die eine Kommunikation mit einer Ohrfeige anfängt«, doziert Kraus weiter. »Es sollte reichen, was sich Lehrer in den vergangenen Jahren haben gefallen lassen müssen. Eine Gesellschaft, die binnen weniger Jahre die Ermordung von zwanzig Lehrern zu beklagen hatte, sollte es nicht dulden, dass gegen diesen Beruf Hass inszeniert wird.«

Das ist starkes Geschütz, letztlich der sprichwörtliche Kanonendonner, der auf Spatzen niedergeht. Der reißerische Titel kann in der Tat verletzend wirken, aber nirgendwo im Buch wird zur Gewalt gegen Lehrer oder gar zum Amoklauf ermuntert. Manches wirkt anekdotisch hochgejazzt, vielleicht auch ein bisschen pubertär. Unzulässige Stilmittel? Lotte Kühn ist wahrlich kein Heinrich Heine und kein Karl Kraus. Doch satirische Zuspitzungen, das haben Geistes- wie Wissenschaftsgeschichte immer wieder gezeigt, können durchaus erhellend sein. Man muss sich allerdings damit auseinandersetzen. Oder hat Gerlinde Unverzagt einen Nerv getroffen, wenn sich Josef Kraus stellvertretend für die Lehrerschaft geohrfeigt fühlt? Trifft es zu, was eine Zeitung unlängst schrieb, letztlich signalisierten die Lehrer mit ihrem Debattentrotz einen »Schrei nach Liebe«?

Die Reaktion von Kraus erzählt viel über den Zustand einer Diskussion, in der die Lehrer wie im Klassenzimmer gern die Spielregeln vorgeben würden – so macht man das nicht, setzen, sechs. In diesem Fall heißt das unter anderem: Das Image von Lehrern ist tabu, wenngleich sich offenbar sehr viele Menschen brennend dafür interessieren. Möglicherweise tut es einfach zu weh, sich eingestehen zu müssen, dass die Mehrheit der Deutschen ihre Lehrer nicht liebt. Kraus hat recht mit dem Hinweis, dass sich Lehrer bereits eine Menge gefallen lassen müssen. Diskurstechnisch geschickt wirkt seine Abwehr dennoch nicht. Er calmiert sein Publikum mit der Feststellung: »Wahrscheinlich haben die Deutschen – anerzogen in den Jahren 1945 bis 1968 – ein Problem mit Autoritäten, auch mit sinnvollen und notwendigen.«[144] Das stimmt, ist aber keine adäquate Antwort auf weit verbreitete negative Einstellungen gegenüber Lehrern. Die Autorität ist nur eines von mehreren Problemfeldern. Warum nicht endlich darüber reden, warum Lehrer in Deutschland ein katastrophales Image haben? Warum sich nicht zusammensetzen und Legenden von Realitäten trennen, Ressentiments ausräumen, über Verbesserungen sprechen? Warum die Redeverbote?

Es gibt mittlerweile ganz andere Ventile, Chats und Foren zum Beispiel, auf denen nicht enden wollende Beschwerden und Diskussionen über Lehrer zu lesen sind. Auch üble Beschimpfungen. Images verfestigen sich durch Fernwirkungen. Wie wäre es, wenn man mal Auge in Auge miteinander reden würde? Dazu müssten freilich beide Seiten bereit sein, Lehrer wie Eltern.

Der Lehrer Arne Ulbricht ist dazu bereit. Er hat ein leidenschaftliches Buch geschrieben, eine Liebeserklärung an seinen Beruf und seine Kollegen, aber auch eine kritische Auseinandersetzung. »Oft hat man den Eindruck, Lehrer wissen selbst nicht genau, ob sie ihren Beruf nun lieben oder hassen sollen«, räsoniert er. »Manchmal erwecken sie den Eindruck, sie hätten die A…karte unter allen Akademikerberufen gezogen. Mit einem unverhältnismäßig hohen Arbeits- und Stressaufkommen, das im krassesten Widerspruch zum mageren Gehalt steht.« Für diese Lehrer sei der Beruf ein Horrorjob. Doch er begegne auch immer wieder Lehrern, die sagten, es sei ein Traumberuf. Dummerweise hätten viele Pädagogen eine Antihaltung verinnerlicht. »Immer wird genörgelt. Dabei sind viele Lehrer eigentlich zufrieden und würden auch im nächsten Leben wieder nichts anderes werden wollen. Dass ein Lehrer gern Lehrer ist, hört man aber frühestens nach der achten Nachfrage.« Ulbricht stellt in *Lehrer – Traumberuf oder Horrorjob* vieles auf den Prüfstand, unter anderem die Verbeamtung. Er selbst schockierte die gesamte Kollegenschaft, als er sich aus dem Beamtenstatus entlassen ließ.

Lehrer wie Ulbricht wollen etwas verändern, darunter das schlechte Image ihrer Zunft. Josef Kraus, der für die Lehrerschaft spricht, zieht dagegen Schadensbegrenzung vor. Das ist selbstverständlich sein Job als Cheflobbyist der Pädagogen. Ohnehin gibt es wenige – zu wenige – Verteidiger des Lehrerstands. Nachdenklich stimmt allerdings, dass Kraus gern mit Aversionen kontert, statt bei offensichtlich drängenden Problemen die Position von Kritikern einer näheren Betrachtung zu unterziehen. So meint er beispielsweise, wenn Schüler sitzen blieben, liege das nicht am Lehrer oder an der Schule. »Man tut so, als sei immer nur das System schuld, wenn jemand nicht vorankommt. Tatsache ist, dass sich einige Schüler in bestimmten Phasen weniger anstrengen.« Von Ermutigung, Selbstwirksamkeit und ihren Bedingungen spricht der Schulleiter und Schulpsychologe in diesem Zusammenhang nicht.[145] Als Andreas Schleicher, deutscher Koordinator der PISA-Studie, eine umsichtigere Auswahl von Lehrern vorschlug, reagierte Kraus ähnlich gereizt und sprach von einer »dümmlichen Lehrerbeschimpfung«.[146]

Mag sein, dass viel Tendenziöses über deutsche Lehrer ausgekübelt wird. Die Rolle der Sündenböcke für ein diffuses Unbehagen an Schule und Bildungspolitik haben sie wahrlich nicht verdient. Ein bisschen mehr Stil würde der Debatte zweifellos guttun, auch wesentlich mehr Empathie. Auf der anderen Seite sind starke kollektive Emotionen immer ein Zeichen für gesellschaftliche Befindlichkeiten – und für akuten Gesprächsbedarf. Nicht zuletzt die mauen Umfrageergebnisse zur Einschätzung von Lehrern belegen, dass einiges nicht stimmt mit dem Berufsbild. Um die Betriebstemperatur der Kontroverse ein wenig herunterzukühlen, könnte es deshalb sinnvoll sein, Mythos und Realität, mentales Erbe und aktuelle Wahrnehmung ein wenig zu entwirren. Danach lässt sich möglicherweise klarer entscheiden, was bloße Anschuldigung und was berechtigte Kritik ist.


## Sklaven, Mönche, Dorfschulmeister

War Lehrer jemals ein Traumberuf? Waren Pädagogen früher besser, gebildeter, fleißiger? Und wurden sie mehr respektiert? Relevant für unser Thema scheint ein Zeitraum zu sein, der von der Schule von Athen um 350 v. Chr. bis zum preußischen Berufsbeamtentum der Lehrer reicht. In dieser Zeitspanne verorten wir, grob geschätzt, unser abendländisches Kulturverständnis. Das endet zwar nicht mit Preußen, weist aber im Hinblick auf die Lehrer eine entscheidende Zäsur auf: die Konsolidierung ihres Standes nach einer mehr als wechselvollen Geschichte.

Schon ein flüchtiger Blick zeigt: Von überwiegend goldenen Zeiten kann in der Rückschau kaum gesprochen werden. Golden verbrämt waren die Zeiten allenfalls in der Antike, als hochverehrte Philosophen exponierte Schüler empfingen. Sokrates war unter anderem Lehrer des späteren Staatsmanns und Feldherrn Alkibiades, Aristoteles trat sogar zeitweilig in königliche Dienste. Etwa ab Mitte des 4. Jahrhunderts v. Chr. unterwies er den makedonischen Thronfolger Alexander, als der noch nicht der Große war. Zwei, vielleicht auch drei Jahre blieb Aristoteles am Hofe Philipp des Zweiten, nachdem er Bekanntschaft mit dem dreizehnjährigen Alexander gemacht hatte.

Über die Art des Unterrichts ist viel spekuliert worden, jedoch so gut wie nichts bekannt. Als sicher gilt, dass Aristoteles seinem Schüler eine Abschrift der *Ilias* überreichte, die Alexander noch später als Feldherr mit sich führte. Ohne Zweifel kam der Thronfolger außerdem in den Genuss intellektuell anregender Gespräche, denn Aristoteles selbst konnte auf eine erstklassige Bildungssozialisation in der Akademie des Sokrates-Schülers Platon zurückblicken. Gut sokratisch vertraute Aristoteles auf das dialogisch-dialektische Prinzip, das Platon mit literarischer Delikatesse abgebildet hatte. Platons Philosophie feiert den Eros als Liebe zum Wissen im Sinne des Begehrens, da er Eros als Kind von Penia, der Armut, und Poros, der Findigkeit, betrachtet. Nicht der Wissensbesitz, sondern die Wissensbegierde, die nie endet und nie endgültige Resultate erbringt, macht für ihn als Sokrates-Schüler das Philosophieren aus. Diese Auffassung prädestinierte auch Aristoteles zu einem Verfechter des Meister-Schüler-Verhältnisses, in dem selbstständiges Denken, nicht Instruktion angestrebt wird.

Äußerlich glorreich und von hohem Prestige war es schon, das Lehramt, das Aristoteles am Königshof versah, inhaltlich blieb es weitgehend wirkungslos. Immerhin regte der Philosoph die naturwissenschaftliche Neugier seines Eleven an. Alexander soll sich später sehr für die exotische Flora und Fauna der eroberten

Gebiete interessiert und seinem Meister des Öfteren Pflanzen und Mineralien geschickt haben. Aber paradigmatisch war die Lehrtätigkeit des Aristoteles nicht. Er gehörte zu den klügsten Köpfen seiner Zeit, die das Lehren bei Hofe als ehrenvollen Gelegenheitsjob betrachteten. Schüler und Lehrer in einem heute vergleichbaren Sinn gab es an den privaten Schulen, wo die Söhne freier Bürger körperbetonte Disziplinen wie Wettkämpfe, Gymnastik, Tanz erlernten und auch an die Dichtung herangeführt wurden – kein Vergleich natürlich mit den vier anspruchsvollen Philosophenschulen der Antike, gegründet von Platon, Aristoteles, Zenon und Epikur.

Um 300 v. Chr., Aristoteles hatte schon zwanzig Jahre zuvor die Augen geschlossen, brach mit dem Hellenismus eine Epoche an, in der das Wissen breiter wurde, nahezu enzyklopädische Ausmaße annahm. In der zunehmend kosmopolitischen Atmosphäre wurde Bildung wichtiger, Lesen und Schreiben sowie weitere Fachgebiete gehörten nun für Jungen wie Mädchen der oberen Schichten zu den obligaten Bildungsangeboten. In Sparta ging es härter zu. Die staatlich geführten Erziehungshäuser verstanden sich vor allem als Trainingslager künftiger Krieger, die man in Kampftechniken ausbildete. Weniger intellektueller Feinsinn also als militärischer Drill. Und die Lehrer? In Sparta waren sie erprobte Kämpfer, die freilich zugleich taktisches Geschick vermittelten. An den anderen griechischen Schulen und in den Privathäusern unterrichteten ausgerechnet – Sklaven. Sie dienten, Achtung genossen sie nicht. Eine viel zitierte Anekdote jener Zeit lautet: »Als es einmal geschah, dass ein Sklave von einem Baume stürzte und sich ein Bein brach und nun zu nützlicher Arbeit nicht mehr fähig war, sprach sein Herr: Nun ist er ein Pädagogus geworden.«[147] Mit anderen Worten: Wer nichts mehr taugte, konnte immer noch Lehrer werden. Nicht gerade eine erhebende Genealogie des Berufs.

Griechische Sklaven waren es auch, die während des 2. Jahrhunderts v. Chr. zunehmend nach Rom strömten, wo es üblich war, dass die Väter ihre Söhne bis zum Teenageralter erzogen, inklusive Lesen, Schreiben, Rechnen, Landwirtschaft sowie, das verstand sich damals von selbst, Leibesübungen, die Kampftechniken mit Waffen einschlossen. Wer es sich leisten konnte, gönnte seinem Sohn ein *tirocinium fori,* ein politisches Lehrjahr, das in die Staatskunst und das Rechtssystem einführte. Meist übernahm ein Bekannter des Vaters diese Aufgabe. Mit den griechischen Gastarbeitern erweiterte sich das Bildungsspektrum. Teilweise arbeiteten sie als Hauslehrer, bald schon kam es zu einer Verzweigung der Schulen. In den niederen Schulen, sogenannten Elementarschulen, erlernte man die gewohnten Basics. Höhere Bildung versprachen die neuen Grammatikschulen, in denen die eingewanderten Sklaven, viele von ihnen soeben freigelassen, neben der griechischen Sprache auch Mathematik lehrten.

Griechisch stieg zur Lingua franca der weltläufigen, gebildeten Schicht auf, war soziale Eintrittskarte und Distinktionsmerkmal. Reiche Römer schickten ihre Söhne in die ebenfalls neu gegründeten Rhetorikschulen, kostspielige Eliteinstitute, wo nicht nur die Kunst der Rede, sondern auch Politik und Ethik auf dem Programm standen. Auf Griechisch, versteht sich, dargeboten von Rhetoren, den einzigen Lehrern jener Zeit, die ein gewisses Ansehen besaßen und solide entlohnt wurden.

Das übrige Bildungswesen war fest in Sklavenhand. Selbst wenn es sich um freigelassene Sklaven handelte, mit Respekt konnten sie so wenig rechnen wie mit guter Bezahlung. Zumindest eine frühe kausale Verknüpfung steht damit fest: Der Lehrerberuf bewegte sich im Abendland anfangs auf unsicherem finanziellem Fundament. Das machte Nebenjobs unumgänglich, ein Prinzip, das noch einige Jahrhunderte lang nachwirken sollte. Ob es sich bei der zweiten Beobachtung ebenfalls um eine kausale Verknüpfung handelt, muss Spekulation bleiben: Schüler bekamen neben der Bildung harte Schläge mit Stock, Peitsche oder Knute. War es die Rache der Untergebenen am Nachwuchs der feinen Herrschaft? Oder ganz einfach der Frust der gesellschaftlichen Perspektivlosigkeit? Pädagogische Skrupel kannte man jedenfalls nicht.

In Deutschland hielt sich die Trias aus Tafel, Stock und Kreide noch bis in die Siebzigerjahre des vergangenen Jahrhunderts, und der Stock wurde nicht nur zum Zeigen benutzt. 1965 erschien die Trostschrift »Ihnen ging es auch nicht besser« des Lehrers und Schriftstellers Heinrich Pleticha, der die Kombination aus Bildung und Gewalt bis ins 2. Jahrtausend v. Chr. zurückverfolgte. Seinen halbwüchsigen Lesern teilte er mit, Schüler hätten immer schon unter Lehrern gelitten: »Sie mussten sich früher genauso herumärgern wie die Schüler heute, mussten lernen, lernen, lernen, wurden von strengen Lehrern geprüft und bezogen ihre Prügel.« Am Euphrat lag die Peitsche neben den Tontäfelchen, im alten Ägypten kursierte das Sprichwort: »Das Ohr eines Jungen sitzt auf seinem Rücken, er hört, wenn man ihn schlägt.«[148]

Ob Rute, Stock oder Lederriemen, Pletichas Recherchen ergaben, dass Lehrer aller Zeiten mit zweckdienlichen Utensilien unterrichteten, auch in Deutschland. Ob das für die Schüler ein Trost war? Oder ein Stein mehr im Mosaikbild des feindlichen Lehrers? Mentalitätsgeschichte verläuft gleichsam subkutan, sucht sich Geheimgänge ins Bewusstsein. Man muss davon ausgehen, dass die handgreifliche Historie des Lehrerberufs in Deutschland wie anderswo Spuren hinterlassen hat – durch prügelnde Pädagogen, aber eben auch durch fatalistische Äußerungen wie die von Pleticha.

Betrachtet man die Entwicklung des Lehrerberufs in Deutschland, so muss man zunächst hinter Klostermauern schauen. Lehre und Klerus waren etwa vom 5. Jahrhundert an für lange Zeit Synonyme. Vor der Professionalisierung des Berufsstands qua pädagogischer Ausbildung hielt man es für gegeben, dass Wissen gleichzeitig zur Wissensvermittlung befähige. Diese war eine Domäne der Geistlichkeit. In den gut bestückten Kloster bibliotheken entstanden Bildungsinseln, wo kostbare Folianten gelesen, kopiert und mit Illustrationen versehen wurden. Die Mönche unterrichteten in der inneren Klosterschule künftige Insassen, die äußere Klosterschule besuchten Kinder des Adels. Das gesamte Bildungssystem basierte zunächst auf den Dom- und Klosterschulen der katholischen Kirche. An diesen Latein- schulen mischte sich die antike Überlieferung mit der christlichen Tradition. Bibellektüre, Katechismus und Theologie wurden er- gänzt durch die sieben freien Künste, die Artes Liberales: das Trivium mit Grammatik, Rhetorik und Dialektik sowie das Qua- drivium aus Geometrie, Arithmetik, Musik und Astronomie. Didaktisch ging es nicht sonderlich originell zu: Vorsprechen, Auswendiglernen, Wiederholen, dazwischen setzte es immer mal wieder Prügel.

Andererseits war die Verlagerung des Bildungswesens in den Schoß der Kirche mit einer gewissen Auratisierung verbunden. Die religiöse Sphäre verhieß, das Lehren sei ein heiliges Amt. Kein Sklavendienst, ein Gottesdienst. Die Ehrfurcht vor dem Gottesmann gehörte dazu. Er lebte zölibatär, weihte sich seinem Amt, trug Amtstracht, ritualisierte den Schulalltag und überhöhte ihn mit Gebet und Gesang. Schon das Studium der Heiligen Schrift vermittelte eine besondere Ehrfurcht vor dem Buchsta- ben. »Am Anfang war das Wort«, beginnt das Johannes-Evange- lium, und manchem Klosterschüler wird ein mystischer Schauer über die Haut gelaufen sein, wenn er über alten Bibeln und Ka- techismen brütete, um den Sinn des Geschriebenen zu erfassen. Nicht jeder wird zustimmen, wenn man darüber hinaus auf die Werteerziehung hinweist, die Bildung im religiösen Kontext mit sich bringt. Die Säkularisierung der Schule hat viel zu ihrer Welt- offenheit beigetragen, und für eine Epoche, in der Kreuzritter Europa unsicher machten, möchte man nicht unbedingt die Fried- fertigkeit des Christentums beteuern. Doch es macht schon einen Unterschied, ob man das Lesen mit dem Dekalog und der Berg- predigt lernt oder mit der kleinen Raupe Nimmersatt.

Zunehmend erkannten die weltlichen Herrscher den Wert von Bildung und deren Bedeutung für ihre Macht. Um 800 v. Chr. gründete Karl der Große deshalb Hof- und Stiftsschulen sowie die Große Hofakademie. Lehrer gab es mehr als genug aus den Reihen des klerikalen Nachwuchses, die Kirche zahlte ihren Lohn. Mitte des 13. Jahrhunderts entstanden unter Aufsicht der Kommunen die ersten Stadtschulen. Diese stellten ein Novum dar, weil sie eigene Lehrkräfte rekrutierten, einen weltlichen Lehrerstand und damit einen neuen Typus: den Schulmeister. Er hatte kein Studium absolviert, legte meist nur eine Lehrprobe in Anwesenheit des Schulpatrons ab. Im Gegensatz zu den gelehrten Kollegen der Lateinschulen arbeitete er schließlich an den »niederen« Schulen, wie man die Stadtschulen und dann auch die Dorfschulen nannte, die später in Bürger- und Volksschulen aufgingen.

Die Entlohnung der Schulmeister war dürftig. Wie schon in der Antike ging nichts ohne Nebenjob. Und so stellte sich wieder eine drangvolle Nähe zur Kirche ein, denn häufig bestand die Nebentätigkeit aus dem Küsteramt, vom Orgelspielen bis zum Schrubben der Kirchenbänke – ohnehin fungierten Pfarrer als Inspektoren, die über Wohl und Wehe der Dorfschulmeister entschieden. Manchmal gehörte ein kleines Stück Land zur Lehrerstelle, das den Schulmeister ernähren musste. Meist reichte es trotzdem hinten und vorne nicht. Es war die Zeit, als das Wort vom Hungerleider die Runde machte. Ein landläufiges Sprichwort besagte, der Rohrstock des Schulmeisters sei zugleich sein Bettelstab. Oft war der Lehrer so elend dran, dass die Eltern, die ihn nur spärlichst bezahlten, einen »Reihentisch« organisierten: Reihum durfte er mittags bei ihnen essen. Oder er kurvte mit der Schubkarre los und erbettelte sein Salär in Form von Naturalien. Im Grunde konnte sich niemand leisten, ausschließlich Lehrer zu sein. Ohnehin waren es meist Handwerker wie Schuster, Bäcker, Tuchmacher, Weber, Schneider oder Barbiere, die sich im Nebenjob bei der einfachen Bevölkerung um Alphabet und Einmaleins kümmerten.

Die Zweiteilung in höhere und niedere Schulen schuf starke Kontraste auch im Hinblick auf die Inhalte. Während die kirchlichen Schulen Latein als Schulsprache und ein anspruchsvolles Curriculum beibehielten, setzte sich an den niederen Schulen sukzessive das Deutsche durch. Und das Niveau? Es konnte weder mit den Lateinschulen noch mit den im 16. Jahrhundert neu gegründeten humanistischen Gelehrtenschulen Schritt halten. Die Bäcker und Schneider hatten oft selbst ihre Not mit dem sachgerechten Buchstabieren, noch dazu strömte ihnen eine ziemlich rustikale Kindertruppe zu, die nichts vom Stillsitzen hielt und nur unregelmäßig zum Unterricht erschien. Didaktik und Methodik waren Fremdwörter, und der Behelfslehrer konnte froh sein, wenn das Mobiliar heil blieb.

Erasmus von Rotterdam, einer der gelehrtesten Weltbürger des ausgehenden 15. und beginnenden 16. Jahrhunderts, zeichnet im ersten europäischen Bestseller, der Satire *Lob der Torheit* von 1509, ein vernichtendes Bild. »Wie konfus wurden alle Unterrichtszweige gelehrt und wie schwerfällig«, höhnt er. Es sei ein typischer Fehler, dass der Lehrer »gleich zu Anfang den Schülern das einpaukte, was am schwierigsten ist, mitunter auch fades Zeug«. Erasmus wird sehr persönlich; gegen seine Philippika ist die Lehrerkritik heutiger Tage ein schmeichelhafter Hymnus. Die Schulmeister seien eine Klasse von Menschen, »wie sie unglücklicher, geplagter, gottverlassener nicht zu denken« sei. »Mit ewig knurrendem Magen, in schäbigem Rock sitzen sie in ihrer Schulstube – Schulstube, sage ich? Sorgenhaus sollte ich sagen, besser Tretmühle und Folterkammer – inmitten einer Herde von Knaben und werden doch früh alt vom Ärger, taub vom Geschrei, schwindsüchtig von Stickluft und Gestank.«[149]

Bedauernswerte Menschen also, Opfer einer verfehlten Bildungsoffensive? Mitleid spricht nicht aus dem *Lob der Torheit*. Wohl tadelt der Humanist Erasmus die mangelnde Ausbildung der Schulmeister, hat jedoch wenig Verständnis für deren drakonische Strafpädagogik. Diese Lehrer meinten zwar, an der Spitze der Menschheit zu stehen, seien jedoch verachtenswerte Despoten. »So wohl tut es ihnen, die ängstliche Schar mit drohender Miene und Stimme einzuschüchtern, mit Rütlein, Stecken und Riemen die armen Opfer abzustrafen«, schnaubt Erasmus. »Nichts als sausende Stock- und Rutenhiebe, nichts als Wehgeschrei und Schluchzen.« Von Bildung sei gar nicht zu reden: »Was können die Knaben daraus anderes mitbringen als Hass gegen die Wissenschaft.«

Die prekären Verhältnisse blieben noch lange bestehen, erst drei epochale Einschnitte sollten den säkularen Lehrerberuf allmählich verändern: Reformation, Aufklärung und das erstarkende Preußen Mitte des 18. Jahrhunderts. Schon Luthers reformatorischer Eifer trug aufklärerische Züge, denn er war verbunden mit einem vehement vorgetragenen Bildungspostulat. Mit der Bibelübersetzung ins Deutsche verfolgte Luther die Idee der Partizipation – jeder solle möglichst die Bibel selbst lesen, selbst interpretieren können. Seine Forderung einer allgemeinen Schulpflicht unterstrich dieses Konzept. Die Alphabetisierung war zu Beginn des 16. Jahrhunderts noch nicht weit fortgeschritten und die breite Bibellektüre aller Schichten vorerst nichts als eine Vision. Aus diesem Grund maß Luther der Musik eine wichtige Aufgabe bei. Er erfand den deutschsprachigen Gemeindegesang, also die Verbreitung christlichen Gedankenguts durch Choräle, und empfahl auch den Schulmeistern eine musikalische Pädagogik: Ein Lehrer, der nicht singen könne, habe in seinen Augen die Profession verfehlt.

Weit nachhaltiger kümmerte sich Luthers Mitstreiter Philipp Melanchthon um das deutsche Schulwesen – in Personalunion von Universitätslehrer und Lernberater. Seine Funktion als Rektor der Wittenberger Universität verschaffte ihm das ideale Forum dafür. 1523 entwarf er eine neue Studienordnung, schrieb Lehrbücher und regte eine Reorganisation der Schule an, die neben der Festlegung der lateinischen Sprache zwei Neuerungen vorsah. Die erste Forderung war mehr Gründlichkeit durch Portionierung und regelmäßige Wiederholung des Stoffs; zweitens hielt Melanchthon es für sinnvoll, die Schüler in drei Gruppen zu teilen, je nach Alter und Wissensstand, und sie dann bei entsprechenden Leistungen aufrücken zu lassen. Diese damals völlig neuartige Schulordnung galt unter anderem für die drei Schulen, die er selbst in Magdeburg, Eisleben und Nürnberg gründete. Dieses Engagement trug ihm den Beinamen »Praeceptor Germaniae«, Lehrer Deutschlands, ein.

In den Jahrzehnten nach der Reformation wurde das öffentliche Schulwesen stark ausgebaut, doch eine systematische Lehrerausbildung stand noch in weiter Ferne. Deshalb setzte es weiterhin Lehrerschelte. Gut hundert Jahre nach Erasmus von Rotterdam tat sich 1624 Julius Wilhelm Zincgref sehr erfolgreich in diesem Genre hervor, mit den *Facetiae Pennalium, das ist Allerley lustige Schulbossen.* Zincgref war Dichter, Anekdotensammler und Verfasser politischer Flugschriften. Einer, der genau hinschaute, ein Chronist und Polemiker. Mit boshaftem Witz lieferte er eine Beschreibung der »Pennalismi, Pedantismi und Stupiditatis oder der Stockheiligkeit«. Letzteres spielt auf die Prügelpädagogik an, die nach wie vor die Schulstuben dominierte. Am fatalsten für das Lehrerbild aber war die Koinzidenz von Schule, Pedanterie und Dummheit, die Zincgref mit den drei Begriffen Pennalismi, Pedantismi und Stupiditatis behauptete. Diagnose und Vorsatz sind klar: Hier wird ein schon lange übel beleumundeter Berufsstand ein weiteres Mal aufs Korn genommen. Um sich Gehör zu verschaffen und seine Leser zu fesseln, trägt Zincgref äußerst dick auf. Das alles natürlich im besorgten Tonfall des engagierten Kritikers.

In seiner Vorrede an den Leser beklagt er bildungsbeflissen, der »rühmliche Name« des Weisen und Lehrers, der in der Antike zu Recht hochgeschätzt gewesen sei, habe sich nun »auff elende Leut geerbet«. Ein Niedergang wird besichtigt. En passant lernt man, dass Kulturpessimismus in schulischen Belangen kein Phänomen der Gegenwart ist. Dazu gehört auch die Klage über den verfehlten Bildungsauftrag. Hätte es das Wort vom Bildungsverlierer schon gegeben, Zincgref hätte sicher nicht gezögert, es seiner Aufzählung anzufügen: »Was haben die viel Schulen anders gebracht, als anstatt wenig Gelehrter, viel Waichlinge und verdorbene, banckerottrische Studenten und Schreiber?« Zum Beweis erzählt er von einem Studenten, der zur Rede gestellt wird, weil er einen Mittagsschlaf hält, statt Bücher zu wälzen. Der Student antwortet, er habe geschlafen, um die Gefahr des Müßiggangs abzuwehren. Am heftigsten hat es Zincgref auf Lehrer abgesehen. Wie einfältig sie seien, belegt er mit einer Flut satirisch angeschärfter Anekdoten, Vorläufern heutiger Lehrerwitze. Da ist der reisende Lehrer, der seinem Pferd das Fasten beibringen will und ihm nichts zu fressen gibt; als es daraufhin verendet, sagt der Lehrer, es sei schade, dass es gerade jetzt sterbe, wo es die Kunst des Fastens begriffen habe. Ein anderer Lehrer stellt sich mit geschlossenen Augen vor den Spiegel, um zu sehen, »wie ihm der Schlaf stünde«. Ein dritter fragt den Überlebenden eines Zwillingspaars, ob er oder sein Bruder gestorben sei. [150] Die Logik ist die Gleiche wie bei Schildbürgerstreichen und Blondinenwitzen: dumm, dümmer, Lehrer. Mit dem Unterschied, dass die Fallhöhe größer ist. Komisch empfanden Zincgrefs Zeitgenossen diese kolportierten Anekdoten, weil sie den vermeintlichen Bildungsmehrwert des Lehrers ad absurdum führten.

Die gute Nachricht ist, dass sich im 17. Jahrhundert allerorts Initiativen bildeten, um die Verhältnisse zu verbessern. Versuchsweise führte man in einigen Regionen die Schulpflicht ein: in Sachsen-Gotha 1642, in Württemberg 1649, in Brandenburg 1662. Völlig überraschend – jedenfalls in den Augen der Politik – stellte sich jedoch heraus, dass Bildungsreformen Geld kosten. Sowohl Schulgebäude als auch Lehrerstellen waren nicht im geplanten Umfang zu finanzieren. Man hatte halt Besseres mit dem Geld vor, es gab ja auch noch Kriege zu führen und

Schlösser auszustatten. Nachgedacht wurde immerhin über Inhalte und Vermittlung. Nahezu revolutionär angesichts der rudimentären Allgemeinbildung wirkte das Motto des Bischofs Johann Comenius, der sämtlichen Kindern nicht nur den Zugang zur Schule, sondern auch eine fundierte Ausbildung zuteil werden lassen wollte: *Omnes omnia omnino,* alle sollten alles gründlich studieren.

Viele weitere Geistliche betrieben Schulpolitik, etwa der pietistische Pfarrer August Hermann Francke, der 1695 in Halle zunächst eine Armenschule, danach eine Erziehungsanstalt für den Adel, eine Lateinschule sowie ein Waisenhaus gründete. Immer noch waren Bildung, Staat und Kirche ein unzertrennliches Trio, bekräftigt 1648 im Westfälischen Frieden. Schulmeister wurden von Pfarrern eingestellt und kontrolliert, arbeiteten weiterhin oft als Küster und hatten eine christlich-untadelige Lebensführung vorzuweisen. Finanziell blieb ihre Situation schwierig. Nach wie vor mussten sie die Eltern zur Kasse bitten, und je ärmer das Dorf war, desto karger fiel der Lohn aus. Die Lehrer der höheren Schulen, mehrheitlich der Lateinschulen, wurden hingegen von den Schulträgern, also Stadt oder Kirche, bezahlt. Das war lukrativer. Ohne Nebeneinnahmen aus Privatstunden und Prüfungsgebühren kamen aber auch diese Lehrer nicht über die Runden.

Mit der beginnenden Industrialisierung Mitte des 18. Jahrhunderts, den Ideen der Aufklärung und dem Aufstieg Preußens nahm das Thema Schule rasant Fahrt auf. Die Synergie geistiger, ökonomischer und politischer Aufbruchbewegungen rückte die Notwendigkeit einer neuen Bildungsoffensive in den Blick, die diesen Namen wirklich verdiente. Und wieder waren Kirchenleute, reiche Kaufleute und spendable Adelige die Schrittmacher. Der Theologe und Pädagoge Johann Julius Hecker gründete 1748 die erste praxisorientierte Realschule und 1749 das erste preußische Lehrerseminar; Hecker gehörte zum Kreis der Hallenser Pietisten, die wie schon Francke nicht auf Reformen warteten, sondern selbst aktiv wurden. Neuhumanistische Schulen unter kommunaler Verwaltung erweiterten ab 1750 das Fächerspektrum: etwa um die Sprache Französisch, um Ästhetik sowie Philosophie- und Literaturgeschichte. Der Rousseau-Verehrer Johann Bernhard Basedow gründete 1774 eine Schule im Geiste der aufklärerischen Reformbewegung mit naturwissenschaftlichen Fächern wie Physik und Chemie, aber auch Tanzen und Reiten. Basedow hoffte als früher Reformpädagoge, mit spielerischen Methoden seinen Schülern zu höchster Glückseligkeit zu verhelfen.

Fortschritt war das Modewort, das alle elektrisierte, und das bedeutete Wissensdurst, Ermächtigung durch Bildung, Emanzipation. Auch das Selbstbild der Herrscher veränderte sich. Der aufgeklärte Monarch verstand sich nicht mehr als Nutznießer des Staates, sondern als dessen »erster Diener«, wie Friedrich II. von Preußen verlauten ließ. Um das Wohl seiner Untertanen zu sichern, das war ihm klar, musste er sich dem erheblichen wirtschaftlichen und sozialen Reformbedarf stellen. Während des Siebenjährigen Krieges waren Friedrich die katastrophalen Schulverhältnisse besonders auf dem Land aufgefallen. Als der Krieg 1763 endete, führte er das Königlich-Preußische Generallandschulreglement ein. Hinter dem pompösen Begriff verbarg sich der Plan, Lehrer sollten sich vor ihrer Einstellung einer Prüfung unterziehen und während ihres Dienstes besser kontrolliert werden. Außerdem sollte, wenn nicht die Schulpflicht, so doch wenigstens eine Aufforderung zum Schulbesuch obligatorisch sein. Das klang bereits reichlich matt, und Fortschritte waren nicht zu erzielen, weil die beabsichtigte Qualitätsoffensive für die Lehrer wieder einmal am Geld scheiterte. Aus der groß angekündigten Reform wurde ein Reförmchen.

Friedrich musste feststellen: So einfach ließ sich nicht in die Verhältnisse hineinregieren, denn er hatte die Rechnung ohne sein Volk gemacht. Ein Beispiel war seine Reform der Lehrpläne. Neben religiösen Inhalten sollten nun verstärkt Schreiben,

Rechnen und im Sinne der Aufklärung auch »Naturlehre«, also Sachkunde auf dem Stundenplan stehen. Das ließ sich allerdings nur umsetzen, wenn die Schüler vormittags und nachmittags zur Schule kamen. Was ziemlich illusorisch war. Wer wollte auf dem Land schon ganztägig auf seinen Nachwuchs verzichten? Die Dorfkinder wurden von Eltern und Gutsherren als billige Arbeitskräfte in der Landwirtschaft gebraucht; und das Schulgeld, »zwei Dreyer« wöchentlich, hatte nicht jeder übrig. Die Lösung des Soldatenkönigs, mit der er seine eigene Schatulle schonen wollte, ging jedenfalls nicht auf: Er hatte angeregt, das Schulgeld ärmerer Kinder könne ja aus örtlichen Almosen bestritten werden. Doch die Spendenfreudigkeit der Landbevölkerung hielt sich in engen Grenzen, sodass auch diese Idee im märkischen Sand verlief.

Auch die Qualifikation der Lehrer blieb dürftig. Zum neuen Schulmeister wurde nicht derjenige Bewerber ernannt, der am besten ausgebildet war, sondern derjenige, der nebenberuflich am meisten verdiente. So machten oft Handwerker das Rennen, die sich selbst ernähren und auf üppige Schulgelder verzichten konnten.

Vorerst zeigte der Reformwille nur an Eliteschulen Früchte. 1787 nahm ein neu gegründetes Oberschulkollegium seine Arbeit auf, um Eignungsprüfungen für Lehrer an höheren Schulen vorzubereiten und Lehrmethoden sowie Lehrbücher auszuwählen. Sämtliche Lateinschulen Preußens mussten eine Examinierung über sich ergehen lassen. Der Zustand der Räume, der Kompetenzstand der Lehrer, die Leistungen der Schüler, alles wurde unter die Lupe genommen. Lange vor PISA begann die vermessene Schule. Für die Lehrer begann ein Zittern und Zagen: Waren sie gut genug? Waren ihre Schüler gut genug? Nur 100 der 400 Lateinschulen bestanden den Test und durften ihre Absolventen weiterhin zur Universität schicken. Und so war es fast unausweichlich, dass 1788 auch eine neue Abschlussregelung beschlossen wurde, die das Abitur vorwegnahm. Die durchgefallenen 300 Schulen deklarierte man fortan als Bürger-, Stadt- oder Mittelschulen. Es war letztlich die Geburt des dreigliedrigen Schulsystems aus dem Geiste der Selektion, obwohl erst Wilhelm von Humboldt gut zwanzig Jahre später diese Reform konsequent umsetzen sollte. Einstweilen stand oben die Lateinschule, unten die Elementarschule, dazwischen klemmten sich die heruntergestuften ehemaligen Lateinschulen.

Bald darauf wurde die Vormundschaft der Kirche zurückgedrängt: 1794 setzte das Allgemeine Landrecht die staatliche Schule in Preußen durch. Die Bildungshoheit der Kirche musste damit Einschränkungen hinnehmen, was langfristig die Emanzipation von klerikalen Mitsprache- und Kontrollrechten bedeutete. Eine politisch gewollte Säkularisierung des Bildungswesens setzte ein, denn jahrhundertelang hatte die Geistlichkeit über die Bildung bestimmt, über Inhalte und Personal. Wenn es ein Symbol für den kulturgeschichtlichen Paradigmenwechsel der preußischen Schulreformen vor 1809 gab, dann die Entmachtung der Kirche, auch wenn sie in kleinen Schritten erfolgte. Noch 1848 wehrten sich Volksschullehrer gegen geistliche Inspektoren, und noch 1918 waren über die Hälfte dieser Inspektoren Gottesmänner. Konfessionelle Schulen behielten ihre Existenzberechtigung, mit den staatlichen Schulen jedoch konnten ein neuer Bildungsanspruch und ein neuer Lehrertypus entstehen. Der Autoritätsgewinn, den die sakrale Sphäre dem Lehrerberuf als Aura beigegeben hatte, war natürlich dahin. Manchen schmerzte das. Doch im Gegenzug konnten Lehrer nun vom Respekt für den Staat profitieren. Ein bisschen Glanz von Preußens Gloria fiel auf jeden einzelnen Pädagogen, mochte er auch noch so mangelhaft qualifiziert sein.

Als Friedrich II. den Gelehrten Wilhelm von Humboldt zur großen Bildungsreform nach Preußen einlud, war das ein Coup. Mit dem Polyhistor Humboldt, der gerade von seiner Mission als Preußens Gesandter am päpstlichen Stuhl in Rom zurückgekehrt war, wollte der König sein Land vollends zum Vorzeigestaat in Sachen Schule nobilitieren. 1809 trat Humboldt auf der eigens für ihn geschaffenen Position des Wissenschaftsministers in den preußischen Staatsdienst ein. Seine Ambition, Bildung als Menschen- und Persönlichkeitsbildung zu verwirklichen, musste natürlich mit den militärischen Tugenden einer auf Disziplin ausgerichteten Politik kollidieren; die hatte mit der allgemeinen Bildungsoffensive vor allem die Entfesselung brachliegender ökonomischer Ressourcen im Sinn, weniger die von Humboldt favorisierte Partizipationskultur. Schon 1807 hatte Freiherr vom Stein in seiner *Nassauer Gedenkschrift*, einem Konzeptpapier für die Reformierung Preußens, die staatstragende Rolle der Bildung betont: »Belebung des Gemeingeistes und des Bürgersinns, die Benutzung der schlafenden und falsch geleiteten Kräfte und zerstreut liegenden Kenntnisse, Einklang zwischen dem Geist der Nation, ihren Ansichten und Bedürfnissen und denen der Staatsbehörden.«[151]

Friedrich ging es um das Humankapital, Humboldt um einen aufgeklärten Humanismus. Im antiken Griechenland, so der neue Minister, finde man eine Idealform des Menschlichen vor. Und je mehr man sich diesem Menschenbild annähere, desto wirkungsvoller könnten sich die Fähigkeiten des Einzelnen entfalten. Die Voraussetzung dafür sei Freiheit. Eine moderne Gesellschaft aufgeklärter, selbstbestimmter Citoyens schwebte ihm vor. Für Friedrich musste das allzu schwärmerisch klingen, vielleicht auch verdächtig liberal.

Als Leiter der preußischen Kultus- und Unterrichtsverwaltung setzte Humboldt eine Reform des Schulwesens in Gang, die jedoch nie vollendet wurde. Immerhin verwandelte er die siegreichen Lateinschulen in Gymnasien, führte mit dem Prüfungsedikt *examen pro facultate docendi* die Position des Gymnasiallehrers ein und stellte ihn – nach dem neuen Staatsexamen – auch unmittelbar beim Staat an. Mit dem Abitur wertete er das Gymnasium enorm auf, denn nur, wer das bestand, konnte später in den Staatsdienst eintreten. Auch für die Elementar-

schulen bedeuteten Humboldts Reformen einschneidende Veränderungen. Schon Jahrzehnte zuvor hatten einige Elementar-
schullehrer von neu errichteten privaten Ausbildungsstätten
profitiert. Auf Humboldts Initiative hin absolvierten Schulmeister nun unentgeltliche staatliche Seminare. Da es um ihre Allgemeinbildung schwach bestellt war, durchliefen sie vorher die
»Präparandenbildung«. Langsam, sehr langsam entwickelte sich
aus dem Multitaskerberuf der armen Schlucker eine eigene Profession. Und als 1826 eine Abschlussprüfung für Seminaristen
verbindlich wurde, der nach drei Praxisjahren eine zweite zu folgen hatte, stand den Elementarschullehrern ebenfalls der Weg in
den Staatsdienst frei. Man kann kaum ermessen, was dies bedeutete, kam es doch dem Ritterschlag eines Lehrerproletariats
gleich.

Neu gestaltete sich auch die Unterrichtsform. Im Zuge der
Reformen bildete sich die Leitlinie der Jahrgangsklassen und
des Frontalunterrichts aus. Durch die militärisch straffe Organisation mussten die Lehrer künftig viele Schüler gleichzeitig mit
denselben Inhalten konfrontieren, mit möglichst uniformen
Lernergebnissen. Beim jahrgangsübergreifenden Unterricht
war die Atmosphäre lockerer gewesen, da die Schüler mit unter-
schiedlichem Lerntempo an jeweils anderen Aufgaben gearbei-
tet hatten. Die Innovationen veränderten das Lernklima der
Schulen entscheidend. Schüler, die in Reih und Glied saßen,
symbolisierten militärische Zucht, vor allem aber Effizienz. Und
der Lehrer musste sie befehligen.

Zu Humboldts Errungenschaften zählte die strikte Trennung
von Berufs- und Fachwissen auf der einen Seite und humanis-
tischer Menschenbildung auf der anderen. Es gehört möglicherweise zur rätselhaften Dialektik historischer Prozesse, dass gerade die Orientierung an der griechischen Antike den Grundstein für einen verblüffenden Aufschwung Preußens legte. Im
Grunde gab gab es keinen praktischen Nutzen der antiken Ideen.
»Jeder sei ein Grieche auf seine Weise, aber er sei's«, forderte

Goethe im Zeichen der Hellasbegeisterung. Was ließ sich damit schon im Beruf anfangen? Dennoch beeinflusste die humanistisch inspirierte Schule das gesellschaftliche Klima nachhaltig, schuf ein neues Selbstbild, ein neues Selbstbewusstsein.

Im Licht von Aufklärung, Humanismus und Antikenfaible sonnten sich auch die Lehrer. Weit mehr freute sie vermutlich, dass sie jetzt Staatsdiener werden konnten, von Preußen alimentiert. Wie sie all die Erlasse, Tests und Neuerungen der stürmischen Reformzeiten durchhielten, kann man nur ahnen. Hin- und hergerissen zwischen neuem Berufsstolz und hohen Erwartungen von außen, mussten sie sich an eine veränderte Rolle gewöhnen. Fortan waren sie nur dem Staat gegenüber verantwortlich. Die Kirche hatte keinen direkten Einfluss mehr, die Eltern saßen nicht mehr am Hebel des Schulgeldes. Das entlastete. Den Lehrern der Elementarschulen, den Dorfschulmeistern, fiel es vermutlich nicht ganz leicht, Anerkennung für ihren neuen Status zu ernten. Gerade noch waren sie die lausig qualifizierten Hungerleider gewesen. Und die sah man weiterhin in ihnen, obwohl sie als staatlich angestellte Lehrer besser ausgebildet und bedeutend besser bezahlt wurden als früher.

Ist ein Image erst einmal in der Welt, sind Korrekturen langwierig. Außerdem griffen die Reformen nicht lückenlos. 1830 hatten erst weniger als die Hälfte der Dorfschullehrer die verlangte Seminarausbildung durchlaufen. Trotzdem gab es inzwischen auf dem Dorf immer häufiger Beamte von Friedrichs Gnaden. Da musste sich mancher den Vorwurf gefallen lassen, er besitze mehr Standesdünkel als Verstand. Diese Diskrepanz zwischen Anspruch und Realität barg natürlich ein großes Humorpotenzial, das sich der Maler, Dichter und Karikaturist Wilhelm Busch nicht entgehen ließ. Ins kollektive Gedächtnis eingeprägt hat sich sein Lehrer Lämpel. Einmal mehr zeigt schon der Name, dass man es mit einem Herrn von minderen Geistesgaben zu tun hat. Die zum Lämpchen respektive Lämpel verballhornte Lampe signalisiert dem Leser von Beginn an: Um eine Geistesleuchte geht es hier definitiv nicht.

Das Porträt des Dorfschulmeisters, von Wilhelm Busch mit wenigen Federstrichen aufs grobe Papier gekratzt, wurde zur Ikone der Lehrerkarikatur schlechthin. Und als Zielscheibe von Max und Moritz zum Prototypen des gequälten Lehrers. Lämpel ist kein Zufallsopfer, er ist verdichteter Zeitgeist. Busch führt einen Lehrer vor, dessen Standesbewusstsein, dem Pfarrer nicht unähnlich, mit einer gewissen Abgrenzung verbunden ist. Dorfschullehrer erhoben sich qua Bildung und Autoritätsanspruch über die einfache Landbevölkerung und mussten dafür ihre soziale Isolation in Kauf nehmen. Zu kompensieren war das offensichtlich nur durch demonstrative Distinktion, die sich in Lämpels Körpersprache und Kleidung widerspiegelt. Der steife, hohe Kragen, das Barett und die Brille kommunizieren den Habitus eines Gelehrten, um Distanz zur dörflichen Bevölkerung bemüht. Der belehrend erhobene Zeigefinger und das angestrengte Mienenspiel verraten einfältigen Hochmut, und der ist allein durch Lächerlichkeit demaskierbar.

Der *Max-und-Moritz*-Zyklus, in dem Lehrer Lämpels Ungemach geschildert wird, erschien 1865, mitten in einer Hochphase anhaltender Reformbewegungen. 1825 war die Zuweisungspflicht für Lehramtsstellen erfolgt, für höhere Schulen kam 1826 das pädagogische Probejahr, 1831 wieder einmal eine neue Prüfungsordnung, 1848 setzte man den Religionsunterricht verstärkt auf den Lehrplan, und auch die Schulpflicht zur Diskussion und so weiter und so fort. Gleich zu Anfang der Lämpel-Episode spielt Busch auf die angeordnete Schulpflicht an: »Also lautet ein Beschluss: Dass der Mensch was lernen muss.« Wobei die Betonung schon durch das Versmaß auf dem »Muss« des Lernens liegt, das durch einen »Beschluss« angeordnet und nicht durch das Prinzip der Freiwilligkeit legitimiert ist. Lehrer Lämpel scheint durchaus für das Lehramt geeignet zu sein. »Nicht allein das Abc/Bringt den Menschen in die Höh,/Nicht allein im

Schreiben, Lesen/Übt sich ein vernünftig Wesen;/Nicht allein in Rechnungssachen/Soll der Mensch sich Mühe machen;/Sondern auch der Weisheit Lehren/Muss man mit Vergnügen hören./Dass dies mit Verstand geschah/War Herr Lehrer Lämpel da.« Einen »guten alten Mann« nennt Busch den Lehrer. Die begleitenden Zeichnungen erzählen eine andere Geschichte. Da steht schließlich ein mageres Männlein mit erhobenem Zeigefinger und säuerlich herabgezogenen Mundwinkeln. Und schon entpuppt sich die vermeintlich wohlwollende Beschreibung als pure Ironie.

Aufschlussreich ist, dass Busch erst zeichnete und dann dichtete – die Logik der Bilder bestimmt das Geschehen. Deshalb stellt sich Busch mit seinem ermahnenden Erzählton nur scheinbar auf die Seite des Lehrers, der zum Opfer wird. In ihrem vierten Streich stopfen Max und Moritz die Pfeife des Dorfschulmeisters mit Schwarzpulver. Als er sie entzündet, explodiert sie mit Getöse, das Mobiliar geht in Rauch auf, Lämpel sieht sich buchstäblich verkohlt. Über diese Episode aus *Max und Moritz* haben sich Generationen von Lesern amüsiert. Ohne ein komplizenhaftes Einverständnis mit der anarchischen Lust an der Demontage hätte dieses Amüsement jedoch nicht funktioniert. Offenbar kennt jeder solch einen sauertöpfischen, etwas engstirnigen, gleichwohl von sich eingenommenen Lehrer. Niemanden trifft es so hart bei den Streichen wie ihn. Bei Witwe Bolte machen die beiden Übeltäter Max und Moritz drei Hühnern den Garaus, Schneider Böck fällt in den Bach, weil sie den Steg angesägt haben, Onkel Fritz findet krabbelnde Maikäfer in seinem Bett. Auf Lehrer Lämpel dagegen verüben die Jungen ein veritables Sprengstoffattentat. Und kein Lehrerpräsident beklagt die Verrohung der Sitten.

Scherz, Satire und tiefere Bedeutung in Sachen Schule waren nicht neu, als Wilhelm Busch deftige Streiche für seine beiden Helden Max und Moritz ersann. Neu war allerdings, dass sich gerade ein fundamentaler Wandel des Lehrerberufs abzeichnete.

Lange hatten Lehrer an öffentlichen Schulen um ihre Auto-nomie von lokalen und klerikalen Autoritäten gekämpft. Sie waren abhängig von Pfarrern, Superintendenten sowie von den Eltern der Schüler gewesen, die mit dem Geld knauserten und den Dorfschullehrer zum Bittsteller herabwürdigten. Außerdem hatten Schulmeister immer wieder erleben müssen, dass man es mit der Schulpflicht nicht so genau nahm, eine weitere Krän-kung. Für die Eltern wiederum war der Lehrer ein Ärgernis. Zu-nächst, weil er ihnen auf der Tasche lag und die Arbeitskraft der Kinder beeinträchtigte, dann, weil er als gelehrter Staatsdiener auf die Meinung der Leute pfiff.

»Das hat nachgerade eine Erbfeindschaft begründet«, meint Werner Sacher, emeritierter Professor für Schulpädagogik an der Universität Erlangen-Nürnberg. Es stecke der Lehrerschaft noch in den Knochen, dass sie lange um Unabhängigkeit gerungen habe. »Als Dorfschulmeister waren sie erst einmal Gemeinde-angestellte, Hungerleider, denen es nicht gut ging, deren soziales Prestige gering angesiedelt war.« Die Elternschaft hingegen habe die Schule als etwas Aufoktroyiertes empfunden und den Wechsel ihres Gemeindelehrers in den Status des Staatsbeam-ten als befremdlich.[152]

Wenn sogar ein Schulpädagoge von Erbfeindschaft spricht, gibt es offensichtlich eine Menge aufzuarbeiten. In diesem Fall ist das so vertrackt, weil das historische Erbe tatsächlich eine zent-nerschwere Last bedeutet. Allein die Frage der Verbeamtung wird heute so erbittert diskutiert, als sei die Tinte auf dem Papier der preußischen Schulreform noch nicht trocken. Lehrer als Staatsdiener, das hat historisch außerdem eine unheilvolle Kon-notation. Im Dritten Reich dienten sie nach der Gleichschaltung einem Unrechtsstaat. Schon kurz nach 1933 wurden alle jüdi-schen Lehrer entlassen, und die übrigen Lehrer traten fast ge-schlossen dem Nationalsozialistischen Lehrerbund bei. Etwa ein Drittel der Lehrerschaft gehörte der Partei an, die Schulen wur-den zum ausführenden Organ nationalsozialistischer Erziehung.

Nicht nur Literaten behaupteten, Lehrer seien dazu prädestiniert gewesen – so Alfred Andersch in der 1980 erschienenen Erzählung *Der Vater eines Mörders*.[153] Darin beschreibt er den Vater Heinrich Himmlers als einen sadistischen Oberstudiendirektor und stellt einen Zusammenhang zwischen schwarzer Pädagogik und brauner Menschenverachtung her. Was zurückblieb, war ein Verdacht: Dass Lehrer sich, wie im Dritten Reich geschehen, bei Bedarf als Werkzeuge staatlicher Unterdrückung hergeben.

Unter anderen Vorzeichen schien sich dieser Verdacht in der DDR zu bestätigen. Auch dort sahen sich Lehrer in der Verantwortung, die Staatsdoktrin an der Schule durchzusetzen, weniger gesinnungsfeste Schüler auszusondern und ihnen die höhere Schulbildung zu verweigern. Die Gewissensnöte der Lehrer in der DDR machte unter anderem Jurek Becker in seinem Roman *Schlaflose Tage* zum Thema. Der Held, Oberschullehrer Karl Simrock, möchte ein Verbündeter der Schüler sein, sie zu kritischen Menschen erziehen, etwa durch die Lektüre von Brechts Essay *Lob des Zweifels*. Damit eckt er an, und als seine Schüler nicht geschlossen zur Demonstration am 1. Mai erscheinen, gilt als ausgemacht, dass er seine Pflichten vernachlässigt. Simrock wird schließlich relegiert. Als man ihm die Rückkehr in den Schuldienst anbietet, weigert er sich. »Ein entlassener Lehrer«, so seine Begründung, »war ein möglicher Unruhestifter, der am wirkungsvollsten dadurch unschädlich zu machen war, dass man ihn in den Schulbetrieb zurückführte und – indem man ihm Gelegenheit gab, seine Schuld wiedergutzumachen – die Schuldfrage nebenbei gleich mitklärte.«[154]

Das Spannungsverhältnis zwischen Staatsdienst und individueller Freiheit, zwischen persönlicher Berufung und offiziellem Lehramt lebte unter demokratischen Verhältnissen zuweilen wieder auf, am deutlichsten mit dem sogenannten Radikalenerlass von 1972, als die politische Gesinnung auch der Lehrer wieder ins Fadenkreuz geriet. Diesmal ging es um »aktive Verfassungstreue«. Die einstige feudale Willfährigkeitsadresse »Wes Brot ich ess', des Lied ich sing« erlebte eine durch den Terrorismus begründete demokratische Renaissance, hinterließ aber auch die Erinnerung daran, dass Schuldienst bedeutete, dem Staat zu dienen.

Die Geschichte des Lehrerberufs macht zugleich klar, dass Lehrer seit der Säkularisierung von Bildung und der Einführung öffentlicher Schulen um Anerkennung heischen mussten, um mehr Geld, um eine bessere Ausbildung. Es scheint deshalb, als seien sie von einem jahrhundertelangen Kampf ermattet und wollten endlich ihre Ruhe. Und just in diesem Moment soll alles wieder anders werden? Dazu gleich mehr. Vorher muss noch die Sache mit den Frauen geklärt werden.

## Die Feminisierung des Lehrkörpers

Das Jahr 2013 wird durch einen Überraschungserfolg in die deutschen Kinoannalen eingehen: Der Film *Fack ju Göhte* holte 5,5 Millionen Besucher in die Kinosessel und lag damit an der Spitze der Jahresbilanz. Selbst den Blockbuster *Django Unchained* hängte die Schulkomödie ab – Quentin Tarantinos blutig erzählte Groteske musste sich mit 4,4 Millionen Zuschauern begnügen. Keine Frage, *Fack ju Göhte* traf einen Nerv. Deutschland amüsierte sich über einen Film, der nicht nur ein klassisches Schelmenstück ist, sondern vor allem eine Abrechnung mit dem deutschen Schulunwesen. Genauer gesagt: mit den Lehrerinnen. Die Komödie bedient alle gängigen Klischees, inszeniert sie allerdings so gefühlsecht, dass man meint, Déjà-vus zu erleben. Wie im Bestiarium werden sie ausgestellt, die Hysterischen, die Verklemmten, die Überforderten. Als seien Lehrerinnen permanent in der Pubertät oder im Klimakterium. Katja Riemann gibt die verhuschte, bei Bedarf durchtriebene

Schulleiterin, Uschi Glas hyperventiliert als suizidale Burn-out-Kandidatin, Karoline Herfurth stolpert als naive Junglehrerin durch den Film. Sie heißt Schnabelstedt, ein Grünschnabel eben, niedlich, aber unbedarft.

Eines ist nach wenigen Minuten klar: Pöbelnde Schüler und Graffitigeschmier an deutschen Schulen sind der pädagogisch fehlgesteuerten Lehrerinnenzunft zu verdanken. Das jedenfalls behauptet der Film. Denn männliche Lehrer finden so gut wie gar nicht statt, und die Lehrerinnen werden von den Schülern nur verhöhnt. Mal setzt es obszöne Bemerkungen, mal kleben Exkremente an der Türklinke. Es wird telefoniert, herumgelümmelt, geschwänzt, weil die Lehrerinnen sich mit Kartoffeldruck und anderen Nettigkeiten aufhalten, statt hart durchzugreifen. Erst als ein frisch aus dem Gefängnis entlassener Bankräuber versehentlich den Job des Aushilfslehrers ergattert, kehren geordnete Verhältnisse in der Problemschule ein. Zeki Müller, gespielt von Elyas M'Barek, kennt nur das Gesetz der Straße: brüllen, beleidigen, tätlich werden. »Ihr seid Abschaum«, lässt er seine Schüler wissen. »Und jetzt Fresse halten und sitzen bleiben, bis es vorbei ist.« Klartext fürs Schülerprekariat statt Kuschelpädagogik. Unwillige Schüler schießt der im Übrigen charmante Kleinganove mit dem Paintball-Gewehr ab, Disziplinprobleme erledigt er beim Waterboarding im Schwimmbad. Die Maßnahmen fruchten, und ein erleichterter Vater gibt dem Hardliner aus dem kriminellen Milieu auch gleich Dispens: Er solle dem Sohn ruhig mal eine runterhauen, das bringe ihn zur Vernunft. »Wir haben einen pädagogischen Eid, eine Berufsehre«, protestiert die Junglehrerin entsetzt, doch da hat der smarte Gangster längst das lachende Publikum auf seiner Seite. Endlich ein Mann im Haus.

*Fack ju Göhte* ist die Geschichte einer multiplen Resozialisierung. Am Ende haben sich alle lieb. Die Schüler vergöttern ihren neuen Lehrer und lernen eifrig. Die Direktorin himmelt ihn an und stellt ihn fest ein, wohl wissend, dass er nicht einmal einen

Schulabschluss hat. Die Junglehrerin entdeckt im Proll ihren Prinzen. Und da das alles in der Gegenwart spielt, sind sie nicht gestorben und leben heute noch. Ein hochintelligent erzähltes Märchen ist dieser Film mit wunderbar schrägen Dialogen, sympathischen Helden und dem sicheren Timing einer Screwballkomödie. Wie im Märchen üblich, wird harte Sozialkritik in einem Happy End weichgespült, und wie bei jedem Märchen ist das Erzählmuster durchschaubar. So wie die unausgesprochene These: Frauen können keinen Respekt. Die rüde Konfrontationsstrategie des Aushilfslehrers dagegen erkennen die Schüler an.

Sind die Lachtränen erst einmal getrocknet, kommen Fragen auf: Ist dieser Film komisch wegen seiner Übertreibungen oder wegen seiner Realitätsnähe? Können eigentlich Lehrerinnen darüber lachen? Sehnen sie sich etwa auch nach dem starken Helden, der ohne Rücksicht auf Political Correctness drauflosrüpelt? Ohne Wirklichkeitstreue kein Humorpotenzial, das zeigte schon das *Lehrerhasserbuch,* das vor allem weibliche Lehrkräfte disste. Es könnte aber auch sein, dass der Film weniger die Wirklichkeit als die Vorstellungen des Publikums über die Wirklichkeit abbildet. Und die erzählen eine ganz andere Geschichte. Kein Märchen, sondern möglicherweise eine Legende.

Im Jahr 2012 waren rund 71 Prozent aller Lehrer weiblich, in der Grundschule betrug der Anteil weiblicher Lehrkräfte bis zu 90 Prozent.[155] Immer mehr Frauen dominieren das Bild der Schule, und diese Feminisierung des Lehrkörpers sorgt für wachsende Skepsis. Etwas uncharmanter ist auch von »Verweiblichung« die Rede – ein Begriff, dessen Assonanz an das Wort Verweichlichung nicht zufällig ist. Können Frauen Lehrer? Allein die Frage ist diskriminierend, die Debatten aber haben einen Empörungspegel erreicht, der zu steilen Thesen einlädt. »Lehrerinnen machen Schüler dumm«, mit dieser Schlagzeile düpierte die *Bild am Sonntag* bereits am 28. 9. 2003 all jene

Frauen, die täglich vor einer Schulklasse stehen. Sicher ist: Mit der Feminisierung entstehen neue Angriffsflächen für den Pädagogenberuf. Kritiker bedienen sich gern aller Stereotypen der Misogynie, um Lehrerinnen negativ zu charakterisieren. Vor allem mangele es ihnen an Durchsetzungskraft – typisch Frau eben, zu weich, zu nachgiebig, zu verplant. Es gäbe noch mehr unkleidsame Adjektive, die man besser nicht wiederholt. Auch männliche Kollegen arbeiten zuweilen an negativen Mythen. So wie der Mentor, der einer Referendarin sagte: »Früher haben Schüler noch ordentlich gelernt. Aber dann durften irgendwann Frauen unterrichten. Und die wollen immer nur spielen.«[156] Die heftigsten Diskussionen entzünden sich an einer Koinzidenz, die als Ursache und Wirkung interpretiert wird: Während Jungen immer mehr zu Bildungsverlierern werden und Mädchen das Rennen machen, hat sich der Anteil der Lehrerinnen stetig erhöht. Darin einen unheilvollen Zusammenhang zu sehen, fällt nicht schwer. Jungen bräuchten männliche Vorbilder, heißt es, da sie ohnehin immer häufiger mit alleinerziehenden Müttern aufwüchsen, im Kindergarten fast ausschließlich auf Erzieherinnen träfen und in der Grundschule überwiegend auf Lehrerinnen. Die Schlussfolgerung liegt nahe: Mehr Männer an die Bildungsfront! Selbst der Deutsche Lehrerverband gibt dieser These kräftigen Auftrieb. Dessen Präsident Josef Kraus sagte 2007: »Die fortschreitende Feminisierung/Verweiblichung des Erziehungs- und Bildungsgeschäfts ist tatsächlich ein Problem. Wir haben immer mehr Jungen und Mädchen, die das ganze erste Lebensjahrzehnt mit keinem Mann zu tun haben. Ihre Entwicklung/Sozialisation ist geprägt von ausschließlich weiblichen Bezugspersonen.« Die Begründung für seine kritische Einschätzung liefert er gleich mit: »Das ist für Jungen und Mädchen gleichermaßen ungünstig, denn sie lernen damit keine männlichen Verhaltensmuster kennen. Letzteres wäre nötig – sei es als Vorbild, sei es, um sich daran reiben zu können (auch im Sinne des Erlernens eines konstruktiven Umgangs mit Gewaltimpulsen).«[157] Wie der konstruktive Umgang mit Gewaltimpulsen aussehen könnte, lässt Kraus offen. Mancher könnte das als Aufforderung zur beherzten Konfrontation verstehen; vielleicht nicht so grob, wie im Film *Fuck ju Göhte* vorgeführt, aber doch mit auftrumpfender männlicher Dominanz.

Wenige Themen sorgt zurzeit für derart viel Alarmismus in der Schuldebatte wie die Sorge um die Bildungschancen der Jungen. Sie haben schon in der Grundschule die schlechteren Zensuren, sie machen weniger häufig als Mädchen das Abitur, und auch beim Hochschulabschluss fallen sie deutlich zurück. Jahrzehntelang bemühte man sich um Gendergerechtigkeit und meinte damit gleiche Chancen für Mädchen. Man versuchte, sie besser zu fördern, richtete den Girl's Day ein und achtete darauf, sie im koedukativen Unterricht nicht zu benachteiligen. Jetzt schlägt das Pendel zurück: Die Mädchen reüssieren, die Jungen haben das Nachsehen. Bereits beim Übergang von der Grundschule zur weiterführenden Schule liegen Mädchen vorn. 30 Prozent aller Mädchen eines Jahrgangs machten 2007 ihr Abitur, jedoch nur 21 Prozent der Jungen.

Der Aktionsrat Bildung veröffentlichte 2009 ein Jahresgutachten über Geschlechterdifferenzen im Bildungssystem und stellte unter anderem fest, dass Jungen für eine Gymnasialempfehlung mehr leisten müssen: »Im Durchschnitt brauchen Jungen gemessen an den Ergebnissen der Iglu-Lesekompetenz-Untersuchung zehn Punkte mehr, damit die Grundschullehrer sie für das Gymnasium empfehlen. Neben Armut und mangelndem Status der Eltern ist also das männliche Geschlecht eine weitere Gymnasialbremse in den Augen der Grundschulpädagogen.«[158] Der Weg in die Berufsausbildung sei für Jungen deutlich erschwert, fasste Dieter Lenzen die Ergebnisse zusammen. »Von allen Schulabgängern ohne Abschluss sind 62 Prozent Jungen. Die einstige Bildungsbenachteiligung des katholischen Arbeitermädchens vom Lande wurde durch neue Bildungsverlierer abgelöst: die Jungen.«[159] Diese werden anders bewertet, und da sie an der Grundschule überwiegend von Frauen beurteilt werden, scheint die Gleichung aufzugehen, dass mehr Lehrerinnen weniger Chancen für Jungen bedeuten.

Aber lernen Jungen auch weniger, wenn eine Frau im Klassenzimmer steht? Diesen Zusammenhang wollte Marcel Helbig vom Berliner Wissenschaftszentrum für Sozialforschung belegen – und fand keine Bestätigung für diese These. 2010 wertete er Datenmaterial aus, das über einen Zeitraum von zwei Jahren an Berliner Grundschulen gesammelt worden war. Dabei ging es um die Lese- und Mathematikkompetenz von Schülern der vierten und sechsten Klasse. Helbig korrelierte die Leistungen mit dem Anteil weiblicher und männlicher Lehrkräfte im jeweiligen Kollegium. »Ich konnte einen ganz kleinen Effekt feststellen«, resümiert er, »an Schulen mit vielen männlichen Lehrern waren Schüler in Mathe minimal besser.« Der Effekt sei jedoch so gering, dass man ihn nicht signifikant nennen könne. Beim Lesen gebe es überhaupt keinen Einfluss weiblicher Lehrkräfte auf die Leistungen der Jungen.

Eine zweite Studie, die Helbig zusammen mit Andreas Landmann und Martin Neugebauer von der Universität Mannheim durchführte, erbrachte dasselbe Ergebnis: Der erwartete Effekt blieb aus. Weder bei der Lesekompetenz noch bei den Leistungen in den Fächern Mathematik und Sachkunde ließ sich der Verdacht, Lehrerinnen seien Bildungsverhinderinnen für Jungen, empirisch belegen. Doch es kam noch verblüffender: Die Forscher fanden nämlich heraus, dass der Unterricht männlicher Lehrkräfte nach vier Jahren deutlich schlechtere Leseleistungen ihrer Schüler, Jungen wie Mädchen, zur Folge hatte. Zwar sei es richtig, so Helbig, dass Jungen im Allgemeinen schlechtere Zensuren bei gleichen Leistungen einstecken müssten, aber diese Ungerechtigkeit sei auch bei männlichen Kollegen zu beobachten. Häufig sei es die mangelnde Selbstdisziplin der lebhaften Jungen, die zur Herabstufung bei den Noten führe.[160] Damit relativierte sich der Ruf nach mehr Männern oder gar der Einführung einer Männerquote an Schulen. Dem schlechten Image der Lehrerinnen haben die beiden Studien dennoch wenig aufgeholfen. Zu einem Umdenken oder zu einer Rehabilitierung der geschmähten Pädagoginnen kam es nicht. Offenbar spielt auch beim Thema Feminisierung Atmosphärisches eine Rolle, alte Vorurteile, alte Ressentiments. Und die stammen aus einer Zeit, die eigentlich weit hinter uns liegt.

Es war ein Meilenstein in der Geschichte weiblicher Emanzipation: 1908 gewährte man Frauen den Zugang zur höheren Bildung. Nun standen ihnen Domänen offen, die bis dahin Männern vorbehalten waren, wie das höhere Lehramt. Damit zogen Frauen gewissermaßen in die Beletage der Schule ein; im Souterrain und im Erdgeschoss waren sie längst präsent. Schon 1834 – in Preußen stand wieder einmal eine Reform an – wurde die sogenannte Laufbahnregelung für Lehrerinnen erlassen. Weibliche Lehrkräfte gab es schon seit Beginn des 17. Jahrhunderts, wenngleich quasi im rechtsfreien Raum. Der neue Erlass sah vor, dass Frauen mit pädagogischer Ambition fortan systematisch qualifiziert und staatlich anerkannt arbeiten sollten. Ein konfessionelles Lehrerinnenseminar gab es bereits, das 1832 gegründete katholische Lehrerinnenseminar in Münster. Frauen, die mutig genug waren, sich dem Korsett von Heirat und Mutterpflichten zu entziehen, durften ab 1834 in Mädchenklassen der Elementarschulen sowie in den unteren Klassen der meist privaten höheren Mädchenschulen unterrichten.

Man duldete die Lehrerinnen, und dennoch waren sie irgendwie verdächtig. Mal sah man in ihnen Mannweiber mit zweifelhafter sexueller Orientierung, mal alte Jungfern, die in Ermangelung weiblicher Reize und interessierter Männer im Schulamt verblühten. Gouvernanten, die als unverheiratete Frauen die Töchter höherer Stände mit Bildung versorgten, hatten einen ähnlichen Ruf. Noch heute ist es eine elaborierte Beleidigung, einer Frau Gouvernantenhaftigkeit nachzusagen. Das Lehrerinnendasein – ein Trostpreis für die Zukurzgekommenen? Weit gefehlt. Für viele Frauen war die Lehrerinnenausbildung der Notausgang aus keineswegs selbst verschuldeter Unmündigkeit. Die frühen Pädagoginnen sahen in ihrem Beruf oft die einzige Chance, eine gewisse Unabhängigkeit zu ertrotzen. Ein eigenes Leben, eigenes Geld, das war eine Perspektive für jene, die den drei großen Ks – Kinder, Küche, Kirche – wenig abgewinnen konnten. Dafür nahmen sie immerhin eine zwei- bis sechsjährige Ausbildungszeit in Kauf, was nicht gerade für eine Verlegenheitslösung spricht. Falls sie die Schule dennoch als Warteschleife vor der geglückten Landung im Ehehafen betrachteten, bedeutete die Heirat das Zwangsaus: Dann beendete der Lehrerinnenzölibat die Berufstätigkeit.

Heute ist kaum noch vorstellbar, dass diese Regelung bis ins Jahr 1951 galt. Sie legte fest, dass Frauen sich entscheiden mussten: Schule oder Familie. Das ließ sich trefflich als familien- und schulpolitische Sorgfaltspflicht legitimieren. Ehe, Mutterschaft und Haushaltspflichten, so die Begründung, würden Frauen derart in Atem halten, dass die nötige Sammlung und Energie für den fremden Nachwuchs fehle. Eingeführt wurde der Lehrerinnenzölibat allerdings 1880, als eine wahre Lehrerschwemme das Land überrollte. Der Beruf war durch die Fülle von Reformen nicht nur in Preußen attraktiv geworden, die vielen neuen Lehrerseminare entließen unaufhörlich Absolventen. Zusätzliche weibliche Konkurrenz auf dem pädagogischen Arbeitsmarkt kam da äußerst ungelegen. Fräulein Lehrerin oder Hausfrau, hieß die Alternative, mit der man den Markt regulierte.

Frauen, die ihr Heil ohnehin nicht im Schoß einer selbst gegründeten Familie suchten, hielt das nicht davon ab, Pädagoginnen zu werden. Für manche war das Lehrerinnenseminar die Flucht nach vorn – und das Sprungbrett in eine unkonventionelle Existenz. Die »Skandalgräfin« Franziska Gräfin von Reventlow, später bekannt durch ihre Romane über die Münchner Bohème um 1900, hatte ein Lehrerinnenseminar absolviert, sowie die Frauenrechtlerinnen Helene Lange, Hedwig Dohm oder

Clara Zetkin. Konservative Zeitgenossen brachten es schwerlich über sich, derart unangepasste Frauen als Zierde ihres Geschlechts zu betrachten. Daher haftete den Lehrerinnenseminaren bald der Ruf an, sie produzierten womöglich rebellische Suffragetten in Serie. Und das färbte auch auf die braveren Lehrerinnen ab, denen man pauschal eine gewisse Amazonenhaftigkeit unterstellte.

Als sedimentierte Mentalitätsgeschichte begegnet uns diese Einschätzung heute, wenn Lehrerinnen als bevormundend und herrschsüchtig etikettiert werden, meist zu Unrecht. Und ein weiteres Vorurteil wird gleich durch das jahrzehntelange Heiratsverbot mitgeliefert, in der Frage: Sind Frauen, die selbst Familie haben und noch dazu mit reduzierter Stundenzahl arbeiten, überhaupt echte Profis? Da Lehramtsstudentinnen in der Tat hoffen – übrigens wie viele ihrer männlichen Kollegen –, sie könnten durch Teilzeitarbeit Beruf und Familie besser vereinbaren, spricht man bereits von einer drohenden Entprofessionalisierung. Ein paar Stunden nebenher statt eines Vollzeitjobs, das könne ja kaum zu einer starken Motivation führen.

Dieser Vorwurf nimmt Fahrt auf, seit konservative Kritiker verstärkt männliches Akademikerterrain bedroht sehen. 2011 mokierte sich der Theologe Friedrich Wilhelm Graf darüber, dass Theologiestudenten zunehmend weiblich seien. Deutlich angewidert sprach er von »jungen Frauen, meistens eher mit einem kleinbürgerlichen Hintergrund, eher Muttitypen als Intellektuelle«. Sie favorisierten einen »Kuschelgott«, was ihren schlechten Geschmack beweise.[161] Im Hinweis auf die »Muttitypen« – bei Josef Kraus ist es die »Mami« – wird man unschwer den Verdacht erkennen, um den Verstand des gebärenden Geschlechts sei es nicht sonderlich gut bestellt. Was, um Himmels Willen, wenn sie dann auch noch Mutter werden? Sinkt dann ihr IQ ins Bodenlose?

Es sind wohl eher die frauenfeindlichen Bilder im Kopf, die das einwandfreie Funktionieren des Verstands beeinträchtigen.

Dennoch beeinflussen solche Assoziationen das gesellschaftliche Klima. *Avanti dilettanti,* lautet der sarkastische Schlachtruf, an der Schule sind Amateurinnen am Werk. Und die seien weder intellektuell noch disziplinarisch in der Lage, für Grips in den Köpfen und Ruhe im Klassenzimmer zu sorgen. Da müsse schon einer kommen wie Zeki Müller, der im Jargon seiner Schüler kontern kann und weiß, wie man Unterrichtsverweigerer auf Kurs bringt.

Zu denken gibt: Je mehr ein Beruf »verweiblicht«, desto unattraktiver wird er für Männer. In den USA scheint das anders zu sein als in Deutschland. 2012 berichtete die *New York Times,* dass in den Vereinigten Staaten typisch weibliche Berufsfelder wie Zahnarzthelferin und Krankenschwester inzwischen deutlich höheren Zulauf von Männern hätten. Die Sicherheit eines Jobs werde aufgrund der Rezession mittlerweile höher geschätzt als unsichere Chancen in klassischen Männerberufen. Allein in Texas habe sich die Zahl männlichen Pflegepersonals in Krankenhäusern binnen zehn Jahren verdoppelt. Auch Kindergärtner und Lehrer seien zunehmend begehrte Jobs. Mit einer interessanten Nebenwirkung: Männer verdienen in diesen Berufen mehr als die weiblichen Kolleginnen und erreichen schneller höhere Positionen. Aufgrund der Gendergerechtigkeit werden à la longue die Frauen auch besser bezahlt, und das gesamte Ansehen der Berufe steigt.[162] Der gegenteilige Trend zeichnet sich in Deutschland ab, was den Lehrerberuf betrifft. Zwar verdienen Lehrer nicht weniger, wenn verstärkt Frauen an die Schule strömen, aber Männer meinen, dort nicht mehr am richtigen Platz zu sein. Und da sie wesentlich häufiger naturwissenschaftliche Fächer studieren, rechnen sie sich in anderen Berufszweigen größere finanzielle Chancen aus. Die Grund- und Hauptschulen scheinen ohnehin für Männer nicht mehr in Betracht zu kommen, doch diese Tendenz zeichnet sich jetzt auch für das Gymnasium ab. »In unserer Schule beträgt das Verhältnis von Lehrern und Lehrerinnen, auf die Wochenstunden bezogen, 50 zu 50 Prozent«, rechnet Gymnasiallehrerin Maria vor. »Weil allerdings die meisten Lehrerinnen in Teilzeit arbeiten, um Familie und Beruf besser vereinbaren zu können, verschiebt sich das Verhältnis auf etwa 40 zu 60 Prozent.« Ihre Prognose: »Definitiv wird der Beruf weiter verweiblichen. Zum einen haben die Männer die schlechteren Uni-Abschlüsse und präsentieren sich schlechter – bei Bewerbungen haben sie oft das Nachsehen.« Zum anderen gebe es immer weniger Gymnasiallehrer, weil sich das Anforderungsprofil zunehmend zu einem sozialen Beruf hin verschiebe. »Männer können nicht mehr die autoritären Pauker sein, sie müssen auf die Schüler eingehen, Beziehungsarbeit leisten. Das gefällt den meisten nicht besonders.« Auch das ökonomische Argument ist Maria geläufig. »Der Lehrerberuf bietet kaum Aufstiegsmöglichkeiten und wird schlecht bezahlt im Vergleich zu Jobs in der freien Wirtschaft. Jemand, der Physik studiert hat, kann auf dem Arbeitsmarkt das Vierfache von dem verdienen, was er als Lehrer bekommt. Auch das gefällt Männern nicht. Je stärker ein Beruf verweiblicht, desto weniger Prestige hat er für Männer.«

Ist die Invasion der Lehrerinnen eine Bedrohung für die Schule? Was sie wirklich leisten, könnte nur eine konsequente bundesweite Evaluation erweisen. Einstweilen hält sich das Ressentiment, sie seien nicht ganz bei der Sache, betrieben ihren Beruf als Hobby und versagten, wenn es zu Konflikten kommt. Vermutlich spielt auch Neid eine gewisse Rolle. Denn so einfach wie im Lehramt macht man es Frauen anderswo nicht. »Die bis zu 15-jährige Beurlaubungsmöglichkeit beziehungsweise die Option, aus familiären Gründen in Teilzeit mit minimal 30 Prozent arbeiten zu können, hat einen gewissen Charme«, heißt es in einer Publikation der Gewerkschaft Erziehung vom Oktober 2013. »Frau mit Kind macht online rechtzeitig nur den Klick an der richtigen Stelle, und die familiäre Teilzeit oder Beurlaubung ist geritzt. Nur sehr wenige Betriebe in der freien Wirtschaft bieten so flexible Arbeitszeiten. Auf dem freien Markt noch problematischer ist die Rückkehr aus der Familienphase an einen gleichwertigen Arbeitsplatz in Wohnortnähe mit denselben Verdienstmöglichkeiten wie vor der Familienpause.«[163] 60 Prozent der Lehrerinnen arbeiten in Teilzeit, paradiesische Zustände fänden sie allerdings nicht vor, beteuert die GEW. Verpflichtungen wie Konferenzen und Klassenfahrten blieben unverändert; man schätze, dass teilzeitbeschäftigte Lehrerinnen 30 Prozent mehr leisten, als ihre Bezahlung es vorsieht. Das Gewerkschaftsmagazin *Bildung & Wissenschaft* macht indes eine ganz andere Rechnung auf: Man müsse berücksichtigen, »dass Teilzeitbeschäftigte statistisch weniger Fehltage aufweisen als Vollbeschäftigte, dass mit Teilzeit vorzeitige Dienstunfähigkeit vermieden werden kann und dass Teilzeitbeschäftigte insgesamt effektiver arbeiten«. Diese ökonomisch positive Bilanz gleiche im Übrigen aus, dass Lehrerinnen in Teilzeit weniger Beiträge in die Versorgungskassen zahlten.

Solche finanzpolitischen Spitzfindigkeiten interessieren Eltern weniger. Unbestritten sei, dass Lehrerinnen »mädchenaffin« sind, sagen viele. »Mein Sohn war in der Grundschule von Frauen umzingelt«, erzählt Ellen, Mutter eines heute dreizehnjährigen Sohnes. »Am schlimmsten war die Klassenlehrerin, so eine sanfte Seele aus der Blümchenabteilung. Sie liebte die niedlichen kleinen Mädchen, die wie Prinzessin Lillifee brav am Tisch saßen und malten. Mit Jungs konnte sie gar nichts anfangen. Die waren eben lauter, auch lebhafter und konnten nicht so gut stillsitzen. Für die Lehrerin war das unerträglich. Dauernd gab es Auseinandersetzungen. Sie verbot meinem Sohn sogar den Toilettengang während der Stunde, weil sie meinte, das sei nur ein Vorwand. Einmal machte er sich in die Hose, eine der schrecklichsten Erfahrungen seiner Grundschulzeit.«

»Mark wird immer übersehen wie die anderen Jungen auch«, erzählt ein Vater aus Bremen, dessen zehnjähriger Sohn die vierte Klasse einer Grundschule besucht. »Die Lehrerin bevorzugt im Unterricht eindeutig die Mädchen, nimmt sie öfter ran als Jungen, lobt sie häufiger. Das Dumme ist: Für Mark ist Schule mittlerweile Weiberkram. Er denkt, Lernen heißt so viel wie Rumsitzen und Wohlverhalten.« Jetzt rebelliere der Junge dagegen: »Er schubst andere Kinder und prügelt sich in der Pause mit seinen Schulkameraden. Angeblich ist er verhaltensauffällig. Dabei bräuchte er nur endlich mal einen Lehrer, der ihn richtig zu nehmen weiß.« Am meisten ärgert den Vater, dass sein Sohn voraussichtlich keine Gymnasialempfehlung bekommt, weil weder die Zensuren noch die Beurteilung des Sozialverhaltens dies zuließen.

Die Schilderungen aufgebrachter Eltern ähneln sich: Belohnt werde von Lehrerinnen angepasstes Verhalten, und da hätten Mädchen meist die Nase vorn. Sie seien eben kooperativer, motorisch kontrollierter und forderten seltener einen Machtkampf heraus. Eine Grundschullehrerin aus Lüneburg gibt zu: »Mädchen sind einfacher zu handeln. Sie haben weniger Schwierigkeiten, meine Autorität anzuerkennen, können sich besser konzentrieren und suchen auch in der Pause mehr den Kontakt zu mir. Natürlich versuche ich, trotzdem gerecht zu sein. Offen gestanden fällt mir das nicht immer leicht. Die Jungs kommen mir manchmal so unreif vor, verglichen mit den Schülerinnen. Dauernd hampeln sie rum, stören den Unterricht, bewerfen sich mit ihren Pausenbroten. Sie nerven einfach.«

Genau diese Einschätzung machen Eltern den Lehrerinnen zum Vorwurf: Dass ihre Söhne als Störenfriede wahrgenommen und deshalb ausgegrenzt würden. Dies ist nicht nur ein subjektiver Eindruck. Eine ganze Reihe von Benachteiligungen erschweren Jungen den Schulerfolg tatsächlich, wie der erwähnte Bericht des Bundesbildungsministeriums von 2009 zeigt. Ganz offensichtlich spielt die meist uneingestandene negative Haltung gegenüber Jungen eine große Rolle. Die Schüler-Lehrer-Beziehung, das Herzstück pädagogischer Ambition, wird zum Handicap für Jungen, wenn Lehrerinnen sich mehr den Mädchen zuwenden und auch ihren Unterrichtsstil danach ausrichten.

Möglicherweise fällt es ihnen schwerer, sich in Jungen hinein-zuversetzen und ihre starken motorischen Bedürfnisse zu ak-zeptieren.

Der Bildungsbericht leitet daraus die Forderung einer »Um-gestaltung des schulischen Alltags nach geschlechtergerechten Gesichtspunkten« ab. Wie der aussehen könnte, bleibt im Unge-fähren. Allerdings sehen die Genderschiedsrichter schon wieder die Chancen der Mädchen bedroht: »Ungeklärt ist, wie ein an Jungeninteressen orientierter Unterricht aussehen könnte, ohne die Interessen von Mädchen zu vernachlässigen«, mahnt der Bericht.[164] In Finnland, wo die Leistungen der Jungen ebenfalls hinter denen der Mädchen zurückbleiben, denkt man jetzt dar-über nach, den Unterricht körperbetonter zu gestalten. Auch hier hat man beobachtet, dass Jungen einen weitaus größeren Bewegungsdrang haben als Mädchen, Genderklischees hin oder her. Deshalb erwägen die finnischen Bildungsexperten zum Bei-spiel, die Jungs könnten ja das Alphabet draußen in den Schlamm stampfen.[165] Aber auch völlig unterschiedliche Mentalitäten prallen zuweilen aufeinander, unterschiedliche Vorstellungen, wie man miteinander umgehen sollte. Dann läuft die Kommuni-kation ins Leere, weil Frauen offenbar mehr auf die Gefühlskul-tur achten und Probleme diskutieren wollen, mit dem harmonie-süchtigen Ziel der Versöhnung. Lehrerinnen leben zudem privat in einer Welt, die weitgehend in Ordnung ist. Falls sie selbst Kin-der haben, kann man davon ausgehen, dass sie ihre Erziehungs-aufgabe ernst nehmen. Umso unverständlicher bleiben ihnen die Jungen aus bildungsfernen Schichten. »Die Jungs kommen in die Schule und haben noch nie in ihrem Leben ein Bilder-buch angeguckt«, beschreibt der Politologe und Volkswirt Gilles Duhem die Situation im Berlin-Neuköllner Rollbergviertel, wo etwa jeder zweite Bewohner Transferleistungen bezieht. »Die haben keine Ahnung von nichts. Und dann sollen sie plötzlich mit Streit zurechtkommen, Gespräche führen, Konflikte bespre-chen, Gefühle benennen und kontrollieren, sich in einer zivilisierten, feminisierten Welt zurechtfinden. Sie werden fast ausschließlich von Frauen unterrichtet, von Frauen 50 plus. Wie soll das gehen? Die Jungen katapultieren sich schnell ins Aus: Aggressionen gegen Lehrerinnen, Schulverweis, erste kleine Delikte. Das geht ganz schnell.«[166]

Selbst jenseits prekärer Verhältnisse fühlen sich Jungen häufig unverstanden. Welche Lehrerin spielt sich schon ein Wochenende lang durch »World of Warcraft« oder »Battlefield«, um nachzuvollziehen, in welcher Vorstellungswelt Jungen leben? Es ist einfach, solche Spiele für uninteressant oder schädlich zu halten. Wem daran liegt, Jungen mit ihren Rollenvorbildern, Sehnsuchtsmotiven, Projektionsflächen zu begreifen, sollte bereit sein, sich mit ihnen zu beschäftigen. Und daraus vielleicht sogar Rückschlüsse ziehen, wie man die Jungen aus ihrer Verliererposition herausholt. Zwei Zahlen dokumentieren die Dringlichkeit: Die Selbstmordrate von Männern liegt hierzulande dreimal höher als bei Frauen, psychische Störungen kommen achtmal häufiger bei Jungen als bei Mädchen vor. Auch Obdachlosigkeit und Suchtkrankheiten sind männliche Phänomene, schreibt der Soziologe und Männerforscher Walter Hollstein.[167]

Jenseits aller Zahlen spricht der Schriftsteller Ralf Bönt vom »entehrten Geschlecht«, so der Titel seines Buches, in dem er sich gegen Schuldzuweisungen, Diffamierungen und überlebte Geschlechterklischees wendet. »Es gibt ein Problem in der weiteren Entwicklung einer Politik der freien Geschlechter, die auch in die kleinste Einheit des Lebens weiter vordringen soll. Das Problem ist immer noch das alte: der Mann.«[168] Das neue Problem sind die Jungen, denen es zunehmend schwerer fällt, in die männliche Rolle hineinzuwachsen, auch in der Schule. Ob und wann man sich in Deutschland zu einem gendergerechten Unterrichtsstil oder gleich zu einer Männerquote im Lehrerkollegium durchringen wird, steht in den Sternen. Doch es würde vielleicht sogar den Mädchen nützen. Die jüngste PISA-Studie,

die im Dezember 2013 veröffentlicht wurde, brachte an den Tag: Mädchen schneiden in Mathematik schlechter ab als Jungen, weil sie sich in diesem Fach nichts zutrauen. Im Vergleich zu PISA 2003 ist die Schere sogar noch weiter aufgegangen. Übertragen Lehrerinnen solche Denkmuster? Ungeklärt wie diese Frage bleibt generell, was Lehrerinnen schlechter und was sie besser machen. Systematische bundesweite Untersuchungen dazu existieren nicht. Auch ob weibliche Lehrkräfte wirklich größere Disziplinschwierigkeiten haben als ihre männlichen Kollegen, wurde nie erforscht. Dass sie aber mit einer Extraportion Misstrauen rechnen müssen, steht außer Frage. Und dass Lehrer, die wie Zeki Müller in *Fuck ju Göhte* einer übergewichtigen Schülerin zurufen:»Friss nicht so viel. Oder willst du als Jungfrau sterben?«, kaum des Rätsels Lösung sein können, wird niemand ernsthaft bezweifeln. Dennoch wird Deutschland weiter über Lehrerinnen lachen, die, so das Vorurteil, es gut meinen und dennoch schlecht dabei aussehen.»Was du ererbt von deinen Vätern, erwirb es, um es zu besitzen«, dichtete Goethe. Solange Ressentiments weitervererbt werden, durch Filme, Romane, Witze, solange Lehrerinnen von der traurigen Gestalt unsere Alltagsmythen bevölkern, hat man im Labyrinth der Fragen und Zweifel zumindest eines: ein solides Feindbild.

## Vom Hauslehrer zum Bildungsvollzugsbeamten

Ziemlich viele Deutsche meinen, Lehrer hätten komfortable Privilegien, unzureichende Kompetenzen und würden ihrer Verantwortung für die Schüler nicht gerecht. So legen es die Umfragen nahe, so vermitteln es auch die Erzeugnisse der Hoch- und Alltagskultur. All das fügt sich nahezu lückenlos in das tradierte historische Bild. Mit den preußischen Reformen wurden mal mehr, mal weniger qualifizierte Menschen Staatsdiener – und waren daraufhin nur dem Staat verantwortlich. Der Respekt für Lehrer, der sich einst durch deren sakrale Aura gleichsam naturwüchsig eingestellt hatte, wurde vom eingeforderten Respekt gegenüber dem Staat abgelöst. Und der Unmut über Lehrer mischte sich fortan mit dem Unmut über den Staat. Damit ergab sich jener Beziehungswandel, der für das heute stark belastete Verhältnis so typisch ist: Jeder staatlich verpflichtete Pädagoge sieht sich auf einer Funktionsstelle; er repräsentiert den Staat, der auch in der Demokratie häufig als ein »Ihr da oben« und nicht als ein Wir empfunden wird. Aus der Beziehung zwischen Menschen – Lehrer, Schüler, Eltern – wurde ein formales Verhältnis. Und oft ein geschlossener Kreislauf gegenseitiger Verdächtigungen, Diffamierungen, Schuldzuweisungen.

Verbunden mit der allgemeinen Schulpflicht bedeutete der staatlicherseits eingesetzte Lehrer einen fundamentalen Wandel. *Education on Demand* wich einem staatlich verordneten Bildungskanon mit den entsprechenden Bildungsbeamten. Fortan konnte man sich weder die Art der Bildung noch die Lehrer den eigenen Bedürfnissen entsprechend aussuchen. Zwar gibt es heute eine gewisse Wahlfreiheit, etwa durch die Option, sein Kind auf eine Privatschule zu schicken; die Regel aber ist, dass man dem Wohnort entsprechend auf bestimmte Schulen und damit auf bestimmte Lehrer verpflichtet wird. Natürlich steht dahinter die hochgestimmte Idee der demokratischen Chancengleichheit, der Bildung für alle. Mit dem Schönheitsfehler, dass Staatsferne und Staatsverdrossenheit auch auf die Schule projiziert werden.

Der Kernbegriff der Debatte heißt Verantwortung. Die konnte direkt beim Lehrer angemahnt werden, solange man sich Schule und Lehrer nach Belieben aussuchte. Wurde ein Lehrer seiner Verantwortung nicht gerecht, probierte man es eben mit einem anderen. Angebot und Nachfrage regelten sich nach den Gesetzen des Marktes. Gäbe es heute ausschließlich Schulen in freier Trägerschaft, dann müssten sie miteinander konkurrieren, sich in attraktiven Angeboten überbieten und den Lernerfolg der Schüler garantieren. Stattdessen herrschen Verhältnisse wie in der Planwirtschaft. Und das heißt: Lehrer sind prinzipiell nur dem Staat verantwortlich, nicht den Schülern und Eltern. Der Staat aber zieht Lehrer nicht wirklich zur Rechenschaft, was das Wohl und die Leistungen ihrer Schüler betrifft. Bevor Beamte ihren Status verlieren, muss schon Gerichtsrelevantes passieren, also eine Straftat. Ein Ärgernis ist das für Eltern deshalb, weil sie die Lehrer natürlich trotzdem für scheiternde Schulkarrieren ihrer Kinder verantwortlich machen. Nur, dass ihnen jede rechtliche Grundlage fehlt, dies auch persönlich anzumahnen. Wenn Kinder nach Beendigung der Grundschule noch nicht fehlerfrei schreiben können, wenn sie sitzenbleiben oder die Schule abbrechen, ja selbst wenn sie durch schulisches Mobbing in psychische Krisen geraten, hat das für Lehrer keinerlei Konsequenzen.

Der Zorn hat die Eltern beredt gemacht. Ihr erregtes Stimmengewirr schwillt an. Sie sehen nicht mehr ein, warum sie mit ihren Steuern ein System alimentieren sollen, das nicht kundenorientiert ist, sondern lehrerzentriert. Und schon mehren sich die Stimmen, die den Schülern marktwirtschaftliche Prinzipien anempfehlen. Die Belohnung von Lehrkräften, die mehr leisten als andere, hielt der Lüneburger Bildungsforscher Kurt Otto Czerwenka schon 2001 für dringend nötig. Ein höherer Verdienst oder Leistungsprämien seien sinnvoll, dazu »mehr Freiheiten, vom Lehrplan abzuweichen«. Unabdingbar sei aber »ein Vertrauensvorschuss der Gesellschaft«. Am Beispiel von Japan und Korea zeige sich, wie wichtig eine hohe Anerkennung des Bildungssystems und damit der Lehrer sei: »Diese Staaten erzielen bei internationalen Schülervergleichstests die besten Ergebnisse.«[169]

Von einer leistungsorientierten Entlohnung der Lehrer hat man seither bei uns nichts mehr gehört. Und falls es ihn je gegeben hat, ist der Vertrauensvorschuss mittlerweile aufgebraucht.

Da Eltern Lehrer nicht als natürliche Verbündete erleben, sondern als unbeteiligte Bildungsvollzugsbeamte, entzündet sich die alte Erbfeindschaft, von der Schulpädagoge Werner Sacher spricht, immer wieder aufs Neue. Und wer keine Lust mehr auf das Gesellschaftsspiel Schulstreit hat, sucht sich eine private Alternative. Dieser Trend zeichnet sich immer deutlicher ab, und er verstärkt die Bildungsungerechtigkeit im Hinblick auf soziale Unterschiede. In Bayern besuchen aktuell bereits 14 Prozent der Kinder und Jugendlichen eine Privatschule. »Dort sind die Bedingungen oft besser als an öffentlichen Schulen. Sie sind technisch besser ausgestattet, sind meist echte Ganztagsschulen und arbeiten mit innovativer Pädagogik«, erklärt Maria Lampl, Landesvorsitzende des Bayerischen Elternverbands, den Exodus aus den staatlichen Bildungseinrichtungen. Besonders störe Eltern, dass Lehrer ihren Job an die Familien zurückdelegieren, statt selbst Verantwortung zu übernehmen. »Schon das Lesenlernen in der Grundschule funktioniert nicht ohne Elterneinsatz«, beschwert sich die Elternvertreterin. »Ab Klasse vier gibt es kaum noch eine Familie, in der Eltern nicht regelmäßig Nachhilfelehrer spielen müssen, jedenfalls dort, wo das Geld für professionelle Nachhilfe fehlt.«[170]

Und die Lehrer? Sie glauben allen Ernstes, es müsse einfach mehr von ihrer Sorte geben und damit höhere Stundendeputate, dann sei alles gut. »Es fehlen Stunden für Arbeitsgemeinschaften, zusätzliche Angebote, kleinere Klassen und Gruppen. Dies gilt insbesondere für Realschulen, belastet aber grundsätzlich alle Schularten«, sagt Klaus Wenzel, Vorsitzender des Bayerischen Lehrerinnen- und Lehrerverbandes. Er meint, es liege ausschließlich an Dienstplänen und am Lehrermangel, dass die individuelle Förderung an der öffentlichen Schule brachliege.[171] Wie steht es um das Engagement, die persönliche Verantwortung? Ist es vermessen, von Lehrern so etwas wie die freiwillige Selbstverpflichtung für gelingenden Unterricht zu verlangen? Oder liegt es eben doch an ihrer Beamtenmentalität, dass öffentliche Schulen den Vergleich mit Privatschulen verlieren?

Der Lehrer Arne Ulbricht stellt die Verbeamtung des pädagogischen Personals radikal infrage. Er selbst schockierte die gesamte Kollegenschaft, als er sich freiwillig aus dem Beamtenstatus entlassen ließ. Ulbricht scheut sich nicht, die eigene Zunft zu examinieren. Drei Vorteile zählt er auf, die die Verbeamtung mit sich bringt: erstens die Unkündbarkeit, zweitens die wegen der Beihilfe günstige private Krankenversicherung und drittens die Tatsache, dass man nicht in die Rentenkasse einzahlen muss, obwohl man eine überdurchschnittlich Pension erhält. Wenn man Lehrer frage, wodurch diese Vergünstigungen legitimiert seien, erwähnten sie das karge Gehalt. Darüber kann sich Ulbricht ehrlich aufregen. »Auch als Lehrer verdient man nicht wenig, sondern so viel, dass es zum Hausbau, zum PKW-Besitz und zu drei Urlaubsreisen im Jahr reicht.« Was ihn aber bei Weitem am meisten stört: »Übrigens sagte niemand – wirklich *niemand* –, dass er es richtig finde, dass er verbeamtet worden sei, weil er durch seine Arbeit ein Treueverhältnis zum Dienstherrn (dem Staat bzw. dem Land) nachweise und weil er durch die Lehrertätigkeit hoheitsrechtliche Aufgaben wahrnehme.« Dies seien zwar die eigentlichen Motive der Verbeamtung, doch das interessiere niemanden mehr.[172] Ulbricht hat eine lange Liste von Argumenten, die gegen die Verbeamtung sprechen: Lehrer wüssten durch ihre eigene, höchst angenehme Jobsicherheit nicht, wie es draußen in der globalisierten Arbeitswelt zugehe, könnten daher Schülern nichts Praxistaugliches vermitteln; sie neigten dazu, sich nicht mehr von der einmal zugewiesenen Schule wegzubewegen und seien daher weltfremd und erfahrungsarm; Lehrer seien in ihrer Meinungsfreiheit beschränkt, weil sie ihrem Dienstherrn öffentlich nicht widersprechen dürfen; Beamte verzichteten durch ihren Status auf das im Grundgesetz verankerte Streikrecht und beschwerten sich trotzdem, ihre Bezüge seien zu niedrig; und, um noch ein weiteres Detail zu nennen: Leider sei gerade die Verbeamtung ein Anreiz, Lehrer zu werden. Selbst dann, wenn man sich der Aufgabe nicht gewachsen fühle. So weit die Innenperspektive.

Anfang 2014 schreckte Bernd Raffelhüschen, Direktor des Forschungszentrums Generationenverträge, all jene auf, die angesichts der Verbeamtungsdiskussion schon wieder weggedämmert waren: Für die Beamtenpensionen sei kaum Vorsorge getroffen worden, der »heimliche Schuldenberg« belaufe sich auf 870 Milliarden Euro. Sein Fazit: keine weiteren Verbeamtungen, weder an Schule noch Hochschule.[173] Die finanzpolitischen Überlegungen sind aber nur das eine. Schwerer wiegt: Die Lehrer selbst haben einen gewissen Leidensdruck entwickelt. Erstaunlicherweise. Der Druck kommt von außen. Ein Lehrer, der wie Arne Ulbricht ausgestiegen ist und seine Verbeamtung in ein Angestelltenverhältnis hat umwandeln lassen, nennt den wesentlichen Grund: »Die Verbeamtung schadet den Lehrern auch deshalb, weil sie das hässliche Klischee vom faulen Lehrer nährt: ›Lehrer müssen ja nichts tun – schließlich sind sie auf Lebenszeit verbeamtet.‹ So denken, alle Lehrer wissen das, viele Nichtlehrer. Wenn man die Verbeamtung abschaffen würde, würde ein Teil der Lehrerklischees, unter denen viele Lehrer leiden, einfach verschwinden.«[174]

Wilhelm von Humboldt, der beseelte Schulreformator, besuchte nie eine öffentliche Schule. Seine Eltern zogen die standesgemäße Lösung vor: Sie engagierten Hauslehrer, und zwar nicht irgendwelche. Die kulturell ambitionierten Humboldts waren äußerst wählerisch, und so heuerten sie unter anderem Joachim Heinrich Campe an, der Wilhelm und seinem Bruder Alexander das Lesen und Schreiben beibrachte. Campe war Philanthrop und Anhänger der aufklärerischen Pädagogik, ein Mann, für den das Thema Erziehung ein Lebensthema war. Unter anderem veröffentlichte er eine pädagogische Enzyklopädie in sechzehn Bänden. Weitere Lehrer folgten, die Humboldt in Mathematik, Geschichte, Griechisch, Lateinisch, Französisch und

Deutsch unterrichteten. Später kümmerte sich der aufklärerische Pädagoge Gottlob Johann Christian Kunth um die Koordination verschiedener Fachlehrer, die die Gebrüder Humboldt auf die Universität vorbereiteten. Schon vor dem Studium erhielten sie Privatvorlesungen über Nationalökonomie, Statistik, Philosophie, Naturrecht. Kunth war es auch, den Wilhelm von Humboldt später an Freiherr vom Stein weiterreichte, um die ersten preußischen Schulreformen zu entwickeln.

Selbst nach der Einrichtung öffentlicher Schulen, sogar noch lange nach der formellen Einführung der Schulpflicht, war der Privatlehrer mit Familienanschluss eine standesgemäße Alternative für bildungsaffine und hinreichend vermögende Familien. Wer sein Kind weder in die Lateinschule, ins Kloster noch in eine Elementarschule geben mochte, verpflichtete einen oder mehrere Lehrer. Oft wohnten sie bei ihren Auftraggebern und trugen den Titel Hofmeister – im Unterschied zum Schulmeister, der ein öffentliches Amt versah. Da die Familien den Privatlehrer selbst aussuchten, kann man davon ausgehen, dass sie sich passgenau die richtige Person ins Haus holten – also jemanden, den sie seiner Fähigkeiten, aber auch seiner Persönlichkeit wegen für geeignet hielten. Bei Nichtgefallen wurde gekündigt oder gar nicht erst eingestellt. Anders als in der Schule, wo der Zufall entscheidet, an welche Lehrkraft ein Kind gerät, hatten es die Eltern selbst in der Hand, wem sie ihren Nachwuchs anvertrauten. Im besten Fall entstand auf diese Weise eine anregende Symbiose.

Da bis ins 19. Jahrhundert hinein viele Väter – manchmal auch die Mütter – ihre Kinder zunächst selbst zu Hause unterrichteten, markierte der Hofmeister gleichsam eine sanfte Übergangsphase von der privaten Bildungshoheit in die institutionalisierte Bildungsvermittlung. Durch einen Hauslehrer vorbereitet, konnte der Schüler vor der Einführung des Abiturs als Zulassungskriterium problemlos an eine Universität wechseln. Wie die Gebrüder Humboldt hatte auch Goethe gleich ein ganzes

Kollegium von Hauslehrern. Eine öffentliche Schule besuchte er nur ein knappes Jahr lang. Dass mehrere Lehrer nötig waren, erkennt man schon am erstaunlichen Pensum: Latein, Griechisch, Englisch, Französisch, naturwissenschaftliche Fächer, Zeichnen, Musikunterricht, Fechten, Reiten. Die gut sortierte Bibliothek der Eltern lieferte dazu einen reichen Fundus der Lektüre. Beste Voraussetzungen also, unterschiedlichste Interessen zu kultivieren und weiterzuentwickeln.

Für die Hauslehrer wiederum bot sich die Chance, eine persönliche Beziehung zum Schüler aufzubauen. Gerade für sensible Intellektuelle war der geschützte Raum der Familie, wo wenige Kinder, manchmal nur ein einziges zu unterrichten waren, das ideale Betätigungsfeld. Hölderlin beispielsweise fühlte sich äußerst wohl als Hauslehrer. »Schulmeistern könnt' ich unmöglich«, bekennt er, »und vierzig Knaben nach reinen Grundsätzen und mit anhaltendem belebendem Eifer zu erziehen, ist wahrhaft eine Riesenarbeit, besonders wo häusliche Erziehung und anderweitige Anstalten so sehr entgegenwirken.« Die Elementarschulen genossen nicht den besten Ruf, die höheren Schulen verlangten Lehrern die Fähigkeit ab, große Gruppen ruhig zu halten. Komfortabler war es allemal, in einem gepflegten Salon zu unterrichten. Das schätzte auch Hölderlin, der meinte, »die Privaterziehung sei »noch beinahe das einzige Asyl, wohin man sich flüchten könnte mit seinen Wünschen und Bemühungen für die Bildung des Menschen«.

Anders als das übrige Personal durfte der Hofmeister in der Regel mit der Familie speisen und zur Konversation beitragen. Eingehend machte Hölderlin sich Gedanken über die Art des Unterrichtens. Sture Paukerei hatte er nicht im Sinn, eher die Seelenbildung und Menschwerdung seiner Zöglinge. Deshalb las Hölderlin seinen Privatschülern Geschichten vor und setzte ganz auf die Wirkung des Erzählten: »Ich würde aber das Kind nie fragen, ob es das Gesagte behalten hätte, denn es wäre ja nicht um die Geschichte, sondern um ihre Wirkungen aufs Herz zu tun, und sobald das Kind die Geschichte als ein Mittel zur Gedächtnis- oder auch Verstandesübung betrachten müsste, so würde die beabsichtigte Wirkung wegfallen.« Allerdings weist er jede Erziehung im Sinne der Regeln und Verbote von sich, das sei Sache der Eltern.[175]

Innig verbunden mit der Familie seiner Schüler fühlte sich auch Rudolf Steiner. Er war dreiundzwanzig, als die Dame des Hauses, Pauline Specht, ihn auf Vermittlung eines gemeinsamen Bekannten im Sommer 1884 per Brief fragte, ob er die Stelle eines Hofmeisters annehmen wolle. Wenig später war Steiner quasi adoptiert: ein Familienmitglied, das nicht nur die vier Söhne unterrichtete, sondern auch Gesprächspartner der Eltern war, an Hausmusikabenden teilnahm, mit der Familie Karten spielte und mit ihnen in den Urlaub fuhr. »Ich war in die Familie in einer ungewöhnlich liebevollen Art aufgenommen; es bildete sich eine schöne Lebensgemeinschaft mit derselben aus«, schwärmt er in seiner Autobiografie.[176] Bei Freunden der Spechts erlebte Steiner Hauskonzerte, traf Arthur Schnitzler und Felix Salten. Außerdem fand er noch Zeit, an seinen eigenen Projekten zu arbeiten, etwa an den 1886 veröffentlichten *Grundlinien einer Erkenntnistheorie der Goetheschen Weltanschauung*. Als er nach sechs Jahren die Familie verließ, dankte man ihm überschwänglich. Ladislaus Specht schreibt: »Was Sie meinen Kindern während Ihres Wirkens in unserm Hause waren, das zwischen uns zu erörtern, finde ich absurd, ich habe Ihnen beim Abschied gesagt, wie dankbar ich Ihnen für die Aufopferung bin, mit welcher Sie sich dem Wohle meiner Kinder gewidmet haben.«

Keine Frage, im Hauslehrer lebte das Ideal des Meister-Schüler-Verhältnisses noch einmal auf, und zwar, was das Entscheidende ist, erweitert um die Eltern. Die konnten eigene und gesellschaftlich opportune Bildungsziele in Einklang bringen und hatten im Lehrer einen engagierten Partner. Er war kein Funktionsträger, sondern Bezugsperson. Dabei war die Entscheidung, als Hauslehrer zu arbeiten, oft eine Notlösung. Mit dem Universitätsabschluss in der Tasche, aber ohne Festanstellung im studierten Fach, verdingte man sich beim Adel oder in reichen Bürgerfamilien. Überwiegend waren es angehende Pfarrer, Lehrer, aber auch Geisteswissenschaftler ohne dezidierte Pläne, die die Zeit bis zum ersehnten Posten als Privatlehrer überbrückten. Kant war 23, als er sich 1747 bei der Familie des reformierten Pfarrers Andersch im litauischen Judtschen als Hauslehrer verdingte. Erst nach einer weiteren Hauslehrerstelle auf einem ostpreußischen Rittergut kehrte er nach Königsberg zurück. Ob Winckelmann oder Klopstock, Wieland, Fichte oder Hölderlin, sie alle durchliefen diese Phase.

Nicht immer war es erhebend, das Hauslehrerdasein. Unmittelbar von der Gnade eines Familienvaters abzuhängen, der nach Belieben kontrollierte, was der bisher glücklose Kandidat den Kindern beibrachte, konnte auch eine Pein bedeuten. Friedrich Schleiermacher beschwerte sich 1793 in einem Brief an seinen Vater über die Zumutung, sich einem rechthaberischen Hausvater unterordnen zu müssen: »Tat ich dann einen festen, entscheidenden Widerspruch, so war ich zwar sicher, Recht zu bekommen, aber auch ihn sehr verdrießlich zu machen, also tat ich das nur, wo es mir unumgänglich nötig schien.«[177]

Eine ebenso bitterböse wie tragikomische Abrechnung mit dem Hauslehrerdasein liefert Jakob Michael Reinhold Lenz mit seinem Stück *Der Hofmeister*. Der Theologe Läuffer – als Getriebenen charakterisiert ihn schon sein Name – verdingt sich bei einem Major. Ohnehin hält er das Pfarramt nicht für seine Berufung: »Zum Pfaffen bin ich auch zu jung, gut gewachsen, habe zu viel Welt gesehen«, sagt er selbstbewusst. Er betrachtet sich als Vertreter einer kulturell verfeinerten Schicht, muss jedoch schnell feststellen, dass man ihn als Angehörigen des akademischen Prekariats wie einen Knecht behandelt. Es hagelt Herabsetzungen und Kränkungen, fortlaufend kürzt ihm sein Dienstherr das Salär. Vergeblich versucht er, sich als weltläufiger Kenner des Theaters in Pose zu setzen. Damit kommt er gar nicht gut an. »Merk Er sich, mein Freund, dass Domestiken in Gesellschaften von Standespersonen nicht mitreden«, wird er zurechtgewiesen. »Geh Er auf Sein Zimmer. Wer hat Ihn gefragt?«

Noch deutlicher wird der Bruder des Majors, der Läuffers Vater, einem Pfarrer, den Hauslehrerberuf in den düstersten Farben schildert: »Die edelsten Stunden des Tages bey einem jungen Herrn versitzen, der nichts lernen mag und mit dem er's doch nicht verderben darf, und die übrigen Stunden, die der Erhaltung seines Lebens, den Speisen und dem Schlaf geheiligt sind, an einer Sklavenkette verseufzen; an den Winken der gnädigen Frau hängen, und sich in die Falten des gnädigen Herrn hineinstudieren ...«[178] Die Handlung spitzt sich zu, als Läuffer die Sache mit dem pädagogischen Eros allzu wörtlich nimmt und die Tochter des Hauses, seine Schülerin Gustchen, schwängert. Er flieht und endet als gebrochener Mann, der sich überwältigt von Schuldgefühlen selbst kastriert. Schließlich wird er in der Dorfschule angestellt, heiratet Gustchen, die Freuden der Ehe aber bleiben ihm genauso versagt wie das illustre Leben eines Intellektuellen, von dem er einst träumte.

Das Gros der Hauslehrer erlebte jedoch vermutlich eine emotionale und intellektuelle Symbiose von Erziehung und Beziehung, Wissen und Menschwerdung – eine Beziehungskultur als Grundlage von Bildung. Keine Institution, kein Gesetz störte dieses Verhältnis. Alles war verhandelbar, alles beruhte auf gegenseitigem Vertrauen und im besten Fall auf gegenseitiger Sympathie. Zivilisierte Umgangsformen verstanden sich von selbst. Kein Schüler, der zu Hause unterrichtet wird, demoliert das Mobiliar, besprüht die Wände mit Graffiti oder hinterlässt unbenutzbare Toiletten, wie es heute in vielen Schulen vorkommt. Was sich in solch destruktiven Verhaltensweisen ausdrückt, ist vielfach der stumme Protest gegen die institutionalisierte Missachtung, die viele Schüler und auch ihre Eltern empfinden.

»Die öffentliche Schule ist von jeher das Hoheitsgebiet einer fernen Verwaltung gewesen, ein Ort der Unterdrückung, der weder von Schülern noch von Lehrern erdacht worden ist und an dem beide noch nie das Sagen hatten«, schreibt Enzensberger in seinem *Plädoyer für den Hauslehrer*. Schon an der »Herrschaftsarchitektur« der Schulen sei das ablesbar. »Man merkt ihnen auf den ersten Blick an, dass sie, wie Irrenhäuser und Fürsorgeknäste, zur Aufbewahrung und zur Disziplinierung von Menschen errichtet worden sind«, mokiert sich Enzensberger. »Der Vandalismus der Kinder, der eine bewundernswerte Widerstandsenergie verrät, ist weiter nichts als ein unentwegter Versuch, diese gemeingefährlichen Umgebungen aus dem Weg zu räumen.«[179] Sein Vorschlag: Zurück zum Hauslehrer, der reihum in den Wohnungen der Eltern unter menschenwürdigen Bedingungen kleine Gruppen von Kindern unterweist.

Das kann man als Beitrag zur Spaßdebatte abtun, dahinter steht aber eine ebenso einfache wie wichtige Erkenntnis: Das Hauslehrerdasein ermöglicht eine pädagogisch fruchtbare Beziehung, weil es ohne Bindung und Verantwortungsbewusstsein gar nicht vorstellbar ist. Deshalb müsste ein familiärer Umgang auch unter institutionalisierten Bedingungen selbstverständlich sein. Es ist jedoch bezeichnend für den desolaten Zustand der Lehrerausbildung wie unseres Schulsystems, wie verschwindend wenig Raum für die Gestaltung der Beziehungsebene vorgesehen ist. Welchem Referendar wird schon gesagt: Lerne deine Schüler kennen, versuche, sie zu verstehen, finde heraus, wie sie ticken – und zwar bevor du mit ihnen arbeitest. In jedem Unternehmen ist Teambuilding eine Selbstverständlichkeit, die Basis erfolgreicher Zusammenarbeit. Von Lehrern wie von Schülern dagegen erwartet man, dass sie sich schon irgendwie zusammenraufen.

»Es ist jedes Mal ein Sprung ins kalte Wasser, wenn ich eine neue Klasse übernehme«, sagt Gregor, 42. Seine Klientel, wie er seine Schüler nennt, reicht von Kindern aus bürgerlichen Schichten bis zu solchen, die zu Hause desolate Verhältnisse erleben.

»Manchmal wünschte ich mir, ich könnte die Schüler vorher kennenlernen, einzeln. Und am besten die Eltern gleich mit. Dann könnte ich in einem Gespräch herausfinden, welchen Hintergrund die Schüler haben, wo es eventuell Defizite gibt. Leider erfahre ich das immer erst, wenn Probleme auftauchen. Die Reihenfolge stimmt einfach nicht. Wenn Vorgespräche obligatorisch wären, könnte ich viel besser auf die einzelnen Kinder eingehen.«

Ähnliches geht Sabine Czerny durch den Kopf, wenn sie nach den Sommerferien die Schulanfänger in der Aula begrüßt: »Die Klassenliste habe ich zwar erhalten, darin stehen aber nur der Name, Geburtsdatum, Staatsbürgerschaft und Anschrift jedes Kindes. Mehr Informationen erhält der Lehrer nicht, er soll ja nicht voreingenommen sein.« Zumindest versuche sie, anhand der Namen der Erziehungsberechtigten zu erahnen, welches Kind mit nur einem Elternteil aufwächst. »Manchmal wäre es sinnvoll, weitere Informationen zu haben, denn es täte den Kindern gut, wenn man sie jetzt bereits anders empfangen, mehr auf ihre individuelle Situation eingehen könnte.«

Wie Teambuilding im Klassenzimmer aussehen könnte, beschrieb der Kinder- und Jugendpsychologe Michael Rutter schon in den Siebzigerjahren, und Erfahrungen wie am Campus Rütli bestätigen: Negative Entwicklungsverläufe lassen sich dann vermeiden oder korrigieren, wenn Lehrer größere Handlungsspielräume beanspruchen, um Bindungen einzugehen. Der Schweizer Kinderarzt Remo Largo berichtet von einer Lehrerin, die mit ihrer durchweg renitenten Klasse erst einmal eine Woche lang in die Berge fuhr, um Beziehungen und ein Gemeinschaftsgefühl herzustellen. Anschließend hatten sich viele Probleme im Unterricht verflüchtigt – ohne Bindung keine Bildung. Doch abgesehen von engagierten Schulleitern wie Cordula Heckmann und einigen hochmotivierten Lehrern, die sich nicht nur als lebende Funktionsstelle wahrnehmen, kann man von einer bundesweiten schulischen Beziehungskultur kaum sprechen.

Unter den unpersönlichen Verhältnissen leiden auch die Lehrer. Der Bildungsjournalist Christian Füller mahnt deshalb: »Um die Lehrer zu stärken, ist es nötig, sie mit menschenwürdigen Arbeitsplätzen auszustatten. Die Arbeitswelt denkt sich immer neue, immer perfektere Bürosysteme aus. Ruhesofas, mobile Ablagesysteme und aller mögliche elektronische Schnickschnack gehört dazu.«[180] In der Schule hingegen mutet man den Lehrern oft zu, ohne eigenen Schreibtisch, ohne Rückzugsmöglichkeiten zu arbeiten – mit dem Ergebnis, dass deutsche Lehrer ungewöhnlich häufig burn-out-gefährdet sind und manche Schulen zu wenig individuelle Förderung erhalten. Wenden wir uns daher einem Land zu, das die Parole »Kein Kind bleibt zurück« ausgegeben hat.

Erinnern Sie sich an Mr Skinner? Das ist zum einen der Biologe, der Motivation in Abhängigkeit von positiven und negativen Verstärkungen des sozialen Umfelds betrachtete. Der Name dieses Herrn stand außerdem Pate für Seymour Skinner, Schulleiter in der fiktiven amerikanischen Kleinstadt Springfield, der Heimat der *Simpsons*. Mr Skinner ist eigentlich ein Loser. Er lebt noch bei seiner Mutter, die ihn wie ein Kleinkind behandelt, und seine Bemühungen um Pflicht und Ordnung werden immer wieder durch Bart Simpson torpediert, in Personalunion ein würdiger Nachfolger von Max und Moritz. Einer der Höhepunkte der Serie in Sachen Schulstreiche ist die Folge, in der Bart den Direktor mit dessen Erdnussallergie quält, weil er sich vor dem Nachsitzen drücken will.[181]

Bart Simpson, das fleischgewordene – oder besser: comictypische – anarchische Prinzip, ist zu jeder Perfidie bereit, und Lehrer gehören ebenfalls zu seinen Opfern. Doch nie geht es darum, eine ganze Berufszunft anzugreifen. Die Lehrer haben ihre Macken und Auffälligkeiten, aber man geht entspannt, fast familiär miteinander um. Mr Skinner ist verdrahtet und pedantisch, verzweifeln muss er nicht. Er bleibt locker, selbst wenn es mal wieder hoch hergeht. Weder allgemeine Diffamierungen noch grundsätzliche Klagen über Lehrer sind in der Serie zu hören. Man kennt einander, man akzeptiert einander, weil Lehrer in den USA einen völlig anderen Status haben. Das für uns Deutsche vielleicht verblüffendste Symbol dafür ist die alljährlich stattfindende »Teacher Appreciation Week«. Diese Woche der Lehrerwertschätzung gestalten Schüler und Eltern. Wer Ideen und Tipps braucht, findet sie auf der Website *www.teacher-appreciation.info.* Dort kann man sich auch für das Geschenk inspirieren lassen, mit dem sich die Schüler bei ihren Lehrern am »Teacher Appreciation Day« bedanken. Das kann ein Strauß Blumen oder Schokolade sein, wärmstens empfohlen wird Selbstgebasteltes, ein Dankbrief an den Lehrer oder ein selbst verfasstes Gedicht.

Die Website richtet außerdem das Wort an die Eltern, und zwar auf ziemlich berührende Weise. »Wenn Sie Ihre Kinder zur Schule schicken«, heißt es da, »dann nicht nur, damit sie den Satz des Pythagoras oder ein Akrostichon-Gedicht zu schreiben lernen, Sie schicken Ihre Kinder zur Schule, damit sie herausfinden, wer sie sein möchten. Verdienen die Leute, die den vielleicht größten Einfluss auf Ihre Kinder haben, nicht Ihre Dankbarkeit, weil sie alles für eine positive Zukunft Ihrer Kinder tun? Nehmen Sie sich die Zeit, sich am »Teacher Appreciation Day« bei den Lehrern zu bedanken, die eine besondere Wirkung auf den wichtigsten Menschen Ihres Lebens haben.« In einer Erklärung wird betont, dass Lehrer eine große Verantwortung übernehmen, und sogar der Satz, große Macht bedeute große Verantwortung, fällt. Dabei werden Lehrer aktiv unterstützt. Es gibt an den Schulen eine Reihe von Hilfskräften, neben obligatorischen Schulpsychologen beispielsweise die Assistant Teachers, die dem Lehrer bei der Unterrichtsvorbereitung helfen. So wie auch in Kanada üblich, hat jeder Lehrer einen eigenen Klassenraum mit Computer und Internetanschluss.

Man könnte die »Teacher Appreciation Week« als Lobbyarbeit der Lehrer abtun, wenn die Sache nicht einen mentalen Effekt hätte: Eine ganze Woche, die der Wertschätzung von Lehrern gewidmet ist, lenkt die gesellschaftliche Aufmerksamkeit auf deren Arbeit und verankert die Idee, dass Lehrer tatsächlich einem äußerst wichtigen Beruf nachgehen. Das hat natürlich Auswirkungen auf die Selbstwahrnehmung und Motivation der Lehrer. Wer lässt sich schon gern mit einer einwöchigen Jubelveranstaltung beschämen, wenn er in der Tiefe seines Herzens weiß, dass er eigentlich keinen besonderen Dank verdient hat?

Mit einigem Stolz wird auf der Website vermerkt, dass Lehrern in den USA, mehr als irgendwo sonst auf der Welt, eine sehr exponierte gesellschaftliche Rolle zugesprochen werde. Im Gegensatz beispielsweise zu Westeuropa, »wo die Eltern den Lehrern die Schuld für das schlechte Benehmen und die Misserfolge ihrer Kinder geben«. Da wird einem schon ein wenig mulmig zumute. Offenbar hat sich auf der anderen Seite des Atlantiks herumgesprochen, welche Gepflogenheiten bei uns herrschen – Beschwerden, Schuldzuweisungen, mangelnde Wertschätzung. Übrigens gibt es auch eine Liste von Ländern, die wertschätzende Veranstaltungen wie den »Teacher Appreciation Day« übernommen haben, von A wie Albanien bis V wie Vietnam sind es 34 Länder. Deutschland ist, wie jeder weiß, nicht dabei, dafür Bulgarien, Schweden, Spanien, Tschechien und Ungarn. Was die Anerkennung der Lehrer betrifft, sind wir Entwicklungsland.

Die Pointe ist: Positive Feedbacks erzeugen positives Verhalten. Oder anders gesagt, Beziehungen gestalten sich über Spiegelungen. Empathie ist ein selbstverstärkendes Phänomen. Je feindseliger der eine auftritt, desto abweisender verhält sich der andere. Prinzipiell ist es gleichgültig, wer den Teufelskreis gegenseitiger negativer Zuschreibungen durchbricht. Wir können noch jahrzehntelang Ursachenforschung betreiben, ob die vielfach schwierigen Zustände an deutschen Schulen nun an den Lehrern, den Schülern oder ihren Eltern liegen. Ob Lehrer verbeamtet sein sollten oder besser nur angestellt, ob sie mehr oder weniger Stunden unterrichten sollten. Was, wenn wie in den USA auch bei uns an jeder Schule der Lehrer des Jahres gewählt würde? Wie würde sich das Verhältnis zwischen Lehrern, Schülern und Eltern verändern, wenn hierzulande ebenfalls eine Woche lang Schüler und Eltern den Schultag gestalten würden? Und das vielleicht sogar mit Unterstützung der Arbeitgeber, die den Eltern dafür einen freien Tag gewähren?

Beziehungsarbeit ist eine kollektive Aufgabe. Doch solange alle Beteiligten ein distanziertes bis skeptisches Verhältnis kultivieren, wird die wenig ausgeprägte gesellschaftliche Wertschätzung für Lehrer weiterhin dazu führen, dass sie sich vorrangig um ihren Status sorgen, um das Gehalt, um die Privilegien, um ihre Autorität. Es wird weitere Lehrerhasserbücher geben statt bundesweiter Wertschätzungswochen, weitere Filme, Witze und Karikaturen, die Klischees verstärken und Lehrer als Totalversager schildern. Es wird weiterhin literarische Heldinnen wie Inge Lohmark geben, deren pädagogisches Credo der Kampf ist: »Für die Schüler war es ohnehin das Beste, sie in jedem Moment spüren zu lassen, dass sie ihr ausgeliefert waren. Anstatt ihnen vorzugaukeln, sie hätten irgendwas zu sagen.«

Kapitel 4

## Qualitätsoffensive.
## Wie die Schule gerettet werden soll

# Reality check

Als ich die Tür zum Lehrerzimmer öffne, sitzt Frau Dremel am großen Konferenztisch und starrt aus dem Fenster. Nach meiner Begrüßung nimmt sie einen großen Schluck Kaffee und kramt dann zwei Mathebücher hervor.

»Hast du denn schon oft Mathe unterrichtet?«, fragt sie, während sie die richtige Seite heraussucht.

»Nein, noch nie.«

»Ach so? Was sind denn deine Fächer?«

»Gar keins, ich bin gar kein Lehrer.«

Vor Schreck klappt sie das Buch zu und guckt mich mit weit aufgerissenen Augen an.

»Ich habe Erwachsenenbildung studiert und arbeite bis zu den Sommerferien als Vertretungslehrer.«

»Ist ja verrückt«, sagt sie und kratzt sich am Kopf.

Noch verrückter ist, dass ich in etwa siebzig Minuten meine erste Doppelstunde in Mathematik halten soll. Hoffentlich kann mir Frau Dremel bis dahin noch etwas beibringen …

»Also, pass auf«, sagt sie gewichtig, »mit der 4e bin ich auf Seite zweiunddreißig. Am Ende spiele ich mit denen oft Vier-Ecken-Rechnen. Bei der 5b sind wir auf Seite neunundzwanzig, und die hassen Vier-Ecken-Rechnen.«

Es entsteht eine kurze Gesprächspause.

»Hast du sonst noch Fragen?«, will sie dann wissen.

Ob ich sonst noch Fragen habe? Vor allem die hier: Was soll ich im Unterricht mit den Schülern machen? Wie geht das, Lehrersein?

Philipp Möller: *Isch geh Schulhof. Unerhörtes aus dem Alltag eines Grundschullehrers*, Bastei Lübbe 2012, Passage leicht gekürzt

Dies ist ein Beispiel für den Umgang der Bildungspolitiker mit dem, was sie gern Human Ressources nennen. Der Autor dieser grotesken Szene war immerhin Diplom-Pädagoge, als er zum ersten Mal eine Berliner Grundschule als Lehrkraft betrat. Unterrichtet hatte er nie. Er begab sich sozusagen barfuß in die Hölle, und seine Schüler hatten Glück: Liest man Philipp Möllers Berichte aus dem Schulalltag, begegnet man einem engagierten, humorvollen Selfmadelehrer, dem seine Schüler am Herzen liegen, obwohl sie es ihm nicht gerade leicht machen. Möglicherweise hielt der Quereinsteiger aber nur deshalb durch, weil sein schulisches Gastspiel auf zwei Jahre beschränkt war. Wie kam er überhaupt dazu, sich ohne die übliche Lehrerausbildung ans Unterrichten zu wagen?

Während Fachleute diverser Wissenschaftsdisziplinen fieberhaft an einer Qualitätsoffensive für die Schule arbeiten, stehen im Klassenzimmer immer häufiger Lehrer, die gar keine sind. PKB macht's möglich. Hinter diesem Kürzel verbirgt sich das Wortungetüm Personalkostenbudgetierung, eine neue, übrigens auch billige Lösung im notorisch unterfinanzierten Schulsystem, um Vertretungslehrer anzuheuern. Man gibt ihnen einen befristeten Arbeitsvertrag und hofft, dass sie sich schon irgendwie durchschlagen werden. So hat es Philipp Möller erlebt. An seinem ersten Schultag wurde er vom Rektor an eine Lehrerin weitergereicht, die ihn in das Geheimnis des Unterrichtens einweisen sollte. Im Crashkurs, zwischen Tür und Angel. Auch das ist Schule in Deutschland. Diese Rahmenbedingungen muss man sich vor Augen halten, wenn man die neuen Konzepte sichtet, die zurzeit proklamiert werden. Eine zukunftsfähige Schule wird da entworfen, mit Lehrern als hochqualifizierten Coaches, mit Schülern, die endlich den Zwängen standardisierter Trichterpädagogik enthoben sind.

Die Pläne sind ehrgeizig. Sie appellieren an die Bildungspolitiker, endlich zum Tigersprung von der Schule der Vergangenheit in die Schule der Zukunft anzusetzen. Umso größer ist der

Kontrast zur schulischen Realität. Denn immer häufiger wechseln Quereinsteiger dauerhaft ins Lehramt. Sie müssen nur begehrte Fächer wie Mathematik, Physik, Chemie, Informatik, Latein oder Musik studiert haben. Ein Hochschulabschluss reicht, und sie können sofort ein Referendariat antreten, kombiniert mit einigen Pädagogikseminaren, die natürlich nicht mit einem mehrjährigen Studium zu vergleichen sind. Anschließend folgt das Zweite Staatsexamen. Noch schneller landet man als sogenannter Seiteneinsteiger in einer Schulklasse. Dann geht es direkt vom rein fachlichen Studium in den Lehrerberuf, und die pädagogische Veredelung läuft – man kann nur hoffen, dass es wirklich so ist – berufsbegleitend mit.

Quer- und Seiteneinstieg richten sich nach dem Bedarf. Der ist von Bundesland zu Bundesland unterschiedlich und wird jährlich neu festgestellt. Mit einiger Beklommenheit muss man zur Kenntnis nehmen, dass es sich dabei um eine nach oben offene Größe handelt. Bereits 2007 schätzte der Deutsche Philologenverband, dass 20 Prozent der Lehrer sogenannter MINT-Fächer, also Mathematik, Informatik, Naturwissenschaften und Technik, ohne ein Lehramtsstudium an die Schule wechselten. Am größten ist der Bedarf an Gymnasien und Berufsschulen, aber auch an anderen Schultypen wird das Personal langsam knapp. 2012 schlug die Bundesvereinigung der Oberstudiendirektoren deshalb Alarm; vor allem in den Fächern Chemie, Physik und Informatik sei 2017 flächendeckender Unterrichtsausfall zu erwarten. Deshalb forderten sie, den Lehrerberuf attraktiver zu gestalten, durch eine bessere Ausbildung sowie eine bessere Bezahlung. Schon jetzt fehle es derart dramatisch an Lehrkräften, dass Studenten, Pensionäre und sogar Mitschüler einspringen müssten. [182] Ob Bayern, Thüringen, Sachsen oder Nordrhein-Westfalen, überall sucht man nach Lehrern und Schulleitern. Insofern liegt es nahe, verstärkt für das Lehramt zu werben. Doch selbst wenn dieser Notruf gehört werden sollte, wird es Jahre dauern, bis eine neue Lehrergeneration nachrückt.

Verlorene Jahre für die Schüler, die weiterhin mit einem über-
alterten System konfrontiert sind. Außerdem steht nicht zu erwarten, dass man sehr wählerisch sein wird, um die Lücken fehlender Lehrer zu schließen. Sind damit alle Überlegungen einer
Qualitätsoffensive für den Lehrerberuf zunichtegemacht? Rücken Eignungstests, Studienreformen sowie verbindliche Fortbildung und Supervision für Lehrer dann in noch weitere Ferne?

Entgegen aller Absichtserklärungen und Kriterienkataloge
für den Lehrerberuf sind Bildungspolitiker hierzulande wenig
zimperlich, wenn es um schnelle Lösungen für den Lehrermangel
geht. Ihre aus der Not geborene Botschaft ist klar: Fachwissen
geht im Zweifelsfall vor – wie der Unterricht gestaltet wird, ist
zweitrangig. Eine 33-jährige Bauingenieurin, die von einem Tag
auf den anderen von einer Großbaustelle in eine Düsseldorfer
Realschule wechselte, erinnert sich: »Nach einer Stunde war ich
total heiser und habe mich gefragt, was ich hier eigentlich mache.«[183] Die Seiteneinsteiger müssten sich auf einen vollständigen
Rollenwechsel einlassen: vom lösungsorientierten Fachmann
zum geduldigen Moderator von Lernprozessen, sagt Wolfgang
Lieb. Er ist am Wuppertaler Berufskolleg am Haspel für Schüler
verantwortlich, die den Hauptschulabschluss nachholen oder
eine technische Berufsausbildung anstreben. Eine Klientel also,
in der Lernschwierigkeiten häufig sind und besonderer pädagogischer Aufmerksamkeit bedürfen. Für Schulleiter wie Lieb, die
trotz mehrfacher Stellenausschreibung keine Bewerber finden,
sind Lehrer light dennoch die einzige Perspektive.

Traditionell ausgebildete Lehrer empfinden die neuen Schnell-
verfahren als Kränkung. Sie fragen sich, wofür sie sich eigentlich
den Mühen des Studiums und Referendariats unterworfen haben. »Der Beruf wird in der Öffentlichkeit sowieso nicht als Profession ernst genommen«, sagt Gymnasiallehrerin Maria. »Dazu
trägt bei, dass wegen Lehrermangels immer öfter Nichtpädago-
gen eingestellt werden, vor allem in den naturwissenschaftlichen
Fächern. Aber es ist verantwortungslos, einfach jemanden in

eine Klasse zu schicken, der Fachkompetenz ohne pädagogische Kompetenz hat. Außerdem prägt sich dadurch die öffentliche Wahrnehmung ein: ›Das kann jeder‹.«

Hochproblematisch ist auch die Tatsache, dass Lehrer zunehmend fachfremd unterrichten müssen, also in Fächern, die sie nicht studiert haben. 2011 ermittelte eine Studie für den Grundschulbereich genauere Zahlen. Sie belegen, dass in jenem Jahr knapp 17 Prozent der Deutschlehrer und etwa 27 Prozent der Mathematiklehrer keine fachspezifische Qualifikation besaßen. Betrachtet man die einzelnen Bundesländer, fallen große Unterschiede auf. Während in Thüringen der Anteil fachfremd unterrichtender Lehrer in Deutsch bei 0 Prozent und in Mathematik bei 1 Prozent lag, waren es in Hamburg 34 Prozent der Deutsch- und 48 Prozent der Mathematiklehrer. Das verlangt diesen Lehrkräften permanente Zusatzarbeit ab und schlägt sich zugleich negativ auf das Unterrichtsniveau und die Leistungen nieder. Denn die Studie wies nach, dass es in Abhängigkeit von fachfremdem und fachqualifiziertem Unterricht zu eklatanten Unterschieden bei den Kompetenzen der Schüler kommt. Unterrichteten Lehrer mit der Lehrbefähigung für Deutsch, so schnitten ihre Schüler durchschnittlich um 7 Punkte besser im Lesen ab; bestritten Fachlehrer den Mathematikunterricht, sogar um 18 Punkte.[184] Dieser Mechanismus erklärt auch das sehr gute Abschneiden von Ländern wie Thüringen und Sachsen bei Mathematikvergleichstests. Hier stehen überwiegend Experten in der Klasse. Dabei wirkt die geschmähte Planwirtschaft nach, die Lehrer nach errechnetem Fachbedarf ausbildete. Hamburg und Bremen dagegen zählen zu den Spitzenreitern der Negativbilanz. Elterninitiativen wie der Förderverein für bessere Bildung in Hamburg e.V. protestieren bereits gegen den »Laienunterricht«.

Avanti Dilettanti? Zumindest muss man annehmen, dass die Mehrarbeit bei der Vorbereitung viel zusätzliche Energie verlangt. Wie soll ein Lehrer, der Erdkunde oder Sport studiert hat, plötzlich zum genialen Moderator geometrischer Formeln oder literarischer Stoffe werden? Und wie soll er das anspruchsvolle Fach Physik unterrichten, wenn er keine Ahnung davon hat, abgesehen von blassen Erinnerungen aus der eigenen Schulzeit? Immerhin bedeutet das, »sich mit geringer oder gar völlig ohne fachliche Unterstützung in das Abenteuer Physikunterricht zu stürzen, die technischen Geräte der Physiksammlung zu verstehen, zu ordnen und zu Experimenten zu arrangieren, einen didaktisch anspruchsvollen, interessanten und begeisternden Unterricht vorzubereiten und nach den ministeriellen Vorgaben der Kerncurricula und Rahmenrichtlinien für das allgemein bildende Schulwesen durchzuführen«, zählt eine Publikation der Universität Hildesheim die Herausforderungen dieses »Abenteuers« auf. Lapidar heißt es weiter: »Dabei bleiben natürlich Wünsche offen: nach fachlicher und experimenteller Sicherheit, nach Ideen für modernen Physikunterricht im Rahmen der curricularen Vorgaben, nach effizienter Strukturierung der Unterrichtseinheiten, kommentierten Unterrichtsentwürfen und praxistauglichen Arbeitsmaterialien, nicht zuletzt aber auch nach fachlichem Erfahrungsaustausch.«[185]

Dass Wünsche offenbleiben, ist ein netter Euphemismus angesichts der programmierten Defizite des Unterrichts. Das Institut für Technik der Universität Hildesheim bietet deshalb berufsbegleitende Fortbildungen an: Drei einwöchige Präsenzkurse pro Jahr und internetgestützte Arbeitseinheiten sollen Abhilfe schaffen. Im Jahr 2010 bewarben sich 120 niedersächsische Lehrer für 25 Plätze. Dieses Angebot trostlos zu nennen, ist eine Untertreibung. So wie die Einschätzung der Universität Hildesheim, die den überforderten Lehrern mitteilt, »Physikunterricht sei spannend.«

Die Wahrnehmung des Berufsstands hat ohnehin gelitten. Schon allein diese Tatsache wirkt wenig motivierend auf Lehrer, sich auch noch mit ihrer Rolle auseinanderzusetzen. Vollends das fachfremde Unterrichten und die Anstellung von Lehrpersonal ohne pädagogische Qualifikation erwecken den Eindruck, es sei überflüssig, sich über eine Veränderung und Weiterentwicklung des eigenen Berufs Gedanken zu machen. Oder sich gar aktiv um Themen wie Motivation und Selbstwirksamkeit zu kümmern. Merkwürdig genug, wechseln Lehrer nach einem theorielastigen Studium in theoriefreies Terrain, sobald der schulische Alltag beginnt. Wenn dann noch fachfremdes Unterrichten die Kräfte bindet, fehlt es häufig an der Energie, sich rückwirkend mit Theorien auseinanderzusetzen.

Engagierte Pädagogen kannten von jeher den Wert einer intakten Beziehung zwischen Lehrer und Schüler; nach wie vor liegt es jedoch allein im Ermessen und an der Persönlichkeit des einzelnen Lehrers, wie er sein Verhältnis zu Schülern gestaltet. Auf theoretische Grundlagen jenseits pädagogischen Grundwissens stützen sich Lehrer dabei im Allgemeinen nicht. Auch deshalb, weil etwa die Bindungstheorie aus einer Forschungsdisziplin stammt, deren Relevanz für die Schule als bloße Option betrachtet wird. Spätestens an der Schnittstelle zwischen Forschung und Praxisempfehlung entzünden sich endlose Debatten. Sind Bindungstheorien belastbar in der Schulpraxis? Eignen sich entwicklungs- und emotionspsychologische Erkenntnisse als Grundlage des Unterrichtens? Sind sie überhaupt objektivierbar? Trotz aller empirischen Absicherung durch langjährige Studien ziehen viele Lehrer nach wie vor in Zweifel, dass solche theorien sich im Schulalltag bewähren könnten.

Zwei Statements stehen für viele. »Klar habe ich irgendwann mal was über Bindung gelesen, und über Entwicklungspsychologie gab es im Studium eine Vorlesung, aber ehrlich gesagt, habe ich ganz andere Probleme«, sagt Johannes. Er ist Anfang vierzig, unterrichtet an einer Gesamtschule und ist zurzeit krankgeschrieben, wegen eines Bandscheibenvorfalls. »Stehen Sie mal vor einer Klasse, in der die Schüler Pornovideos auf

What's App verschicken. Mit Bindungstheorie kommt man nicht weiter. In der Familie funktioniert sie vielleicht, doch in der Schule? Wenn man wie ich acht Stunden am Tag mit pubertierenden Monstern zu tun hat, ist das knallharte Praxis. Hauptsache, die Leistung stimmt.«

Die stimmt zwar weiterhin nicht. Dennoch fühlen sich viele, die den Status quo des Schulsystems verteidigen, durch das etwas bessere Abschneiden deutscher Schüler bei der PISA-Studie von 2013 in ihrer Meinung bestärkt, eigentlich sei die Schule doch ganz in Ordnung. Die Vermessung der Schulwelt, einst Motor der Kritik, verwandelt sich langsam zum Kampfargument gegen Veränderungen. Ein eindimensionaler Lern- und Leistungsbegriff ist es daher auch, der die Diskussion um Lernfreude und Motivation überlagert. »Diese ganzen Theoretiker leben in einer Bambiwelt mit netten, wissbegierigen Schülern«, ereifert sich die 28-jährige Lehrerin Anna-Lena; ihre Fächer Deutsch und Geschichte unterrichtet sie an einem Gymnasium in Köln. »Aber viele Jugendliche sind eben nicht nett und wissbegierig. Mir kann keiner erzählen, dass man da mit Freundlichkeit und einem zugewandten Unterrichtsstil durchkommt. Ich habe den Verdacht, dass vieles, was sich Wissenschaft nennt, Wunschdenken ist. Die Theoretiker sollten uns mal fragen, wie Schüler drauf sind, damit sie in der Wirklichkeit ankommen. Was letztlich zählt, ist, dass man sie auf Leistung trimmt.«

Bildungspolitiker empfinden sich als nicht zuständig für die schulische Beziehungskultur, weder bei der Lehrerausbildung noch hinsichtlich obligatorischer Fortbildungen. Man hat andere Sorgen. Und nach wie vor ist man fixiert auf didaktische Methoden – wie im LehrplanPLUS für die Grundschulen in Bayern, der im Dezember 2013 vorgestellt wurde. Gleich dreimal, wenn auch in Anführungsstrichen, verkündet die Pressemitteilung, man habe nun endlich die »richtige« Methode gefunden, um den Schülern noch effizienter Deutsch und Mathematik beizubringen.[186] Dass der größere Lernerfolg, den man damit anstrebt, neben der reinen Methodik auch die Haltung des Lehrers sowie Motivation und Selbstwirksamkeit der Schüler berücksichtigen sollte, wird nicht thematisiert.

## Die Versprechen der Hirnforschung

Unerwartete Schützenhilfe für Bindungsbefürworter kommt seit einigen Jahren aus den Reihen der Hirnforscher. Im Ergebnis stellen sie nichts spektakulär Neues bereit. Doch sie können, so scheint es jedenfalls, naturwissenschaftlich objektiv begründen, warum ein emotional sicheres Lehrer-Schüler-Verhältnis den Grundstein für den Bildungserfolg legt. Die Überlegungen der Hirnforscher spielen mittlerweile auch in der Diskussion um die Schule und um sinnvolle Formen des Lernens eine große Rolle. Die vielleicht verblüffendste Erkenntnis besteht darin, dass das Gehirn ein soziales Organ ist. Es reagiert offenbar nicht vorrangig auf Lehrmethoden, sondern auf die Qualität von Beziehungen und auf die emotionale Atmosphäre, in der Lernen stattfindet. Der Einwand, was bei Experimenten mit Ratten und Springmäusen gelte, sei nicht auf Schüler zu übertragen, können Hirnforscher leicht aus dem Feld schlagen. Ihnen verdanken wir die Begründung, warum der Mensch als Krone der Schöpfung ein einzigartiges Gehirn besitzt. »In all jenen Bereichen, wo es sich von tierischen Gehirnen unterscheidet, wird das menschliche Gehirn durch Beziehungen und Beziehungserfahrungen mit anderen Menschen geformt und strukturiert«, erklärt der Neurobiologe Gerald Hüther.[187]

Alles fühlt, auch das Hirn, das jahrhundertelang als Sitz des kristallinen Verstandes galt. Genau der aber scheint ein höchst gefühlsorientiertes Gebilde zu sein. Sehr verkürzt gesagt: Das limbische System als emotionales Erfahrungsgedächtnis entscheidet im Wesentlichen darüber, ob und wie Lernen stattfindet.

Dort ereignet sich weitgehend die Vermittlung von Beziehungs-
erfahrung, Gefühl und Motivation. Man entdeckte einen selbst-
tätigen Prozess. Denn das Gehirn ist nicht etwa ein Werkzeug
von Wille und Bewusstsein, sondern ein unabhängiger Geselle,
der Lernprozesse höchst eigenwillig steuert. Somit hätte Schopen-
hauers *Welt als Wille und Vorstellung* eine späte wissenschaftliche
Bestätigung erhalten. Bereits seine Unterscheidung zwischen
rationalem und intuitivem Denken entlarvte den Verstand als
Werkzeug des vorbewussten Willens. Kein Wunder, dass Sigmund
Freud in Schopenhauer den Wegbereiter für die Entdeckung des
Unbewussten feierte. Denn der Philosoph demaskierte die vernünftige Vernunft als Farce. Die Hirnforschung hingegen ist nicht
mehr der irrationalen Seele auf der Spur, sondern legt die Irratio-
nalität des Lernens und Denkens frei. »Wissensaneignung beruht
auf Rahmenbedingungen und wird durch Faktoren gesteuert, die
unbewusst ablaufen und deshalb nur schwer beeinflussbar sind«,
fasst Gerhard Roth vom Institut für Gehirnforschung der Universität Bremen die neuen Erkenntnisse zusammen.[188]
Nicht zuletzt wird dabei unbemerkt aussortiert, ebenfalls
unabhängig vom Bewusstsein. Die linke Hand weiß sozusagen
nicht, was die rechte tut. Deshalb scheitere der umstandslose
Wissenstransfer daran, so Roth, dass es ihn gar nicht gebe: »Wissen kann nicht übertragen werden; es muss im Gehirn eines jeden
Lernenden neu geschaffen werden.« Der Empfänger des Wissens ist also in Wahrheit ein Wissensproduzent. Diese Feststellung dreht noch einmal kräftig an der Schraube der kognitivisti-
sche Wende in der Pädagogik. In den Siebzigerjahren begann
man, den Schüler zunehmend als Subjekt von Lernprozessen zu
betrachten statt als Objekt von Belehrungen. Nun wird das Subjekt zum Schauplatz von Hirntätigkeiten, die ihre eigenen, autar-
ken Lernstrategien verfolgen.
Selbst dem mäßig interessierten Zaungast akademischer
Diskurse ist klar: Seit man den Zusammenhang zwischen Beziehung und Motivation aus neurobiologischer Sicht betrachtet,

scheint die Hirnforschung für Lehren und Lernen unentbehr-
lich zu sein. Damit verbindet sich die Hoffnung, unbewusste
Lernprozesse durch günstige Rahmenbedingungen eben doch
beeinflussen zu können. Für die Schule stellt sich die Frage: Wie
lässt sich auch das intentionale Lernen mit intrinsischer Motivation befeuern? Und welche Bedeutung haben Beziehungen für
das Lernen, wenn das Gehirn als soziales Organ erkannt wurde?
Die Schlussfolgerung liegt auf der Hand. Da das Gehirn ein
autonomer Datenerzeuger ist, der beziehungsabhängig »Informationen bewertet und zu Bedeutungszusammenhängen verknüpft«, so der Erziehungswissenschaftler Ulrich Herrmann,
habe das Konsequenzen für die Definition des Lehrerberufs:
»Beziehungen stiften muss ein Kerngeschäft des Lehrens sein,
weil Beziehungslosigkeit und Nichtbeachtung als psychische
Verletzungen vom Gehirn registriert werden – genau wie physischer Schmerz.« Das oft abweisende, ja feindliche Klima im
Klassenzimmer sei nicht nur ein Hemmnis des Lernens, es rufe
auch die typische Verweigerungshaltung bei Schülern hervor:
»Nichtbeachtung lähmt das Motivationssystem und erhöht das
Aggressionspotenzial.«[189]
Neu ist das wahrlich nicht – neu ist nur die Begründung. Letztlich kann die Hirnforschung als Argumentationsverstärker all
jener herhalten, die das Thema Beziehung in der Schule bereits
aus verhaltensbiologischer, entwicklungspsychologischer oder
bindungstheoretischer Perspektive bearbeitet haben. Bahnbre-
chend revolutionär sind die neurobiologischen Schlussfolgerungen deshalb kaum. Was sie attraktiv macht, ist die Provenienz.
Die Wissenschaftsgeschichte kennt von jeher ihre Moden. Salopp gesagt, gilt die Bindungsforschung heute nicht als sexy,
während sich an der Hirnforschung Vorstellungen von High-
tech-Eleganz und Science-Fiction-Ästhetik entzünden. Als Bio-
wissenschaft hat die Hirnforschung außerdem den Ruf, ideolo-
giefrei zu sein. Das ist ein Vorteil in einer Debatte, deren
Protagonisten zuweilen religiösen Eiferern ähneln.

Oder handelt es sich um einen bloßen Hype? Schon kursiert der Spott, die öffentliche Rezeption der Neurobiologie erschaffe so etwas wie eine Neuromythologie, eine Heilslegende, von der sich Lehrer wie Schüler Erlösung erhofften. Freilich spielen auch die konjunkturellen Schwankungen medialer Wahrnehmung eine Rolle. So wie viele Kritiker die Übertragung neurobiologischer Prinzipien auf schulisches Lernen neuerdings als Wissenschaftsmode abtun, ist die Ablehnung selbst in Mode gekommen.

Als Manfred Spitzer und Gerald Hüther mit ihren anwenderfreundlichen Thesen auf den Bestsellerlisten landeten und vor ausverkauften Sälen Vorträge hielten, feierte man anfangs eine neue Leitdisziplin. Inzwischen regt sich massive Skepsis. Denn Langzeitstudien über den Erfolg sogenannten hirngerechten Lernens existieren bisher nicht. Dafür Eskorten populärwissenschaftlicher Autoren, die einer breiten Öffentlichkeit versprechen, jetzt könne, jetzt müsse alles anders werden. Ein Grund mehr, die Hirnforscher selbst als gelehrte Hochstapler zu diskreditieren. »Befreit von den Mühen der Empirie, betören Hüther und andere Bildungskritiker ihre Zuschauer wie einst die fahrenden Wunderdoktoren mit gewagten Diagnosen und Vorschlägen für bizarre Kuren zur Rettung des angeblich todkranken Patienten Schule«, blies die *Zeit* im September 2013 zum Angriff. Von »windigen Thesen« der neuen »Bildungsprediger« war die Rede und von Politikern, die womöglich arglos einer Trendwissenschaft auf den Leim gingen. Speziell gegen Hüther schien zu sprechen, dass seine wissenschaftliche Expertise nicht etwa aus den Bereichen Schule, Bildung oder Pädagogik stammt, sondern aus der neurochemischen Grundlagenforschung.[190] Viel zur Häme gegen Hüther trug bei, dass er mit einem gewissen Weltbeglückungspathos auftritt. Im schulkritischen Dokumentarfilm *Alphabet* stapft er in langen Sequenzen durch viel Gegend und raunt Bedeutungsvolles in die Abenddämmerung. Das ist sicherlich Geschmackssache. Man kann durchaus Bedenken haben, ob es redlich ist, Eltern zu versprechen, jedes Kind sei hochbegabt. Wesentlich wichtiger ist jedoch die Frage, ob der Wissenstransfer vom Labor ins Klassenzimmer eine unzulässige Grenzüberschreitung bedeutet oder tatsächlich Erkenntnisgewinne bringt. Wissenschaftlich seriöser wäre es in der Tat, empirische Studien durchzuführen, bevor man die Schule der Zukunft als hirngerecht deklariert. Der Hunger auf neue wissenschaftliche Paradigmen ist dennoch groß. Vermutlich deshalb, weil der Unmut über den Reformstau an deutschen Schulen die Sehnsucht nach Befreiungsschlägen weckt. Weder reformpädagogische Theorien noch die Bindungsforschung, weder entwicklungspsychologische Gewissheiten noch die Ergebnisse der Lernforschung haben den langen Marsch durch die Institutionen geschafft. Nun regt sich die Hoffnung, dass harte naturwissenschaftliche Fakten zum entscheidenden Umdenken führen. Gerade Lehrer würden zu den begeisterten Käufern von Büchern gehören, die das Ende von Schulstress und demotivierten Schülern verheißen, beteuern Autoren wie Manfred Spitzer und Gerald Hüther.

Aufschlussreich können die Neurowissenschaften sein, wenn man sie interdisziplinär mit der Bindungs- und Lernforschung verknüpft, wobei Redundanzen nicht ausgeschlossen sind. Seriöse Neurobiologen wissen das. »Nichts von dem, was ich vortragen werde, ist einem guten Pädagogen inhaltlich neu«, bekannte vor einiger Zeit der Doyen der deutschen Hirnforschung Gerhard Roth.[191] Das große öffentliche Interesse für seine Disziplin hängt wohl eher mit dem Reiz vermeintlicher Exaktheit zusammen. Man kann auf naturwissenschaftliche Präzision pochen, die in der öffentlichen Wahrnehmung ein weit höheres Ansehen genießt als die Forschungsdesigns der Sozialwissenschaften. Vieles, was dort zum theoretischen Tafelsilber gehört, kann die Hirnforschung unter anderem mit den neuen bildgebenden Verfahren »beweisen« – wobei es immer nur um Grundprinzipien geht, nicht um den Spezialfall Klassenzimmer. Sobald die Praxis ins Spiel kommt, werden auch Hirnforscher zu Interpreten.

Sicher ist, dass sich unser Hirn in einem permanenten Umbau befindet, der nie final abgeschlossen ist. Der Schlüsselbegriff heißt Neuroplastizität. Was bedeutet, dass das Gehirn einer Dauerbaustelle gleicht und sich seine Architektur in Abhängigkeit von sozialen Erfahrungen verändert: rasant schnell in den Jahren nach der Geburt, danach stetig langsamer. Ein Work in Progress also, das an Beziehungen rückgekoppelt ist.

In diesem Zusammenhang erlangten die Spiegelneuronen einige Berühmtheit. Sie sind das vielleicht eindrücklichste Beispiel für das soziale Organ Gehirn und gehören zu den rhetorischen Jokerkarten, wenn es um die Übertragung neurobiologischer Erkenntnisse auf schulisches Lernen geht. Für Hirnforscher sind Spiegelneuronen das Herz der beziehungsrelevanten Motivationsforschung, weil diese speziellen Nervenzellen des Hirns für Empathie sowie für Vorgänge der Handlungsplanung und Handlungssteuerung verantwortlich sind. Sie befähigen uns, das Verhalten eines Gegenübers nicht nur intuitiv zu deuten, sondern buchstäblich am eigenen Leibe mitzuerleben.

Ein schönes Beispiel ist der Affe, der einem Artgenossen zusieht, wie er sich eine Nuss nimmt. Beim Beobachter werden daraufhin genau jene handlungssteuernden Nervenzellen des Gehirns aktiv, als würde er selbst zur Nuss greifen. Mit allen dazugehörigen Empfindungen. Auch die menschliche Spezies erlebt nach diesem Prinzip etwas Beobachtetes gewissermaßen hautnah mit. Ein Effekt, den jeder kennt, der den Helden erotischer Filme zuschaut, mit allen elektrisierenden und handlungssteuernden Erlebnisqualitäten. Das Gleiche passiert, wenn wir sehen, wie einem anderen Menschen Schmerzen zugefügt werden. Dann sind genau jene Hirnregionen aktiv, die ein Neuronenfeuerwerk abbrennen, falls wir selbst Schmerzen erleiden. Mitleid ist also buchstäblich Mit-leiden.

Die hirnphysiologische Voraussetzung der Empathie, durch Spiegelneuronen Einfühlungsvermögen und Handlungsmotivation auszubilden, ist aber lediglich eine Option, kein selbsttätiger

Mechanismus. Mit dem Verhaltensforscher Konrad Lorenz kann man von angeborenen Formen möglicher Erfahrungen sprechen. Wobei die Betonung auf *möglich* liegt. »Wirklich und verbindlich wird Empathie immer erst in Bindungsbeziehungen«, erklären Grossmann und Grossman.[192] Sie sprechen von offenen genetischen Programmen, deren Entfaltungsmöglichkeit auf sichere Bindungen angewiesen sei. Mit anderen Worten: Ob die neurobiologischen Anlagen für Handlungsanreize durch Empathie zum Tragen kommen, hängt von der Qualität der Beziehungen ab. Eine Mutter prägt ohne Frage einen höheren Empathielevel bei ihrem eigenen Kind aus als bei einem völlig unbekannten. Für den Grad der Empathie ist die emotionale Intensität der Bindung ausschlaggebend. Sie befähigt Eltern, über Spiegelneurone mit ihrem Neugeborenen Kontakt aufzunehmen und feinfühlig auf seine Bedürfnisse zu reagieren.

Eine weitere Eigenart der Spiegelneuronen ist es, dass die entsprechenden neuronalen Schaltkreise regelmäßig aktiv sein müssen. »Nervenzell-Netzwerke müssen benützt werden, um sich zu entwickeln und intakt zu bleiben«, betont Psychotherapeut und Hirnforscher Joachim Bauer.[193] Das erklärt unter anderem, warum es Kindern, die schwache Bindungen oder sogar Missbrauch und Gewalt erlebt haben, an der Fähigkeit zu Empathie und Mitleid mangelt: Sie besitzen nur wenige oder fast keine Spiegelneuronen. Diese Feststellung löste nicht zuletzt eine Diskussion über das Strafrecht aus. Wenn Gewaltverbrecher wegen früher Gewalterfahrungen in der Kindheit kein Mitgefühl empfinden können, sind sie dann überhaupt für ihre Taten verantwortlich? Muss man ihnen wegen fehlender Spiegelneuronen mildernde Umstände zugestehen oder sie gleich freisprechen?

Interessant wird es, wenn man gewissermaßen den Spiegelneuronen im Klassenzimmer bei der Arbeit zusieht. Denn über wechselseitige Resonanz bilden sich auch Selbstwahrnehmung und Selbstbewertung aus. Was andere uns spiegeln, fassen wir als

Information darüber auf, wer wir sind und was wir wert sind. Ohne dass es dem Schüler immer bewusst wäre, holt sein neuronales Resonanzsystem permanent Auskünfte über seine Identität ein: Nimmt der Lehrer mich wahr? Was hält er von meinen Fähigkeiten? Was signalisiert mir der Lehrer darüber, wer ich bin? Es dürfte klar sein, dass der Lehrer unbewusst genau das Gleiche abfragt.

Daraus ergeben sich Bedürfnisse für Lehrer wie Schüler, die Joachim Bauer als Imperative formuliert: »Zeige mir, dass ich da bin! Lass mich spüren, dass es mich gibt! Zeige mir, wer ich bin! Beschreibe mir meine starken und schwachen Seiten! Lobe mich, aber kritisiere mich auch! Zeige mir, was meine Entwicklungsmöglichkeiten sind, was aus mir werden kann! Zeige mir, was du mir zutraust!«[194] Werden diese Bedürfnisse erfüllt, bildet sich – wiederum sehr knapp zusammengefasst – eine starke Lernmotivation aus. Bauer, der sich eingehend mit der Funktion von Spiegelneuronen beschäftigt hat, kommt zu dem Schluss, dass Motivation in erster Linie durch Beachtung, Interesse, Zuwendung und Sympathie anderer Menschen aktiviert werde. Sein Resümee: »Die stärkste Motivationsdroge für den Menschen ist der andere Mensch!«[195] Lernkultur ist Beziehungskultur. Dieser aus der Hirnforschung abgeleitete Grundsatz ist letztlich nichts anderes als das Postulat, es gebe keine Bildung ohne Bindung. Ein alter, wenngleich brauchbarer Hut also. Denn Beachtung, Interesse und Zuwendung sind, wie die Bindungsforschung seit Jahrzehnten zeigt, eine essenzielle Voraussetzung für die Fähigkeit wie für die Bereitschaft des Lernens. Alte Bekannte sind auch die Thesen, die sich aus der Beobachtung des Hirns in Stress- und Angstphasen ergeben. Wer in Furcht und Schrecken lebt, lernt weder motiviert noch nachhaltig. Und wer dann zudem auf Bindungen verzichten muss, verweigert sich. Warum solche belastenden Bedingungen über hirnchemische Prozesse das Lernen behindern, ist inzwischen gut erforscht und in zahlreichen, auch populärwissenschaftlichen Büchern hinlänglich erläutert worden. Über den Lernkiller Noadrenalin wird mittlerweile auch jenseits der Labore geläufig parliert. Begriffe wie Dopamin, Serotonin oder Oxitocyn gehören ebenfalls zum gepflegten Bildungssmalltalk. Jeder einschlägig interessierte Laie weiß inzwischen, dass diese drei Neurotransmitter in einem angstfreien, vertrauensvollen Lernklima ausgeschüttet werden, als Folge ungetrübter Erfolgserlebnisse und sanft abgefederter Rückschläge.

Über die konkrete Umsetzung solcher Erkenntnisse im schulischen Unterricht herrscht bei Hirnforschern weitgehend Einigkeit: Lehrer sollten beziehungsorientiert arbeiten, eine angstfreie, zugewandte Atmosphäre herstellen, qualifizierte, solidarische Feedbacks geben. Nicht aus großmütiger Menschenfreundlichkeit, sondern als Basis erfolgreichen Lehrens. Nur so lasse sich das selbsttätige Gehirn gleichsam überlisten und in den idealen Lernmodus bringen. »Der Lehrende muss vertrauenswürdig und kompetent wirken«, meint Gerhard Roth. »Ohne Motivation und Belohnungserwartung sind Lehren und Lernen schwer oder unmöglich.«[196]

Besondere Aufmerksamkeit widmet Roth der Glaubwürdigkeit des Lehrers. Hier spielten vor allem kommunikative Signale eine Rolle, selbst unabhängig vom Gesagten: Intensität und Länge des Blickkontakts, Augenstellung und Mundwinkelstellung, Gestik, Schulter- und Körperhaltung, Stimme, Sprachmelodie und Sprachführung, sogar der Körpergeruch. Innerhalb von Sekunden seien Schüler, und natürlich nicht nur sie, in der Lage, Absichten und Einstellungen des Lehrkörpers via Empathie zu entschlüsseln.

Um das zu verstehen, kann man allerdings auch in jedem Lehrbuch der Psychologie nachschlagen. Letztlich muss man nicht die Existenz von Spiegelneuronen bemühen, um für evident zu halten, dass das Lehrer-Schüler-Verhältnis nie ein rein sachliches oder funktionales ist, sondern vielmehr ein hochempfindliches Beziehungssystem. Spätestens seit Watzlawick wissen wir, dass man nicht nicht kommunizieren kann – und dass jede

Kommunikation sowohl einen Inhalts- als auch einen Beziehungsaspekt hat. Auch die Feststellung, das Lernverhalten und die Lernfreude des Schülers hingen von subtilen Signalen des Lehrers ab, verblufft nicht wirklich.

Natürlich ist es interessant, wenn Hirnforscher Wolf Singer sagt,»dass alles, was wir an uns selbst wahrnehmen und an unserem Gegenüber beobachten – nicht nur die Motorik, sondern auch Stimmungen, Gefühle –, von Hirnfunktionen abhängt und auf neuronalen Wechselwirkungen basiert und eben nicht umgekehrt.« Doch ist es mehr als interessant? Was haben wir eigentlich gelernt, wenn wir wissen, dass eben alles, »was wir uns vorstellen, was wir planen, was wir denken, was wir entscheiden, das Ergebnis eines neuronalen Prozesses ist«?[197] Wer wollte schon bestreiten, dass Geist, Gefühl und Intellekt auf hirnbiologischen Prozessen beruhen. Die Verfechter einer unsterblichen Seele, die frei flottierend durch den Kosmos schwebt, sind rar geworden. Es ist lehrreich und unterhaltsam zu erfahren, warum das entspannte Gehirn bei leichtem Stress besonders leistungsfähig ist. Wichtiger erscheint jedoch die Frage, ob und wie sich diese Erkenntnis in ein normatives Konzept fürs Klassenzimmer umformen lässt. Bevor entspannte, vertrauenswürdige Lehrer vor hochmotivierten Schülern stehen, müsste geklärt werden, wie sich solch ein pädagogisches Ethos an Lehrer vermitteln ließe. Durch Neurodidaktik? Noch ist das nicht sehr viel mehr als ein Projekt, wenn auch ein vielversprechendes.

Die Hirnforschung kann zweifellos dazu beitragen, die idealen Bedingungen des Lernens zu verstehen. Die praktische Anwendung stößt jedoch auf ein Hindernis: Es gibt zwar allgemeine Gesetzmäßigkeiten, im Einzelfall treffen sie allerdings nicht notwendigerweise zu. Die eigentlich recht banale Beobachtung, dass jeder Mensch ein Individuum ist, bedeutet eben auch, dass jedes Gehirn individuell organisiert ist, je nach genetischer und biografischer Prägung. Simple Kausalketten lassen sich damit nicht konstruieren. Schon die bloße Tatsache, dass es unterschiedliche Talente gibt, widerspricht einer schematischen Umsetzung neurowissenschaftlicher Erkenntnisse. Eine hohe musikalische Begabung kann man fördern, aber nicht erzeugen. Hinzu kommen die Auswirkungen der familiären Erziehung, der Peergroup, der medialen Erfahrungen. All das formt das Gehirn genauso wie der Unterrichtsstil des Lehrers. Entsprechend favorisiert jeder Mensch beispielsweise andere Formen, Gedächtnisleistungen zu vollbringen. Der erste mag Eselsbrücken, der zweite lernt visuell, der dritte murmelt lateinische Deklinationen rhythmisch vor sich hin, um sie sich einzuprägen. »Dies bedeutet, dass der gute Lehrer eigentlich den Lern- und Gedächtnisstil eines jeden seiner Schüler genau kennen müsste, um seine Tätigkeit daran optimal anzupassen – eine in der Schulrealität fast unlösbare Aufgabe«, gesteht Gerhard Roth ein. »Immerhin wäre schon ein genaueres Wissen darüber, wie stark Lern- und Gedächtnisstile interindividuell variieren, sehr hilfreich. Viele scheinbare Lernschwierigkeiten von Schülern beruhen darauf, dass in der Schule in aller Regel ein bestimmter Wissensvermittlungstyp, nämlich derjenige des sprachlich vermittelten Lernens dominiert, der keineswegs allen Schülern ›liegt‹.«[198] Die Euphorie mancher seiner Kollegen teilt Roth daher nicht. »Jeder Schüler lernt ein bisschen anders, und manche lernen ganz anders«, meint Roth, der ohnehin eher vorsichtig auf dem Terrain der Neurodidaktik agiert. Deshalb schränkt er die hohen Erwartungen an die Klassenzimmertauglichkeit gleich wieder ein. Kollektive Rezepte existierten nicht: »Der Lehrer muss imstande sein, die Persönlichkeit jedes einzelnen Schülers hinreichend zu erfassen, die des Lernschwachen wie die des Hochbegabten.«[199] Damit sinkt der schulische Gebrauchswert hirngerechter Konzepte erheblich. Natürlich wäre es konsequent, auf Hirnstruktur und Lernpräferenzen jedes einzelnen Schülers einzugehen – ein Modell, das bei den gegenwärtigen Klassengrößen und der Neigung zum Frontalunterricht jedoch illusorisch ist. Letzte Enklaven solch inniger pädagogischer Zuwendung sind die Musik- und Kunsthochschulen. Dort sind empathische Einschwingungsvorgänge möglich, im intensiven Wechselspiel zweier unmittelbar aufeinander bezogener Menschen. Im Klassenraum dagegen braucht man ein Konzept, für Gruppen, die jedoch so heterogen sind, dass neurodidaktische Ansätze für jeden einzelnen Schüler entwickelt werden müssten. Das weiß auch eine ehemalige Mitarbeiterin Gerhard Roths, die Erziehungswissenschaftlerin Nicole Becker der TU Berlin. Bislang sei nicht geklärt, welche Randbedingungen das Modell hirngerechten Lernens im Einzelfall verändern. »Wer als Wissenschaftler Aussagen zur Schule macht, sollte auch schulrelevante Forschung betreiben. Die aber gibt es in der Hirnforschung bislang nicht«, begründet sie ihre Zurückhaltung im Hinblick auf die Heilserwartungen an die Hirnforschung.[200]

Zu den exponiertesten Kritikern der Neurobiologie als neuer Königsdisziplin schulischen Lernens gehört Elsbeth Stern. Die Lehr- und Lernforscherin hat einen entscheidenden Vorteil auf ihrer Seite: ihre Langzeitstudien an Schulen und ein eigenes Lernlabor an der ETH Zürich. So viel Praxiserfahrung macht es ihr leicht, die universale Anwendbarkeit der Neurowissenschaften in der Schule infrage zu stellen. »Lehrer sollen gern lernen, wie verschiedene Teile des Gehirns am Lernen beteiligt sind«, urteilt sie. »Aber Lehrer benötigen vor allem Wissen, das ihnen hilft, endlich besseren Unterricht zu machen.« Zu abstrakt, zu diffus seien die didaktischen Konsequenzen, die sich aus der Hirnforschung ergeben. Die Gesetze des lernenden Hirns zu kennen, erlaube noch keine Aussage darüber, wie Lernprozesse beim einzelnen Kind im Unterricht ablaufen. Es reiche ja auch nicht aus, einen Flugzeugabsturz mit der Existenz der Schwerkraft zu begründen. Viel interessanter sei es, warum gerade ein bestimmtes Flugzeug abstürzt. Als Grundlagenwissenschaft des Lernens tauge die Hirnforschung jedenfalls nicht.

Elsbeth Stern favorisiert – anschaulichen Unterricht, eigenständige Entdeckungen und das Recht auf Irrtum. Ihr ist allerdings vorrangig daran gelegen, dass Kinder etwas verstehen und verknüpfen können; das Lernklima findet sie weniger interessant. Anschlussfähigkeit ist ihr Zentralbegriff. Sehr überzeugend erklärt sie beispielsweise, wie Kinder aus ihrem intuitiven Verständnis der Welt heraus an physikalische Gesetze herangeführt werden können. Ihr Paradebeispiel: Als man Kindern einen Sack Reis zeigte, sagten sie ohne Zögern, dass er etwas wiege. Zeigte man ihnen hingegen nur ein einziges Reiskorn, meinten sie, es wiege nichts. Erst als eine Lernforscherin die Frage stellte, ob das Reiskorn ein Gewicht habe, wenn eine Ameise es auf dem Rücken transportiere, kamen die Schüler auf die richtige Lösung. Solche Strategien sind ebenso klug wie effektvoll. Mit einigem Selbstbewusstsein kann Elsbeth Stern daher sagen: »Auf die Frage, wie Lerngelegenheiten gestaltet werden müssen, damit Wissen zur Bewältigung neuer Anforderungen herangezogen werden kann, gibt die Gehirnforschung keine Antwort. Mit Spaß und guter Laune ist es keineswegs getan. Die bei TIMSSS und PISA nachgewiesenen Defizite deutscher Schüler in der selbständigen und flexiblen Anwendung des in der Schule erworbenen Wissens lassen sich nicht mit Störungen in der Dopaminausschüttung erklären, sondern mit dem wenig anregenden Unterricht.«[201]

Die Front, die sich zuweilen zwischen kognitionswissenschaftlich und neurobiologisch orientierten Forschern bildet, könnte man als eine der vielen akademischen Kontroversen abtun, die irgendwann in Vergessenheit geraten werden. Bei näherem Hinsehen verbirgt sich dahinter jedoch eine ältere und zugleich sehr aktuelle Debatte. Mit der Streitfrage: Was ist förderlicher für Lernprozesse – ein motivierendes Lernklima oder eine fachgerechte, auf die kindliche Erfahrungswelt abgestimmte Didaktik? Salomonisch gesprochen, natürlich beides. Man darf die Revierkämpfe der Forscher nicht so ernst nehmen, wie sie geführt werden – etwa als sich Elsbeth Stern auf ein ebenso erbittertes wie amüsantes Duell mit Manfred Spitzer in der *Zeit* einließ.

Anknüpfungspunkte ergeben sich dort, wo die Hirnforschung Aussagen über methodische Strategien erlaubt. Da ist auch Elsbeth Stern wieder im Boot. Statt mit Erkenntnissen über Neurotransmitter bei der Informationsverarbeitung aufzutrumpfen, müsse man die Schwierigkeiten der Schüler verstehen. Abgestimmt auf die Inhalte, müssten jeweils verschiedene Lehrtechniken entwickelt werden. Stern resümiert: »Von der Wissenschaftsgeschichte und der Entwicklungspsychologie können Lehrer hier mehr profitieren als von der Hirnforschung.«[202] Sind die Empfehlungen der Hirnforscher also nichts weiter als eine neue Variante der Spaßpädagogik? Möglicherweise wurden die neurobiologischen Erkenntnisse zuweilen von ihren eigenen Entdeckern überschätzt oder überdehnt. Der Weg von den reinen Messdaten zur kulturtheoretischen Interpretation ist bei vielen populären Publikationen ein sehr kurzer. Spitzers These der »digitalen Demenz« oder Hüthers »neurobiologischer Mutmacher«, verlassen das Gebiet gesicherten Wissens seit Langem.

Kritiker wie Felix Hasler, Forschungsassistent an der Berlin School of Mind and Brain der Berliner Humboldt-Universität, meinen sogar, nicht einmal die empirischen Daten seien belastbar. Das betrifft etwa die Neuroscans, mit denen man komplexe Bewusstseinsvorgänge erforscht: »Die Wiederholbarkeit vieler Studien ist gering. Gerade bei der funktionellen Magnetresonanztomografie (fMRT) liegt die Überschneidung der Bildgebungsdaten bei Messwiederholung oft unter 30 Prozent. Kaum ein anderer Wissenschaftszweig würde damit durchkommen. Aber die Öffentlichkeit lässt sich gerne vom Neuroglamour blenden.«[203] Zielscheibe der Kritik ist außerdem, dass Neuroscans nicht etwa eingefärbte Fotografien einzelner Gehirne sind, sondern auf der Umrechnung von Daten zahlreicher Einzelmessungen beruhen. »Der Übergang von den Zahlenkolonnen zum Bild vollzieht sich in der Art, dass die Forscher die Messdaten aller Probanden übereinanderlegen und auf diese Weise ein fiktives Standardgehirn erzeugen«, erläutert Andreas Bernard das Verfahren. Zudem sei die Interpretation immer kulturell geprägt, durch das außerwissenschaftliche Erkenntnisinteresse. Deshalb mokiert sich Felix Hasler über die Ratgeberweisheiten, die einige Forscher daraus ableiten, und stellt die Diagnose: »Wir leben offensichtlich in einer Zeit der Theologie des Hirns.«[204] Abgesehen von experimentellen Unsicherheiten ist es wohl der unerschütterliche Erkenntnisoptimismus, der manchen Hirnforscher zum Provokateur macht. Die selbstbewussten Exegeten des Datenmaterials halten sich oft für die einzigen Durchblicker in der neuen Unübersichtlichkeit. Wer wie der amerikanische Neurobiologe David Eagleman gleich eine neue kopernikanische Revolution ausruft, muss sich jedoch an seinen weltbildverändernden Erkenntnissen messen lassen – und die sollten nicht nur wissenschaftlichen Standards genügen, sondern auch neue Impulse in alte Debatten bringen. Ganz so revolutionär sind die meisten Schlussfolgerungen dann doch nicht. Erinnert sei an die anfängliche Begeisterung, als man entdeckte, dass hirnchemische Stoffe wie Dopamin und Oxytocin Indikatoren für Verliebtheit sind. Das Rätsel aber, warum sich ein Mensch in einen ganz bestimmten anderen verliebt, ist von der Hirnforschung genauso wenig entschlüsselt worden wie das Geheimnis des pädagogischen Charismas.

## Neurodidaktische Prämissen

Für die Hirnforschung gilt vermutlich Fritz Teufels Satz, als er sich vor Gericht erheben musste: »Wenn es denn der Wahrheitsfindung nützt …« Es wäre ein falsches Signal, falls der neue Grabenkrieg an der pädagogischen Front zur Lagerbildung führen würde. Einige Erziehungswissenschaftler sind überzeugt: Auch unabhängig von individuellen Lernpräferenzen lassen sich manche aus der Hirnforschung stammende Prinzipien durchaus in schulische Konzepte übersetzen. Dem kann man zwei Anmerkungen hinzufügen. Zum einen müssen Lehrer dann versuchen, sich auch in großen Klassen einzelnen Schülern und ihren individuellen Bedürfnissen zuzuwenden – das würde aber das Ende des bisherigen Frontalunterrichts bedeuten. Zum anderen lassen sich manche neurodidaktischen Überlegungen erkenntnisfördernd mit anderen wissenschaftlichen Disziplinen vernetzen, etwa mit der Emotionspsychologie oder der Bindungsforschung. Im Grunde handelt sich also um recyceltes Wissen, das jedoch mit mehr Akzeptanz rechnen kann, da es – glaubt man den Hirnforschern – naturwissenschaftlich objektiv abgesichert ist. Es geht hier weniger um den Erkenntnismehrwert als um den Begründungszusammenhang. Wer das Hirn zum Kronzeugen eines didaktischen Konzepts macht, hat einfach mehr Chancen im Wettbewerb um Aufmerksamkeit. Im Folgenden sind die wichtigsten Stichworte aufgelistet:

*Lehrerpersönlichkeit.* »Manche Lehrer können aus dem Telefonbuch vorlesen, und die Kinder sind fasziniert, weil es gar nicht so sehr auf den Text ankommt, sondern darauf, wie der Lehrer das macht«, stellt Gerhard Roth fest. Damit spricht er zweifellos eine gängige Erfahrung an. Roth hofft aber auch, die Analyse einer faszinierenden Ausstrahlung könne demnächst zu entsprechenden Trainingsprogrammen führen. Er meint also, Persönlichkeit sei lernbar oder zumindest entwickelbar. Bei der Begründung wechselt er von der Hirnforschung zur Psychologie, genauer gesagt zur Theorie Albert Banduras: »Als Lehrer muss man eine bestimmte Selbstwirksamkeit haben, man muss also an das glauben, was man tut, und man muss eine bestimmte Ausstrahlung besitzen, die auf nicht-verbalen kommunikativen Signalen beruht.«[205] Damit erweitert Roth das Konzept Banduras um die Rolle des Lehrenden: Die Selbstwirksamkeit des Lehrers und die des Schülers sind in einem Zirkel verbunden; und das verbindende Prinzip heißt Empathie respektive Spiegelneuronen. Umgekehrt wird ein unmotivierter, frustrierter, abweisender Lehrer von seinen Schülern decodiert, indem sie ihm all diese wenig schönen Eigenschaften zurückspiegeln – und ebenfalls unmotiviert, frustriert und abweisend auf seine Belehrungsversuche reagieren.

Dummerweise finden Schüler schnell heraus, ob eine zugewandte, emotional authentische Lehrkraft vor der Klasse steht. Sie lassen sich weder von aufgesetztem Lächeln noch anderen sozialen Masken täuschen. Ganz gleich, ob sie Indifferenz oder Antipathie spüren, sogleich erlahmt ihr Lerninteresse. Sie können offenbar gar nicht anders. Denn das Gehirn führt einen sekundenschnellen Check-up durch, »über eine Analyse des Gesichtsausdrucks (besonders Augen- und Mundstellung), der Tönung der Stimme (Prosodie) und der Körperhaltung.« Diese Aufgabe übernehmen vor allem »die Amygdala und der insuläre Cortex (besonders rechtsseitig) sowie der rechte temporal-parietale Cortex (Gesichterwahrnehmung) und der orbitofrontale Cortex«.[206] Präsentiert der Lehrer einen Stoff, läuft die Einschätzung, ob er sich mit dem Gesagten identifiziert, über ähnliche Wege. Schüler fragen also unbewusst, ob die Inhalte eine Relevanz für den Lehrer haben, um daraus auf eine Relevanz für sich selbst zu schließen.

Begeisterte Lehrer können begeistern, durch die Hirnforschung haben wir es damit sozusagen amtlich. Wer bezweifelt, dass Begeisterungsfähigkeit und Authentizität im Rahmen von Trainingsprogrammen gesteigert werden können, wird für Persönlichkeitstests votieren, bevor jemand ein Lehramtsstudium beginnen darf. Pointiert gesagt: Hirngerechte Lehrer müssen für ihr Fach brennen. Die Lauwarmen und Kühlen hätten dann in der Schule nichts mehr zu suchen, leidenschaftslose Wissensverwalter dürften nicht mehr Lehrer werden. Die Messlatte würde damit allerdings ziemlich hoch hängen. Die Erfahrung spricht dafür, dass wirklich begeisternde Pädagogen Ausnahmetalente sind. Es ist zudem kaum zu erwarten, dass alle Charismatiker künftig einen Beruf ergreifen, dessen Ansehen nicht sonderlich groß ist. Vermutlich ziehen sie es vor, Schauspieler, Popstars, Politiker oder Pharmavertreter zu werden. Überzeugungskraft ist ein Kapital, das im Lehrerberuf ideell akkumuliert wird, nicht finanziell oder in Form höherer gesellschaftlicher Reputation. Bisher jedenfalls.

Bleibt der hirngerechte Lehrer damit eine Ausnahme, eher Wunschbild als realistische Perspektive? Wer lediglich für Auswahlverfahren plädiert, vergisst eine andere Option, die in jedem Unternehmen üblich ist: Personalentwicklung. Bereits studienbegleitend könnten Lehrer in Selbsterfahrungsseminaren entdecken, was Madonna schon in den Neunzigerjahren besang: »Express yourself!« Das Bewusstsein dafür, wie man wirkt, verändert Selbstwahrnehmung und Ausstrahlung. Jeder, der einmal ein Kommunikationscoaching und sich selbst in einer Videoaufzeichnung erlebt hat, weiß um diese verblüffende Erfahrung. Man achtet stärker auf die Signale, die man gibt, und fragt sich unwillkürlich, warum man eigentlich die Arme verschränkt oder geduckt dasteht. Dabei lernt man einiges über unbewusste Ängste und Einstellungen, die man daraufhin reflektieren kann. Das hat viel mit Rollenbewusstsein zu tun, eine der Grundbedingungen für ein zugewandtes Lehrerdasein.

Im besten Fall könnten angehende Lehrer lernen, ihren möglicherweise verschütteten Enthusiasmus nach außen sichtbar zu machen. Das Potenzial müsste natürlich vorhanden sein. Wer nur seine Verbeamtung im Sinn hat, wird daraus schwerlich eine begeisternde Ausstrahlung entwickeln können. Doch sofern jemand sein Fach liebt, ist es nicht unwahrscheinlich, dass Coachings ihm die Fähigkeit verleihen, diese Liebe weiterzugeben. Solche Coachings sollten auch im Schulalltag selbstverständlich bleiben, um schlechte Rollenroutinen zu verhindern. Fehlende Persönlichkeit können sie allerdings nicht ersetzen. Trotzdem ist eine professionell begleitete Selbstreflexion die Voraussetzung dafür, dass sich Lehrer nicht nur als Funktionsträger, sondern als han-

delnde Menschen in Beziehungen wahrnehmen. Die unterstützende, beziehungsorientierte Lehrerpersönlichkeit erfordert
außerdem Stressresilienz, also die Fähigkeit, selbst unter körperlich und emotional belastenden Bedingungen souverän zu
bleiben. Die Probleme doppelter Kontingenz und des Out-
group-Effekts sollten Lehrer verinnerlicht haben, bevor sie sich
auf den Schulalltag einlassen. Lehrerbildung muss Persönlichkeitsbildung sein, und auch das altmodische Wort von der Her-
zensbildung könnte hier eine Renaissance erleben.

*Beziehungssensibilität.* Neben der grundsätzlichen Bedeutung
einer emotional sicheren Lehrer-Schüler-Beziehung für Motivation und Lernerfolg sind einige weitere Erkenntnisse der Hirnforschung aufschlussreich. Wie sich eine angenehme, zugewandte
und vertrauensvolle Atmosphäre im Klassenzimmer auf das
Lernverhalten auswirkt, ist neurobiologisch plausibel beschrieben worden. Darüber hinaus sollte sich Beziehungssensibilität
auch im Umgang mit Konflikten beweisen. Jeder Schultag ist
eine Gefährdung für Schüler, wenn sie mit Angriffen, Beleidigungen oder Bloßstellungen durch ihre Lehrer rechnen müssen.
Das können herabsetzende Anspielungen sein, zynische Zwischenbemerkungen, kleine, abfällige Gesten. Darauf angesprochen, behaupten Lehrer oft, sie hätten es nicht so gemeint, oder
sie verweisen darauf, ihre Schüler seien hart im Nehmen. Es
habe sich ja nicht um tätliche Angriffe gehandelt.

Wie seelische Verletzungen vom Gehirn registriert werden,
erforschte unter anderem Ethan Kross 2011 an der University of
Michigan. Bei aller gebotenen Vorsicht scheint sein Experiment
aussagekräftig zu sein, da der Interpretationsweg kurz ist. Mit
dem Verfahren der funktionalen Magnetresonanztomografie
(fMRT) erfasste Kross die Aktivität einzelner Hirnregionen im
Rahmen eines Schmerztests. Die Probanden mussten nur eine
Voraussetzung erfüllen: ein gebrochenes Herz, also Liebeskummer haben. Während sie Fotos der schmerzlich vermissten Person

betrachteten, durchlebten sie niederschmetternde Gefühle. Währenddessen waren dieselben Hirnareale aktiv wie beim körperlichen Schmerz, der ihnen – ebenso wenig zartfühlend – kurze Zeit später in Form leichter Hautverbrennungen zugefügt wurde. In beiden Fällen waren der sogenannte sekundäre somatosensorische Cortex und die dorsale posteriore Insula hochaktiv. Studienleiter Ethan Cross wusste damit dem Sprachgebrauch, dass emotionale Verletzungen wehtun, »eine neue Dimension« abzugewinnen.[207] Inzwischen konnte gezeigt werden, dass sich emotionaler Schmerz in körperlichen Schmerz verwandeln kann, ein Phänomen, das aus der psychosomatischen Forschung bekannt ist.

Die Redewendungen, dass Blicke töten und Worte bis ins Mark treffen, sind deshalb mehr als Metaphern. Niemand braucht sich die Namen der betreffenden Hirnregionen einzuprägen, um das Prinzip zu verstehen: Verletzendes Verhalten, und sei es noch so subtil, ist so fatal wie körperliche Züchtigung. Dasselbe spürt natürlich auch der Lehrer, der ein feindseliges Klima im Klassenzimmer zulässt. Er leidet genauso unter herabsetzenden Sprüchen oder offenen Anfeindungen. Gängige Ratschläge, man dürfe Schüler nicht mit Samthandschuhen anfassen, sind deshalb heikel. Vielmehr sollten sich Lehrer wie Schüler der Notwendigkeit kooperativen Handelns und des Aufbaus vertrauensvoller Beziehungen bewusst werden. Mit Spaß und guter Laune – wie Kognitionsforscherin Elsbeth Stern argwöhnt – hat das wenig zu tun, eher mit dem Schutz der Schüler und dem Selbstschutz der Lehrer. So einleuchtend Elsbeth Stern argumentiert, so wenig geht sie auf den oft belasteten Schulalltag ein. Dass ihre didaktische Raffinesse wirklich alle Schüler erreicht, ist keinesfalls so sicher. Richtig ist, dass ihre Lernstrategien Erfolgserlebnisse und daher Motivation erzeugen. Genauso richtig ist jedoch, dass viele Schüler sich gar nicht erst dieser Erfahrung aussetzen wollen.

Der grundsätzlich lernbereite Schüler ist eine Fiktion, über die viele Lehrer wohl nur gequält lächeln können. Der Schulalltag ist weniger von Lernproblemen als Lehrproblemen beeinträchtigt. Lernen ist eben nicht, wie Elsbeth Stern meint, reine Informationsverarbeitung, die durch bestimmte Strategien ohne Weiteres optimiert werden könne. Schon eine emotional distanzierte Lehrkraft hemmt die Motivation, und vollends die Wirkung aggressiver Überreaktionen ist katastrophal. Dasselbe gilt für zynisches und sarkastisches Verhalten. Nur ein beziehungsgeschulter Lehrer – abgesehen von den wenigen emotional klugen Naturtalenten – wird die Gefahren erkennen, die darin liegen.

Relevant sind diese Kompetenzen nicht allein um der Leistungssteigerung willen. Wenn vom hirngerechten Lernklima die Rede ist, wird oft übersehen, dass die Unterrichtssituation neben dem intentionalen Lernen auch immer implizite Lernprozesse beschert: als soziales Lernen. Die Alphabetisierung des Verhaltens, von der Norbert Bolz spricht, hat mit der Entdeckung der Spiegelneuronen eine neue Aussagekraft gewonnen. Ein respektloser Umgang des Lehrers mit seinen Schülern prägt Muster ein, die destruktive Verhaltensweisen wie Mobbing begünstigen – und damit das Lernklima weiter beeinträchtigen.

*Anschlussfähigkeit.* Neben den emotionalen Faktoren eines motivierenden Lernklimas erforschten Neurobiologen die Art und Weise, wie Neues im Hirn nachhaltig verankert wird. Dann nämlich, wenn es möglich ist, Wissen zu vernetzen. Neue Informationen können zuverlässig verarbeitet werden, falls sie anschlussfähig, also mit Vorwissen kompatibel sind. Das betrifft zum einen die Erfahrungswelt der Schüler, wie beim Reiskorn auf der Ameise – was für kindgerechte Anschaulichkeit im Unterricht spricht –, zum anderen sollte Neues mit intentional Erlerntem verknüpfbar sein. Interesse, Motivation und die Fähigkeit, Wissen dauerhaft zu sichern, setzt damit vernetzte Unterrichtsinhalte voraus. Verknüpfen, Verstehen und Memorieren befähigen den Schüler, das Gelernte schließlich erfolgreich anzuwenden.

»Wir können nur lernen, indem wir etwas Unbekanntes auf Bekanntes beziehen«, meint auch Richard David Precht und verweist auf das Beispiel eines indigenen Volkes aus dem philippinischen Bergwald, dem man einen Film über New York zeigte. Das Einzige, was eine Resonanz auslöste, war die kurze Sequenz eines LKWs mit Hühnern – alles andere rauschte buchstäblich an den Waldbewohnern vorbei, weil es keinen Bezug zu ihrer Lebenswelt hatte.[208] Elsbeth Stern beschreibt das Phänomen der Anschlussfähigkeit aus der kognitionswissenschaftlichen Perspektive mit dem Zusatz, Motivation entstehe gleichsam als Nebenprodukt des Lernerfolgs. Es gelinge, Schüler zu begeistern, so die Forscherin, wenn sie bei Anforderungen feststellten, dass sie bereits Kompetenzen besitzen, die ihnen bei der Lösung neuartiger Aufgaben helfen. Lernen sei also immer dann besonders befriedigend, wenn gleichzeitig Neues bewältigt und auf Altes zurückgegriffen werde.

Im Ergebnis spricht das für fächerübergreifendes Unterrichten, für größere Sinnzusammenhänge. Die Erfindung des Heißluftballons wird umso spannender, falls der Schüler schon weiß, warum die Epoche der Aufklärung eine Hinwendung zu den Naturwissenschaften beförderte und wie das Verhältnis zur Technologie bis heute unsere Mentalitätsgeschichte prägt. Solche Synopsen sind kaum möglich, wenn Fächer isoliert gelehrt werden. Mit unverbundenen Wissensinseln können Schüler wenig anfangen. Noch weniger sind sie in der Lage, sie langfristig wieder für das Arbeitsgedächtnis zu reaktivieren. Punktuelles Wissen erhält erst in Bedeutungszusammenhängen seine Relevanz und seine Nachhaltigkeit. Möglichst sollte das hirnphysiologisch erklärbare Neugierverhalten dabei zum Zuge kommen, was wiederum für eigenständige Projektarbeit statt Frontalunterricht spricht.

Die Schlussfolgerung belegen einmal mehr, dass letztlich alte Ideen durch die Hirnforschung eine neue Legitimation erfahren. Entdeckendes Lernen statt instruktiven Lehrens ist ein

Klassiker der Reformpädagogik, gemäß Maria Montessoris Satz: »Hilf mir, es selbst zu tun.« Auch das kompetenzorientierte Lernen verfährt, adäquat umgesetzt, mit dieser Strategie. Dies hat erfahrungsgemäß nicht nur Vorteile für den Schüler, der beim entdeckenden Lernen Inhalte langfristig im Gedächtnis behält und weiter darauf aufbauen kann. Es bedeutet auch eine Entlastung für die Lehrer. Erziehungswissenschaftler Ulrich Herrmann spricht von einem unterrichtspädagogischen Programm, der sognannten Arbeitsschule, Tatschule oder École Active und merkt an: »Übrigens sind Schüler in solchen Arbeitsformen ruhiger, konzentrierter, kooperativer und leistungsbewusster.«[209]

*Emotions- und Erlebnisqualitäten.* Zu den hirnphysiologisch begründeten Prinzipien, die aus der emotionspsychologischen Forschung bereits bekannt sind, gehört die Beobachtung, dass Sachverhalte sich umso eindrücklicher einprägen, wenn sie starke Gefühle auslösen. Es ist ein großer Unterschied, ob ein Lehrer die Formel für den berechenbaren Ausschlag eines Fadenpendels an die Tafel schreibt oder mithilfe einer schweren Eisenkugel demonstriert. Stellt er sich zudem an einen Punkt, an dem er getroffen werden könnte, falls das Pendel weiter als berechnet ausschwingt, bekommt die graue Theorie einen hochemotionalen Thrill. Dann wird der Lehrer seinen Schülern ein unvergessliches Erlebnis und zugleich ein unvergessliches physikalisches Grundgesetz mit auf den Weg geben. Je stärker der emotionale Eindruck, desto eindrücklicher die Erinnerung.

Aus der Emotionsforschung ist ein Experiment bekannt, bei dem man Probanden eine Fülle von Fotos zeigte. Erinnern konnten sich die Versuchsteilnehmer am besten an jene Fotos, die starke Gefühle hervorriefen. Die emotionale Qualität entscheidet also darüber, was im Gedächtnis haften bleibt. Dieser Mechanismus wird von der Emotionsforschung evolutionär begründet. Da für den Menschen Überleben und Fortpflanzung zentrale Handlungsmotivationen sind, misst er Gefühlen wie

Angst und Lust die größte Bedeutung zu. Sie lehren ihn, worauf es ankommt: Gefahren zu meiden und menschliche Nähe zu suchen – die Solidargemeinschaft und einen attraktiven Sexpartner. Solche Lernprozesse speichert er zuverlässig ab und kann sie in ähnlichen Situationen reaktivieren. Dieses sogenannte adaptive Handeln spielt auch beim intentionalen Lernen eine herausragende Rolle. Spitzfindigerweise könnte man anmerken, dass daher auch Angst eine gute Lernbedingung sei. Wer sich die Hand an der heißen Herdplatte verbrennt, fürchtet, sich ein weiteres Mal eine Brandblase zu holen – und hat einen nachhaltigen Lernprozess in Hochgeschwindigkeit absolviert. Hirnforscher wie Manfred Spitzer entkräften dieses Argument mit dem Hinweis, große Angst bewirke zwar rasches Lernen, sei kognitiven Prozessen jedoch nicht förderlich, da sie verhindere, was beim Lernen erreicht werden soll: »Es geht nicht um ein einzelnes Faktum, sondern um die *Verknüpfung* des neu zu Lernenden mit bereits bekannten Inhalten und die *Anwendung* des Gelernten auf viele Situationen und Beispiele.«[210]

Haben sich Verhaltensweisen als erfolgversprechend herausgestellt, mit allen dazugehörigen angenehmen Gefühlen, neigt man dazu, sie wiederholen zu wollen. Es geht also um eine Belohnungserwartung. Eine gute Zensur ist allerdings nur eine schwache Belohnung, falls der Weg dahin durch lustloses Lernen erkauft ist. Weit wirksamer sind Lernprozesse, wenn die Belohnung schon beim Lernen selbst als Lernfreude und Begeisterung stattfindet.

Damit spielen die Vertreter der Neurodidaktik den Ball an die Lehrer zurück. Von deren Erfindungsgeist wird abhängen, ob es gelingt, chemische Formeln oder die Stadien der Meiose derart emotional aufzuladen, dass sie sich dem Schüler einprägen. Statt der Wissenspräsentation geht es um die Inszenierung anregender Erlebnisse. Sie gelingt erfahrungsgemäß am besten, wenn Schüler in Teams arbeiten, also in Handlungsbezügen, so wie es das kognitionspsychologische Modell der Kompetenzorientierung vorsieht. Die Konsequenz wäre einmal mehr ein Verzicht auf den Frontalunterricht. Die sokratische Verflüssigung des Lernens als entdeckendem Prozess, der im motivierenden eigenständigen Forschen und im Gespräch möglich ist, müsste sich daher vom herkömmlichen Modell des Unterrichts völlig verabschieden. Stattdessen würde Projektarbeit im Team die Belehrung ersetzen.

Das gemeinschaftliche Lernen gehörte bereits zu den Kernüberzeugungen der Reformpädagogik. Der Pädagoge Berthold Otto verwirklichte sie in seiner 1906 gegründeten Hauslehrerschule. Ihren Namen erhielt sie durch das Modell familiärer Bindung und Bildung, das Otto seinem Konzept zugrunde legte: Nicht das Lehren, sondern das Lernen in der Gruppe sei ausschlaggebend für den Bildungserfolg. Frage und Gespräch lösten die Instruktion ab, das Wissenwollen hatte für den Reformpädagogen höchste Priorität. Vor allem war er überzeugt, dass in der Schule nach dem Muster familiärer Bildung gelernt werden müsse. Deshalb unterstützte er die spontane Wissbegierde und die spielerische Selbstorganisation im Schülerteam. Eine ausgeprägte Gesprächs- und Beziehungskultur sei die Grundlage erfolgreichen Lernens. Otto nahm damit den Lerncoach vorweg, den Lehrer als Gesprächsleiter, der Impulse aus der Gruppe aufnimmt und lenkt.

Ottos Schulmodell favorisierte die kommunikativen und organisatorischen Fähigkeiten der Schüler, die sich selbstverantwortlich und einander motivierend ihre Themen erarbeiten. Das setzt Bindung voraus und – modern gesprochen – Erfolgserlebnisse durch gezieltes Teambuilding. Dazu gehört elementar das Konzept des Lernens durch Lehren, das in Ottos Hauslehrerschule ältere oder kompetentere Schüler übernahmen. Jahrgangsübergreifende Klassen verstand sich damit von selbst. Aber auch Gleichaltrige sind offenbar hervorragende Lehrer, wie der Didaktiker Jean-Pol Martin meint: »Wenn Schüler einen Lernstoffabschnitt selbständig erschließen und ihren Mitschülern vorstellen, wenn sie ferner prüfen, ob die Informationen wirklich angekommen sind und wenn sie schließlich durch geeignete Übungen dafür sorgen, dass der Stoff verinnerlicht wird, dann entspricht dies idealtypisch der Methode Lernen durch Lehren.«[211]

*Wiederholung und unterstützendes Feedback ohne Notendruck.* Eine weitere neurodidaktische Prämisse ist die regelmäßige Wiederholung des bereits Gelernten, begleitet durch unterstützende statt kontrollierender Feedbacks des Lehrers. Der Schüler sollte also seinen Lernerfolg überprüfen können, ohne dass er gleich schlechte Noten fürchten muss. Damit wird ein neuralgisches Thema angesprochen: der Zensurenfetisch. Seit vergleichende Schulstudien Lernerfolge nur noch in Form von Noten klassifizieren, ist die Zensur zum Distinktionsmerkmal ganzer Länder aufgestiegen. Im Schulalltag wirkt sie hingegen meist entmutigend. Die einen folgern daraus, dass der Lehrer als Lerncoach so lange betreut, unterstützt und korrigiert, bis der Schüler eine gute Note erreichen kann. Die anderen machen sich dafür stark, Leistungsüberprüfungen gar nicht mehr an Zensuren zu binden, sie also kurzerhand abzuschaffen – wie etwa Richard David Precht, der das alte Notensystem »für längst erodiert« erklärt.[212] Die Befürworter der Schule als zensurenfreier Zone argumentieren mit dem demotivierenden Effekt schlechter Benotungen. Die Schüler sollten erst einmal ihren eigenen Lernrhythmus finden, Misserfolge ohne Druck kompensieren und sich Hilfe beim Lehrer holen, wenn sie Schwierigkeiten haben. Das leuchtet ein. Doch eine Schule ganz ohne Zensuren? Geht das?

Die Entstehung des Zensurensystems markierte historisch den Wechsel vom heterogenen Bildungsmarkt zur administrativen Selektion. Während bis weit ins 18. Jahrhundert hinein verschiedene Schul- und Bewertungssysteme nebeneinander existierten – etwa die Klosterschulen, die konfessionellen Schulen, die Stadtschulen –, wurde zunehmend auf eine Vereinheitlichung des Lehrplans wie der Bewertung gedrungen. Mit anderen Worten: Erst als der Staat das Bildungsmonopol beanspruchte, wurden Zensuren gebraucht, die eine Auslese der vermeintlich Besten ermöglichten. Dabei handelte es sich um eine Relation: Nicht absolute Leistung, sondern Leistung im Verhältnis zum Mittelwert wurde wichtig. Und das gilt bis zum heutigen Tag. »Die Benotungskriterien bestehen ja längst nicht mehr in der »Zufriedenheit des Lehrers«, sondern werden administrativ so vorgegeben, dass die Erfüllung der Leistungsanforderungen eben befriedigend ist, nicht besser. Schlechte und schlechteste Schüler (oder Studierende) sind statistisch eingeplant, schreibt der Literaturwissenschaftler Heinrich Bosse, der von »Selektion als Denkzwang« spricht.[213] Die Leistungsskala folgt dem Prinzip der Gauß'schen Glocke: Wenige Spitzenleistungen und wenige unterdurchschnittliche Leistungen umrahmen ein breites Mittelfeld. Dieses aber ist eine veränderliche Größe. Was und wie viel geleistet werden muss, um mit einer guten Zensur belohnt zu werden, verschiebt sich, sobald das Mittelfeld nach oben aufrückt oder nach unten abfällt. Nach dieser Logik dürfen – statistisch gesehen – nicht überdurchschnittlich viele Schüler sehr gut oder sehr schlecht sein.

Da Selektion das Ziel ist, greift der Staat deshalb bis heute in schulische Bewertungskriterien ein, um das Auswahlverfahren zu sichern. Als Beispiel nennt Bosse das Mathematikabitur des Jahres 2011. »Als sich ankündigte, dass im achtjährigen Gymnasium zu viele Schüler durchfallen würden – im Vergleich zu G 9 (1 Prozent) –, setzte der bayerische Kultusminister kurzerhand die Anforderungen herab und ließ die Arbeiten erneut korrigieren.« Bosse folgert: »Es ist daher sinnlos, vergleichbare Noten zu wünschen, wenn die Stellschraube der Statistik jederzeit willkürlich verändert werden kann, um den Beamtenwunsch nach optimaler Präselektion für die Bestenauslese zu erfüllen.«

Zeugnisnoten verlieren damit tendenziell ihre Aussagekraft. Über den individuellen Lernerfolg, über Motivation und Engagement sagen sie ohnehin wenig aus. Letztlich können Zensuren nur darüber Auskunft geben, ob und wie sich ein Schüler den schulischen Standards anpasst – ob er also mit der Art des Lernens und der Art der Leistungskontrolle klarkommt. Dass er besser lernen könnte, wenn er anders lernen dürfte, wird ebenso wenig berücksichtigt wie die Tatsache, dass er zu kreativen und originellen Leistungen fähig wäre, falls man ihm die Gelegenheit dazu gäbe. Hirngerechtes Lernen wäre demnach individuelles Lernen, abgestimmt auf Bedürfnisse, Begabungen und Kompetenzen des Schülers. Und ohne die Furcht vor einer schlechten Zensur.

Wiederholendes Lernen hat in diesem Konzept auch den Sinn einer Vertrauensbildung zwischen Lehrer und Schüler. Es ist dann nicht dem Schüler überlassen, solche Wiederholungen allein zu Hause durchzuführen als ungeliebte, belastende Hausaufgabe. Vielmehr wäre der Lehrer ein Lerncoach, weil er die Verankerung und Festigung des Gelernten als Teil seiner unterstützenden Aufgabe sieht. Und bei dieser Gelegenheit ebenfalls den Zensurenerfolg befördert, falls man denn am System der Benotung festhält.

*Lernen und Bewegung.* Eine der vermutlich wichtigsten Schlussfolgerungen, die sich beim Blick der Hirnforscher auf das Lernen ergibt, ist der Zusammenhang zwischen Bewegung und Lernen. Bereits die Entwicklungspsychologie belegt, dass motorische und intellektuelle Kompetenz miteinander korrespondieren. Laufen lernen und sprechen lernen bedingen einander. Die Neurowissenschaften können dieses Beobachtungswissen neu begründen: Im Hirn bilden sich Funktionszusammenhänge zwischen Sensorik, Motorik und kognitiven Lernprozessen. Forscher wie Gertraud Teuchert-Noodt haben dieses Phänomen als Organisation von Stoffwechselprozessen des Hirns erklärt: Durch körperliche Bewegung wird die Produktion von Neurotrophinen angeregt, die wiederum das Nervenzellwachstum und den Aufbau neuronaler Verknüpfungen begünstigen. Schon bei der altersgerechten Entwicklung eines Kindes spielen demnach verschiedene Transmittersysteme eine Rolle. Sie formen die Struktur und die Funktionsfähigkeit einzelner Hirnareale und kooperieren dabei. Erst wenn neurale Funktionssysteme zusammenarbeiten, können Motorik, Sprache und emotionale Verarbeitung ineinandergreifen und dabei reifen.

Aufschlussreich daran ist die wechselseitige Beziehung: »Prägende aktivierende Einflüsse aus einem dieser Systeme forcieren nicht nur die Entwicklung zugehöriger Fertigkeiten, sondern fördern auch die Ausreifung der anderen, so auch höherer kognitiver Fähigkeiten.« Einfacher ausgedrückt: Emotionen, Lernfähigkeit und Motorik sind vernetzt. Dieses frühe Entwicklungsmuster ist auch bei späteren Lernprozessen ausschlaggebend, so die Forschergruppe um Gertraud Teuchert-Noodt, die in der Abteilung für Neuroanatomie an der Universität Bielefeld lehrt.

Für die Schule bedeutet das einen völlig neuen Blick auf das Lernen. Es sollte nicht isoliert betrachtet werden, sondern als Zusammenspiel von Motorik, Kognition und Emotion. Zwingt man ein Kind zum Stillsitzen, wird es nicht sein volles Potenzial entfalten können: »Immer wollen sämtliche Teilleistungen von Subsystemen in einem chemisch ›harmonischen‹ Wechselspiel (= homoeostatischen Gleichgewicht) angesprochen und gefördert werden.«[214] Wurden also Generationen von Schülern um ihre geistige Entwicklung betrogen? Offenbar ja. Denn zum einen entsteht ein emotional belastendes Lernklima, wenn Schüler permanent ihre motorischen Bedürfnisse unterdrücken müssen – darum geht es ja unter anderem bei der Disziplinierungsdebatte. Der Zwang zur Bewegungslosigkeit erschwert aber nachhaltiges Lernen. Die Forscher weisen allerdings darauf hin, dass nur maßvolle Bewegung den Lernvorgang fördert. Ein Basketballspieler, der zum Sprung ansetzt, wird sich kaum nebenbei für neue lateinische Vokabeln interessieren können. So bleibt die Frage, wie sich der Zusammenhang von Bewegung und Lernen in der Schule praktisch umsetzen ließe.

Ein Blick auf Lernkulturen jenseits unseres staatlichen Schulsystems zeigt, dass es zahlreiche Traditionen gibt, in denen Bewegung und Lernen ganz selbstverständlich verknüpft sind. Das zeigen nicht zuletzt native Kulturen, wo Kinder die Erwachsenen bei ihrem Arbeitsalltag begleiten und dabei die Kunst des Jagens und Sammelns erlernen. Lernen mit einer faktischen Kasernierung gleichzusetzen, ist daher ein Akt unnatürlicher Willkür und hirnphysiologisch glatter Unsinn. Ob und wie sich diese Erkenntnis auf schulische Bedingungen übertragen lässt, bleibt der Fantasie des Lehrers überlassen. Doch darin liegt auch eine Chance, wie das folgende Beispiel zeigt.

## Und sie bewegt sich doch:
## Günther Schmalisch wandert in Lernlandschaften

Hirngerechtes Lernen scheint utopieseliges Wunschdenken zu sein, wenn man Struktur und Organisation deutscher Schulen betrachtet. Lehrpläne, Stundenpläne und die Architektur von Klassenzimmern lassen den Schluss zu, dass es Jahre dauern würde, bis die Vorschläge der Hirnforscher eine Entsprechung in der schulischen Praxis fänden – wenn überhaupt. Ohne Strukturreformen, so die verbreitete Annahme, seien grundlegende Veränderungen unmöglich. Doch es gibt Lehrer und Schulleiter, die sich nicht damit abfinden wollen. Zu ihnen gehört Günther Schmalisch. Am Albrecht-Ernst-Gymnasium in Oettingen gelang ihm, was die meisten seiner Kollegen für Zukunftsmusik halten: hirngerechtes Lernen, ohne auf langwierige Reformen zu warten. Denn was der Schulleiter gemeinsam mit seinen Kollegen entwickelt hat, ist zunächst einmal ein Bewusstsein für die Notwendigkeit einer Transformation von innen. Und ganz nebenbei zeigte Günther Schmalisch, wie viel ein Einzelner bewegen kann, wenn es ihm ernst ist mit der Verantwortung für gelingende Schule.

Betritt man das Albrecht-Ernst-Gymnasium, reibt man sich die Augen: Ist das Unterricht? Oder eine immerwährende große Pause? Die Türen der gläsernen Klassenzimmer stehen weit offen; überall, auch auf den Fluren, sitzen, stehen, liegen Schüler in kleinen Gruppen auf dem grauen Teppichboden. Manche haben Tablets auf den Knien, andere schreiben etwas in ein Heft. Ein Mädchen zieht eine Schublade mit Karteikarten auf, ein zweites stellt eine weiße Tafel an die Wand. Auf dem Boden verstreut liegen bunte Plakate mit Zeichnungen und Textblasen, polyfones Stimmengewirr durchzieht die Räume. Der zweite Eindruck: Hier wird gelernt. Aber ganz anders als gewohnt. »Lernlandschaften« nennt Schulleiter Günther Schmalisch das Konzept.

Was zunächst in der fünften Jahrgangsstufe erprobt wurde, soll Modellcharakter haben und sukzessive bis zur zwölften Jahrgangsstufe ausgeweitet werden: ein Unterricht, der nicht Instruktion, sondern Entdeckungshilfe ist. Und zwar hirngerecht, als Beherzigung aller neurodidaktischen Prämissen. Um dieses Wunder zu verstehen, muss man wissen, was Schmalisch motivierte, auf eigene Faust aktiv zu werden. »Seit etwa zehn Jahren beschäftigt mich die Erkenntnis, dass Kinder keine Roboter sind, die man ein- und ausschalten kann und die alle gleich schnell und auf die gleiche Art und Weise funktionieren«, erzählt er. »Jedes Kind möchte lernen, in jedem Kind stecken Neugier und Interesse. Die individuelle Lernfreude geht in der Schule allerdings oft zu schnell verloren. Stattdessen wünschte ich mir eine Schule, in der die Schüler sagen: Lernen ist geil.« Für Schmalisch stand seit Langem fest, dass der traditionelle Unterricht nicht mehr akzeptabel ist: »Man muss Freude am Lernen vermitteln, eine emotionale Beziehung zum Lehrer und zu den Inhalten. Es kann doch nicht sein, dass wir mit großer Energie die Schüler dazu zwingen, für sie oft sinnlose Leistungen zu erbringen, nur um am Ende eine gute Note zu bekommen, und danach ist alles wieder vergessen.«

Wenn Schmalisch mit Abiturienten seiner Schule ein halbes

Jahr nach den Prüfungen sprach, sagten sie ausnahmslos, das angelernte Wissen sei größtenteils verschwunden, ein zweites Mal würden sie das Abitur nicht schaffen. »Fakten, die nur den Sinn haben, abgefragt zu werden, haben mit dem eigentlichen Lernen nichts zu tun«, befand Schmalisch und beschloss, sich eigenständig weiterzubilden. Er fuhr zu Tagungen und Kongressen, informierte sich über die Erkenntnisse der Hirnforschung, sprach immer wieder mit Neurobiologen und Lernforschern. Außerdem interessierten ihn die Schulmodelle anderer Länder, in denen es offensichtlich erfolgreicher gelang, Schüler zu Leistungen anzuspornen. »Bis ich zu dem Ergebnis kam: Die herkömmliche Schule zwingt Kinder zu einem Spagat. Am einen Fuß hängen die Erkenntnisse über kind- und gehirngerechtes Lernen, vernetztes Denken, Interesse und Motivation, über die Bedeutung des Lernklimas und der Bewegung. Am anderen Fuß hängt die Institution Schule mit ihren starren Rhythmen, mit ihren vorgegebenen Inhalten, die nur für Tests auswendig gelernt werden; auch dass alle Schüler dasselbe auf dieselbe Art und Weise in derselben Zeit erledigen, gehört zu den starren Schemata. Das Problem ist: Jemand, der im Spagat sitzt, kann sich nicht bewegen. Ich wollte die Schüler aufrichten, sie in die Lage versetzen, altersgerecht, hirngerecht und ihren individuellen Bedürfnissen entsprechend nachhaltig zu lernen.«

Die Hirnforscher sagten ihm, sie könnten ihm nur ihre Erkenntnisse zur Verfügung stellen, wüssten aber selbst nicht, wie man in der Schule damit umgehen könnte. Also zog Günther Schmalisch die Konsequenz daraus: »Das ist unsere Aufgabe, die Aufgabe der Lehrer!« Einen wichtigen ersten Impuls gab ihm der Erziehungswissenschaftler Peter Struck. Der war gerade von einer Reise nach Schweden und Finnland zurückgekehrt, als er auf einem Kongress dem Oettinger Schulleiter erzählte, dass sich Lehrer dort als Berater, Unterstützer und Helfer sehen. Dieser Hinweis faszinierte Schmalisch, der schon lange meinte, Schüler dürften nicht mehr frontal und von oben herab unterrichtet werden.«Als ich wieder zu Hause war, sagte ich: Kinder, rückt die Tische zusammen, ihr müsst miteinander sprechen!« Er stellte Materialien mit unterschiedlichen Schwierigkeitsgraden zusammen und berücksichtigte dabei das unterschiedliche Lerntempo der Schüler. Dabei half ihm die Erfahrung, dass er selbst vierfacher Vater ist. »Schüler lernen nicht alle gleich schnell. Jeder, der eigene Kinder hat, weiß: Die einen fangen mit acht Monaten an zu laufen, die anderen vielleicht erst mit zwölf oder dreizehn Monaten. Irgendwann laufen sie alle, darauf kommt es an. In der Schule ist es ähnlich. Ob ein Schüler bestimmte Inhalte am 15. November oder am 5. Januar beherrscht, ist unerheblich – Hauptsache, er beherrscht sie schließlich.«

Die Oettinger Schüler dürfen heute auf den Lehrer zugehen, wenn sie sicher sind, ein Thema zu beherrschen. Dann erst schreiben sie einen Test. »Das ist wie bei der Führerscheinprüfung«, erklärt Schmalisch. »Jeder meldet sich an, wenn er meint, dass er genügend Fahrstunden absolviert hat und bereit dazu ist – Hauptsache, er kann fahren.« Diese Überlegungen hatten wesentlich damit zu tun, dass Schmalisch die Angst aus der Schule verbannen wollte. »Eine angstfreie Atmosphäre ist nach den Erkenntnissen der Hirnforschung die Voraussetzung für nachhaltiges Lernen. Ich erinnere mich aus meiner eigenen Schulzeit noch daran, wie schlimm es war, überraschend abgefragt zu werden. Wenn der Lehrer vorn mit der Namensliste stand, starrte ich angstvoll auf seinen Zeigefinger. Je weiter er nach unten glitt, desto heftiger wurde mein Pulsschlag, denn mein Name fängt mit einem S an und stand weit unten auf der Liste.« Überfallartiges Abfragen und unangekündigte Tests hat der Schulleiter deshalb völlig abgeschafft. Bei ihm können die Schüler in einem gewissen Zeitfenster selbst bestimmen, wann sie einen Test schreiben wollen – genau dann nämlich, wenn sie sich fähig dazu fühlen.

Zu den Grundvoraussetzungen gelingender Schule gehört nach Schmalischs Überzeugung die Umgebung, in der man lernt.

»In den meisten Schulen sitzen zehnjährige Schüler in den gleichen Räumen wie achtzehnjährige: Die Bänke stehen in Reih und Glied, vorn der Lehrertisch, dahinter hängt die Tafel. Dabei weiß jeder, dass sich ein Zehnjähriger sein privates Zimmer ganz anders einrichtet als ein Achtzehnjähriger. Die Bedürfnisse ändern sich mit dem Alter. Kinder und Jugendliche, die in normierten Klassenzimmern sitzen, können sich nicht wohlfühlen. Deshalb haben wir das Raumkonzept geändert – schrittweise, bis am Ende das Modell der Lernlandschaft entstand.« Um die architektonischen Bedingungen zu verändern, musste er investieren, doch die Erfolge zeigen, dass sich der finanzielle Aufwand lohnt. Großen Wert legte Schmalisch auf eine altersgerechte Gestaltung. Es sei ignorant, dass Schüler acht Jahre lang in denselben Räumen sitzen. So wurde zur Leitlinie, auf die verschiedenen Bedürfnisse einzugehen.

Der Schulleiter fragte sich: Wie verhalten sich Jugendliche mit vierzehn, fünfzehn oder sechzehn? »Ich habe sie in der Pause, vor und nach dem Unterricht beobachtet, um herauszufinden, wo sie sich jeweils am wohlsten fühlen. Außerdem bat ich die Schüler, Fotos von Schulbereichen zu machen, in denen sie sich gern aufhalten. Das war hochinteressant.« Das Ergebnis seiner Recherche: Fünftklässler legen sich am liebsten mitten ins Forum, während ältere Schüler sich gern zu dritt oder zu viert in Nischen zurückziehen. »Es machte mir Spaß, mich damit zu beschäftigen und aus den Beobachtungen Schlüsse für die Raumgestaltung zu ziehen.«

Im ersten Schritt ging es dem Schulleiter um die Erkenntnis der Hirnforschung, dass Lernen und Bewegung zusammengehören. »Kinder und Jugendliche haben einen starken Bewegungsdrang. Es ist unnatürlich, sie stundenlang zum Stillsitzen zu zwingen. Man weiß, dass die Neurotransmitterproduktion spätestens nach zwanzig Minuten Sitzen dramatisch abnimmt, Lernen im eigentlichen Sinne also nicht mehr möglich ist. Außerdem haben Jungen ein höheres motorisches Bedürfnis als Mädchen, unter anderem, weil sie mehr Muskelmasse besitzen.« Während Schmalisch über neue Bewegungsangebote nachdachte, las er, dass einige japanische Firmen dazu übergegangen waren, Konferenzen im Stehen abzuhalten. Und zwar mit Grund: Die Teilnehmer waren wesentlich konzentrierter, und die Konferenzen dauerten kürzer. Also verfiel er auf die Idee, höhenverstellbare Tische anzuschaffen, sodass die Schüler daran stehen konnten, falls sie Lust dazu verspürten. Gleichzeitig nahm er Kontakt mit Manfred Spitzer auf, der in seinem Ulmer Transferzentrum für Neurowissenschaften und Lernen eine Abteilung »Lernen und Bewegung« initiiert hatte.

Ein Jahr lang begleitete das Institut Günther Schmalischs Experiment, das auch für Manfred Spitzer Neuland war. »Dabei fanden wir heraus: Die individuelle Bewegungsmöglichkeit ist wichtig. Die Lernfreude war dann am größten, wenn die Schüler je nach individuellem Bedürfnis aufstehen und sich bewegen konnten.« Ein weiteres Ergebnis war mindestens ebenso interessant: Sogenannte »bewegte Pausen« während des Unterrichts, bei denen der Lehrer die Schüler aufstehen ließ und gymnastische Übungen mit ihnen durchführte, erwiesen sich als kontraproduktiv. »Was wiederum belegt«, so Schmalisch, »wenn alle dasselbe zur selben Zeit auf dieselbe Art und Weise machen müssen, funktioniert es nicht.« Die Schüler dürfen sich seither frei bewegen, ob im Klassenzimmer oder im Flur, können sie sich aussuchen. Das *Wehe, wenn sie losgelassen,* jene Urangst vieler Lehrer, die um diszipliniertes Stillsitzen ringen, verblasst zu einem altmodischen Stoßseufzer. Das motorische Bedürfnis von Schülern wird hier nicht als Ärgernis, sondern als Lernbedingung betrachtet. Ein jahrhundertelanger Kampf gegen Schüler als störende Zappelphilippe endet in friedlicher Koexistenz.

Im zweiten Schritt war für den Schulleiter ausschlaggebend, dass Kinder immer lernen: vor, nach und außerhalb der Schule. Und dass sie etwas, was sie gemacht haben, gern zeigen. »Als

Vater erlebte ich häufig, dass meine Kinder mit einem Bild zu mir kamen und ganz stolz sagten: ›Schau mal, das habe ich gemalt!‹ Bevor Kinder in die Schule kommen, sind die Inhalte interessant und nicht die Noten. So kam mir die Idee: Auch in der Schule müssen wir uns gegenseitig zeigen, was wir machen. Das Gelernte muss nach außen hin wahrnehmbar und transportierbar sein.« Lernen hinter Schloss und Riegel kam für ihn nicht mehr in Betracht, und er beschloss, auf die herkömmlichen Klassenräume ganz zu verzichten. »Daraufhin haben wir einen großen, freien Raum umgebaut: Wände zum Teil eingerissen, Türen weggelassen, Glasfronten eingezogen und ein Forum in der Mitte geschaffen, damit alle sehen, was die anderen tun. Die Schüler sollten die Möglichkeit haben, einander zu begegnen, sich auszutauschen.« Nicht der Lehrer durfte im Mittelpunkt stehen, sondern das schülerzentrierte Lernen. Die großen grünen Schultafeln ersetzte Schmalisch deshalb durch kleine bewegliche Tafeln, die von den Schülern wahlweise an die Wand gehängt oder auf die Tische gelegt werden können.

So entstand in einem längeren Prozess das Konzept und die Architektur der »Lernlandschaften«. Darin kann jeder Schüler seinen Bedürfnissen gemäß individuell lernen, weil nicht alle das Gleiche zur gleichen Zeit auf die gleiche Art und Weise tun müssen. Kinder, die in bestimmten Bereichen Nachholbedarf haben oder mehr Zeit für eine Aufgabe brauchen, lernen jetzt ohne den Druck kollektiven Gleichschritts. Wenn man das Ergebnis betrachtet, die vielen Gruppen von Kindern, die eigenständig an ihren Projekten arbeiten, kann man sich nur wundern, wie ruhig es dabei zugeht. Kein Schüler schreit, keiner tobt, keiner stört die anderen. »Die Probleme mit Disziplinlosigkeiten haben ganz deutlich abgenommen«, stellt Schmalisch fest. »Wenn ich Jugendliche ernst nehme, als Individuen betrachte, auch mit ihren Themen und Interessen, dann entsteht eine ganz andere Lehrer-Schüler-Beziehung, die völlig selbstverständlich auf gegenseitigem Respekt beruht. Viele sogenannte Disziplinlosigkeiten und Autoritätskonflikte entstehen erst dadurch, dass man die Schüler wie beim Militär zum Stillsitzen anhält: Alle müssen nach vorn schauen und dürfen nur reden, wenn sie gefragt werden. Das widerspricht der menschlichen Natur. Schüler wollen kommunizieren, und wir geben ihnen die Gelegenheit dazu.«

Für Günther Schmalisch ist es daher unverständlich, dass Lehrer seit Generationen über die Schüler der Mittelstufe schimpfen. »Dabei wissen sie doch, dass diese Jugendlichen in der Pubertät sind, ihre eigene Identität finden müssen und sich deshalb von Autoritäten ablösen! Wer da auf Autorität pocht, schürt Konflikte. Wenn ich interessegeleitet und schülerzentriert arbeite, darf ich eine 8. Klasse nicht behandeln, als hätte ich kleine Kinder vor mir – so nach dem Motto: Schlagt mal ein Buch auf. Wir Lehrer müssen uns immer vergegenwärtigen, dass die Kinder und Jugendlichen im Zentrum stehen.«

Wenn der Schulleiter in der ersten Zeit dieses Experiments mit Lehrern anderer Schulen sprach, erntete er Kopfschütteln. Es klang ja tatsächlich nach einem Ding der Unmöglichkeit: an die hundert Schüler einer Jahrgangsstufe, die sich ohne jede Beschränkung bewegen und miteinander sprechen? »Dazu muss man sagen, dass die Akustik in den meisten Schulen katastrophal ist. Sobald auch nur zwei, drei Schüler reden, wird es unerträglich laut. Dieses Problem haben wir gelöst durch eine große, abwechslungsreiche Lernlandschaft, die mit Teppichboden ausgelegt und mit einer hochwertigen Akustikdecke versehen ist.«

Die Neugestaltung der Lernumgebung hatte einen weiteren positiven Effekt: Die Schüler identifizieren sich seitdem mit ihren Räumen. Während in anderen Schulen die Klassenzimmer oft beschmiert und die Möbel verkratzt und bekritzelt werden, ist Vandalismus hier ein Fremdwort. Schmalisch hält es für einen großen Fehler, dass die Schüler in traditionellen Schulen mehrmals am Tag den Raum wechseln. »Wie sollen sie sich heimisch fühlen? Das ist bei uns völlig anders. Nach nunmehr vier Jahren sieht die Lernlandschaft aus wie neu. Jeder Schüler geht achtsam mit der Einrichtung um.«

Im dritten Schritt ging es Günther Schmalisch um Motivation und Lernfreude. »Neues muss sich an bereits Vorhandenes anknüpfen lassen – so beschreibt es die Hirnforschung. Man kann viel wissen, aber wenig können. Problemlösungskompetenz ist gefragt. Und die funktioniert am besten im Team.« Schmalisch hatte noch im Ohr, was die Personalchefin eines großen Augsburger Computerunternehmens ihm gesagt hatte: »Bei uns gibt es kein einziges Problem, das ein einzelner Mitarbeiter lösen kann. Dafür sind die Fragestellungen zu komplex. Wir brauchen Leute, die im Team lösungsorientiert arbeiten.« Das bestärkte ihn in dem Beschluss, den Frontalunterricht nahezu ganz aufzugeben und Lernteams zu ermöglichen. »Bis auf individuelle Übungszeiten lernen die Kinder in Gruppen. Das ist zugleich ein soziales Training. Ich sage immer: Kinder, ihr müsst nicht mit jedem befreundet sein – das kann man später im Beruf auch nicht –, aber ihr müsst mit jedem zusammenarbeiten können.« Letztlich müsse man Teamfähigkeit sogar als Kriterium des Abiturs einführen, überlegt Schmalisch, da diese in modernen Arbeitsprozessen unerlässlich sei.

Kompetenzorientierung versteht sich bei diesem Schulkonzept quasi von selbst, so wie Motivation und Selbstwirksamkeit. Denn das Prinzip der Lernlandschaften besteht darin, Schülern etwas zuzutrauen, statt sie mit formatierten Wissensportionen zu entmündigen. »Schüler können viel mehr, als viele denken«, sagt Günther Schmalisch. »Am besten lernt man, wenn man anderen etwas erklärt. Kinder und Jugendliche vermögen ihren Mitschülern oft viel besser etwas zu vermitteln, was dann auch wirklich verinnerlicht wird. Wir möchten ja, dass nachhaltig gelernt wird und nicht für eine Note.« Ganz im Sinne des Lernens durch Lehren werden die Schüler selber zu Lehrern, die sich überlegen, wie sie Fakten so plausibel wie möglich veranschaulichen. Da sie sich ihr Wissen selbst erarbeiten, bereiten sie die

Details intuitiv kindgerecht für die anderen auf. Vor Kurzem ging es zum Beispiel darum, wie viel Kubikmeter Wasser täglich von der Elbe in die Nordsee fließen. Das Lernteam, das sich mit dem Thema beschäftigte, baute zu Hause selbstständig aus Holzstäben einen Würfel, der genau einen Kubikmeter fasste. So konnte man sich die Dimension besser vorstellen. »Wir Lehrer müssen oft gar nicht viel tun, das machen die Kinder schon selber – falls man ihnen den Raum dazu lässt«, resümiert Schmalisch.

Natürlich hat er sich – hirngerecht – auch über vernetztes Denken den Kopf zerbrochen und deshalb die Grenzen zwischen den Fächern tendenziell aufgelöst. Seine Kollegin Linda Lutter erklärt: »Wir haben vorwiegend Projekte, in denen wir die Themen des Lehrplans Deutsch und Geografie mit den Schülern bearbeiten.« Konkret heißt das beispielsweise, dass Storms *Schimmelreiter* in einen weiteren Kontext gestellt wird: Was bedeuten Ebbe und Flut? In welche historische Epoche fällt die Novelle? Statt isolierter Stoffpartikel entstehen vernetzte Themenfeldern ganz so, wie es die hirngerechte Didaktik fordert.[215]

Es gibt einen weiteren bemerkenswerten Effekt der Lernlandschaften: Hier wird der Lehrer wirklich zum Coach und Berater. Er geht von Gruppe zu Gruppe, schaut zu, was passiert, gibt Tipps und muss nicht mehr der einsame Performer sein. Das sei sehr entlastend, erzählt Schmalisch. Stress, Schreien und nervliche Belastungen hätten sich extrem reduziert. Das heißt, nicht nur die Kinder entwickeln mehr Lernfreude, die Lehrer empfinden sozusagen mehr Lehrfreude, eine ganz neue Kategorie. »Mir macht es jetzt viel mehr Spaß, mit den Kindern zusammenzuarbeiten«, sagt Linda Lutter. »Man hat einen engeren Kontakt zu den Schülern. Ich kann ihnen ganz konkret bei Problemen helfen und sehen, dass etwas vorangeht, dass der Stoff länger hängen bleibt.«[216] Die neue Transparenz der Architektur spiegelt übrigens auch Schmalischs Absicht wider, Schule generell nicht länger hinter verschlossenen Türen zu praktizieren. Im Albrecht-Ernst-Gymnasium ist jeder Tag ein Tag der offenen Tür.

»Bis heute bieten wir Eltern an, unangemeldet in die Schule zu kommen. Ja, unangemeldet! Uns ist an größtmöglicher Transparenz gelegen.« Was in anderen Schulen undenkbar wäre, gehört hier zum Alltag: Eltern, Großeltern und weitere Verwandte dürfen einfach hereinschneien und sich ein eigenes Bild machen. »Die Reaktionen auf unser neues Modell sind begeistert, auch seitens der Eltern. Und keiner der Angehörigen hat sich jemals negativ geäußert. Viele sagen sogar: Schade, dass ich nicht mehr in die Schule gehen darf.«

Momentan sind die Lernlandschaften in den Jahrgangsstufen 5,6 und 7 eingerichtet. Zum Schuljahr 2014/15 sollen die Räume der Mittelstufe, also der Jahrgänge 8,9 und 10 umgebaut werden, demnächst auch die Räume der 11. und 12. Klassen. »Das Konzept hat sich absolut bewährt«, versichert Schmalisch, »es werden alle Inhalte erarbeitet, die der Lehrplan vorschreibt.« Dies ist umso erstaunlicher, als die meisten Lehrer entdeckendes Lernen im Team immer noch mit dem Hinweis auf Zeitdruck und überfrachtete Lehrpläne ablehnen. Wer meint, dass hirngerechtes, kompetenzorientiertes Lernen zu umständlich und zeitraubend sei, wird hier eines Besseren belehrt. Da Schmalisch oft Vorträge in anderen Schulen hält, kennt er solche Vorbehalte. Oft seien sie vorgeschützt. »Die Innovationsbereitschaft der Lehrer ist häufig gering, weil die Macht der Gewohnheit sie lähmt. Vor allem die Ausbildung ist eine Katastrophe. Wenn man sich die Fachdidaktik anschaut, vermittelt sie ein sehr simples Bild des Lernens.«

Zu den kontraproduktiven Standards gehört für Günther Schmalisch die Einteilung des Unterrichts in 45-Minuten-Einheiten, in denen nachhaltiges Lernen so gut wie unmöglich sei. Auch die herkömmliche Didaktik mit ihrem auf die Minute genau durchgeplanten Schema hält er für Unfug. Den Musterablauf kennt Schmalisch aus eigener Erfahrung. »Meist werden zuerst die Hausaufgaben verbessert. Oder es wird abgefragt – ein Schüler übersetzt oder rechnet, und die anderen sind froh, dass sie nicht dran sind. Dann folgt die sogenannte Motivations-phase. Da wirft der Lehrer zum Beispiel ein Bild an die Wand, und 25 Schülerinnen und Schüler sollen dadurch motiviert wer-den, sich damit zu beschäftigen. Nach der folgenden ›Neudurch-nahme‹ würde nun das eigentliche Lernen beginnen, nämlich dass die Kinder sich mit den Inhalten beschäftigen, damit umge-hen. Doch dazu kommt es nicht mehr, denn die Stunde ist aus, das Lernen geschieht dann eben als Hausaufgabe.«

Besonders die falsche Vorstellung, was Motivation bedeute, stört Schmalisch. Motivation entstehe nicht einfach durch irgend-ein Bild.»Sie gelingt nur intrinsisch. Interesse kann man außer-dem nicht für alle einheitlich erzeugen, so wenig wie Motivation. Man muss die Schüler mit Dingen faszinieren, für die sie sich oh-nehin interessieren. Und die anderen Phasen sind ja nur dazu da, den Plan des Lehrers zu erfüllen, wie es ganz extrem bei Lehr-proben zu beobachten ist. Da gibt es überhaupt keinen Freiraum für Unvorhergesehenes.« Referendare lernten genau dieses Schema und erwarteten im Ernst, die Schüler würden funktio-nieren.»Ich sage immer: Solche Lehrproben würden perfekt ab-laufen, wenn keine Schüler dabei wären. Die gelangweilte Reak-tion spätestens in der Mittelstufe ist doch verständlich, wenn Schüler wissen, dass am Ende ohnehin das an der Tafel steht, was der Lehrer sich vorher schon überlegt hat.«

Schmalisch plädiert dafür, die planende Didaktik solle völlig aus den Seminarschulen verschwinden, weil sie Lernfreude und Entdeckerfreude verhindere und damit die intrinsische Motiva-tion. »In den Seminarschulen muss man umdenken, denn bis sich das Universitätsstudium ändert – falls das jemals passiert –, vergeht viel zu viel Zeit. Für mich ist daher nicht das Studium entscheidend, sondern die Lehrerbildung im Referendariat. Die Seminarleiter vermitteln noch zu oft ein überholtes Bild des Lehrers. Eine Referendarin erzählte mir, ihr Seminarleiter habe die Regel aufgestellt, man dürfe sich von der Schultafel höchs-tens drei Schritte auf die Schüler zubewegen. Abstand halten ist die Botschaft. Dabei muss es genau umgekehrt sein: Lehrer sollten auf die Schüler zugehen, sich mit ihnen unterhalten, sie persönlich ansprechen und unterstützen.«

Das Fatale sei, dass die Seminarleiter den Referendaren ein nicht mehr zeitgemäßes Muster mit auf den Weg geben. »Und dann kommt die Wirkung der Spiegelneuronen ins Spiel«, erregt sich Schmalisch. »Ein Referendar, der einen bevormundenden Seminarleiter erlebt hat, übernimmt dessen Verhaltensmuster und gibt sie an die Schüler weiter«. Langfristig, so der Schulleiter, müsse man auch das Studium umstrukturieren. Es sei viel zu stark fachwissenschaftlich ausgerichtet, Fächer wie Pädagogik liefen nur nebenher. »Es sollte doch darum gehen: Wie funktioniert Lernen eigentlich? Aber unsere Kinder können nicht darauf warten, bis die Politiker in die Gänge kommen. Wir Lehrer müssen selbst aktiv werden! An unserer Schule möchten wir das Bindeglied zwischen den wissenschaftlichen Erkenntnissen und der Praxis in der Schule sein.«

Mit dieser Message ist Günther Schmalisch seit einiger Zeit unterwegs. Geduldig hält er Vorträge, lässt sich auf Diskussionen ein, betreibt Überzeugungsarbeit. Für Veränderungen fehle es jedoch oft an Vorstellungsvermögen. Außerdem könne man sie nur verwirklichen, wenn der Schulleiter dahinterstehe. »Ob das immer gegeben ist – da habe ich meine Zweifel. Schulleiter sollten Neuerungen nicht nur zulassen, sie müssen solche Impulse auch fördern. Wir haben an meiner Schule alles selber gemacht, um zu sehen, was sinnvoll ist und was nicht.« Wenn er zu Vorträgen in andere Schulen eingeladen werde, spüre er bei den Kollegen oft Skepsis. »Immer gerate ich an den Punkt, an dem ein Lehrer aufsteht und sagt: ›So, jetzt muss ich aber mal was zu bedenken geben ...‹, und dann folgt eine Begründung, warum unser Schulkonzept angeblich nicht funktionieren kann.« Darauf ist Schmalisch mittlerweile vorbereitet. Auch auf verbale Attacken. Denn er weiß, dass so viel Eigeninitiative provozierend auf Lehrer wirkt, die sich in der Routine zurücklehnen wie auf einer durchgesessenen Couch.

»Nach meiner Beobachtung gibt es die größten Widerstände bei jenen, die insgeheim wissen, dass die Hirnforscher recht haben. Andererseits wollen diese Lehrer nichts ändern und gehen deshalb zum Angriff über. Beispielsweise wollen sie darüber diskutieren, ob zum Lernen wirklich Bewegung gehört. Dann sage ich: ›Entschuldigen Sie, darüber diskutiere ich nicht. Es gibt kein Gegenargument. Wir dürfen die Kinder nicht länger kasernieren.‹« Doch wer seit zwanzig Jahren immer dieselben Arbeitsblätter benutze, habe eben keine Lust, sich mit etwas Neuem auseinanderzusetzen. Manche Lehrer seien schlicht zu bequem. »Ein Beispiel dafür ist auch mein Plädoyer für längere Lerneinheiten, mindestens 90-Minuten. Damit haben wir sehr gute Erfahrungen gemacht. Ein älterer Kollege an einer anderen Schule sagte daraufhin: ›Das geht aber nicht, ich habe mein gesamtes Unterrichtskonzept auf 45 Minuten abgestimmt.‹ Ich erwiderte: ›Wissen Sie eigentlich, was Sie da gerade sagen?‹ Er schüttelte den Kopf. Letztlich hatte er offenbart, dass er zu faul war, etwas zu ändern.«

Über mangelndes Engagement kann sich Schmalisch ehrlich aufregen. Besonders stört ihn die Haltung vieler Lehrer, die gesamte Verantwortung für nicht gelingenden Unterricht auf die Schüler abzuwälzen. »Wie oft habe ich in Konferenzen gehört, dass ein Lehrer sagte, ein bestimmter Schüler sei überfordert oder faul. Aber kein Lehrer sagte: ›Vielleicht liegt es an meinem Unterrichtsstil, vielleicht habe ich die falschen Materialien ausgesucht.‹ Negative Pauschalurteile wirken sich fatal aus, denn über seine Spiegelneuronen spürt ein Schüler ja, was ein Lehrer über ihn denkt.« Schmalisch erzählt von einem Experiment, das die enorme Macht von Vorurteilen belegt. Man sagte einem Lehrer, als er eine neue Klasse übernahm, sie sei großartig und hochmotiviert – obwohl sie als mittelmäßig galt. Mit diesem positiven Bewusstsein ging der Lehrer in den Unterricht, und die Klasse verbesserte ihre Leistungen entscheidend. Umgekehrt führte eine negative Voreingenommenheit dazu, dass die Leistungen weiter abfielen. »Spiegelneuronen haben eine große Auswirkung im Hinblick auf das Lehrer-Schüler-Verhältnis. Daraus folgt, dass Lehrer eine Riesenverantwortung haben. Das betrifft auch ihre eigene Einstellung zum Inhalt. Wenn sie selbst nicht überzeugt sind von dem, was sie unterrichten, merken die Schüler das sofort. Nur wenn sie selbst begeistert sind, können sie auch die Begeisterung der Schüler wecken.«

Den Teamgeist an deutschen Schulen hält Günther Schmalisch für unterentwickelt. Meist interessierten sich Lehrer nicht dafür, was die Kollegen machen. »Ich frage häufig: ›Wie oft hospitiert ihr denn gegenseitig?‹ Das tut doch keiner. Bei uns in den Lernlandschaften ist das ganz normal: Man schaut einander zu, lernt voneinander, gibt sich Tipps und unterstützt sich gegenseitig.« Lehrer sollten immer im Team arbeiten, findet der Schulleiter. Er hat beobachtet, dass deutsche Lehrer normalerweise eher zur Eigenbrötlerei neigten. Das sei nicht nur wenig inspirierend, es sei auch ineffizient. Wenn beispielsweise vier Mathematiklehrer an einer Schule den gleichen Unterrichtsinhalt in vier Klassen vorbereiteten, ergebe das für jeden zwei Stunden, also insgesamt acht Stunden Arbeit. Wenn hingegen alle Mathematiklehrer zusammenarbeiteten, könnten sie sich die Vorbereitung aufteilen. Dann sei das für jeden in kurzer Zeit erledigt. »Kooperation ist für viele Lehrer leider noch ein Fremdwort. Sie scheuen sich, ihre Unterlagen auszutauschen – es könnte ja ein Tippfehler drin sein. Ein Lehrer sagte mir einmal: ›Aber ich kann doch nicht einfach Ihre Unterlagen übernehmen.‹ Er hatte ein Buch in der Hand und war auf dem Weg zum Kopierer. Da habe ich gefragt: ›Und was machen Sie gerade? Sie kopieren sich etwas aus einem Buch. Sie wollen doch wohl nicht im Ernst behaupten, dass Sie ein Problem damit haben, etwas von jemand anderem zu übernehmen, oder?‹«

Wie effizient die Lernlandschaften sind, sieht man unter anderem daran, dass nahezu kein Unterricht mehr ausfällt, weil alle zusammenarbeiten. Wenn Schmalisch für eine Woche wegfahren muss, betreut einfach seine Teampartnerin Linda Lutter, die parallel zu ihm unterrichtet, seine Gruppe mit. Schließlich verfolgen sie beide dasselbe Konzept. Das gesamte Material erarbeiten sie gemeinsam und tauschen sich aus. Kommt der Schulleiter dann eine Woche später wieder, kann er nahtlos daran anknüpfen. Diese Kooperation kommt auch den Schülern zugute, denn jeder Lehrer ist auf dem gleichen Stand.«»Drei Voraussetzungen für selbstverantwortliches Lernen müssen gegeben sein: Die Kinder müssen wissen, was sie lernen sollen, sie müssen verschiedenes, anregendes Material zur Verfügung haben, und dieses müssen sie schnell finden«, erklärt Schmalisch.»Transparenz, Kooperation und Teamgeist fängt bei den Lehrern an. Da muss noch viel Überzeugungsarbeit geleistet werden. Es fehlt häufig an einer Vertrauenskultur im Kollegium und ebenso gegenüber der Schulleitung.«

Insgesamt hält er das Schulkonzept der Lernlandschaften für körperlich und seelisch wesentlich gesünder als die herkömmliche Schule. Viele Lehrer an anderen Schulen arbeiteten hart, positive Feedbacks bekämen sie fast nie.»Oft gehen sie völlig frustriert aus einer Stunde, weil sie die Langeweile und die Verweigerungshaltung ihrer Schüler ja spüren. Bei uns besteht keine Burn-out-Gefahr. Die Arbeitsbedingungen sind viel weniger belastend, wenn man Teams bildet und schülerzentriert unterrichtet. Das trägt zur Lehrergesundheit enorm bei. Transparenz und Teamgeist machen die Zusammenarbeit im Kollegium sehr entspannt.« Auch die stark personalisierte Schüler-Lehrer-Beziehung erschaffe ein gutes Arbeitsklima. Anders als beim Frontalunterricht können sich Lehrer den Schülern einzeln widmen. Das Lehrersein mache einfach Spaß. Für einen Berufsstand, der oft von Erschöpfung und Resignation gekennzeichnet ist, kann man das als eine Errungenschaft bezeichnen. Überforderte, frustrierte Lehrer sind selten gute Pädagogen. In Oettingen gibt es keine Reibungsverluste, stattdessen fließt die Energie der Lehrer wirklich in den Unterricht.

»Manchmal wissen ich und die Schüler gar nicht: War das jetzt der Gong zur Pause oder schon für den nächsten Unterrichtsbeginn? Oft sind wir so vertieft in das jeweilige Projekt, dass wir die Zeit vergessen. Sonst ist es ja so, dass die Schüler schon fünf Minuten vor dem Ende der Stunde unruhig werden bei dem Gedanken: Endlich ist es gleich vorbei. Entsprechend fluchtartig stürzen sie dann aus dem Klassenzimmer.«

Begeisterung steckt an, diese Alltagsbeobachtung, die von der Hirnforschung durch die Entdeckung der Spiegelneuronen untermauert wurde, ist für Günther Schmalisch das oberste Credo. Die Lehrer sehen sich an seiner Schule als Lernberater. Sie geben den Schülern eine Aufgabe und unterstützen sie anschließend bei der Suche nach Lösungen. Dafür bieten sie Bücher, Tablets oder andere Medien an, die als Materialquellen benutzt werden können. Dieser fließende Rollenwechsel vom Vermittler zum Coach, vom Kontrolleur zum Unterstützer erfordert eine veränderte Unterrichtsvorbereitung. Der Lehrer stellt jetzt vor allem Quellen zusammen oder zeigt, wie man zu den Quellen gelangt. Damit wirft das Konzept der Lernlandschaft über den Haufen, was Studenten im Didaktikstudium und im Referendariat erlernt haben: die feste Struktur einer Unterrichtsstunde. Diese verflüssigt sich, passt sich den Lernprozessen der Schüler flexibel an. Wesentlich ist es für Schmalisch, altersgerechte Materialien anzubieten. »Wenn ich sie beispielsweise in der Mittelstufe mit Tablets arbeiten lasse, sind die Schüler immer begeistert. Es ist unglaublich, wie kreativ sie damit umgehen«, schwärmt er. »Sehr gerne verfilmen sie ihre Themen. Sie stellen zum Beispiel mit Playmobil-Figuren griechische Sagen nach, schreiben eigene Texte. Manche Schüler arbeiten sogar freiwillig am Wochenende, wenn ein Thema sie gepackt hat.« Interesse zu wecken, gehört für den Schulleiter zu den wichtigsten Aufgaben eines Lehrers. Dafür sei die Interaktion mit den Schülern genauso unerlässlich wie die soziale Intelligenz der Lehrer.

Immer wenn Günther Schmalisch von seinen Schülern spricht, spürt man, wie genau er sie kennt und beobachtet. Die Front einer homogenen Schulklasse hat er ja auch nie vor sich. Wenn er von Gruppe zu Gruppe geht, entsteht eine andere persönliche Nähe als im Frontalunterricht. Und diese Nähe braucht Schmalisch, wenn er herausfinden will, wie er am besten an individuelle Interessen anknüpft. Seine Adaption der neuwissenschaftlichen Theorien ist kein kollektives Konzept, sondern immer ein individualisiertes. Maßgeschneidert sozusagen. Das belegt unter anderem ein Beispiel, wie er höchst subtil das Lerninteresse weckte.

Eine 5. Klasse hatte das Buch *Vorstadtkrokodile* gelesen. Die Handlung spielt im Ruhrgebiet. »Wir baten die Kinder nach der Lektürephase aufzuschreiben, welche Fragen das Buch bei ihnen angestoßen habe, was sie noch interessiere. Alle Ideen wurden notiert, dann bildeten sich Gruppen für die einzelnen Themen. Meine Teamkollegin schlug auch das Thema Ruhrgebiet vor, das aber niemand attraktiv fand. Als ich die Schüler beobachtete, fiel mir etwas auf: Eine Gruppe war noch unschlüssig. Außerdem bemerkte ich, dass zwei der Schüler Fußballtrikots trugen. Das brachte mich auf eine Idee. Ich ging zu der Gruppe und sagte: ›Also, was ich immer schon mal wissen wollte – wenn Dortmund gegen Schalke spielt, dann heißt das Revierderby, nicht Lokalderby wie anderswo. Was haltet ihr davon, wenn ihr den Grund herausfindet? Außerdem interessiert mich, wieso das Schalke-Stadion neuerdings Veltins-Arena heißt; das alte Stadion von Schalke 04 hieß nämlich Glückauf-Kampfbahn. Und Borussia Dortmund spielte früher in einem Stadion namens Kampf-bahn Rote Erde, heute im Signal Iduna Park. Ihr schafft es doch sicher herauszubekommen, wie es zu diesen alten Namen kam?‹« Das fanden auch die Schüler interessant. Und während sie recherchierten, entdeckten sie ganz nebenbei das Ruhrgebiet als Thema.

Die Pointe sei, kommentiert Schmalisch diese Geschichte,

dass die Schüler ihr Interesse an Fußball mit einem neuen Thema verknüpfen konnten. Das neue Thema wurde somit anschlussfähig, ganz wie es hirngerechtes Lernen erfordert. Auf diese Weise greift er die Lebenswirklichkeit der Schüler auf und knüpft an Themen an, für die sie sich wirklich interessieren. Das könne man aber nur einschätzen, wenn man die Schüler kenne, wenn man sich mit ihnen persönlich auseinandersetze. Auch wenn sie sich zurückziehen. »Für uns kommt nicht mehr infrage, Schüler unbeachtet zu lassen. Falls ein Schüler lustlos herumsitzt, kann ich im Frontalunterricht nicht auf ihn eingehen, ich kann ihn in der Regel nur ermahnen. In der Lernlandschaft setze ich mich zu ihm und fange ein Gespräch an. Das ist möglich, weil die anderen Kinder selbstständig arbeiten. Vielleicht erfahre ich dann, dass seine Oma gerade im Krankenhaus liegt. Oder ich frage ihn nach seinen Hobbys, damit ich einen Anhaltspunkt bekomme, wie sich sein Interesse wecken lässt. Nur so kann er auch einen Lernerfolg haben, und der ist die Grundbedingung für Motivation.«

Zensuren sind nicht motivierend, hat Schmalisch festgestellt. Erst wenn ein Schüler die Erfahrung mache, dass er eine mitreißende Präsentation hinlegt, mit Leidenschaft und sichtlicher Freude, und dafür ein begeistertes Echo seiner Mitschüler bekomme – dann sei er motiviert, dieses positive Erlebnis zu wiederholen. »Ich erinnere mich an einen Schüler der 5. Jahrgangsstufe, der den Klassenkasper spielte und immer herumzappelte. Als ich ihn ermahnte, nützte das natürlich gar nichts. Also setzte ich mich mit ihm zusammen und erkundigte mich nach seinem Hobby.« Der Junge erzählte, dass er sich für Sonne, Mond und Sterne interessiere. Daraufhin schlug Schmalisch ihm vor, doch einmal in der Klasse einen Vortrag darüber zu halten. »Das tat der Schüler, und zwar großartig. Er sprach frei, alle waren gebannt. Für ihn war es ein Schlüsselerlebnis: Ich bekomme auch dann Aufmerksamkeit, wenn ich nicht negativ auffalle.«

Ein wiederkehrendes Diskussionsthema ist am Albrecht-

Ernst-Gymnasium die Frage der Benotung. In der Kommunikation mit den Eltern hat sie zentrale Bedeutung, denn Günther Schmalisch wirbt dafür, vom Notenfetisch abzukommen. »Noten sagen nichts aus. Das stelle ich immer wieder bei der Übernahme von Schülern aus der Grundschule fest. Da gibt es Einserschüler, die eigentlich sehr wenig können. Außerdem kann man Zensuren nicht vergleichen, sie variieren von Klasse zu Klasse und von Schule zu Schule.« Doch selbst die Lehrer seien sehr auf Noten fixiert. Wenn Schmalisch an anderen Schulen Vorträge hält, werde er zunächst gefragt: »Und wie machen Sie das mit den Noten?« Dann antworte er: »Ihre erste, wichtigste Frage müsste sein: Wie wecken Sie das Interesse der Kinder?«

Mittlerweile hat sich zumindest das Verhältnis der Schüler zu den Zensuren verändert. »Ich freue mich, wenn die Schüler nach einer Präsentation nicht als Erstes nach ihrer Zensur fragen, sondern den Applaus ihrer Mitschüler genießen. Diese Dopamindusche ist die beste Motivation, und die Inhalte verankern sich besser.« Wie stark nachhaltiges Lernen auch bei den Schülern angekommen ist, erfuhr Schmalisch, als sich vor Kurzem einige Schüler nacheinander für einen Test anmeldeten – und zwar ein halbes Jahr, nachdem sie diesen bereits mit einer Eins bestanden hatten. Als er sie fragte, warum sie den Test wiederholen wollten, lautete die Antwort von allen: »Weil ich sehen möchte, ob ich es immer noch weiß.« Da ging ihm das Herz auf. »Sie hatten nämlich verstanden, dass eine einmal erhaltene Note nichts darüber aussagt, ob ich nachhaltig gelernt habe und es wirklich kann.«

Was Günther Schmalisch gelungen ist, könnte man durchaus als eine Revolution von unten bezeichnen: die Änderung der Verhältnisse aus eigener Kraft. Und das, ohne offiziell vorgegebene Strukturen zu ändern. Dennoch hat Schmalisch noch Wünsche, die unter den gegenwärtigen Rahmenbedingungen unerfüllbar bleiben. Beispielsweise würde er am liebsten die Hausaufgaben abschaffen. Doch das wäre nur im Rahmen einer

Ganztagsschule möglich. »Ich finde, es ist ein Skandal, dass heute die Hauptlernarbeit in Form von Hausaufgaben auf die Schüler abgewälzt wird, und damit auch auf die Eltern. Wenn ich mit Eltern anderer Schulen spreche, höre ich häufig: ›Sie glauben gar nicht, was bei uns abends los ist!‹ Immer gibt es Streit um die Hausaufgaben, oder die Eltern sitzen bis in die Nacht mit ihren Kindern zusammen und versuchen irgendwelche Aufgaben zu lösen, die sie selbst nicht verstehen.« Das müsse aufhören. Schon deshalb, weil dies die Tendenz verstärke, dass das Elternhaus über den Schulerfolg entscheidet.

Abgesehen von der ungeklärten Frage der Hausaufgaben scheint das Albrecht-Ernst-Gymnasium so etwas wie eine Benchmark der zukunftsweisenden Schule zu sein. Heute kann Schmalisch kaum noch nachvollziehen, warum er so lange zögerte, initiativ zu werden. »Ich bin ja selbst Vater von vier Kindern. Rückblickend muss ich mir eingestehen, dass ich viel falsch gemacht habe, weil ich letztlich ein nicht kind- und gehirngerechtes System unterstützte. Ich wusste schlicht nicht genug über Lernen und angstfreie Schule, deshalb habe ich den Systemdruck an meine Kinder weitergereicht, habe sie unter Druck gesetzt, was Leistung und Hausaufgaben betrifft.« Auch aus diesem Grund nimmt er heute Einladungen zu Vorträgen an. Er will darüber informieren, dass die Schulen meist mit unzeitgemäßen Vorstellungen arbeiten und dass die alten Konzepte und Raumstrukturen die Freude am Lernen unterbinden. Als Schmalisch zusammen mit seiner Kollegin Linda Lutter 2013 mit dem Deutschen Schulpreis für innovative Unterrichtsprojekte ausgezeichnet wurde, empfand er das als Bestätigung, aber auch als Chance, andere Kollegen zu ermutigen. Von einem innovativen, kreativen, teamorientierten und nachahmenswerten Modell einer Schule der Zukunft sprach die Jury des Deutschen Schulpreises. Schmalisch hofft, dass seine Schule tatsächlich Schule macht. »Einmal im Sinne der Kinder, die dann Schule so erleben dürfen, dass sie Freude und Spaß am nachhaltigen Lernen haben; und zweitens auch im Sinne von Kolleginnen und Kollegen, die dann merken, wie schön es ist, im Team zu arbeiten, wie entlastend das ist und wie viel Freude man beim Arbeiten mit Kindern haben kann.«[217]

Kapitel 5

# Ausgebrannt.
# Die Leiden der Lehrer

## Schulsport Mobbing

»Die Schüler werden renitent, der Lehrer bekommt Magenschmer-
zen, der Arzt sagt, das Geschwür ist nicht mehr weit, die Kollegen
fürchten, dass sie ihn vertreten müssen. Der Lehrer vergibt schlechte
Noten, die Eltern sind unzufrieden, die Schüler bekommen Stress zu
Hause. Die Eltern gehen zum Rektor, es gehe hier um die Zukunft ihrer
Kinder, sagen sie, aber mit dem Lehrer sehe man keine mehr. Der
Rektor sagt, so geht es nicht, und bittet den Lehrer zum Gespräch.
Schwierige Zeiten, sagt der Rektor, die allgemeinen Verhältnisse,
Schüler schwierig, Eltern überfordert, schon klar, alles kein Pappen-
stiel, trotzdem, so gehe das nicht. Der Lehrer bekommt Tinnitus und
Magengeschwüre und ist insgesamt in keiner guten Verfassung
mehr, das findet die Frau des Lehrers nicht so gut, so hat sie sich das
nicht vorgestellt, er selbst auch nicht, um es sich anders vorstellen zu
können, fängt er an zu trinken. Das findet der Arzt besorgniserregend
und schreibt den Lehrer krank. Das gefällt den Kollegen gar nicht,
denn nun müssen sie ihn vertreten, das wiederum können die Eltern
der Schüler nicht gutheißen, wie Vertretungsunterricht aussehe, das
wisse man ja. Die Eltern beschweren sich beim Minister, das findet
der gar nicht gut, wirft ein schlechtes Licht auf ihn, hat er doch nicht
verdient, denkt der, gibt eine Presseerklärung heraus, sagt, die Lage
sei stabil, daran könne ein schwarzes Schaf nichts ändern.«

Kai Weyand: *Schiefer eröffnet spanisch*. Roman.
Wallstein Verlag 2008, leicht gekürzt

Dies ist die kurze Version eines langen Scheiterns, geschildert
von Kai Weyand in seinem 2008 erschienenen Roman. Die
Vorgeschichte des Titelhelden und Ex-Lehrers wird lakonisch

heruntererzählt, so wie man einen Boxer anzählt, der nach einem harten Schlag zu Boden gegangen ist: als eine persönliche Misere, die zugleich exemplarisch ist. Schiefer verzweifelt in einem System, in dem sich niemand für seine Verzweiflung interessiert. Für die Kollegen, den Rektor, die Eltern ist das Abrutschen des Lehrers nichts als ein Ärgernis. So einer ist Sand im Getriebe, ein »schwarzes Schaf«. Auf Verständnis oder gar Hilfe kann er nicht hoffen, auch nicht von seinem Schulleiter, der ihn mit der Allerweltsfloskel schwieriger Verhältnisse abspeist und schließlich fallen lässt.

*Schiefer eröffnet spanisch* ist ein Roman, allerdings einer, der die Situation von Lehrern mit einem gewissen Realitätssinn schildert. Falls sie nicht so funktionieren wie erwartet, geraten sie leicht zwischen alle Stühle. Der Wahrheitsgehalt des Romans betrifft vor allem die zunehmende Isolation seines Helden. So sehr die Leiden der Lehrer im Einzelfall variieren, haben die realen Geschichten von Ohnmacht und Scheitern jedoch eines gemeinsam: das Bild des einsamen Opfers. Lehrer stehen als Solisten vor der Klasse, und echte Teamplayer finden sie im Kollegium eher selten. Oft fühlen sie sich zudem vom Schulleiter im Stich gelassen oder, frustrierender noch, drangsaliert. Dies sind die Startbedingungen, unter denen Lehrer antreten. Kommt es dann zu Konflikten, müssen sie die Probleme weitgehend allein durchstehen. Wenig verwunderlich, dass viele es so nicht schaffen, dass sie ausbrennen, krank werden oder gleich den Job schmeißen.

Von einem »Horrortrip« und »Albtraum« spricht eine Lehrerin rückblickend über die Anfänge ihres Schuldienstes.[218] Gleich am ersten Tag zeigten ihr die Schüler sehr deutlich, was sie von ihr hielten: Sie verließen kommentarlos den Klassenraum. Eine gezielte Provokation. Allein auf weiter Flur blieb die Lehrerin gleich in mehrfachem Sinne, denn weder Kollegen noch Schulleitung waren an ihrer Seite, als sie nach weiteren Demütigungen drauf und dran war aufzugeben. Hilfe fand sie erst bei einem

Psychotherapeuten. Allerdings musste sie selbst die Initiative ergreifen, denn Coaching oder Supervision, in vielen anderen Berufsfeldern eine Selbstverständlichkeit, sucht man an normalen Schulen vergebens. Ausgerechnet in einem Beruf, der heute zu den konfliktreichsten gehört, existiert keine systematische psychologische Begleitung. »Supervision müsste für alle Pflicht sein«, fordert die Lehrerin deshalb.

Wer meint, es sei eine Übertreibung, deutschen Schulen ein schlechtes Zeugnis auszustellen, sollte nicht nur die entmutigten Schüler zur Kenntnis nehmen, sondern auch die desolate Verfassung der Lehrer. Gezieltes Bashing ist nur eine Spielart der psychischen Strapazen, denen sie ausgesetzt sind, neben unkonzentrierten, respektlosen Schülern, hohen Lärmpegeln, Leistungsverweigerung, Mobbing. Dass der Beratungs- und Betreuungsbedarf groß ist, steht außer Frage. Ein Lehramtsstudium ist heute das Ticket für einen Risikojob. Überforderung und Selbstzweifel zermürben immer mehr Pädagogen. Mehr als ein Drittel der deutschen Lehrer klagt über starke psychische Belastungen, mehr als die Hälfte leidet gesundheitlich stark unter Stress und emotionaler Beanspruchung.[219] Die Gefahr eines Burn-outs ist höher als in jeder anderen Berufsgruppe, 59 Prozent planen, in den Vorruhestand zu gehen.[220]

Ständen Lehrer unter Naturschutz, so wäre es längst zu spektakulären Rettungsaktionen gekommen. Doch sie gehören nun mal einer Berufsgruppe an, von der fast Dreiviertel der Deutschen meint, sie hätten doch reichlich Urlaub, geregelte Arbeitszeiten, selten Überstunden und wahrlich keinen Grund zur Beschwerde. Nur magere 12 Prozent der Befragten glauben, Lehrer hätten Freude an ihrem Beruf, doch von Solidaritätsaktionen oder Lichterketten für Lehrer ist nichts bekannt.[221]

Eine Studie der Leuphana Universität Lüneburg im Auftrag der DAK nennt als größte Stressfaktoren Zeitdruck, fehlende Erholungspausen und große Leistungsunterschiede bei den Schülern.[222] Passepartoutbegriffe wie Stress und Burn-out überlagern jedoch den Kern des Dilemmas: Lehrer müssen mit einer Struktur zurechtkommen, die sie nicht wirklich trägt. In ihrer häufig gestörten Beziehung zu den Schülern bildet sich eine generell unterentwickelte Beziehungskultur an Schulen ab. Wie das Verhältnis zu den Schülern wird auch das Verhältnis zu Kollegen und Schulleitern oft von unsicheren Bindungen bestimmt, die »innere Leere, Ziellosigkeit, Selbstbezogenheit und depressive Verstimmungen aus Einsamkeit« nach sich ziehen.[223]

Kaum zu glauben, aber Lehrer zu sein, ist tatsächlich oft ein einsamer Job, und das bereits, bevor es zu ernsthaften Problemen kommt. »Es ist ein erstes pädagogisches Gebot, dass der Lehrer sich nicht auf die Ebene der Schüler herablassen soll«, schreibt der inzwischen pensionierte Pädagoge Kaspar Schnetzler. »Der Lehrer ist Erwachsener und wird es, je älter, desto mehr, die Schüler sind und bleiben Jugendliche; die Hürde steht fest und gewinnt Höhe, die mit keiner Art von Anbiederung und Kumpelhaftigkeit zu nehmen ist. Recht so, aber das bedeutet, dass der Lehrer allein vor der Klasse steht, allein durch die Bankreihen geht, allein von Gruppenarbeitsplatz zu Gruppenarbeitsplatz wechselt. *Ein* Erwachsener unter *zwanzig* Jugendlichen.«[224] Diese Ausgangssituation wäre vielleicht noch erträglich, wenn sich Lehrer in einem starken Team wüssten. Spricht man mit ihnen über die belastenden Faktoren ihres Berufs, nennen sie jedoch oft ein geradezu lebensfeindliches Schulklima, auch im Verhältnis zu Kollegium und Schulleitung. Die Skala reicht von Ignoranz und Desinteresse bis zu Bevormundung und Rufmord. All das müssen Lehrer weitgehend mit sich selbst ausmachen, ohne obligatorische Supervision, ohne neutrale Mediatoren vor Ort. Man muss schon grenzenlosen Optimismus aufbringen, um unter solchen Voraussetzungen ein vertrauensvolles, empathisches Verhältnis zwischen Lehrer und Schüler zu erwarten.

Frei nach Hofmannsthal fällt von jedem Leben ein Schatten in die anderen Leben hinüber, und die Schatten in deutschen Schulen sind lang. Zwar haben Lehrer eine gewisse Macht im

Klassenzimmer und nutzen diese Position zuweilen zum Schaden ihrer Schüler aus, doch dahinter verbirgt sich meist Ohnmacht. Denn der Lehrer ist keineswegs Chef im Ring, selbstbestimmt und autark. Ein Dickicht der Zwänge und Regeln umwuchert ihn. »Einem hierarchischen System ausgeliefert, gehorcht man vorauseilend irgendwelchen (teilweise frei interpretierten) Vorschriften oder Erwartungen der vorgesetzten Behörde«, beschreibt Schulleiter Reinhard Stähling das Dilemma und warnt: »Schule kann in ihrer Gesamtheit nicht effektiv arbeiten, solange individuelle Grenzen der Beanspruchung von Pädagogen nur als unwesentlicher Störfaktor im Erziehungs- und Unterrichtsalltag betrachtet werden.«[225] In der pädagogischen Forschung, so Stähling, stehe meist das Verhalten und die Lernentwicklung der Schüler im Vordergrund, während die Person des Lehrers ausgeblendet bleibe. Doch Lehrer leiden ebenfalls, und darunter leidet wiederum ihr Unterrichtsstil. Oft sind sie zu frustriert, um Bindungen zu ihren Schülern aufzubauen, und weder bei Kollegen noch Schulleitern finden sie Rückhalt. »Beziehungslosigkeit macht nicht nur Kinder unglücklich, sondern auch Lehrer. Beziehungsmangel ist einer der wichtigsten Gründe für Burn-out«, sagt Remo Largo.[226]

*Lupus est homo homini.* Wer sich gern an Sinnsprüche aus dem Lateinunterricht erinnert, hat sicherlich diesen Satz des Plautus im Langzeitgedächtnis gespeichert: Ein Wolf ist der Mensch dem Menschen, oder, zum Kalenderspruch kondensiert, der Mensch ist des Menschen Wolf. Das könnte man als sozialdarwinistischen Fatalismus auffassen, wenn nicht der Satz vollständig lauten würde: *Lupus est homo homini, non homo, quom qualis sit non novit* – ein Wolf ist der Mensch dem Menschen, nicht ein Mensch, wenn man sich nicht kennt. Wobei das Kennen prinzipiell kein Ausschlussgrund wölfischen Verhalten ist, wie jeder weiß, der schon mal von Freunden, Kollegen und nicht zuletzt dem eigenen Partner in die Tonne getreten wurde. Etwas freier interpretiert, könnte man den Satz deshalb auch so verstehen:

Wir haben die Wahl zwischen aggressivem Kampfmodus und solidarischer Kooperation, abhängig davon, ob wir jemanden als Feind oder Freund betrachten.

Zweifellos ist es angenehmer, vertrauensvoll zu kooperieren. Wem wäre nicht an harmonischen Beziehungen gelegen? Gerade in der Schule, wo man in einem Zwangskollektiv zusammenarbeitet, mit Schülern und Kollegen, die man sich nicht aussuchen kann? Dennoch wächst die dunkle Lust an der Feindschaft. Sie zeigt sich im Hang, andere systematisch zu diffamieren, neudeutsch Mobbing genannt. Übereinstimmend belegen Studien zum Thema, dass beleidigendes und herabsetzendes Verhalten im Sozial-, Erziehungs- und Gesundheitsbereich besonders verbreitet ist. Genau dort also, wo die Arbeit mit Menschen hohe Anforderungen an die Sozialkompetenz stellt. Aber weit irritierender noch: An Schulen ist die Gefahr des Mobbings am größten – auch für Lehrer.

Dabei ist Mobbing ein Thema, das man zunächst mit dem destruktiven Verhalten von Schülern untereinander assoziiert, und tatsächlich hat es eklatant zugenommen. Immer mehr Kinder und Jugendliche sind besonders von Cybermobbing in sozialen Netzwerken betroffen. Die neue Zeigefreudigkeit verstärkt diese Entwicklung. Selfies und Sexting – das Verschicken von Selbstporträts und selbst aufgenommenen erotischen Fotos – liefern unfreiwillig das Material, außerdem auf Facebook eingestellte Fotos sowie die visuelle Manie permanenten Fotografierens und Filmens. Handyvideos von Prügeleien, Happy Slapping genannt, sind heute Schulalltag, diffamierende Texte in sozialen Netzwerken schnell geschrieben. So wie im Fall einer 15-jährigen Gymnasiastin, die unter einer monatelangen Kampagne auf SchülerVZ litt, wo sie als Prostituierte verleumdet wurde. Auf den sozialen Kollaps des Mädchens reagierte die Schule kaum, Gespräche über diesen Fall im Unterricht lehnten die Lehrer ab. Zwar versprach der Schulleiter, die Urheber der Diffamierung herauszufinden, doch die Suche verlief im Sande. So wie das

Theaterstück über Mobbing, das die mutmaßlichen Täter, vier Mitschüler der Gymnasiastin, entwickeln sollten, und das nie aufgeführt wurde.[227] SchuelerVZ werde »zum virtuellen Pranger«, warnt Cyber-Mobbing-Experte Reinhold Jäger, Psychologe am Zentrum für empirische pädagogische Forschung der Universität Koblenz-Landau. »Das verstärkt das Martyrium der Opfer. Denn die Schmähungen sind aus dem Netz kaum zu entfernen.«[228]

Für die soziale Entwicklung der Schüler sind solche Verhältnisse katastrophal. Nicht jede Schule formuliert den Zusammenhang von Schulklima und Gewalt so dezidiert wie beispielsweise das Lise-Meitner-Gymnasium in Willich-Anrath: »Gewalt hat viele Gesichter: körperliche und verbale Gewalt, zum Beispiel schlagen und schubsen, Sachen wegnehmen oder verstecken, beleidigen, hänseln, mobben.« Die Website der Schule stellt aber auch fest, zu den Ursachen gehörten fehlende Vorbilder, ein schlechtes Schulklima und schlechte Beziehungen zwischen Lehrern und Schülern.[229] Wenn Mobbing zum Schulsport wird, reicht es daher nicht aus, die Verantwortung den Schülern zuzuschieben. Sie reagieren seismografisch auf den Stand der Beziehungskultur, und je schlechter es darum bestellt ist, desto eher fühlen sie sich zu Attacken ermutigt.

Natürlich ist die Schule als Ort sadistischer Schikanen kein neues Phänomen. Wohl jeder Erwachsene erinnert sich an Hänseleien und Prügeleien im Klassenzimmer und auf dem Schulhof. Kaum ein Schulroman, in dem nicht Täter und Opfer ihre beklemmenden Auftritte haben, von Musils *Verwirrungen des Zöglings Törleß* (1906) bis zu Benjamin Leberts *Crazy* (1999). Nachdenklich stimmt allerdings, dass seelische und handfeste körperliche Quälereien heute an deutschen Schulen besonders häufig vorkommen. »Was Mobbing betrifft, liegen wir im internationalen Ranking an der Spitze«, zu diesem Schluss kommt Wolfgang Melzer, Professor für Schulpädagogik an der TU Dresden, der 2009 die Auswirkungen des Schulklimas auf die Gesundheit deutscher Schüler für die Weltgesundheitsorganisation WHO untersuchte.[230] Diese Feststellung lässt stutzen. Warum ausgerechnet bei uns? Was machen deutsche Schulen anders, was machen sie falsch?

Die Lehrer schauen häufig weg. Offenbar halten sie Mobbing für eine normale Nebenwirkung des schulischen Alltags. Allerdings fehlt es ihnen nicht nur am Bewusstsein für die fatalen Mechanismen des Mobbings, sondern auch an einer psychologischen Ausbildung, um herabsetzendes Verhalten zwischen Schülern zu erkennen und zu korrigieren. Das jedenfalls meint Mechthild Schäfer, Psychologin an der Ludwig-Maximilians-Universität in München. Bereits in der Grundschule seien Mobbingtendenzen sichtbar, ohne dass die Lehrer aktiv gegensteuern würden. »Es ist nicht zu fassen, was manche nicht sehen«, erregt sich die Psychologin, die sich eingehend mit dem Thema beschäftigt hat.[231] Lehrer halten sich meist raus, sei es aus Desinteresse oder Unfähigkeit.

Ein Gegenbeispiel liefert der Lehrer Robert Rauh. Während seiner ersten Klassenleiterfunktion als junger Lehrer unterrichtete er eine 7. Klasse, 32 Schüler, die gerade aus der Grundschule ans Gymnasium gewechselt waren – in Berlin sind sechs Grundschuljahre üblich. »Ein Junge wurde subtil gemobbt, sodass ich es nicht gleich bemerkte, und zwar von Jungen, die sich untereinander und vor den Mädchen als besonders cool profilieren wollten. Das Mobbing fand vorrangig außerhalb der Schule ab. Das Opfer wurde geschubst und körperlich angegriffen, man warf sein Fahrrad um und schmiss seinen Rucksack in den Dreck.« Dennoch wagte der Junge nicht, sich seinem Klassenlehrer anzuvertrauen. Ein Mädchen, das Mitleid mit dem Opfer hatte, sprach Rauh schließlich an und erzählte ihm, was vor sich ging. »Daraufhin habe ich alle üblichen Instrumentarien genutzt: Eine Klassenkonferenz wurde einberufen, ich habe mit sämtlichen Fachlehrern gesprochen und mit den Eltern. Mir wurde geraten, mit den Schülern in der sogenannten Org-Stunde darüber zu sprechen, in der einmal pro Woche anstehende Probleme und organisatorische Fragen geklärt werden. Das erschien mir zu gewagt, weil ich nicht wollte, dass der Junge erleben muss, wie über ihn vor der gesamten Klasse ›verhandelt‹ wird und die Jungen, die ihn drangsalieren, alles abstreiten. Außerdem befürchtete ich, der Junge würde nach dieser Aussprache noch mehr gedemütigt.«

Rauh griff zu einem ungewöhnlichen Mittel. Während des Unterrichts ließ er den Jungen unter einem Vorwand ins Sekretariat rufen. Als er hinausgegangen war, setzte sich Rauh an seinen Platz. »Die meisten waren verblüfft, dass sich ihr junger, cooler Klassenlehrer auf diese Weise sehr sichtbar mit dem Mobbingopfer identifizierte. Ich saß also auf dem Stuhl des Schülers und begann, über den Fall zu reden. Ich klagte die Klasse nicht an, sondern versuchte um Verständnis zu werben, wie einem zumute ist, wenn man derart attackiert wird. Sagte aber auch ganz klar: ›Hier sind Grenzen verletzt worden.‹ Niemand musste sich äußern. Und tatsächlich änderte sich die Situation. Der Junge wurde nicht zum Liebling der Klasse, doch sie ließen ihn in Ruhe.«

Rauhs verblüffende Intervention zeigt, dass Lehrer sehr wohl eingreifen können, mit Empathie und psychologischem Geschick. Für die Mehrheit der Lehrer gilt das nicht. Können oder wollen sie nicht wahrhaben, was in ihren Klassen passiert? Oder sind sie zu sehr mit ihren eigenen Problemen beschäftigt? Dafür spricht, dass auch Lehrer immer häufiger zu Opfern systematischer Herabwürdigung werden. So wie Theo, ein weiterer Protagonist des Romans *Schiefer eröffnet spanisch*. Im Internet verhöhnen ihn seine Schüler wahlweise als Hitler, Frosch oder Hasen, »und immer gab es dazu eine Aufforderung: Frösche zu grillen, Hasen zu schießen, den Schwanz abzuschneiden oder Hitler vollzuscheißen. Im Hintergrund stets Gelächter mit Halleffekt zu einer dröhnenden und drohenden Kulisse aufgebaut.«

Eine moderne Hölle. Und alles andere als literarische Fiktion, denn auch im wahren Leben entwickeln Schüler viel Fantasie, wenn es darum geht, Lehrer lächerlich zu machen und zu beleidigen. Öffentliches Aufsehen erregte 2011 das Hinrichtungsvideo von Schülern einer süddeutschen Schule. Sie montierten das Foto eines Lehrers in eine Videosequenz, in der ein Mann auf offener Straße erschossen wird. Äußerst beliebt sind auch Pornofotos, in die Gesichter von Lehrern hineinkopiert werden. Aber es geht noch perfider. Eine niedersächsische Lehrerin entdeckte anhand auffälliger Kontoabbuchungen, dass jemand sie ohne ihr Wissen für ein Porno-Abo angemeldet hatte. Anhand einer angegebenen Telefonnummer konnte sie zurückverfolgen, wer dahintersteckte: ein Schüler, dessen Nummer wiederum von einem Mitschüler benutzt worden war, um diesen zu mobben.[232] Andere Lehrer finden sich auf Flirtportalen wieder, mit vollem Namen und Foto. Werden im Profil dann auch noch pädophile Neigungen angedeutet, ist der Rufmord perfekt. Weniger Erfindungsgeist braucht man auf dem Portal *www.spickmich.de*. Dort kann jeder angemeldete User seine Lehrer öffentlich bewerten – und ihnen nicht nur Inkompetenz, sondern jede denkbare Entgleisung und Perversion unterstellen.

Heinz-Peter Meidinger, Vorsitzender des Deutschen Philologenverbandes, erkennt einen gefährlichen Trend: »Inzwischen gibt es in Deutschland wohl kaum eine weiterführende Schule mehr, die nicht schon negative Bekanntschaft mit dieser neuen Tendenz, Lehrer anonym im Internet zu mobben, gemacht hat.« Lehrer dürften nicht zum »digitalen Freiwild« werden.[233]

Überraschenderweise besteht das Hauptproblem jedoch nicht etwa darin, dass Schüler heute ihre Lehrer besonders perfide denunzieren. So spektakulär die Einzelfälle sind, die wahre Gefahr lauert an der Schule in den Reihen von Chefs und Kollegen. Die Brisanz einer 2012 veröffentlichten Mobbingstudie der Universität Koblenz-Landau markieren zwei Zahlen: 54 Prozent der Angriffe auf Lehrer gehen von der Schulleitung aus, nur gut 15 Prozent von den eigenen Schülern. 48 Prozent der betroffenen Lehrer werden von Kollegen gemobbt, mehr als 21 Prozent fühlen sich von den Eltern attackiert. Der Mythos vom bösartigen Schüler ist damit nicht aufrechtzuerhalten: Das Gros der feindlichen Aktionen droht von Kollegium und Schulleiter. Laut der Studie ist jeder sechste befragte Lehrer ein Mobbingopfer. Dahinter verbergen sich zahllose Übergriffe. Die Studie listet sie nach Häufigkeit auf: An oberster Stelle steht das »schlecht behandelt werden« mit 54,7 Prozent, es folgen »unter Druck gesetzt werden« mit 54,7 Prozent, »ignoriert werden« mit 46,9 Prozent, »von anderen ausgegrenzt werden« mit 46,7 Prozent. Beschimpft oder beleidigt werden 35 Prozent, eingeschüchtert und bedroht 34,9 Prozent der Betroffenen. Ein knappes Drittel der gemobbten Lehrer wurde angeschrien oder herumkommandiert. Der Katalog der Demütigungen wirkt schier endlos. Was da zu lesen ist, klingt wie der Bericht aus einem militärischen Strafbatallion, nicht wie eine Zustandsbeschreibung von Schule im 21. Jahrhundert.[234]

Wörtlich übersetzt, bedeutet Mobbing jemanden anpöbeln, über jemanden herfallen. Der Begriff fällt immer dann, wenn dies systematisch geschieht. Mobbing ist ein Langzeitphänomen. Es wird dadurch definiert, dass jemand mindestens einmal in der Woche und über einen Zeitraum von mindestens sechs Monaten kränkendem und herabsetzendem Verhalten ausgesetzt ist.[235] Der Arbeits- und Organisationspsychologe Dieter Zapf spricht von Mobbing als einem sozialen Stressor. Kennzeichnend sei die Verknüpfung mit einer »betrieblichen Belastungssituation, nämlich Konflikten mit Kollegen, Vorgesetzten oder Untergebenen und den zum Teil verheerenden gesundheitlichen Folgen«. Das heißt: Mobbing ist nicht einfach eine moralische Fehlleistung böswilliger Zeitgenossen, es ist Ausdruck eines desolaten betrieblichen Klimas. Der Kontext bestimmt, ob jemand zum Täter wird. Mobbing findet in Hierarchien statt, und der Gemobbte ist überwiegend unterlegen oder allenfalls gleichgestellt. Die Zahlen der Studie über schulisches Mobbing belegen letztlich, was in der Forschung seit etwa zwei Jahrzehnten bekannt ist: Mobbing nach oben bildet die Ausnahme. In der Mehrheit wird es von der höheren Hierarchieebene aus oder von Gleichrangigen betrieben – zu über 90 Prozent.[236] Für das Mobbing von oben hat sich ein smarter Sprachgebrauch ausgebildet: das weit verbreitete »bossing«, wenn der Chef seine Untergebenen schikaniert. Wesentlich seltener kommt das »bullying« vor, dem der Chef zum Opfer fällt. Für Mobbing unter Kollegen steht ein passender Begriff noch aus, aber angesichts der wachsenden Verbreitung wird es vermutlich nicht lange dauern, bis dafür ebenfalls eine eigene Sprachschöpfung kursiert. Offensichtlich müssen sich Lehrer vielfach an einem Arbeitsplatz behaupten, der in vermintem Terrain liegt. Entsprechend groß ist die Hilflosigkeit der Betroffenen. Man fällt ihnen in den Rücken, in genau jener Struktur, die ihnen Halt geben sollte. Derart katastrophal geht es in keiner anderen Berufsgruppe zu, auch das belegt die Mobbingstudie der Universität Koblenz-Landau.

Wo aber Gefahr ist, wächst das Rettende auch, hoffte Hölderlin. Ein Blick auf die Situation von Lehrern hätte ihn eines Besseren belehrt. Kein Trost, nirgends. In der Regel existieren weder leicht zugängliche Hilfsangebote, noch suchen sich Lehrer eigenständig professionelle Unterstützung. Das hat einen plausiblen Grund: Meist sind sie durch das Studium als Einzelkämpfer sozialisiert und nicht gewohnt, mit anderen zu kooperieren. Kommt es zu Schwierigkeiten, brechen sie lieber das Studium ab, als sich jemandem anzuvertrauen. Oder sie halten durch, unter großem psychischem Druck. An der Schule setzt sich dieses Muster fort. Man grenzt sich ab, bei Konflikten wird das Visier heruntergeklappt, und es beginnt der Kampf aller gegen alle. Verstärkt wird diese Tendenz durch ein veraltetes Hierarchiedenken, das Mobbing von oben nach unten begünstigt.

Auch Professor Lutz Schumacher von der Leuphana Universität Lüneburg führt das Mobbing an der Schule vor allem auf ein defizitäres Arbeitsklima zurück, genauer gesagt auf schlechten Führungsstil und Konflikte bei den organisatorischen Abläufen: »Emotionale Beanspruchungen treten häufiger an Schulen auf, an denen die Schulleitung weniger mitarbeiterorientiert ist und es Unstimmigkeiten oder Streit mit dem Kollegium gibt.«[237]

Vom Schulleiter ist offenbar wenig Hilfe zu erwarten, da er selbst in mehr als der Hälfte der Fälle für das Mobbing verantwortlich ist. Ähnliches gilt für die Kollegen. Und die Schulpsychologen? Sind schlicht zu wenig präsent. 2012 errechnete man im Bundesdurchschnitt einen Schlüssel von einem Schulpsychologen auf siebenhundert Lehrer. Dieses Missverhältnis führe dazu, dass Schulpsychologen schon jetzt mit der Betreuung von Lehrern überlastet seien, erklärt Stefan Drewes, Vorsitzender der Sektion Schulpsychologie im Berufsverband Deutscher Psychologen. Er kritisiert, es werde versäumt, Pädagogen die notwendige Unterstützung anzubieten.[238] Doch selbst dann, wenn es Hilfsangebote gibt, greifen Lehrer nur ungern darauf zurück. Große Vorbehalte hat Josef Grubmüller beobachtet, der als Supervisor in Frankfurt arbeitet. Das habe mit dem Selbstbild der Lehrer zu tun, denn viele beharrten darauf, »immer komplexere Aufgaben ganz allein zu lösen.«[239] Überwiegend vertrauen sich Lehrer bei Problemen deshalb Partnern und Freunden an, erst an dritter Stelle folgen Kollegen. So werden die massiven Konflikte am Arbeitsplatz nicht dort thematisiert, wo sie entstehen, sondern in der Familie, im Freundeskreis. 45 Prozent der Lehrer gaben bei der DAK-Studie an, dass sie sich auch zu Hause mit ihren Schulproblemen beschäftigten und sich wie »Nervenbündel« fühlten. Oft steht die gesamte Freizeit im Bann des Mobbings. Was das für Familien und Freunde bedeutet, ist vergleichbar mit dem, was Angehörige eines Suchtkranken erleben: Das gesamte Leben kreist um die ungelösten Konflikte, der private Lebensraum ist kein Rückzugsort mehr.

»An meinem Job wäre fast meine Ehe zerbrochen«, erzählt Johannes, der an einer Gesamtschule unterrichtet. Er ist Anfang vierzig und zurzeit krankgeschrieben, angeblich wegen eines Rückenleidens. Vor den Kollegen hält er den wahren Grund geheim: Nach mehreren schweren Zerwürfnissen mit dem Rektor, die sich über ein Vierteljahr hinzogen, hatte er Angstzustände, konnte nicht mehr Autofahren, begann zu zittern, wenn er morgens die Schule betrat. »Es fing damit an, dass ich Fächer unterrichten musste, die ich nicht studiert hatte. Obwohl ich protestierte, bestand der Schulleiter darauf, weil in den Fächern Chemie und Physik Lehrer fehlten. Solche Mehrbelastungen seien normal, sagte er.« Neben der üblichen Unterrichtsvorbereitung und dem Korrigieren von Klassenarbeiten musste Johannes naturwissenschaftliche Bücher wälzen, oft bis spät in die Nacht. »Dabei waren Chemie und Physik schon in der Schule meine Hassfächer. Und ich fand es grässlich, mit flüchtig angelesenem Viertelwissen vor eine Klasse zu treten. Dem Schulleiter war das egal. Er redete sich immer mit seiner Weisungsbefugnis raus. Als ich sagte, es würde mir alles zu viel, gab er mir deutlich zu verstehen, ich sei unkollegial, ein Drückeberger. Ich war wahnsinnig wütend und verletzt. Vor allem, weil er das auch den Kollegen erzählte. Von da an war ich bei denen unten durch. Ich wurde schwerst gemobbt.«

Die Frau des Lehrers reagierte anfangs verständnisvoll auf die Mehrarbeit, auch auf die zunehmende seelische Belastung ihres Mannes. Aber irgendwann hatte sie genug: »Sie wollte keine Beziehung, in der sich alles nur noch um meine Jobprobleme dreht. Ich kann sie sogar verstehen. Trotzdem war es ein Schlag, als sie auszog.« Mittlerweile ist sie wieder da. Wie es weitergehen soll, weiß Johannes allerdings nicht. Er hat eine vierwöchige verhaltensbasierte Therapie in einer Spezialklinik am Möhnesee im Sauerland hinter sich. Die Kraft zum Unterrichten fehlt ihm jedoch nach wie vor, und allein schon der Gedanke an die Rückkehr in die Schule versetzt ihn in Panik.

Bezeichnend für das Schulklima hierzulande ist, dass systemische Konflikte sich gleichsam viral ausbreiten, bis es niemanden mehr gibt, der nicht Teil des Problems wäre. Eine Studie der Antidiskriminierungsstelle des Bundes von 2013 liefert alarmierende Zahlen. Diskriminierung sei an Schulen sowie an Universitäten Alltag, lautete das Fazit. Die 450 Seiten dicke Untersuchung nennt vor allem Behinderung, Migrationshintergrund und Homosexualität als Risikofaktoren dafür, dass Schüler und Studenten ausgegrenzt und gemobbt werden. Und das gelte auch für das Verhältnis von Lehrern und Schülern, mit erwartbar negativen Auswirkungen auf Leistung und Motivation. Immerhin fühle sich jeder vierte Schüler oder Student mit ausländischen Wurzeln diskriminiert. Christine Lüders, die Leiterin der Antidiskriminierungsstelle, mahnte an, Deutschland könne es sich nicht länger leisten, ganze Schülergruppen vom Bildungserfolg auszuschließen. Und einmal mehr steht eine Forderung im Raum: der Ruf nach unabhängigen Stellen, wo sich Betroffene Rat und Hilfe holen können.[240] Die Leiden der Lehrer werden in der Studie nicht erwähnt. Wie so oft nimmt man sie nur als Täter wahr, nicht als Opfer – etwa, weil sie herabsetzende Bemerkungen über türkische Schülernamen machen. Doch wenn Lehrer ins Fadenkreuz von Mobbern geraten, sinken Leistungen und Motivation genauso wie bei ihren Schülern.

»Ich wollte immer Lehrerin werden«, erzählt die 35-jährige Martha aus Köln, die an einer Grundschule unterrichtet. »Es war mein Traumberuf. Obwohl meine Eltern mich als zukünftige Juristin sahen und alles taten, um mir die Schule auszureden, habe ich mich hochmotiviert ins Studium gestürzt, nebenbei freiwillig ein Praktikum in einem Kinderheim gemacht und pädagogische Fachliteratur verschlungen. Das Referendariat war ganz okay, obwohl ich erschrocken war, dass vieles nicht funktionierte, was ich mir überlegt hatte.« Martha wollte auf die Schüler eingehen, auch als sie schließlich Lehrerin war. Sie veranstaltete regelmäßig ein Wissensquiz, bot Yoga an, war vielleicht manchmal »ein bisschen zu lasch«, wie sie sagt. »Das bekamen natürlich meine Kollegen mit. Leider war ich so naiv, ihnen von meinen Pleiten und Pannen zu erzählen. Sie nannten mich erst Kuschelpädagogin, dann Kuschelmaus. Das war kein Kompliment. Dauernd haben sie hinter meinem Rücken gekichert und geflüstert. Wenn ich in Konferenzen was sagte, feixten sie rum:

Oh, die Kuschelmaus meldet sich zu Wort. Ich wurde einfach nicht ernst genommen.« Nachdem Martha bei einer Weihnachtsfeier den ganzen Abend allein am Tisch gesessen hatte, brach sie in Tränen aus. »Plötzlich merkte ich, dass ich völlig isoliert war. Am nächsten Tag ging ich zum Schulleiter. Er machte auf verständnisvoll, aber getan hat er nichts. Sein einziger Rat bestand darin, ich sollte mal hart durchgreifen bei den Schülern, dann würde ich bestimmt von den Kollegen respektiert.«

Nach einem Jahr, in dem Martha immer wieder die Verachtung ihrer Kollegen zu spüren kam, musste sie nach einer akuten Gallenblaseninfektion notoperiert werden. Während sie im Krankenhaus lag, fasste sie den Entschluss zu kündigen: »Schweren Herzens, weil ich meine Schüler wirklich mochte und wir eigentlich ganz gut miteinander klarkamen.« In der neuen Schule ist sie von Anfang an auf Abstand gegangen. »Das Lehrerzimmer ist ein Haifischbecken«, erklärt sie. »Besser, man gibt nichts von sich preis, und schon gar nicht, wenn mal was nicht klappt im Unterricht.« Von einem Team könne weder an ihrer alten noch an ihrer neuen Schule die Rede sein, fasst Martha ihre Erfahrungen zusammen. Es herrsche eine Atmosphäre des Misstrauens und der Schadenfreude. Bis heute verstehe sie nicht, warum der Schulleiter nicht eingegriffen habe. »Vielleicht ist es ihm ganz recht, wenn das Kollegium zerstritten ist«, mutmaßt sie. »Wenn die Lehrer nicht zusammenhalten, können sie sich auch nicht gegen den Schulleiter verbünden.«

## Die Stunde der Hierarchen

Lehren und Lernen in einem angstbesetzten Klima sei ein Ding der Unmöglichkeit, beteuern Psychologen, Verhaltensbiologen, Emotionsforscher und Neurowissenschaftler. Ihre Erkenntnisse prallen jedoch an einem System ab, das den Lehrer vereinzelt und entmachtet. Vielerorts herrscht ein obsoletes Hierarchiedenken seitens der Schulleitung, das sich im Unbehagen des Kollegiums widerspiegelt, eben auch in Misstrauen und Mobbingtendenzen. Eskaliert ein Konflikt, bleiben dem Lehrer oft nur Rückzugsgefechte. Je nach Charakter und Temperament wird er zum abweisenden Zyniker, zum resignierten Befehlsempfänger, oder er flüchtet sich in Krankheit und Frühpensionierung. Sucht er dagegen Unterstützung in der Verwaltungshierarchie, kann sich das leicht als Eigentor erweisen.

Die Bundesarbeitsgemeinschaft Lehrer gegen Mobbing e.V. (BLM) dokumentiert auf ihrer Website den Fall einer Grundschullehrerin, die mit ihrer neuen Schulleiterin aneinandergeriet.[241] Es war Antipathie auf den ersten Blick. Daraufhin begann ein zäher Kleinkrieg, mit verschwundenen Briefen, unablässigen Kontrollaktionen und Auseinandersetzungen. Schließlich wurde der Lehrerin eine beantragte Kur zum Verhängnis, weil diese zwar in den Ferien lag, doch erst drei Tage nach Schulbeginn hätte enden sollen. Ohne Wissen der Lehrerin schaltete die Schulleiterin die zuständige Dezernentin ein. »Sie bittet Frau N. zu einem ›zehnminütigen‹ Gespräch gemeinsam mit der Schulleiterin. Aus den angekündigten zehn Minuten werden fast zwei Stunden voller Vorwürfe und Drohungen.« Unter anderem erfährt die überrumpelte Lehrerein, falls sie nicht rechtzeitig zum Schuljahresbeginn erscheine, werde man ihr ihre Klasse nehmen. »Eine Anfrage auf Rechtsauskunft seitens der Frau N. wird von der Regierung eigenmächtig in eine Dienstaufsichtsbeschwerde umgewandelt. Telefonisch wird daraufhin Frau N. zu einem Gespräch in die Regierung zitiert, ohne den Grund dafür zu erfahren. Erst dort wird ihr im Beisein ihres Anwaltes nahegelegt, sich an eine andere Schule versetzen zu lassen.«

Die Lehrerin strengte eine Klage an, und bei dieser Gelegenheit entdeckte sie eine systematische Mobbingstrategie. Auf einmal tauchte eine Nebenakte auf, die sie nicht kannte. »Sie enthält Stellungnahmen von Eltern, mit denen Frau N. nie zu tun hatte, und einer Kollegin, die bereits vor zwölf Jahren die Schule verlassen hat, aber unrichtige Äußerungen zu einer Klassenfahrt macht, die lange nach ihrer Zeit stattfand. Der ehemalige Schulleiter erklärt, er sei gebeten worden, etwas über Frau N. zu schreiben, und berichtet, dass sie beispielsweise ein Zeugnis falsch abgeheftet habe. Diese Nebenakte ist Grund für den Personalrat, einer Versetzung zuzustimmen, obwohl er Frau N. vorher seine volle Unterstützung zugesagt hat.« Die kafkaeske Zuspitzung der Ereignisse mag in diesem Fall besonders drastisch sein, gleichzeitig jedoch wird ein grundsätzliches Dilemma deutlich: Kommt es hart auf hart, sind Lehrer Mobbingaktionen hilflos ausgeliefert. Die straffe Hierarchie erlaubt Willkür in erschreckendem Maße. Und: Die Kollegen sind manipulierbar, wenn die Schulleitung es darauf abgesehen hat, unliebsame Lehrer loszuwerden. Für die betroffene Lehrerin endete der vergebliche Kampf um ihre Reputation mit dem vorzeitigen Ruhestand.

Obwohl es schwierig ist, Fälle wie diesen von außen zu beurteilen, so muss man sich zumindest fragen, warum kein unabhängiger Mediator oder Schulpsychologe hinzugezogen wurde. Weder die Schulleiterin noch die Dezernentin kamen auf diese naheliegende Idee. Allerdings liegt sie nur dann nahe, wenn es ein Bewusstsein dafür gibt, dass vermeintliche Renitenz – wie auch bei Schülern – einen Anlass darstellt, verborgene Konflikte zu klären. In vielen Gesprächen mit Lehrern begegnet einem der immer gleiche Mechanismus: Konflikte werden bevorzugt auf der hierarchischen Ebene ausgetragen. Statt lösungsorientierte Gespräche anzubieten, lassen Schulleiter und behördliche Vorgesetzte gern ihre Muskeln spielen. Man kann von systematischer Entmutigung sprechen, die oft in nachlassende Motivation und schließlich in die Resignation der Lehrer mündet.

Ein weiteres von vielen Beispielen mag das belegen. Charlotte ist 53 Jahre alt und arbeitet seit zwanzig Jahren als Lehrerin an einem Berufsschulzentrum in einer süddeutschen Kleinstadt.

Seitdem vor sechs Jahren ein neuer Schulleiter die Geschäfte übernahm, gebe es keine Vertrauenskultur mehr, erzählt sie. »Der ehemalige Schulleiter vertraute uns, der neue verwaltet uns. Er verkörpert den harten Managertypus: Wer sich seinen Anweisungen nicht fügt, muss mit Konsequenzen rechnen, etwa mit geringeren Beförderungschancen. Wird eine Stelle ausgeschrieben, so formuliert er das Anforderungsprofil gerne so, dass ausschließlich sein Wunschkandidat alle Kriterien erfüllt.« Nach wie vor liebe sie ihren Beruf, versichert Charlotte, gern reibe sie sich für ihre Schüler auf. Doch die aktive Mitarbeit an schulischen Belangen habe sie aufgegeben: »Sechs Jahre lang habe ich gekämpft, jetzt bin ich müde.« Zu ihrer Frustration trug bei, dass Evaluationen wirkungslos blieben. Obwohl das Kollegium den Schulleiter vor zwei Jahren überwiegend schlecht bewertete, geschah nichts. Die zuständigen Behörden hielten sich zurück, im Lehrerzimmer ließ sich die Schulleitung fast gar nicht mehr blicken. Was sich Charlotte wünscht: mehr Feinfühligkeit von Vorgesetzten im Umgang mit Lehrern und Schülern sowie die Abschaffung der »absoluten Hierarchie«, unter der sie und ihre Kollegen leiden.

Gegen Lehrer mobben »Politiker, Schulaufsichtsbeamte, Schulleitungen, Personalräte, Gewerkschaftsvertreter, Kollegen, Amtsärzte und Verwaltungsrichter«, erklärt Kurt Werner, Vorsitzender der Bundesarbeitsgemeinschaft Lehrer gegen Mobbing (BLM) e.V. »Vor allem obrigkeitshörige Leute fallen als Mobber immer wieder auf.« Er spricht von kriminellen Verhaltensweisen, die durch die Amts- und Machtposition verdeckt werden. Umso größer sei das Spielfeld.[242]

Schulleiter sind in der Regel ehemalige Lehrer. Eigentlich müssten sie die Anforderungen und Probleme des Schulalltags bestens kennen, mit Verständnis und Fingerspitzengefühl auf Probleme reagieren. Als Führungskräfte sollten sie darüber hinaus wissen, dass Teambuilding und Personalentwicklung zu ihren wichtigsten Aufgaben gehören. Zeitgemäßes Management erschöpft sich nicht in Befehl und Kontrolle, sondern erfordert einen kooperativen Stil. Ohne Teamgeist kann kein Unternehmen mehr langfristigen Erfolg erwarten. Motivation entsteht nun einmal nicht in einem Klima der Restriktion, und Effizienz ist ebenso wenig ohne Teamgeist denkbar.

Aber ein Lehrerkollegium ist nicht notwendigerweise ein Team. Dafür müssen erst einmal die Voraussetzungen geschaffen werden, durch gemeinsame Ziele und Werte, die Vertrauen und Solidarität erzeugen. Oder, wie es Wolfgang Hissnauer vom Institut für Lehrerfort- und Weiterbildung Mainz formuliert: »Das Team ist eine stärker verbundene und damit auch abgegrenzte Einheit mit stabiler Zugehörigkeit, und es ist mit einer ›Gruppenhaut‹ versehen, die die Mitglieder einschließt und innerhalb derer es ein ›Wir‹ gibt.« Diese Definition sei allerdings nur ein Ideal, vor dessen Verwirklichung die Bereitschaft zur Zusammenarbeit stehe: »Die Quellen des Teamgedankens sind die Gruppendynamik und die Hoffnung, mit dem Teamgedanken die Ohnmacht vieler fest gefügter schulischer Organisationen zu überwinden.« Hissnauer weiß, dass dies mehr Wunsch als Wirklichkeit ist. Die Mehrheit der Lehrer wie auch der Schulleiter habe wenig Erfahrungen mit Teamarbeit: »Als Schüler und Studenten sind sie vielfach Alleinarbeiter, als Lehrerinnen und Lehrer überwiegend Einzelkämpfer und als Schulleiterinnen und Schulleiter meist ›einsam an der Spitze‹«[243]

Betrachtet man die wiederkehrenden Beschreibungen von Mobbing unter Kollegen und durch die Schulleitung, wird rasch klar, dass sich herabsetzendes Verhalten durch alle Ebenen zieht. Die wenig appetitliche Redewendung, der Fisch stinke immer vom Kopf her, hat hier eine frappierende Relevanz. Und der Kopf, das sind nicht etwa die Schulleiter. Auch sie haben zu kämpfen: mit einer Verwaltungsstruktur, die oft autoritär statt kooperativ auftritt. Wer als Schulleiter selbstbestimmt und eigenverantwortlich handeln möchte, gerät leicht an Grenzen, denn für Machtspiele stehen vorgesetzten Bürokraten eine Reihe von Sanktionen zur Verfügung.

»Kein Wunder, dass es nur wenige Schulleiternetzwerke gibt – alle haben Angst, sich zu solidarisieren, weil sie persönliche Nachteile befürchten«, sagt Schulleiterin Barbara, 58. »Wenn Schulbehörde und Schulträger sich einig sind und zusammenarbeiten, gibt es neben Disziplinarverfahren und deren Androhung eine weitere Möglichkeit, missliebige Schulleiter unter Druck zu setzen und mundtot zu machen: durch die Verteilung der Budgets. Man kann eine Schule durch Etatkürzungen und die Verweigerung von Sonderanschaffungen regelrecht aushungern.« Das Basisbudget sei nicht dazu bestimmt, Klassenräume regelmäßig zu renovieren, schadhaftes Mobiliar auszutauschen, interaktive Tafeln anzuschaffen, einen neuen Kopierer oder genügend Computer zu kaufen. Dafür müsse man Anträge stellen. »Schulleiter sind abhängig davon, für solche Ausgaben ›Extragelder‹ bewilligt zu bekommen. Gilt man als schwierig und unangepasst, läuft man Gefahr, dass der Geldhahn zugedreht wird.«

Barbara weiß, wovon sie spricht. Als ihre Schule mit einer anderen zusammengelegt werden sollte, regte sich Protest bei Lehrern und Eltern. Einige Eltern strengten zunächst sogar eine Klage an, um sich gegen die Auflösung der Schule zu wehren. Das lastete man der Schulleiterin an: »Schulbehörde und Schulträger unterstellten mir, ohne es öffentlich zu thematisieren, ich hätte die Eltern angestiftet, hätte mich also illoyal gegenüber der Verwaltung verhalten.« Während dieser Zeit war Barbara immer wieder Anfeindungen ausgesetzt. Außerdem verbot man ihr, sich weiterhin öffentlich zu Wort zu melden. »Letztlich verpasste man mir einen Maulkorb«, empört sie sich. »Ich habe zwar das Grundrecht auf freie Meinungsäußerung, darf aber als Beamtin meine Meinung nicht kundtun, falls sie von der politisch gewollten abweicht. Damit agieren die Behörden restriktiv. Es gibt keine Diskurskultur und keine Einbeziehung der

Betroffenen. Selbst als Schulleiterin fühlt man sich machtlos, und eigentlich sage ich in diesem Interview mehr, als opportun ist.«

Die Verwaltung – immer wieder ist sie ein Thema, wenn Schulleiter über fehlende Selbstbestimmtheit klagen. Jede Schule ist anders, jede Schule hat ihre eigene Schülerklientel, ihr eigenes Kollegium, ihre eigenen Bedürfnisse. Doch die Behörden interessiert das offenbar wenig. Die verwaltete Welt macht auch vor den Schulen nicht Halt, vor allem wenn es um den sensiblen Bereich der Personalentscheidungen geht. »Für eine adäquate Personalführung und Personalentwicklung fehlt einigen Behördenmitarbeitern einerseits das menschliche Feingefühl, andererseits stehen sie selbst zum Beispiel bei Schulauflösungen unter dem Druck, Funktionsstelleninhaber adäquat versorgen zu müssen«, erläutert Barbara die Situation. »Am Ende werden Funktionsstellen besetzt, ohne zu berücksichtigen, ob die Leitungsmitglieder überhaupt zusammenpassen – und das in einem Berufsfeld, in dem die menschliche Ebene für eine konstruktive Zusammenarbeit unerlässlich ist.« Generell fehle es an Transparenz, aber auch an den Bedingungen eigenverantwortlichen Handelns. Reformen würden meist von oben geplant – nach den Erfahrungen und Einschätzungen der Lehrer vor Ort werde nicht gefragt. »Im Zuge der Einführung von Oberschulen wurde zum Beispiel die Funktion eines didaktischen Leiters eingeführt, ohne seine Aufgaben näher zu definieren. Das schafft große Unsicherheiten und stört die ohnehin schwierige Aufgabe des Lehrens.«

Schulfrust ist ein strukturelles Phänomen, kann man daraus schließen. Und auch Mobbing blüht eben in einem System, das zu wenig durchlässig ist, um die Teamfähigkeit und die Verantwortung des Einzelnen zu unterstützen. Alle gegen alle, diese Diagnose wiederholt sich auf sämtlichen Hierarchieebenen, von Schülern und Lehrern bis hin zu Schulleitern und Verwaltung. Kein Wunder, dass speziell die Schulleiter, die eine zentrale Schnittstelle für Schulklima und Entwicklungsperspektiven darstellen, oft autoritär auftreten oder in die innere Emigration abwandern. Die Verbeamtung der Lehrer, die immer wieder Neiddebatten entfacht, ist in Wahrheit ein Handicap. Denn das Beamtenrecht macht aus Schulleitern und Lehrern tendenziell Befehlsempfänger, entmachtet und entmündigt sie. Das sorgt für Hilflosigkeit, aber auch für erbitterte Konkurrenz um die wenigen begehrten Beförderungen – was die Bereitschaft zum Mobbing schürt.

Nicht Leistung, sondern Wohlverhalten beflügelt Schulleiterkarrieren im ohnehin aufstiegsarmen Lehrerberuf. Schlechte Bezahlung und viel Ärger gibt es obendrauf. Dies führt zu einer paradoxen Situation: Obwohl die Position des Schulleiters der einzige wirkliche Karrieresprung ist, wollen immer weniger Lehrer diesen Job. In Nordrhein-Westfalen fehlten 2013 an jeder achten Schule Schulleiter; mehr als 350 verwaiste Posten fanden sich an Grundschulen, landesweit waren es 1079 Stellen.[244] In Brandenburg hatten im selben Jahr 60 Schulen keinen Leiter, was SPD-Bildungsministerin Martina Münch im Gegensatz zu den Lehrern »nicht problematisch« fand:[245] In Sachsen waren es 80 fehlende Schulleiter[246], in Sachsen-Anhalt 133. Die Mängelliste ließe sich beliebig verlängern. Immer mehr Schulen werden kommissarisch geführt, oft mehr schlecht als recht.

Vor allem an Grundschulen ist der Chefsessel wenig begehrt. Bei etwa 400 bis 500 Euro brutto Mehrverdienst sei das wenig verwunderlich, meint der Vorsitzende des Verbandes Bildung und Erziehung (VBE), Udo Beckmann. Immerhin müssen Schulleiter Multitasker par excellence sein. Ihre Aufgaben umfassen die Qualitätssicherung des Unterrichts, Personalmanagement, Kooperationen, die Kommunikation nach außen und innerhalb des Hauses. »Nebenbei sind wir oft noch unsere eigene Sekretärin und der eigene Hausmeister, weil diese Stellen stark reduziert wurden«, beschwert sich Beckmann. [247] »Besonders ärgert mich die unsägliche Idee, Schulleiter demnächst nur noch für einen Zeitraum von fünf Jahren einzusetzen und sie dann erneut zur Wahl zu stellen«, sagt Gymnasiallehrerin Elisabeth. »Das Gremium, das darüber entscheidet, die Schulkonferenz, ist unter Vorsitz des Schulleiters mit vier Lehrern, vier Schülern, vier Eltern und manchmal noch mit einem externen Mitglied besetzt. Hat sich ein Schulleiter unbeliebt gemacht, möglicherweise sogar mit den besten Absichten, muss er seine Position wieder verlassen. Das ist ein wohl einmaliger Vorgang im Berufsleben, auch eine Einladung zum Mobbing, was sicherlich viele Lehrer davon abhalten wird, sich für die Position des Schulleiters zu bewerben.«

Angefeindet, überfordert und unterbezahlt, diese Kombination war noch nie ein Anreiz, sich um eine Führungsposition zu bemühen. Wer es dennoch tut, muss obendrein Kritik einstecken, weil Schulleiter angesichts von Aufgabenfülle und hierarchischen Zwängen meist wenig Innovationsbereitschaft zeigen. »Unseren Schulleiter sehe ich eher negativ«, sagt beispielsweise Gymnasiallehrerin Maria. »Er gehört zu jenen, die Reformen verhindern.« Die meisten Schulleiter seien überdies gar nicht kompetent genug für das geforderte Multitasking. »Sie müssten Managerqualitäten haben, doch sie absolvieren nur ein paar Wochenendseminare und sollen dann eine Schule mit 100 Lehrern und 1 200 Schülern leiten – mit den gesamten Verwaltungsaufgaben wie der Verwaltung des Budgets.« Angenehm sei der Job ohnehin nicht. »Beim Schulleiter landen die wirklich harten Elterngespräche, nach denen es manchmal zu Disziplinarverfahren kommt. Als Schulleiter verwaltet man zudem immer den Mangel: kaputte Gebäude, Unterrichtsausfall.« Marias Resümee fällt hart aus: »Nach meiner Beobachtung haben Schulleiter keine Führungsqualitäten, sind beispielsweise nicht in der Lage, das Kollegium mit einzubeziehen. Sie sind einsam an der Spitze. Verständlich, dass die meisten Lehrer keine Lust darauf haben. Und bezahlt wird auch nicht toll: Ein Schulleiter am Gymnasium verdient A 16, das ist so viel, wie ein Richter bei Berufsbeginn bekommt. Außerdem gibt es wohl wenige Führungspositionen mit so viel Verantwortung und so wenig echter Macht. Der Schulleiter ist ein zahnloser Tiger. Er kann ja keinen Lehrer entlassen, dies verbietet das Beamtenrecht. Ich finde das übrigens falsch.«

Der Hinweis auf das Beamtenrecht ist keine Marginalie. Wie nämlich Lehrer ihren Beruf ausüben, ob sie sich engagieren oder lustlos funktionieren, hat keinerlei Auswirkung auf ihren beruflichen Status. Bereits die Fächerwahl sorgt für frustrierende Ungleichgewichte. »Es gibt große Unterschiede beim Arbeitsaufwand von Lehrern, abhängig von der Fächerkombination«, sagt Gymnasiallehrerin Elisabeth. »Die schlimmsten Kombinationen sind Deutsch, Englisch und Geschichte/Politikwissenschaft. Diese Fächer erfordern sehr aufwendige Vorbereitung und Klausurkorrekturen. Leider wird der Mehraufwand nicht durch verringerte Wochenstunden kompensiert.« Auch Gymnasiallehrer Richard, der Deutsch und Geschichte unterrichtet, wurmt diese Ausgangsbedingung, die er als ausgesprochen ungerecht empfindet. »Ganz ehrlich – hätte ich gewusst, wie die Schulpraxis aussieht, dann hätte ich mir eine andere Fächerkombination ausgesucht. Am einfachsten hat man es, wenn man Sport, Mathematik oder Physik unterrichtet. Ein Sportlehrer muss gar keine Arbeiten korrigieren; Mathematik- und Physikklausuren sind schnell durchgesehen, weil man auf einen Blick sieht, ob die Aufgaben richtig gelöst sind. Das ist ein großer Unterschied zu Klausuren, bei denen man Texte lesen und bewerten muss. Auch die Unterrichtsvorbereitung unterscheidet sich extrem.«

Noch stärker wird die Diskrepanz, wenn Lehrer freiwillig Mehrarbeit leisten, etwa in Projekten und AGs. »Sehr unbefriedigend ist, dass mein Engagement nicht anerkannt wird, auch nicht finanziell«, sagt Gesamtschullehrer David. »Das ist frustrierend, denn ich verdiene genauso viel wie ein Kollege, der sich nicht engagiert. Ich halte es für einen Fehler, dass es keine Leistungsanreize für Lehrer gibt. Unser Engagement wird nicht gewürdigt, irgendwann versiegt die Motivation. Ich habe wochenlang jeden

Nachmittag mit meinen Schülern ein Musical geprobt, Kostüme besorgt, viele Gespräche mit Schülern geführt, die sich positiv auf die Unterrichtssituation auswirkten; dafür wurde mir pro Woche gerade mal eine Entlastungsstunde angerechnet. Schule ist aber darauf angewiesen, dass sich die Lehrer über das bezahlte und gesunde Maß hinaus engagieren, sonst fehlt etwas Entscheidendes.« Gymnasiallehrerin Maria dagegen kann verstehen, wenn Kollegen nur noch Dienst nach Vorschrift leisten. »Es gibt eine stark spürbare Hierarchie an unserer Schule. Wir arbeiten in einem starren System, das die Schüler verwaltet wie eine Behörde. Es bleibt kein Raum für Spontaneität, beispielsweise während der Unterrichtszeit einen Theaterausflug oder eine Exkursion ins Museum zu organisieren. Ich habe lange versucht, das zu ändern. Vergeblich. Viele machen die Erfahrung; manche laufen zehn Jahre lang wie in einer Gummizelle an die Wand, dann geben sie auf.«

Auch administrative Willkür kommt vor, ohne Rücksicht auf Belastungen. Als Junglehrerin werde man »total verheizt«, sagt eine vierunddreißigjährige Berufsschullehrerin. Sie sollte nach dem Referendariat gleich in sechs verschiedenen Schulen im Rhein-Main-Gebiet als Springerin arbeiten. Eine Zumutung, mit der sie erst in einer externen Supervisionsgruppe umgehen konnte. An den Schulen fand sie keinen Ansprechpartner für ihren Frust. Dabei empfinde sie sich grundsätzlich als stabil. »Ich bin im Unterricht eher der Typ ›Fels in der Brandung‹«, erklärt sie. »Aber mich hat die Organisation fertiggemacht. Ich musste erst lernen, auch gegenüber Vorgesetzen mal Nein zu sagen.«[248]

Was Lehrer immer wieder monieren, ist eine fehlende Anerkennungskultur – eine Beobachtung, die ebenfalls für alle Ebenen gilt. Schüler, das zeigte sich bereits mehrfach, werden oft rein defizitär wahrgenommen, Lob und Ermutigung bleiben häufig aus. Lehrer erfahren weder gesellschaftliche Anerkennung, noch können sie mit positiven Feedbacks von Schülern, Eltern, Kollegen und Schulleitern rechnen. Rückmeldungen kommen meist nur bei Konflikten. Und die Schulleiter haben selbst zu wenige Erfolgserlebnisse. Wenn sie sich aber ausgenutzt, gemaßregelt und von allen Seiten attackiert fühlen, sind sie schlechte Vorbilder. Wie sollen sie Lehrer motivieren, wenn sie selbst unzufrieden sind? Wie sollen sie loben und unterstützen, wenn sie andererseits keine Möglichkeit haben, desinteressierte Lehrer an ihre Pflichten zu erinnern?

Schaut man hinter die Kulissen, bietet sich ein desolates Bild. Leistungsanreize, das betonen Lehrer immer wieder, seien nicht unbedingt finanzielle Vorteile. Vielmehr wollen sie gewürdigt werden. Und dieser Job, das dürfte klar sein, müsste von der Schulleitung erledigt werden. Doch offenbar betrachten viele Schulleiter dies nicht als ihre Aufgabe. Hauptsache, der Laden läuft einigermaßen reibungslos. Engagierte Lehrer, die eigene Projekte verfolgen oder sich gar um schulische Steuerungsprozesse Gedanken machen, sind erst gar nicht erwünscht, weil das natürlich Mehrarbeit bedeutet.

Das Bossing, also das Mobben von oben, bekommt mit solchen Einblicken eine ganz andere Färbung. Auch unterlassene Anerkennung kann subjektiv als Mobbing verstanden werden. Es entsteht ein Bild von Führung, in der es an Kooperation, Flexibilität und einer Vertrauenskultur mangelt. Im Grunde kann kaum erstaunen, dass sich die mangelnde Teamfähigkeit und die reale Ohnmacht vieler Schulleiter in Mobbingattacken entladen. Die wiederkehrende Formulierung von der Einsamkeit an der Spitze birgt damit ein großes Gefährdungspotenzial für das gesamte Schulklima.

Mobbing und destruktiver hierarchischer Druck gehören zu den entscheidenden Faktoren für hohe Krankenstände und zunehmende Frühpensionierungen in der Lehrerschaft. Die Studie »Gesund lernen« der DAK warnt: »Ein schlechtes Schulklima kann sich nicht nur negativ auf die Motivation von Schülern und Lehrern auswirken, sondern auch auf deren Gesundheit.« Die Quintessenz der Studie, die ein Projekt mit

30 Schulen entwickelte – mit 1 600 Lehrern, 26 000 Schülern, 52 000 Eltern –, lässt sich in der Empfehlung zusammenfassen, dass Kooperation der einzige Ausweg aus der krank machenden Schule ist. Möglich wurde dies durch Projektgruppen aus Lehrern, Schülern und Eltern, die eigenständig Defizite benannten und Ziele festlegten – also dezentral und teamorientiert statt von oben dekretiert. Die Maßnahmen, die im Rahmen dieser Schulprojekte zu Verbesserungen führten, waren verblüffend simpel; allerdings war offenbar kein Schulleiter vorher auf solche Ideen gekommen: »Um etwa den Lärmpegel im Unterricht oder auch während der Pausen zu senken, installierte eine Schule Lärmampeln, die den Lautstärkepegel sichtbar machen. Eine andere Schule sorgte mit der Einrichtung eines Bewegungsraumes dafür, dass sich die Schüler auch bei Regen in den Pausen austoben können«, listet die Studie auf. »Eine weitere Schule richtete zur Verbesserung der Zusammenarbeit und der gegenseitigen Unterstützung innerhalb des Lehrerkollegiums eine Supervisionsgruppe ein.«[249]

Ein weiteres Untersuchungsergebnis betrifft die Lehrergesundheit, die sich verbesserte, je intensiver sich die Zusammenarbeit und gegenseitige Unterstützung der Lehrkräfte untereinander gestaltete. »Das Geheimnis guter, gesunder Schulen ist, dass sie ein starkes Kollektiv sind und gemeinsam ihre Ziele verfolgen«, betont Lutz Schumacher, einer der Projektleiter. Die Regel ist das leider nicht. Ohne professionelle, wissenschaftlich gestützte Nachhilfe, so scheint es, ist eine kooperative, angstfreie Atmosphäre kaum zu haben. Doch genau die ist dringend notwendig. Schon 2003 stellte das Institut der deutschen Wirtschaft bei der Analyse der PISA-Ergebnisse fest, dass sich ein schlechtes Schulklima mit gleich mehreren Punkten Leistungsabzug beim einzelnen Schüler niederschlage.[250] Aber das Thema Gesundheit ist ein heißes Eisen, das Schulleiter nur ungern bearbeiten. Dabei läge es in ihrer Verantwortung, für die psychische und physische Gesundheit von Schülern wie Lehrern zu sorgen. Viel zu wenig hat man bisher beachtet, dass ein schlechtes Schulklima auch die Lehrer schwächt. Sie zeigen nämlich – oft maskiert durch Krankmeldungen – alle Symptome des Rückzugs und der Leistungsverweigerung, die sie ihren Schülern vorwerfen. Fachleute sprechen von dysfunktionalen Einstellungen. Ein ganzer Berufsstand verbringt seine Zeit immer häufiger im Wartezimmer von Ärzten als in der Schule. *Fräulein Zimmerle hat sich krankschreiben lassen* – diesen Satz kann man heute hunderttausendfach variieren. Zum Beispiel so, wie es die Sozialwissenschaftler Nicole Kastirke und Sven Jennessen tun: *Frau Bösen-Sell kommt bis zu den Sommerferien nicht mehr*, lautet der Titel ihrer Untersuchung über »schuldistanzierte Lehrkräfte«. [251]

Was Forscher als Ursache stetig abnehmender Lernfreude bei Schülern kennen, die emotionale Distanz zur Schule, führt auch bei Lehrern zu fatalen Absencen. Sie melden sich krank, manchmal nur einige Tage, manchmal wochen- oder monatelang. Und selbst wenn sie anwesend sind, wirken sie häufig, als seien sie mental schon nicht mehr da. »Viele Lehrer zeigen durch ihre Abwesenheit, aber auch durch symptomatische, immer wieder zu beobachtende Verhaltensphänomene innerhalb der Schule, dass sie sich von ihrer Arbeit distanziert haben und sich den Anforderungen des Berufs auf unterschiedliche Art und Weise verweigern«, fassen Nicole Kastirke und Sven Jennessen ihre Untersuchungsergebnisse zusammen. Immer mehr Lehrer ließen demonstrativ oder verdeckt die Arbeit schleifen und zögen sich aus Schulentwicklungsprozessen zurück. Dies zeige sich auf der systemischen Ebene darin, dass in vielen Schulen eine »lustlose, wenig gastfreundliche und desinteressierte Atmosphäre und Kommunikationskultur« herrsche. Das schuldistanzierte Verhalten sei selbstverstärkend, da Lehrer und Schüler sich gegenseitig negativ beeinflussten – bis hin zum Schulabbruch der Schüler und der Frühpensionierung der Lehrer.

Jeder kennt den gängigen Vorwurf, Lehrer neigten zur Simulation, schützten also Krankheiten nur vor, um sich den Anstrengungen des Schulalltags halbwegs elegant zu entziehen. Doch so simpel ist es nicht. Mit dem Begriff der psychosozialen Gesundheit beschreibt die WHO schon seit Längerem eine wünschenswerte Verfassung, die das körperliche, geistige und soziale Wohlbefinden einschließt. Schulangst und Schulstress, auch das betont die WHO, ziehe eine Reihe psychovegetativer und psychosomatischer Beschwerden nach sich. Der Schüler, der allmorgendlich über Bauchschmerzen klagt, und der Lehrer, der pünktlich zum Wochenbeginn seine Migräne bekommt, verfolgen keine simple Vermeidungsstrategie, sondern empfinden pure Not. Oft wird das übersehen, weil augenscheinlich doch alles in Ordnung ist. Jedenfalls von außen betrachtet. Organisationspsychologen weisen darauf hin, dass nicht etwa die objektiven Bedingungen, sondern die subjektive Wahrnehmung des Einzelnen das Betriebsklima forme. Der Schweizer Schulklimaforscher J.C. Vuille fragt deshalb Schüler nach dem Wohlbefinden in der Schule, nach dem Verhältnis zu den Lehrern, nach Mitbestimmungsmöglichkeiten, Klassenklima und aktivem wie passivem Mobbing. Aber auch ihm ist klar, dass nicht das Klassenzimmer, sondern die allgemeine Atmosphäre in der Schule ausschlaggebend ist.

Ein gutes Klassen- und Schulklima zeichne sich dadurch aus, dass Probleme schnell und gemeinsam bearbeitet würden, resümiert eine vom Bundesministerium für Forschung und Bildung in Auftrag gegebene Studie. Schnell und gemeinsam, das sind Schlüsselbegriffe, denn genau daran scheitern viele Schulleiter. Sie flüchten in die *splendid isolation* – weil nicht sein kann, was nicht sein darf. Oft seien es verschleppte Konflikte, die zu unerträglichen Spannungen führten, referiert die Studie. Dann werde jedes neue Problem mit alten Belastungen verbunden, und die Beteiligten nutzten ihre Macht, ihre Interessen, ihre Netzwerke, um Selbstwertgefühl und Einfluss zu retten: »Der eigene Schutz steht vor der Investition in gemeinsame Anliegen.«[252] In Gefahr und höchster Not, kann man daraus folgern, ist jeder sich selbst der Nächste, auch an der Schule. Abhilfe versprechen laut der Studie intensive Teamarbeit, Transparenz und Supervisionsangebote.

Doch wie viele Schulleiter beherzigen schon diese Hinweise? Die hohen Krankenstände sprechen für sich. Eine Untersuchung krankheitsbedingten Unterrichtsausfalls an Schulen nannte schon vor zwanzig Jahren »Führungsmängel« als wichtigste Ursache für die auffälligen Fehlzeiten der Lehrer. Spitzenreiter waren mit 78 Prozent die Unzufriedenheit mit dem Führungsstil und akute Konflikte mit der Schulleitung, an zweiter Stelle lag mit 75 Prozent der eingeschränkte Entscheidungs- und Handlungsspielraum, der die mentale und körperliche Gesundheit von Lehrern einschränke.[253] Allein in Berlin waren im Jahr 2012 rund 1 500 der insgesamt 28 000 Lehrer dauerkrank gemeldet, fast die Hälfte davon länger als zwölf Monate – was übrigens den Berliner Senat etwa 50 Millionen Euro jährlich kostet, denn verbeamtete Lehrer haben Anspruch auf volle Bezüge. Um gegenzusteuern, so eine Senatssprecherin, wolle man unter anderem Schulleiter für das Thema Gesundheit mit entsprechenden Fortbildungen sensibilisieren.[254] Die angekündigte Aufklärung über Lärmpegel und Rückengymnastik dürfte jedoch kaum für Verbesserungen sorgen, solange die Belastungen eines negativen Schulklimas weiterhin dröhnendes Schweigen auslösen – und alle Symptome seelischer wie physischer Erschöpfung.

Es kann einem schwindelig werden angesichts solcher Befunde. Immerhin geht es um eine Berufsgruppe, die ganze Schülergenerationen prägt, die also etwas vorlebt und eigentlich Vorbild sein müsste. Was sollen Schüler von Lehrern halten, die einen beträchtlichen Leidensdruck signalisieren? Was lernen sie von Pädagogen, die keine großen Worte machen müssen, um ihre eigene Entmutigung auszustrahlen? »Das Kind soll mit einem guten Selbstwertgefühl die Schule verlassen, um seine Zukunft auch mit Zuversicht in Angriff zu nehmen«, umschreibt Remo Largo das wichtigste Ziel schulischer Bildung.[255] Wenn

Lehrer jedoch beziehungsversehrt sind, weil sie sich einem ignoranten System ausgeliefert fühlen, hat das einen negativen Einfluss auf ihre Schüler. Auch Lehrer, die häufig krank sind, kann
man nicht gerade als gutes Vorbild bezeichnen. »Das Wohler-
gehen der Kinder hängt von einer guten Beziehung zwischen
›ihren‹ Erwachsenen ab«, mahnt der Familientherapeut und
Konfliktberater Jesper Juul. »Nicht eine nette und korrekte Beziehung, sondern eine, die auch Konflikte und Krisen aushalten
kann.«[256] Es wäre reichlich blauäugig zu glauben, Schülern bliebe
die Ohnmacht ihrer Lehrer verborgen, die Kapitulation vor Systemdruck, Mobbing und hierarchischer Knechtung. Und da Kinder und Jugendliche nun mal nicht durch Lippenbekenntnisse
lernen, sondern durch Anschauung, erhalten sie beiläufig eine
Lektion: In Konflikten wird man leicht zum Opfer des Stärkeren;
Opfer changieren zwischen Aggression und Resignation; und
wenn gar nichts mehr geht, geht man besser – und sei es, dass das
Motto Last Exit Krankheit heißt.

Es fragt sich, wie lange sich das deutsche Schulsystem noch
Führungskräfte leisten kann, die in die innere Emigration gehen oder aktiv zu einer feindseligen, gesundheitsgefährdenden
Atmosphäre beitragen. Es sollte sich allmählich auch in Schul-
leiterbüros herumsprechen, dass Führungskompetenz gleichbe-
deutend mit Beziehungskompetenz ist. Wie aber kann man
Schulleiter in dieser Hinsicht stärken?

Ein erster Schritt wäre es, das Thema Leitung neu zu beleuchten und Schulleiter aufzuwerten: durch gezielte Schulun-
gen, permanente professionelle Begleitung und durch Entlastungen, was administrative Aufgaben betrifft. Der Lehrer
Robert Rauh fordert deshalb in seinem Aufruf »Schul-Ge-
recht« die Professionalisierung der Schulorganisation. [257] Schulleiter seien meist unfähig, die Unterrichtsqualität zu sichern
und neue pädagogische Konzepte zu erproben. Eine gezielte
individuelle Betreuung der Schüler sowie eine ausreichende
Kommunikation mit den Elternhäusern fehlten häufig. »Daher

müssen Schulleitungen und Lehrer entlastet werden: durch einen Schulmanager, durch ›Schulhelfer‹ sowie einen Netzwerkbetreuer für die mediale Ausstattung. Zudem hat sich immer wieder gezeigt, dass durch einen fest angestellten Sozialpädagogen schulische Konflikte zwischen Schülern, zwischen Lehrern und Schülern bzw. Eltern entschärft – und eine Eskalation verhindert werden konnte.« Rauh räumt mit der veralteten Vorstellung auf, Schulleiter könnten lässig und gleichsam nebenbei viele verschiedene Funktionen miteinander vereinbaren. Folgt man seiner Argumentation, sind die Zeiten des Multitaskings vorbei.

Das ist deshalb plausibel, weil deutsche Schulen auf der einen Seite enormen Entwicklungsbedarf haben, auf der anderen Seite aber noch organisiert sind wie im 19. Jahrhundert, als eine autoritäre Führung legitim schien und der Ruf nach Veränderung einer Palastrevolution gleichkam. Unter den Bedingungen einer demokratischen Gesellschaft, in der Partizipation mehr als ein Schlagwort sein sollte, hat sich dieser Führungsstil überlebt. Zugleich sind die Herausforderungen andere geworden. Allein die Frage des Schulklimas bedarf einer völlig veränderten Aufgabenteilung und eines Teams, in dem Fachleute zusammenarbeiten. Außerdem ist sehr viel mehr Freiraum für selbstbestimmte Entscheidungen vor Ort nötig, je nach der individuellen Ausgangssituation. Nicht von ungefähr fordert Rauh in seinem Aufruf daher, die Schulen müssten sich weitgehend selbst verwalten: »Sie sollen demokratisch über die Verwendung ihrer finanziellen und personellen Ressourcen sowie geeignete pädagogische Konzepte entscheiden können.«

Das Beispiel Oettingen zeigt, dass ein beherzter Schulleiter wie Günther Schmalisch solche Freiräume schon jetzt in Anspruch nehmen und bemerkenswerte Innovationen durchsetzen kann. Das verspricht Licht am Horizont, ist aber immer noch ein rarer Einzelfall. An den meisten Schulen tut sich wenig, viel zu wenig. Das ruft zunehmend die Eltern auf den Plan. Lange haben sie zugesehen, lange hingenommen, dass ihre Kinder von frustrierten, wenig engagierten Pädagogen, Unterrichtsausfall und aggressivem Auftreten der Lehrer erzählen. »Was mich im Zusammenhang mit der Schulmisere am meisten überrascht, ist die Tatsache, dass sich die Eltern den gegenwärtigen Zuständen und dem allgegenwärtigen Druck nahezu stillschweigend beugen«, schreibt Jesper Juul. »Auch sie leiden darunter und klagen darüber, geben ihn aber trotzdem an ihre Kinder weiter, als sei er eine Naturerscheinung, mit der man sich abfinden müsse.« Das sei umso unverständlicher, als die angespannte Situation in den Schulen zugleich die Beziehungen zwischen Eltern und Kindern belaste. »Mit Beziehungen ist es wie mit einzelnen Zellen unseres Körpers«, so Juul. »Wenn sie lange genug unter Stress stehen, wird ihre Funktionsfähigkeit beeinträchtigt.«[258]

Diese Diagnose ist zweifellos richtig. Allerdings regt sich mittlerweile Protest seitens der Eltern. Sie werden offensiv, und eine weitere Front tut sich auf, die Lehrer und Schulleiter mit einem neuen Problem konfrontiert: der feindlichen Invasion der Eltern in den Schulalltag.

### Hilfe, Helikoptereltern!

Offenheit, Horizontalität, Teamgeist, für viele Lehrer ist das noch Neuland. Auch wenn es um die Erziehungsberechtigten der Schüler geht, verhalten sie sich oft als Einzelkämpfer. Häufig betrachten sie Eltern nicht als Partner, sondern als unliebsame Störenfriede. Lieber schotten sie sich halb ängstlich, halb ignorant ab, anstatt zu kooperieren. Die oft unterentwickelte Beziehungskultur an deutschen Schulen kontaminiert deshalb nicht nur das Verhältnis zwischen Lehrern und Schülern, Lehrern und Kollegium, Lehrern und Schulleitern, oft ist auch das Verhältnis zu den Eltern zerrüttet. Gewohnt, in Hierarchien zu denken, gerieren sich Pädagogen gern wie Potentaten. Sie empfinden es als Majestätsbeleidigung, wenn Eltern Kritik üben oder auch nur um ein längeres Gespräch bitten. Noch immer gilt bei vielen Lehrern die Unsichtbarkeit der Eltern als wünschenswerte schulische Normalität. Das wird schon durch das leere Ritual der Elternsprechtage deutlich: Einmal pro Halbjahr gewährt man gnädigerweise Audienz, eine Farce im Zehnminutentakt. Jeder Vater und jede Mutter kennt diesen lachhaften Schnelldurchlauf: Meist verschanzt sich der Lehrer hinter seinem Lehrertisch, die Eltern müssen wie Schüler auf dem für ihre Kinder vorgesehenen Mobiliar Platz nehmen – allein dies symbolisiert klare hierarchische Verhältnisse. So wenig, wie sich Lehrer als Dienstleister ihrer Schüler sehen, betrachten sie Eltern als ihre Kunden. Im eng getakteten Zeitplan erreicht solch ein Gespräch ohnehin kaum eine Ebene, auf der sich wirklich Probleme klären ließen. Bevor es ans Eingemachte geht, klopft schon der Nächste an die Tür.

Oft fürchten Lehrer aus gutem Grund, dass sie sich rechtfertigen müssen. Denn die überwiegende Mehrheit der Eltern erscheint erst in der Schule, wenn ihr Empörungspegel bereits die Grenze zur Wut überschritten hat. Daher sind die Ausgangsbedingungen für gelingende Kommunikation denkbar ungünstig: Die Lehrer wappnen sich gegen Angriffe, die Eltern lassen Dampf ab. Mehr als ein belangloses bis erbittertes Aneinandervorbeireden kommt selten dabei heraus.

»Vor allem, wenn ein ernsthaftes Gespräch mit Vertretern der Schule ansteht, sollten sich Eltern darüber im Klaren sein, dass die meisten Lehrer Angst vor ihnen haben«, sagt Jesper Juul. »Deshalb tun Eltern gut daran, ihrem Gesprächspartner erst einmal zu signalisieren, dass sie nicht gekommen sind, um ihn mit Vorwürfen zu überhäufen, sondern um einen konstruktiven Dialog zu führen.«[259] Ein frommer Wunsch. Zu viel hat sich meist angestaut, zu oft erleben Eltern, dass längere Gespräche nur zustande kommen, nachdem sie hartnäckig gegen die gängige Praxis der Kommunikationsverweigerung intervenierten.

Für Lehrer sind Eltern vielfach ein Stressfaktor. Misstrauen und Aggressionen bestimmen oft den Umgang miteinander. »Wenn Elterngespräche anstehen, bekomme ich schon vorher Magenschmerzen«, bekennt Gesamtschullehrer Johannes, der zurzeit krankgeschrieben ist. »Die fliegen hier ein und machen erst mal alles nieder: die Schule, den Unterricht und natürlich auch mich. Viele ziehen Zettel aus der Tasche, und dann legen sie los: Alles, was ihre Kinder angeblich Schlimmes erlebt haben, wird gegen mich verwendet. Die wollen gar nicht hören, wie sich das aus meiner Perspektive darstellt. Alles wissen sie besser, und oft drohen sie damit, sich bei der Schulleitung oder bei der Schulbehörde über mich zu beschweren.« Eltern sollten sich raushalten, findet Gesa, die an einem Berliner Gymnasium unterrichtet. »Die sind oft Spaltpilze«, lautet ihr Urteil. »Jeden Tag erzählen sie ihren Kindern, dass Lehrer unfähige Faulpelze sind – wie soll man da eine gute Beziehung aufbauen? Ich fühle mich regelrecht von Eltern verfolgt. Manchmal stehen sie unangekündigt vor dem Lehrerzimmer wie ein Überfallkommando. In Wirklichkeit wollen sie nur ihre Vorurteile loswerden. Ich musste mir schon anhören, ich sei überbezahlt, überfordert und eine pädagogische Null. Wenn ich mir das alles zu Herzen nehmen würde, könnte ich meinen Job an den Nagel hängen.«

Schuldzuweisungen gibt es auf beiden Seiten. Doch im Spiel der Eskalation haben Lehrer eine Trumpfkarte im Ärmel: den Vorwurf, die Eltern hätten versagt. So wie es jene Hamburger Grundschullehrerin jüngst in ihrem Brandbrief tat, in dem sie von Fäkalsprache, Rülpswettbewerben und Handgreiflichkeiten ihrer Schüler berichtete. Mit ihrer Bemerkung, sie fühle sich wie eine »Schweinetreiberin«, hatte sie gleich zwei Denunziationen untergebracht: dass ihre Schüler Schweine seien und die häuslichen Verhältnisse ein Schweinestall. »Kinder kommen bereits um 8 Uhr früh gut gefüllt mit einer Stunde Super RTL, gewalttätigen und blutrünstigen Gameboyspielen und einem beachtlichen Blutzuckerspiegel in die Schule«, klagt die Lehrerin. »Sie springen mit erhobenen Fäusten wie Ninjakämpfer in die Klasse, semmeln erst mal drei Mitschüler über den Haufen und merken es nicht einmal.« In ihrem Brief an die Eltern lehnt die Lehrerin jede Verantwortung ab:»Gehen Sie davon aus, dass ich auch von Ihrem Kind spreche – es gibt nur wenige Ausnahmen! Sie denken: Wie putzig, das ist ja auch Ihr Job? Falsch: Mein Job ist der, Ihre Kinder zum Lernen zu bewegen. Nur fehlen den Kindern die Basics dafür!«[260]

Das lassen Eltern ungern auf sich sitzen. Immer häufiger fragen sie sich, worin eigentlich die Leistungen der Lehrer bestehen, wenn diese sich nicht verantwortlich dafür fühlen, wie es im Klassenzimmer zugeht. Lässt sich die Aufgabe, Kinder »zum Lernen zu bewegen« wirklich trennen vom Klassenklima, vom Verhalten und der Motivation der Schüler? Die positiven Beispiele zeigen, dass dies Hand in Hand geht. Schulleiter wie Günther Schmalisch und Cordula Heckmann wissen, dass Kinder und Jugendliche kein generelles Aktionsmuster haben, sondern ein kontextabhängiges. Selbst der größte Rüpel ist sich bewusst, wann er Normen verletzt. Und er ist durchaus fähig, sich rücksichtsvoll zu verhalten – jedenfalls dann, wenn er sich willkommen und anerkannt fühlt. Doch die negativen Haltungsnoten, die Lehrer immer häufiger an ihre Schüler vergeben, treiben auch die Eltern in die Enge. Wenn man ihnen den schwarzen Peter zuschiebt, müssen Lehrer mit Gegenwehr rechnen. Wer lässt sich schon gern mit dem Vorwurf abspeisen, eine schlechte Mutter, ein schlechter Vater zu sein?

Von einer »Großkampfstimmung zwischen Eltern und Lehrern« berichtete die *Zeit* im Frühjahr 2011. Die Lehrerin und Buchautorin Heidemarie Brosche erklärte in dem Artikel, dass vor allem eine Verwirrung der Zuständigkeiten zu Konflikten führe. Die Familie sei nicht mehr grundsätzlich der Ort für Erziehung, die Schule wiederum könne nicht ausschließlich ein Ort der Lehre sein. »Der Druck wächst von allen Seiten – die Kritik ebenso. Oft genug entlädt sich diese Kritik pauschal an den Lehrern. Oder der Lehrer schiebt, ebenso pauschal, allen Eltern die Schuld am Fehlverhalten der Kinder in die Schuhe.« In ihrer Doppelrolle als Lehrerin und Mutter kenne sie beide Seiten. »Mütter und Väter hatten selbst einmal Lehrer und übertragen deshalb manchmal das Gefühl der Machtlosigkeit, das sie damals empfunden haben, auf die Lehrer ihrer Kinder. Dann kann die Lehrkraft des Kindes nicht nur wie ein Herr über dessen schulische Laufbahn wirken, sondern auch als ein Mensch empfunden werden, der sich in Familienbelange einmischt und grenzübertretende Forderungen stellt. Lehrer wiederum sehen Eltern als Überwacher und Einmischer, nicht selten auch als Versager in Erziehungsfragen.«[261] Brosche, die ein Buch mit dem Titel *Warum Lehrer gar nicht so blöd sind* schrieb, plädiert für gegenseitige Wertschätzung, frei von negativen Unterstellungen.[262] Doch die Wahrnehmung der Lehrer wie der Eltern ist oft verstellt durch Verdächtigungen. Für Lehrer gehört der unerfreuliche Elternkontakt heute zu den größten Belastungen ihres Berufs. Verständlich, dass sie lieber abblocken, als sich gesprächsbereit zu zeigen. Damit verschlimmern sie allerdings die Situation, die umso explosiver wird, je weniger Austausch sie zulassen.

Der Berliner Schulpsychologe Fred Ziebarth hat oft mit Lehrern zu tun, die Eltern hilflos und überfordert gegenüberstehen. Er kritisiert, dass sie in der Ausbildung nicht auf Elterngespräche vorbereitet werden. Der viel zitierte Praxisschock betrifft daher auch die unerwartet konfliktreiche Kommunikation mit den Erziehungsberechtigten. Vor allem bei Problemfällen sind Lehrer nicht ausreichend qualifiziert. »Mit Pädagogik allein kommt man da kaum weiter«, sagt Ziebarth, »da wird therapeutisches Wissen gebraucht.«[263] Keine Frage: Beziehungskultur als konstruktive Konfliktkultur muss erlernt werden. Viele Lehrer wünschen sich deshalb professionelle Begleitung. »Wir brauchen sehr viel mehr Schulung und Reflexion«, fordert Gymnasiallehrerin Elisabeth, 58. »Für den Umgang mit Eltern, für den bestimmte Gesprächstechniken und Instrumente der anschließenden Gesprächsanalyse nötig sind, bedarf es nicht nur der Fortbildung, sondern auch der Supervision.«

Noch ist das wenig mehr als Wunschdenken. Und je hilfloser sich Lehrer den Attacken der Eltern ausgeliefert fühlen, desto vehementer verteidigen sie ihr Terrain und ziehen sie sich auf ihre Rolle als reine Bildungsvermittler zurück. Damit meinen sie, Stress und Mehrbelastungen vermeiden zu können. »Die Eltern sollten lieber selbst mal ihre Hausaufgaben machen«, sagt Gesamtschullehrer Johannes. »Es kann doch nicht sein, dass sie uns unausgeschlafene, überdrehte Kinder ohne Umgangsformen und ohne Pausenbrot schicken und dann erwarten, dass wir Wunder vollbringen. Ich habe jedenfalls keine Lust mehr, mich mit Eltern auseinanderzusetzen, die mich mit Kritik überschütten, aber unfähig zur Selbstkritik sind. Das kostet zu viel Kraft.« Die Förderlehrerin Betül Durmaz hält eher die defizitären schulischen Strukturen für belastend. »Wir müssen das kompensieren, was im Elternhaus versäumt wird«, erklärt sie und weist darauf hin, dass es dafür an systematischer Unterstützung fehle. Es sei ihr ein Rätsel, warum es an schwierigen Standorten keine Diskussion über Personalschlüssel gebe. »In meiner Schule haben wir keine festen Schulpsychologen, Sozialarbeiter oder Sozialpädagogen. Bei meinem Sohn, der in einem etwas schöneren Stadtteil zur Schule geht, gibt es einen fest installierten Schulpsychologen.«[264] Als Lehrerin könne sie nicht allein für alles geradestehen, was Eltern immer häufiger versäumten. Für Problemfälle brauche man Fachleute.

Sicherlich mehren sich eklatante Fälle von Vernachlässigung. Die Familienstrukturen lösen sich auf, oft arbeiten beide Elternteile, oder Kinder wachsen mit Alleinerziehenden auf, die unter großem Zeitdruck stehen. Besonders in bildungsfernen Milieus sind Kinder weitgehend sich selbst überlassen. Für die Mehrheit der Eltern trifft das allerdings nicht zu. Sie sorgen sich um ihren

Nachwuchs, sie fürchten um den Bildungserfolg, der schließlich die Eintrittskarte für Ausbildung und Beruf sein soll. Übrigens gilt das auch für die meisten Eltern der Schüler mit Migrationshintergrund. Auch sie wollen nicht mehr hinnehmen, dass Schule ein »zentraler Verteilungsmechanismus von Lebenschancen« ist, wie es der Soziologe Helmut Schelsky schon 1957 formulierte.[265] Wenn die Schule versagt, so die Argumentation der Eltern, muss man eben selbst aktiv werden. Pro Jahr geben deutsche Eltern deshalb anderthalb Milliarden Euro für private Nachhilfe aus, oft schon für Grundschüler.[266] Und neben den Typus gleichgültiger Eltern tritt immer häufiger ein ganz anderes Phänomen: Mütter und Väter, die akribisch bis zur Überängstlichkeit über das Wohl und Wehe ihres Nachwuchses wachen. Diese sogenannten Helikoptereltern kamen zu ihrem schnittigen Etikett, weil sie vermeintlich wie feindliche Geschwader über der Schule kreisen und jederzeit zur Landung ansetzen können, um ihre Kinder vor allseits lauernder Gefahr zu bewahren. Der Begriff hat eine bemerkenswerte Karriere verzeichnet, seit die amerikanische Familientherapeutin Wendy Mogel das *Overparenting,* also die Überbehütung, 2001 zum Thema machte. Nach ihrer Beobachtung steigern sich die Bildungsambitionen des Mittelstands zu einer Erziehungshysterie; die Kinder würden gleichsam zu Tode umarmt mit permanenter Kontrolle, Bildungsdruck und Bevormundung. Die Folge, so die reichlich monokausal argumentierende Therapeutin, seien Verhaltensauffälligkeiten wie Bettnässen, Essstörungen und natürlich massive Schulprobleme.[267]

Auch deutsche Pädagogen und Psychologen sorgen sich verstärkt um Erziehungsmuster, die von unzulässiger Einmischung im Namen eines gesteigerten Leistungsethos durchdrungen seien. Das Kind als sinnstiftendes Lebensprojekt – offenbar ist diese elterliche Ambition zum neuen Konfliktherd der Schule geworden. Doch welche Mutter, welcher Vater würde schon den negativen schulischen Erfahrungen der Kinder tatenlos zusehen, wenn es ihnen ernst ist mit der elterlichen Unterstützung? Genau das aber wird ihnen neuerdings zum Vorwurf gemacht. Von Projektion ist die Rede, bei der der Erfolg der Kinder zum Maßstab der elterlichen Selbstwahrnehmung werde. Überbehütung ist demnach die Sehnsucht, das eigene Leben unter Kontrolle zu bekommen, sich über die Kinder zu definieren und deren Bildungserfolg an die eigene Identität zu knüpfen.

Das klingt provokant für Eltern, die sich ganz einfach zuständig für ihre Kinder fühlen. Nun müssen sie sich sagen lassen, sie seien Erziehungsversager. Es fehle an erzieherischer Bodenständigkeit, Spontaneität und Intuition, beschreibt der Präsident des Deutschen Lehrerverbandes Josef Kraus die Helikoptereltern in seinem gleichnamigen Buch. Unablässig changierten sie zwischen »sinnvoller Kindorientierung und unreflektierter Kindversessenheit«, zwischen »natürlicher Schutzhaltung und Überbehütung«.[268] Unter anderem prägte Kraus, Pädagoge und Psychologe, den Begriff der Gluckenfalle, eine ebenso uncharmante wie misogyne Verunglimpfung von Müttern, die ihre Kinder angeblich bis zur völligen Unselbstständigkeit gängeln.

Schon zwei Jahre vor der Kraus'schen Abrechnung war in Deutschland Polly Young-Eisendraths Streitschrift *Wenn Eltern es zu gut meinen* erschienen. Darin schildert die Psychologin Kinder als Opfer elterlicher Überforderung und Fürsorge, geplagt von Versagensängsten, gepusht durch antrainiertes Anspruchsdenken. Ausgangspunkt ist die Behauptung, Kinder und Jugendliche neigten zunehmend zu Rastlosigkeit, Egozentrik und Zynismus. Sie seien Produkte der »Generation Ich« und damit Ausgeburten einer Ära der Selbstbezogenheit. »Kinder der Generation Ich haben vor allem zu hören bekommen, dass sie einzigartige Individuen sind und Begabungen und Stärken besitzen, die nur ihnen zu eigen sind.« Das führe aber nicht etwa zu höherem Selbstvertrauen und größerer Autonomie, nein, diese Kinder landeten in der »Selbstwertfalle«. Und dort entwickelten sie »eine übermäßige Befangenheit, Isolation und erbarmungslose Selbstkritik«. Die gut gemeinte elterliche Suggestion, das Kind sei einzigartig, laste schwer auf seinen zarten Schultern: zu hohe Erwartungen, zu viel Hybris, zu viel Konfusion.[269] Ob Young-Eisendraths Thesen schlüssig sind, mag dahingestellt sein. Wenig spricht jedenfalls dafür, dass deutsche Kinder an einer fälschlich suggerierten Einzigartigkeit litten und beziehungslose Egoisten seien; dagegen sprechen schon die Ergebnisse der Shell-Jugendstudien, in denen Jugendliche immer wieder den hohen Wert von Freundschaften und die Sehnsucht nach einem intakten Familienleben hervorheben. Symptomatisch jedoch ist die Schuldzuweisung an die Eltern. Glaubt man den inflationär sich verbreitenden Ratgebern, Analysen und Empfehlungen, haben sie keinen Schimmer, wie sie mit ihrem Nachwuchs umgehen sollen.

Der Kinder- und Jugendpsychologe Michael Winterhoff erläuterte gleich in mehreren Büchern, warum Kinder durch kumpelhafte elterliche Machtumkehr Tyrannen statt Persönlichkeiten werden. Auch er kritisiert unter anderem den Trend zur Überbehütung. Eine andere Erklärung für die neue elterliche Umarmungstendenz formuliert Klaus Hurrelmann, Professor für Public Health and Education an der Hertie School of Governance in Berlin und Leiter der Shell-Jugendstudie. Da sich die Paarbeziehungen der Erwachsenen verändert hätten, von der ökonomischen Zweckgemeinschaft zur ausschließlich emotional begründeten Liebesbeziehung, sei auch das Verhältnis zu den Kindern nach diesem Muster geprägt: Beziehung statt Erziehung. Autonom und selbstbewusst könne das Kind unter diesen Voraussetzungen kaum werden. »Es ist ein eigener Mensch. Das zu akzeptieren fällt vielen Eltern schwer«, meint Hurrelmann und mahnt zu mehr erzieherischer Distanz.[270] Noch heftiger sind die Einwände gegen außerschulische Förderung. *Lasst eure Kinder in Ruhe!*, rief der Kinderpsychologe und Reformpädagoge Wolfgang Bergmann 2011 mit seinem Buch den verunsicherten Eltern zu und geißelte deren angeblichen Förderwahn.[271] Bereits der Brite Tom Hodgkinson stellte 2009 seinem *Leitfaden für faule Eltern* diesen provokanten Ratschlag voran, geadelt durch dessen Urheber D.H. Lawrence: »Wie erziehe ich mein Kind. Regel Nummer eins: Lass es in Ruhe. Regel Nummer zwei: Lass es in Ruhe. Regel Nummer drei: Lass es in Ruhe. Für den Anfang ist das genug.« Und das hieß: auf den Müll mit pädagogisch wertvollem wie kostspieligem Spielzeug, Schluss mit durchdesignten Freizeitaktivitäten und Fördermaßnahmen, die schon die Kleinsten mit spaßfreiem Arbeitsethos behelligen.[272] Zugegeben: Kitas, in denen Dreijährige Mandarin lernen, sind sicherlich Ansichtssache. Ginge es nach Bergmann und Hodgkinson, würden Kinder jedoch weder Klavierunterricht erhalten noch im Fußballverein kicken – Aktivitäten, die die Schule nun einmal nicht anbietet.

Eltern tun vermeintlich immer des Guten zu viel oder zu wenig, je nach Blickwinkel. Und genauso widersprüchlich werden sie auch von den Lehrern wahrgenommen: entweder als übereifrige Einmischer oder desinteressierte Ignoranten. Der Debatte über die Schule haben diese Urteile nicht sonderlich gutgetan. Denn sie stärken Lehrern den Rücken, die meinen, Eltern hätten in der Schule nichts zu suchen. Erfahrungsberichte von Lehrern belegen, dass manche Eltern in der Tat eher penetrant als hilfreich auftreten. Topthema sind, wie so oft, die Zensuren. »Es geht den Eltern nicht darum, dass ich ihren Kindern etwas beibringe. Sie wollen, dass ich gute Noten gebe«, seufzt eine Lehrerin an einem katholischen Gymnasium in Nordrhein-Westfalen. »Ich würde doch denken: ›Vielleicht bekommt mein Kind nur eine 2+ und keine 1, aber dafür lernt es was.‹ Bei den Eltern zählt aber nur die Note. Und die versuchen sie massiv zu beeinflussen.« In den an sie gerichteten E-Mails sei meist der Schuldirektor in CC gesetzt; diffuse Drohungen, auch die anderen Eltern würden über sie reden, gehörten zur Tagesordnung. Sogar in die Art des Unterrichts wollten Eltern eingreifen. Für die Lehrerin sind solche Eltern eine hochanstrengende Plage. »Wahrscheinlich machen diese Helikoptereltern nur 20 Prozent aus, nehmen aber so viel Zeit und Energie in Anspruch, dass es sich wie 80 Prozent anfühlt.« Je nach Tagesform komme sie mit der Kritik unterschiedlich gut klar. »Ich habe mich zwar daran gewöhnt, lerne auch, damit umzugehen – und trotzdem verletzt es mich manchmal noch.«[273] Noch schwieriger wird es, wenn überängstliche Eltern engagierte Lehrer ausbremsen. Wenn sie etwa einen Schulausflug in einen Kletterpark torpedieren, weil sie unkalkulierbare Risiken wittern oder, wie jüngst geschehen, eine Exkursion ins Museum verhindern. Der Einwand der Mutter: »In diesem Museum sind die griechischen Götter alle nackt. Ich möchte meine Elfjährige nicht mit Quasi-Pornografie konfrontieren.«[274] Solche Eltern gehören sicherlich in die Kategorie von Menschen, die man um ihre Sorgen beneidet. Doch vermutlich sind derartige Einmischungen weniger der Sorge um die Gesundheit oder die moralische Unversehrtheit der Kinder geschuldet als einem grundsätzlichen Misstrauen gegen schulische Verhältnisse. Viele Eltern haben den Eindruck, dass Lehrer ihre Sorgfaltspflicht nicht gerade ernst nehmen. Eine baden-württembergische Grundschullehrerin berichtet, einige Mütter führten sich »wie Hilfssheriffs auf, stehen in der Pause am Zaun und kontrollieren die Pausenaufsicht[275].«Tja, warum wohl? Auch der Streit um Noten ist nur ein Ersatzkampfschauplatz. Letztlich sind Eltern fassungslos, dass es offenbar viele Lehrer nicht kümmert, ob ihre Schüler scheitern oder reüssieren. So kann man Müttern und Vätern nicht übel nehmen, wenn sie zu Kontrollfreaks werden, selbst bei eher belanglosen Randthemen.

Zweifellos schießen manche Eltern dabei übers Ziel hinaus. Das hat Josef Kraus immer wieder erlebt. Raufereien seien dann in den Augen der Eltern schon Körperverletzung, und wenn ein Lehrer das Handy einkassiere, sprächen sie von Diebstahl. Kraus hat eine Typologie der Helikoptereltern entworfen und unterteilt sie in »Transport-, Kampf- und Rettungshubschrauber«.

In der Tat: Für manche Schüler läuft ohne Eltern gar nichts. Kinder und Jugendliche lassen sich zur Schule transportieren und bei Bedarf den vergessenen Turnbeutel hinterhertragen. »Kaum ein Kind kommt hier allein an«, sagt Kraus. »Bei Regen würden die Eltern am liebsten mit dem Auto bis in die Aula fahren.« Schüler lassen außerdem die Eltern für sich kämpfen und sich vor Lehrerwillkür und schlechten Noten retten. Sind das nun aufopferungsvolle Kümmerer oder nervtötende Überbehüter? Auch Kraus weiß, dass der Grat zwischen Pampern und Tatenlosigkeit schmal ist. »Sind wir nicht alle irgendwie auch Helikoptereltern?«, fragt er. »Wann hat man sich getraut, das eigene Kind allein in die Schule zu schicken? Wann ihm das erste Mal ein Obstmesser in die Hand gedrückt? Und telefoniert man nicht doch immer wieder hinterher, wenn der Teenager beim besten Freund übernachtet? Warum nicht gleich mit dem Direktor sprechen, wenn klar ist, dass der Mathelehrer die Tochter auf dem Kieker hat? In der Elternbrust schlagen zwei Herzen. Das eine befiehlt: Locker bleiben! Das andere, sofort zum Telefon zu rennen.«[276]

Klar dürfte sein, dass Kinder Selbstständigkeit lernen sollten. Und dass es für Lehrer unzumutbar ist, nach Schulschluss unablässig von aufgebrachten Eltern bestürmt zu werden. Andererseits tragen Lehrer, trägt die Schule selbst zu den oft aggressiven Interventionen der Eltern bei. Gerade weil Hospitationen meist unerwünscht sind und Eltern nicht von vornherein in die schulischen Abläufe einbezogen werden, versuchen sie es quasi über die Hintertür, und dann mit beträchtlichem Erregungspotenzial. Kooperation ist Prävention, könnte man die Lösung beschreiben. Wer wie der Kinderarzt Remo Largo oder der Erziehungswissenschaftler Peter Struck darauf drängt, Eltern bereits vor Konflikten ganz selbstverständlich einzubinden, kann auf gute Zusammenarbeit hoffen. Oder man lädt wie Schulleiter Günther Schmalisch jederzeit gleich zum unangekündigten Besuch ein. Doch an deutschen Schulen hängt meist ein imaginäres

Schild, das Eltern wie Hunden in der Metzgerei den Zutritt verweigert: »Wir müssen leider draußen bleiben.«

Solange die Schule ein *closed shop* ist, werden Eltern immer Eindringlinge bleiben. Und solange Lehrer Eltern meiden, weil sie die Mehrarbeit scheuen, wird sich das auf ihre Motivation und ihre Gesundheit auswirken, denn feindselige Auseinandersetzungen kosten sehr viel mehr Kraft als eine entspannte Kontaktaufnahme. Vereinzelt durchbrechen Lehrer deshalb durchaus die Wagenburgmentalität.

»Wenn sich ein Schüler auffällig zurückzieht, ergreife ich selbst die Initiative«, erklärt Gymnasiallehrerin Maria, die immerhin dreihundert Schüler unterrichtet. »Ich spreche ihn an oder telefoniere mit den Eltern. Vorher sage ich aber dem Kind, dass ich dies tun werde, um ihm nicht das Gefühl zu geben, hinter seinem Rücken zu agieren.« Maria hat gute Erfahrungen mit ihrer Offenheit gemacht. »Die Eltern sind immer positiv überrascht, wenn ich mich melde, weil sie gar nicht damit rechnen. Sie sind erstaunt und erleichtert, wenn sie merken, dass ich ihr Kind wahrnehme, dass ich mich für es interessiere, mir Gedanken mache – für die Eltern ist die Schule ja so etwas wie eine Legebatterie. Sie bedanken sich sogar bei mir, obwohl sie sicher nicht realisieren, dass ich solche Telefonate in meiner Freizeit führe.« Grundsätzlich gibt Maria den Eltern ihre private Telefonnummer, wohl wissend, dass sie damit die Ausnahme bildet. »Viele Kollegen würden das nie tun. Sie schotten sich ab, weil sie schlechte Erfahrungen mit Eltern gemacht haben.« Hilfreich war für Maria eine schulinterne Fortbildung über die Kommunikation mit Erziehungsberechtigten. Da habe sie gelernt, im Elterngespräch vor allem zuzuhören und nicht so viel zu reden. »Ich lernte auch, dass ich keine Konflikte löse, deren Lösung aber anstoßen kann. Dies war übrigens eine sogenannte schulinterne Lehrerfortbildung, die eine Dienstverpflichtung darstellt und in den Ferien stattfindet. Andere Fortbildungen, die ich für angebracht halte und deshalb besuche, finden in meiner Freizeit statt. Unbezahlt.«

Im Klartext: Sie handelt aus freien Stücken, aus innerer Einsicht heraus, nicht etwa weil bei Schulleitung und Kollegium Konsens über das Ausmaß des Elternkontakts besteht.

Wer nicht zufällig mit einer so engagierten Lehrerin wie Maria zu tun hat, dem bleibt nur die Flucht nach vorn. »Ich bin ein Helikopterpapa«, outete sich der Publizist Christian Füller selbstironisch und berichtete über einen typischen Fall: »Der 14-jährige Pierre etwa hatte sich in einem hessischen Gymnasium ein halbes Jahr lang auf eine Drei in Deutsch vorgeschuftet. Dann wechselte der Rektor für die feinfühlige Lehrerin einen Grobian von Referendar ein. Der schert sich nicht um Pierres kleinen Erfolg, gibt dem Jungen zwei überstrenge Fünfen und prüft ihn so beinahe aus der 10. Klasse. Die Eltern sind an staatlichen Schulen gezwungen, tatenlos zuzuschauen. Das ist klassisches Gymnasium in Deutschland.«[277] Füller hat Verständnis für Eltern, die solche Vorfälle nicht auf sich beruhen lassen. Denn Reformen wie G8 seien wenig vertrauenerweckend, und so ist es für ihn selbstverständlich, dass Eltern selbst Verantwortung übernehmen, und sei es durch eigenfinanzierten Nachhilfeunterricht oder die Wahl einer Privatschule. Die Kommunikation zwischen Lehrern und Eltern sei jedenfalls nicht sehr ausgeprägt. Das erlebte Füller, als sein Sohn auf Klassenfahrt ging. Nach einem heftigen Hagelschauer auf das Schülerzeltlager habe der betreuende Lehrer nicht einmal eine SMS an die Eltern geschickt, um Entwarnung zu geben. Schwerer aber wiege die generelle Verunsicherung. »In der Schule ist der Ausnahmezustand zum Normalfall geworden, und den nehmen Eltern nicht mehr wortlos hin. In Umfragen halten zwei Drittel Schule für ein veraltetes System, neun von zehn Eltern lehnen den Bildungsföderalismus rundweg ab. Mit anderen Worten: Das Vertrauen ist bei vielen Eltern restlos zerstört.«

Falls Lehrer dann in mühsam erzwungenen Gesprächen unkooperativ oder sogar selbstherrlich auftreten, verhärten sich die Fronten. Immer mehr Eltern reagieren auf das hierarchische

Argument von Lehrern, sie seien qua Amt letzte Autorität, indem sie den Rechtsweg beschreiten. Nach Angaben von Hans-Peter Etter, Leiter der Rechtsabteilung im Bayerischen Lehrer- und Lehrerinnenverband (BLLV), hat sich in den vergangenen zwanzig Jahren die Zahl der juristischen Auseinandersetzungen vervierfacht.[278] Wenn Eltern vor Gericht ziehen, streiten sie jedoch nur vordergründig um Details. Dahinter verbirgt sich eine tiefe Erbitterung, dass Lehrer nicht nur die Verantwortung für den Zustand der Schule, sondern auch für den Lernerfolg ihrer Schüler von sich weisen. Dauerthemen sind Notengebung und Zeugnisse, die die Versetzung gefährden, nichtangekündigte Klassenarbeiten, Erziehungs- und Ordnungsmaßnahmen, die Verletzung der Aufsichtspflicht, neuerdings auch Mobbing.[279] Es gebe viele Lehrer und Lehrerinnen, so eine SWR-Hörfunk-Dokumentation vom November 2013, denen die Klagen psychisch zu schaffen machten, bis hin zu wochenlangen Krankschreibungen und schließlich zur Dienstunfähigkeit. Kein Wunder. Das Kräftemessen vor Gericht ist eine extreme Beanspruchung, denn meist steht dabei die Lehrerpersönlichkeit im Zentrum. Ein Rechtsstreit ist häufig die Klimax nervenzerfetzender Auseinandersetzungen, die sich von der sachlichen Ebene längst auf eine persönliche verlagert haben. Immer sind starke Emotionen im Spiel, oft auch Angriffe und Beleidigungen. Das setzt selbst dem hartgesottensten Lehrer zu.

Ein typischer Fall, von dem Hans-Peter Etter erzählt, ist die Klage von Eltern, deren Tochter der Übergang zum Gymnasium wegen ihres schlechten Notendurchschnitts verwehrt wurde. Vierzig Seiten umfasste die Klageschrift, in der man der Lehrerin anlastete, ihr Unterricht sei nicht kindgerecht, das Fragedesign ihrer Klassenarbeiten fehlerhaft. Kurzum: Sie sei inkompetent.[280] Was immer Eltern motiviert, rechtlichen Beistand zu suchen: Dass solche Aktionen nicht gerade zu einem allgemeinen Vertrauensverhältnis beitragen, dürfte klar sein. Denn ohne Blessuren laufen solche Demontageversuche kaum ab. Lehrer fühlen sich ohnehin oft in der Defensive, und drohende gerichtliche Auseinandersetzungen bedeuten eine Belastung mehr. Hinzu kommt, dass Lehrer auch bei Rechtsstreitigkeiten mal wieder allein dastehen. »Viele Lehrer vermissen die Unterstützung ihrer Vorgesetzten«, weiß Hans-Peter Etter.

Die Eltern rüsten auf. Manche im Do-it-yourself-Verfahren, für das sie Ratgeber wie *Elternrechte in der Schule – So machen Sie sich stark für Ihr Kind* konsultieren. Andere wenden sich gleich an einschlägig werbende Kanzleien. Gymnasiallehrerin Elisabeth spricht von einem negativen Klimawandel im Verhältnis zu den Eltern wegen der zunehmenden Bereitschaft, bei schlechten Zensuren vor den Kadi zu ziehen. Gerade in bürgerlichen Einzugsgebieten sei die Hemmschwelle für diesen Schritt gesunken. »Mittlerweile gibt es Rechtsanwälte, die sich ganz darauf spezialisiert haben. Dann geht es um ›gerichtsverwertbare‹ Details, die Lehrer stark unter Druck setzen. Beispielsweise sehen die Richtlinien vor, dass man die Prüflinge vor einer Abiturklausur formell fragen muss, ob sie sich gesund fühlen. Vergisst ein Lehrer diese Frage, ist das eine Angriffsfläche, weil ein Schüler behaupten kann, er habe Kopfschmerzen gehabt und deshalb Anspruch auf eine Wiederholung der Prüfung.« Diese Entwicklung habe dazu geführt, dass mittlerweile eine Flut von Formularen die Schule überschwemme. »Man sichert sich für alle juristischen Eventualitäten ab. Schülerakten sind heute dicke Wälzer, und den Papierkram müssen natürlich die Lehrer auf sich nehmen.«

Mit anderen Worten: Die Klagefreudigkeit der Eltern ist ein Bumerang. Denn die durchbürokratisierte Schule ist vermutlich das Gegenteil jener Bildungsreinrichtung, die Eltern sich wünschen. Ohnehin breitet sich der Verwaltungsaufwand krakenartig aus und droht das schulische Leben mit Berichten, Steuerungskonzepten und Leitlinienpapieren lahmzulegen. »Mit Pädagogik hat das nur noch wenig zu tun«, warnt der Erziehungswissenschaftler Norbert Grewe von der Universität Hildesheim.[281] Im

Grunde wollen Eltern Transparenz, Partizipation und persönlich engagierte Pädagogen statt Verwalter, die über Akten brüten. Doch die Meinungen der Lehrer über die Rolle der Eltern sind nach wie vor geteilt. Die einen möchten Eltern lieber auf Abstand halten, die anderen wünschen sich mehr Interesse und Unterstützung. Dabei ist man theoretisch viele Schritte weiter. »Bei der Verbesserung unserer Schulen spielen die Eltern eine große Rolle. Viele erfolgreiche PISA-Länder beziehen die Elternschaft aktiver in das schulische Geschehen ein«, stellt eine Publikation des Deutschen Gewerkschaftsbundes, der Gewerkschaft Erziehung und Wissenschaft und der IG Metall fest. Gerade bei der Einführung der Ganztagsschule, so empfiehlt die Handreichung »Schule nach PISA«, sollten Eltern sich bei der Gestaltung beteiligen können, durch Befragungen einbezogen werden und sich generell der Elternarbeit öffnen. Dafür gebe es genügend gesetzliche Grundlagen, auch länderübergreifend[282]. Ein Blick nach Kanada zeigt, was Transparenz bedeuten kann. Dort werden die Kriterien der Leistungsbewertung veröffentlicht, und die Lehrer informieren die Eltern regelmäßig ungefragt darüber, wie es um ihr Kind steht. Falls es Schwierigkeiten hat, erfolgt die Information wöchentlich, ohne dass Eltern sich selbst darum bemühen müssten. Bei Elternstammtischen erscheinen ebenfalls Lehrer; man kennt sich also, bevor es eventuell zu Problemen kommt. Eltern, die aktiv Schulpolitik betreiben möchten, lassen sich in eines der 489 lokalen School Boards wählen, wo die Bedürfnisse von Eltern und Schülern berücksichtigt und Budgets verteilt werden.

Obwohl Kanada ein Einwanderungsland ist – ein Drittel der Bevölkerung ist zugewandert –, sind die Schulerfolge beeindruckend; nicht zufällig gehört das Land zu den PISA-Siegern. Übrigens müssen kanadische Schulleiter nicht unterrichten, beteiligen sich aber freiwillig am Teamteaching, um ihre Schüler kennenzulernen. Doch es gibt noch mehr Erstaunliches: Eltern gehören ganz selbstverständlich zum Schulbild. »Kinder und

Eltern sollen sich in den Schulen wohlfühlen«, sagt Lloyd McKell vom Toronto School Board. In Torontos Schulen wird man morgens freundlich von einem »Greeter« begrüßt, von Müttern und Vätern, die sich ehrenamtlich mit dieser Funktion abwechseln. Auch in Klassenräumen, in der Kantine und auf dem Schulhof sind Eltern als Helfer präsent. Ihnen stehen sogar Plätze in der Bibliothek und im Medienzentrum zur Verfügung. Fronten können sich da erst gar nicht bilden.[283] Wären solche Verhältnisse in Deutschland denkbar? Sehr wahrscheinlich würden Eltern hierzulande nur konstruktiv mitarbeiten, wenn so etwas wie eine Willkommenskultur entstünde. Wenn sie also von Lehrern und Schulleitung nicht mit Argwohn betrachtet und als Helikoptereltern verunglimpft werden. Abrüstung auf beiden Seiten tut Not. »Viele unserer Schüler haben dicke Probleme, die wir weder lösen noch auffangen können«, sagt Userin Talexa auf *www.4teachers.de.* »Alles, was wir leisten können, ist ein Tropfen auf dem heißen Stein. Solange die Eltern nichts tun, haben wir wenig Chancen, etwas zu ändern! Solange sie ihren Kinder vermitteln, dass der Lehrer grundsätzlich der Feind ist und Schüler alles dürfen, Lehrer nichts, und dass sie als Eltern nicht für den Lernerfolg ihrer Sprösslinge zuständig sind, auch nicht!«[284] Der Lernerfolg ist allerdings nur eine Seite der Medaille. Für ein gesundes Schulklima ist es unerlässlich, dass Lehrer wie Eltern die Waffen strecken. Und gesund heißt hier im Besonderen, dass Lehrer an einem guten Arbeitsumfeld interessiert sein sollten wie jedes zeitgemäße Unternehmen, in dem Teamgeist und Kooperation selbstverständlich sind.

Hierarchien lassen sich nur lockern, wenn Lehrer und Schulleiter den Eindruck haben, dass sie von Eltern profitieren können: von Eltern, die ihre Kinder nicht mehr gegen Lehrer einnehmen, die bei Problemen nach gemeinsamen Lösungen suchen und im Schulalltag durch ehrenamtliche Mitarbeit präsent sind. Auch berufstätige Eltern können einmal im Monat als Lesepaten Schüler unterstützen, bei ausgewählten Projekten helfen oder als Gastreferenten von ihrer Arbeit erzählen. Ein Team entsteht nicht qua Akklamation, sondern in der konkreten Zusammenarbeit. Das entlastet nicht nur den einzelnen Lehrer, es schafft zugleich ein Gemeinschaftsgefühl.

Warum das so wichtig ist? Die Kampfstimmung fordert längst ihren Tribut. Überlastete, krankheitsgefährdete und ausgebrannte Lehrer kennt man heute an jeder Schule. Sie sind weder Vorbild noch Leistungsträger. Wer da abfällig von Streichelzoo oder Freizeitpark spricht, wenn für menschlichere Bedingungen an der Schule plädiert wird, verkennt die emotionalen Verwerfungen, die schon jetzt ein vielfach feindseliges Schulklima erzeugt haben. Nicht nur Schüler, auch Lehrer sind oft entmutigt und empfinden ihre Situation als ausweglos. Wie sollen sie Kinder und Jugendliche in einer Atmosphäre des Mobbings und der Diskriminierung unterrichten? Wie sollen sie Schülern ein positives Bild von Arbeit und Lernen vermitteln, wenn sie selbst am Rande des Nervenzusammenbruchs stehen?

## Burn-out: Nichts geht mehr

Oft beginnt es mit Kopfschmerzen und Ohrenrauschen, chronische Müdigkeit und Lustlosigkeit gesellen sich hinzu. Irgendwann werden die körperlichen Symptome stärker, äußern sich in Rückenproblemen, Kreislaufstörungen, Magenbeschwerden – bis auch die Seele an ihre Grenzen gerät, mit lang anhaltenden depressiven Verstimmungen und dem Gefühl, völlig erschöpft, völlig ausgebrannt zu sein. Manchmal mündet diese negative Entwicklung im Zusammenbruch. Nichts geht mehr: Burn-out. Lehrer sind häufiger als alle anderen Berufsgruppen davon betroffen. Aktuelle Untersuchungem wie eine DAK-Studie von 2011 kommen zu dem Ergebnis, dass über die Hälfte der Lehrer stark unter Stress und emotionaler Beanspruchung leidet. So erklärt sich, dass die Mehrheit plant, in den Vorruhestand zu gehen: Nur 41 Prozent der deutschen Pädagogen fühlen sich fit genug, bis zum gesetzlichen Pensionsalter zu arbeiten. Der überwiegende Teil steigt vorher aus, weil emotionaler Stress, fehlende Ruhepausen und Zeitdruck als unerträglich empfunden werden.[285] Laut Statistischem Bundesamt erreichten schon im Jahr 2009 nur rund 40 Prozent der Lehrer die Regelaltersgrenze von 65 Jahren. Eine ganze Berufszunft geht vorzeitig in die Knie.

Stress kennen auch Busfahrer, Rechtsanwälte und Wurstfachverkäuferinnen. Lehrer fühlen sich jedoch in wesentlich höherem Maße verheizt und ausgelaugt. Oft arbeiten sie mehr als andere Beamte und Angestellte und sind gleichzeitig hohem seelischem Druck ausgesetzt. Lehrer seien eine »Risikopopulation« sagt Psychologe und Bildungsforscher Uwe Schaarschmidt, der die Situation ziemlich dramatisch einschätzt. In seiner Potsdamer Lehrerstudie von 2006 – übrigens der ersten, die sich systematisch überlasteten Lehrern widmete – kommt er zu dem Schluss, mindestens 60 Prozent der deutschen Lehrkräfte seien burn-out-gefährdet.»Lehrerinnen und Lehrer sind keineswegs beneidenswerte Halbtagsjobber! Vielmehr üben sie einen der anstrengendsten Berufe aus. Das betrifft speziell die psychischen Belastungen, die dieser Beruf mit sich bringt. Hier ist offensichtlich eine kritische Grenze erreicht.«[286]

»Ich glaube, dass ich burn-out-gefährdet bin«, sagt auch Gymnasiallehrerin Maria. Schwer wiege vor allem der Berg von Arbeit, den sie mit nach Hause nehmen müsse: »Es gibt keine unbelastete Freizeit. Nachmittags und am Wochenende sitze ich stundenlang am Schreibtisch. Diese Entgrenzung des Berufs ist eine strukturelle Belastung, die mir sehr zu schaffen macht. Für Kollegen mit Kindern ist das noch schwieriger. Die drehen alle durch. An den Wochenenden nehmen sie sich teilweise Babysitter, damit sie Arbeiten korrigieren können. Das ist doch absurd.« Ihr Arbeitspensum belaufe sich auf geschätzte 50 Stunden pro

Woche: 24 Unterrichtsstunden, die übrigen Stunden verteilten sich auf Unterrichtsvorbereitung, Arbeiten korrigieren, administrative Aufgaben, Elterngespräche, ihre Funktion als Gleichstellungsbeauftragte und die Betreuung der Schul-Website. Und auch Maria spürt bereits Anzeichen von Resignation und Erschöpfung: »In den letzten Ferien hatte ich so viele Klausuren auf dem Schreibtisch, dass ich zwei Tage lang unfähig war, überhaupt anzufangen – innerlich kapitulierte ich schon.« Dabei gehört sie zu jenen Lehrern, die mehr tun, als die Berufsroutine verlangt. Doch immer häufiger stellt sie die Sinnfrage. Warum soll sie sich jeden Tag aufs Neue ins Hamsterrad begeben, wenn der Druck nie aufhört? Noch dazu mit einem Schulleiter, dem es ihrer Einschätzung nach an Teamfähigkeit und Unterstützungsbereitschaft fehlt? »Sehr unbefriedigend ist, dass mein Engagement nicht anerkannt wird«, beklagt sie sich.

Der Erziehungswissenschaftler Herbert Gudjons spricht von einem »Belastungsprofil«, weil Lehren Sisyphusarbeit sei: »Die eigentümliche Anstrengung, die alltägliche Dauerspannung der Unterrichts- und Erziehungsarbeit liegt darin begründet, dass pädagogisches Handeln (eben auch im Unterricht) nie aufhört, immer wieder neu beginnt, ständig wechselnden Situationen ausgesetzt ist, nie zu einem sicheren Erfolg verbürgenden Ende kommt. Deshalb enthält pädagogisches und didaktisches Handeln immer eine riskante Bewährungsdynamik. Die potenzielle Krisensituation (es kann alles schiefgehen, weil es lebendige Menschen sind, die sich unterrichtlich nie vollständig verplanen lassen) ist in Permanenz vorhanden.« Erschwerend komme hinzu, dass Lehrer überwiegend Einzelarbeiter seien, obwohl sie sich einem sozialen Ganzen – der Klasse, der Schule, dem Kollegium – verpflichtet fühlten. Ihr Berufsbild sehe Teamarbeit und kollegiale Kommunikation vor, in der Praxis fühlten sie sich jedoch weitgehend alleingelassen.[287]

Was Lehrer verwundbarer macht als Angehörige anderer Berufsgruppen, sei die soziale Isolation, meint Stefan Koch, Psychotherapeut an der Schön Klinik Roseneck, die sich auf Lehrer mit Burn-out-Syndrom spezialisiert hat. Koch und sein Kollege Andreas Hillert entwickelten ein eigenes Behandlungs- und Präventionskonzept. Es setzt bei schädigenden Verhaltensweisen an, die offenbar typisch für Lehrer sind. Dazu gehört beispielsweise das »ruminativ-selbstisolierende Coping-Muster«, eine recht virtuose Umschreibung der Neigung, sich bei Belastungen zurückzuziehen und ins Grübeln zu verfallen. »Die Tendenz zum passiven Aus- und Durchhalten unter Belastung, fehlende soziale Kontakte sowie positive Aktivitäten fördern das Verharren im aversiven Erlebenszustand«, heißt es in dem Konzept. Das bedeutet: Lehrern gelingt es vielfach nicht, negative Erfahrungen auszugleichen, indem sie sich bewusst einen Gegenpol positiver Erlebnisse schaffen und aktiv Entspannungszonen suchen. Das hochgesteckte Selbstbild verhindert tiefere Einsichten ebenso wie konstruktive Korrekturen. Das jedenfalls legt die Beobachtung von Hillert und Koch nahe, Lehrer unterlägen dem »Diktat der Machbarkeit«, könnten also Negatives weder aushalten noch akzeptieren, suchten – oder erhielten – aber auch keine Hilfe im Team.[288]

In der Schön Klinik Roseneck werden ausgebrannte Lehrer mit dem »flexibel-kompensierenden Coping-Muster« konfrontiert, das sie aus der selbstzerstörerischen Isolation erlösen soll, vor allem dadurch, dass sie ihr soziales Netzwerk nutzen. Nur so könnten Lehrer handlungsfähig bleiben, betonen Hillert und Koch. Was das konkret bedeutet, belegen zwei eindrucksvolle Zahlen ihrer Statistik: Aktiv-kompensierende Lehrer seien zu 98 Prozent arbeitsfähig, ruminativ-selbstisolierende Lehrer dagegen nur zu 21 Prozent. Interessant ist, dass psychischer wie physischer Stress in diesem Modell als eine Bedrohung des Selbstwerts definiert wird. Dementsprechend nennen Hillert und Koch als eine der wichtigsten Ursachen der Belastung die mangelnde Wertschätzung durch Kollegen und Vorgesetzte. Wenn es also noch eines Belegs bedarf, wie stark das Schulklima über die Gesundheit entscheidet und wie katastrophal sich das Mobbing im Kollegium sowie durch Eltern und Schulleitung auswirkt, dann hat man hier eine anschauliche Demonstration. Im Portfolio des Programms zur Stressbewältigung von Hillert und Koch steht deshalb nicht von ungefähr der Punkt »Beziehungen zu Menschen als Kraftquelle«.

Der Leidensdruck ist groß. Würden Lehrer von vornherein darauf vorbereitet, dass sie neben ihrer Rolle als Fachexperten vorrangig Beziehungsarbeit zu leisten haben, könnten Frustrationen und langfristig auch Burn-outs sicherlich vermieden werden. Wenn all dies bekannt ist – warum steht das Schulklima dann nicht seit Jahrzehnten ganz oben auf der Agenda von Schulleitern und Bildungspolitikern? Und warum ernten überlastete Lehrer in der Öffentlichkeit wenig mehr als ein missbilligendes Achselzucken? Da sie über kein besonders gutes Image verfügen – weil man ihnen unterstellt, einen voll bezahlten Halbtagsjob und überdurchschnittlich viel Urlaub zu haben –, halten viele die Leiden der Lehrer für eine Übertreibung, wenn nicht gar für unzulässige Larmoyanz. Speziell die Nachricht, sie seien häufiger als andere Berufsgruppen vom Burn-out betroffen, sorgt oft für Unverständnis. Und überhaupt – ist der sogenannte Burn-out nicht eine reine Trenderkrankung?

Zweifellos gehört dieses Leiden zu den Befindlichkeitsstörungen, die, so scheint es, zeitgeistabhängig sind und sich wie die ADHS-Diagnose auf wundersame Weise vervielfältigen. Plötzlich gibt es einen Begriff für oft diffuse Beschwerden, und ist ein Krankheitsbild erst einmal in der Welt, entwickelt es eine nahezu magische Anziehungskraft. Salopp gesagt: Jeder will es haben. In der Tat steigen die Burn-out-Befunde sprunghaft an, seit sie von den Krankenkassen anerkannt werden. Unter dem Kürzel Z73 hängt man sie der ICD-10-Klassifikation psychischer Störungen an. Daher hat die Behauptung, ausgebrannt zu sein, heute zuweilen den Beigeschmack einer modischen Unpässlichkeit, die umso inflationärer um sich greift, je häufiger davon die

Rede ist. Die Kultur- und Medizingeschichte kennt einige solcher Krankheitsmoden. Im Biedermeier pflegte man die Melancholie, um 1900 erlebten Hysterie und Schizophrenie eine Hausse. Beim 4. Internationalen Psychoanalytischen Kongress 1913 in München war die »Neurasthenie« in aller Munde – eine psychische Ermattung, zu der sich unter anderem Musil, Rilke und Kafka bekannten. Seither spricht man vom therapeutischen Zeitalter, und die Symptome einer kolossalen Erschöpfung mehren sich, obwohl es vermutlich nie zuvor ein derart hohes Gesundheitsbewusstsein und eine derart perfekte medizinische Versorgung wie heute gab.

Das betrifft nicht nur Lehrer. Eine aktuelle Untersuchung der deutschen Betriebskrankenkassen verzeichnet eine Zunahme von Krankheitstagen aufgrund des Burn-out-Syndroms von 4,6 auf 87,5 Tage im Zeitraum von 2004 bis 2012. Nach den weit verbreiteten Rückenleiden sind psychische Störungen heute der zweithäufigste Grund für Arbeitsausfälle. [289] Ein ganzes Volk liegt auf der Couch? Schon Ernst Bloch stellte fest, dass Gesundheit eben nicht allein ein medizinischer, sondern überwiegend gesellschaftlicher Begriff sei. Und seit man sich mit Modekrankheiten beschäftigt, betrachtet man das Phänomen des »Krankheitsgewinns«: Aufmerksamkeit, Mitleid, Verständnis. Dies wird auch Lehrern nicht entgangen sein. Um 1900 konnte man noch mit Migräne punkten, heute weiß jeder, dass ein Burn-out vor allem engagierte Leistungsträger erwischt. Ex post signalisiert ein ausgebrannter Patient: Schaut her, ich habe mich für euch aufgerieben, nun kann ich nicht mehr. Schon die frühe Burn-out-Forschung bestätigt dieses Muster.

Wovon ist also die Rede, wenn das sogenannte multiple Erschöpfungssyndrom diagnostiziert wird? Worin unterscheidet es sich von allgemeiner Lustlosigkeit, Antriebsschwäche oder Berufsmüdigkeit? Erstaunlicherweise ist der Begriff Burn-out älter als seine momentane Konjunktur vermuten ließe. 1974 veröffentlichte der amerikanische Psychoanalytiker Herbert

Freudenberger einen Artikel im *Journal of Social Issues,* in dem er auf die drohende Überlastung von Menschen hinwies, die in helfenden Berufen arbeiten. Er schilderte nicht nur Symptome, vor allem wies er auf Voraussetzungen hin, die einen Burn-out wahrscheinlich machen. Seine Untersuchungen bezogen sich zunächst auf ehrenamtliche Mitarbeiter sozialer Dienste und Selbsthilfegruppen, auf Personen also, denen man eine hohe Motivation zuschreiben konnte. Damit exponierte er ein wichtiges Kennzeichen des »echten« Burn-outs: die Diskrepanz von hohem Engagement und Selbstüberforderung.[290] Es sind drei Persönlichkeitsmerkmale, die Freudenberger nennt. Zum einen seien Menschen gefährdet, die für ihren Einsatz ein übersteigertes Maß an Anerkennung erwarteten. Ihr Ziel sei es weniger, anderen selbstlos zu helfen, als durch ihre Tätigkeit Sympathie und Zuneigung zu erhalten. Das zweite Persönlichkeitsmerkmal sei die eigene Bedürftigkeit, die unter dem Schlagwort der »hilflosen Helfer« bekannt wurde. Ohne dass es ihnen bewusst wäre, projizieren sie den eigenen Hilfsbedarf auf andere und erwarten deshalb zu viel von jenen, denen sie helfen möchten. Die dritte Komponente schließlich ist die Monotonie ritualisierter Abläufe, in denen kein eigener Handlungsspielraum bleibt.

Freudenbergers Charakterisierung der vom Burn-out Gefährdeten ist deshalb wegweisend, weil er nicht fachliche Kompetenz, sondern psychische Dispositionen untersucht. In späteren Arbeiten betonte er noch eindringlicher die überzogenen Erwartungen, was Lob und Anerkennung betrifft. Diese Begründung ist deshalb aufschlussreich, weil sie sich in der misslingenden Lehrer-Schüler-Beziehung und in Konflikten mit Vorgesetzten und Eltern wiederholt. Gerade die Enttäuschung des Lehrers, für sein Wissen und sein Engagement nicht anerkannt zu werden, muss als Schlüsselfaktor des Burn-outs betrachtet werden und wiegt weit schwerer als objektiv messbare Überlastungen wie Zeitdruck oder zusätzliche Unterrichtsstunden.

Obwohl es mittlerweile eine Flut von Fachliteratur zum Thema gibt, haben Freudenbergers Beobachtungen nichts von ihrer Aktualität verloren. Exemplarisch ist seine Einteilung spezifischer Phasen eines Burn-outs. Zu den ersten Signalen zählen neben chronischer Müdigkeit Abwehrhaltungen, die sich als Aggression, Gleichgültigkeit oder auch Zynismus äußern; ein wohlbekanntes Phänomen bei Lehrern im Klassenzimmer, das in der Forschung – wie bereits erwähnt – als Absentismus zu zweifelhaftem Ruhm gelangte. Im nächsten Schritt kommt es zur emotionalen Entleerung und Depersonalisierung. Übersetzt auf die schulische Situation ist dies die Phase, in der Lehrer sich auf ihre Funktion zurückziehen und keine empathischen Beziehungen aufbauen können. Nach Freudenberger spürt sich der Betroffene nicht mehr und ignoriert Symptome wie depressive Verstimmungen oder psychosomatische Beschwerden, weil das mögliche Scheitern nicht zu seinem Selbstbild und seinem hohen Anspruch passt. Diese gestörte Selbstwahrnehmung führe zu extremer Erschöpfung bis hin zum finalen Zusammenbruch.

Zentral in Freudenbergers früher Analyse ist der Begriff der Verdrängung – möglicherweise auch der Schlüssel, um zu verstehen, warum Lehrer heute die größte Risikogruppe für einen Burn-out bilden. Denn es gibt zwar eine hochtrainierte Beschwerdekultur in unseren Schulen, etwa das Lamento der Lehrer über ihre Schüler und über aufdringliche Eltern, jedoch keine Gesprächskultur über die tiefer liegenden emotionalen Verletzungen, über Enttäuschungen und Zurückweisungen. Schulleiter schaffen vermutlich schon allein deshalb kein Forum dafür, weil sie ahnen, dass sie selbst nicht ganz unschuldig an den Bedingungen sind. Lehrer verdrängen oft ihre Versagensängste und Selbstzweifel. Stattdessen stilisieren sie sich weiterhin als souveräne Wissensvermittler, die leider kein geeignetes Publikum für ihre Performance finden. Kein Lehrer scheut sich, über renitente Schüler und über Belastungen zu klagen. Aber welcher

Lehrer gesteht schon ein, dass es ihm nicht gelingt, eine vertrauensvolle und respektvolle Beziehung zu seinen Schülern aufzubauen? Die unrealistische Erwartung von Lob und Anerkennung, nach Freudenberger eine der Voraussetzungen eines Burn-outs, kommt nicht zur Sprache, wird vermutlich auch nicht einmal sich selbst eingestanden.

Die Ergebnisse der Potsdamer Lehrerstudie bestätigen und verfeinern Freudenbergers frühe Befunde. Einbezogen waren nicht nur 16 000 Lehrer bundesweit, sondern auch rund 2 500 Lehramtsstudierende und Referendare. Besonders zwei Risikomuster sind demnach mit jeweils 30 Prozent bei Lehrern weit verbreitet. Als Risikomuster A kennzeichnet Projektleiter Uwe Schaarschmidt die Neigung zur Selbstüberforderung – »exzessive Verausgabung und verminderte Erholungsfähigkeit, Einschränkung der Belastbarkeit und Zufriedenheit«. Risikomuster B ist von Resignation geprägt – »reduziertes Engagement bei geringer Erholungs- und Widerstandsfähigkeit, Unzufriedenheit und Niedergeschlagenheit«. Schaarschmidts Fazit: »In keiner weiteren der von uns noch untersuchten Berufsgruppen (u. a. Pflegepersonal aus Krankenhäusern, Ärzte, Führungskräfte der öffentlichen Verwaltung, Feuerwehrleute, Existenzgründer) fanden wir einen derart hohen Anteil der Risikomuster.« Generell sei das Bild beherrscht durch Resignation, Motivationseinschränkung, herabgesetzte Widerstandsfähigkeit gegenüber Belastungen und negativen Emotionen, schreibt Schaarschmidt, der hierin alle relevanten Symptome eines Burn-outs erkennt.[291] Wie schon Freudenberger nennt auch die Potsdamer Lehrerstudie die Diskrepanz zwischen der Bereitschaft, sich zu verausgaben, und der geringen Wertschätzung sowie die mangelnden beruflichen Perspektiven als Ursachen des Ausbrennens: »Es entsteht eine Hamster-im-Laufrad-Situation«, meint Schaarschmidt, »man rennt und rennt und kann gar nicht sagen, wofür.«[292] Zusammengefasst lässt sich sagen, dass die Lehrerschaft im Berufsvergleich die problematischste Situation vorfindet, unabhängig von Regionen und Schulformen. Mit dem Alter verschlechtert sich der Gesundheitszustand außerdem stetig – ein Grund für die überproportional hohe Zahl von Frühpensionierungen.

Es mutet schon abenteuerlich an, dass diese Fakten seit Jahren bekannt sind, von einer breiten Anti-Burn-out-Offensive deutscher Schulleiter indes nicht einmal ansatzweise die Rede sein kann. Dabei gehören ausgebrannte Lehrer und Unterrichtsausfall auch für Schulleiter zu den großen Stressfaktoren. Haben sie resigniert? Sitzen sie etwa selbst in der Falle des »ruminativ-selbstisolierenden Coping-Musters«? Befragt man Lehrer und Schulleiter, ist das Muster zumindest weit verbreitet. Das Bild des harten, teamunfähigen Verwalters und Managers, der einsame Entscheidungen an der Spitze trifft, spricht ebenso dafür wie die Tatsache, dass der Job immer unbeliebter wird.

Sinnvolle Gegenstrategien gäbe es durchaus. Zu den vier Säulen des Interventionsprogramms im Rahmen der Potsdamer Lehrerstudie gehört deshalb die Unterstützung der Teamentwicklung und Führungsarbeit an der Schule. »Dort, wo wir die günstigeren Beanspruchungsverhältnisse feststellten, fanden wir fast ausnahmslos auch ein gutes soziales Klima vor«, resümiert Uwe Schaarschmidt. »Die Einflussnahme auf die Teamentwicklung und das Teamklima an der Schule war deshalb ein weiterer Schwerpunkt unserer Arbeiten.«

Im Rahmen seines Konzepts regt Schaarschmidt mit moderierten Diskussionen und Gruppenarbeit in der Schule dazu an, das Arbeitsklima und Fragen der täglichen Zusammenarbeit zu erörtern. Dies solle den entscheidenden Impuls geben, um gemeinsam neue Zielvereinbarungen zu treffen und umzusetzen, wobei Schaarschmidt davon ausgeht, dass die weiteren Schritte in Beratungsgesprächen mit der Schulleitung begleitet werden. Evaluationen hätten eindeutig den gesundheitsförderlichen Effekt dieser Intervention bewiesen, die mindestens ein halbes Jahr lang dauert. Allerdings geht nichts ohne die Schulleiter. Und die haben einiges dazuzulernen. Schaarschmidt drückt es dezenter aus: »Es ist demzufolge zu erwarten, dass über die Qualifizierung der Schulleitungen in ihrer Führungsarbeit eine wesentliche Ressource der Beanspruchungsoptimierung und Gesundheitsförderung erschlossen werden kann.« In einem Trainingsprogramm sollen sich Schulleiter in der Kunst der Personal- und Teamentwicklung, aber auch in der Selbstwahrnehmung üben. Denn Führungskräfte, die selber Belastendes verdrängen, sind natürlich weder motiviert noch in der Lage, sich um die massiven Probleme des Kollegiums zu kümmern. Das bedeutet in der Summe Fortbildung und Beratung für den Mann und die Frau an der Spitze der Schule, und zwar nicht nur punktuell, sondern permanent. Abgesehen davon, dass das Geld kostet: Sind die Schulleiter überhaupt dazu bereit?

Von der Beantwortung dieser Frage wird die Zukunftsfähigkeit der Schule abhängen. Alle gesellschaftlichen Herausforderungen, vom partizipatorischen Demokratieverständnis bis hin zum individuellen Engagement für das große Ganze werden modellhaft in der Schule mitentschieden. Sich beteiligen, Verantwortung übernehmen, begründete Meinungen ausbilden, kreative Lösungen entwickeln – das sind Verhaltensweisen, die von Lehrern und Schulleitern vorgelebt werden müssen, damit Schüler sie verinnerlichen können. Und das auch unter unvermindert schwierigen Bedingungen. Denn bis sich Teamgeist und entspannte Verhältnisse flächendeckend herausbilden, wird es vermutlich eine Weile dauern. Noch sind Interventionsprogramme Pilotprojekte, und ein allgemeiner Bewusstseinswandel wird erst allmählich erfolgen.

Was Lehrer wie Schulleiter deshalb brauchen, ist Resilienz –, die Fähigkeit, berufsbedingte Sisyphusarbeit nicht als unzumutbaren Stress, sondern als normale Arbeitsbedingung zu empfinden. Eine Basis dafür wäre zunächst einmal eine ausgeprägte Anerkennungskultur. »Solange die individuelle Bilanz stimmt, also sich die in die Arbeit gesteckte Energie und die dafür erhaltene Belohnung (Gratifikation) die Waage halten, kann man ohne zusätzliches gesundheitliches Risiko locker mehr als 60 Stunden pro Woche arbeiten«, schreiben Hillert und Koch über das Verhältnis von Lehrern und Schulleitern. »Wenn also eine entsprechende Anerkennung seiner Leistung erfolgt, kann man auch mit wenig Geld und vergleichbar schlechten Rahmenbedingungen gut zurechtkommen. Erhält man trotz Einsatz keine Anerkennung, kippt das Verhältnis jedoch in Richtung Gratifikationskrise.«

Ein weiterer Schutz vor Burn-outs ist neben der Resilienz die emotionale Kompetenz. Die Emotionsforscherin Carolyn Saarni listet in ihrem Grundlagenwerk *The Development of Emotional Competence* folgende Parameter auf: An oberster Stelle steht die Fähigkeit, sich seiner eigenen, auch widersprüchlichen Emotionen bewusst zu sein; darauf folgt die Fähigkeit, die Emotionen anderer wahrzunehmen und zu verstehen, und schon vor der Empathie nennt Saarni die Fähigkeit, über Emotionen zu kommunizieren. Darauf baue alles Folgende auf: mit negativen Emotionen und Stresssituationen umzugehen zu können, sich der emotionalen Kommunikation in sozialen Beziehungen bewusst zu sein und schließlich die Fähigkeit zur Selbstwirksamkeit. Was in diesem Fall bedeutet, dass man einschätzen lernt, welchen Einfluss der Umgang mit den eigenen Gefühlen auf die soziale Interaktion hat.[293]

Bezeichnenderweise rückt bei uns erst seit einigen Jahren die schulische Emotionsforschung in den Blick. Eine der exponiertesten Vertreterinnen ist die Erziehungswissenschaftlerin und Psychologin Tina Hascher. In zahlreichen Publikationen, unter anderem in ihrer 2004 erschienen Untersuchung *Wohlbefinden in der Schule,* widmet sie sich den Auswirkungen negativer Gefühle im Schulalltag. Grundsätzlich kommt sie zu dem Ergebnis, dass der Unterricht häufig »fehlerintolerant oder gar fehlervermeidend« abläuft, was zu Bloßstellungen des Schülers führe. Um sich nicht vor der Klasse zu blamieren, neigten Schüler dazu, negative Gefühle wie Unbehagen und Scham zu verbergen, wenn sie vom Lehrer auf einen Fehler hingewiesen werden. Deshalb sei es wünschenswert, dass Lernen und Leistungsbewertung voneinander getrennt würden. Die Praxis hingegen sehe anders aus: »Teilweise wird von Lehrpersonen sogar bewusst vermieden, Lern- und Leistungssituationen zu separieren, um ihre Macht zu demonstrieren und um für Disziplin in der Klasse zu sorgen.« Damit ist das verbreitete »Vorführen« gemeint, eine bewusste Herabwürdigung der Schüler durch den Lehrer, der mit dieser Taktik seine Autorität untermauern möchte. Was Lehrer damit anrichten, ist ihnen vermutlich nicht bewusst, weil sie selbst im Korsett destruktiver Hierarchiespiele stecken. Für Tina Hascher ist die Vermischung von Lernprozess und Bewertung Indikator einer mangelhaften Lernkultur in der Schule. Mit der Quintessenz: »Wie am Beispiel der häufig unzureichenden Fehlerkultur in der Schule deutlich wurde, stellen Schule und Unterricht einen Kontext dar, der Emotionen im Unterricht eher unterdrückt denn aktiv bearbeitet.«

Abgesehen davon, dass der Schüler nachweislich schlechtere Gedächtnisleistungen erbringt, wenn er möglichst cool wirken möchte, obwohl die Gefühle in ihm brodeln, gibt es noch zwei weitere, mindestens ebenso destruktive Nebenwirkungen. Falls man negative Emotionen unterdrückt und verdrängt, bleiben sie erstens bestehen, können also nicht bewältigt werden; zweitens neigt man bei dieser Form der Gefühlsregulation dazu, soziale Strategien zu Hilfe zu nehmen. Empirische Forschungen, referiert Tina Hascher, ergaben folgende typische Muster: »Personifizierung des Problems – ›Bei dem Lehrer fühle ich mich auch sonst immer schlecht‹; Abreaktion an anderen – ›Ich habe mit meiner Freundin Streit angefangen‹; (Gegen-)Aggression – ›Ich habe die Lehrerin angemotzt‹.« Besonders häufig sei die Kombination der Personifizierung mit Aggressionen nach der Devise: »Diese Scheiß-Lehrer sind doch alle gleich.«[294] Drehen wir den Spieß jetzt einmal um. Wenn Lehrer bei Demütigungen innerhalb der schulischen Struktur ihre Gefühle verbergen, um trotz ihrer Kränkungen nach außen hin souverän zu erscheinen, dann folgen sie letztlich den gleichen Mustern, mit den gleichen Auswirkungen. Die Verdrängungsarbeit kostet Energie, die das Ausbrennen begünstigt, und mit den sozialen Strategien zur Gefühlsunterdrückung erschaffen Lehrer sich Feindbilder. Die Beispielsätze in Tina Haschers Studie lassen sich entsprechend variieren: »Bei den Schülern fühle ich mich auch sonst immer schlecht; ich fange Streit mit Kollegen an; ich beschimpfe die Schüler und finde, dass diese miesen Rabauken ja doch alle gleich sind.« Ohne Frage tragen solche Einstellungen zu Frustration und Isolation bei. Anerkennung, positives Feedback und Handlungsspielräume fehlen – nach Freudenberger sind damit die drei kardinalen Voraussetzungen von Burn-outs erfüllt.

Ein Rätsel bleibt, warum die Lehrer bei steigendem Leidensdruck selbst kaum etwas tun, um den notorischen Krisenzustand zu beheben. Natürlich rächt sich ihre einseitige Ausbildung, die Sachinhalte in den Vordergrund stellt, statt auf die Realität des Klassenzimmers vorzubereiten. Aber warum fordern die Lehrer keine Fortbildungen, keine Selbstevaluation, keine kollegiale Unterstützung ein? Warum ergeben sie sich ihrem Schicksal? Denn es geht auch anders, ganz anders. Ohne eine einzige Reform, ohne den Willen zur Macht, ganz allein durch die Einsicht, dass Teamarbeit entspannender, effektiver und zudem gesünder ist als das wölfische »Alle gegen alle«.

## Offensive Beziehungskultur:
## Wolfgang Voegelsaenger und das IKEA-Feeling

Man könnte die Geschichte der Integrierten Gesamtschule Göttingen wie ein Märchen erzählen: Es war einmal ein unerschrockener Haufen von Leuten, die auszogen, um nach Ideen zu suchen, wie ihre Kinder glücklicher und erfolgreicher werden könnten. Sie gingen in die Fremde, hoben einen Schatz und kehrten mit vollen Taschen heim. Dann bauten sie ein Schloss für ihre Kinder, auf dass sie es besser hätten als ihre Eltern, und alles, alles war gut. Natürlich gehörten, wie in jedem Märchen, einige Kämpfe und Bewährungsproben dazu, und auch eine Reihe von Trickstern trat auf, die alles taten, um das schöne neue Schloss wieder einzureißen. So bedurfte es des Wagemuts, des taktischen Geschicks sowie einer guten Dosis Starrsinns, um alle Widrigkeiten zu überstehen und am Ende sogar mit goldschimmernden Medaillen belohnt zu werden.

Was märchenhaft klingt, ist in groben Zügen wahrheitsgetreu erzählt. In der Realität war es eine Gruppe Göttinger Eltern, Politiker, Wissenschaftler und Architekten, die sich 1970 zusammentaten, in der Überzeugung, dass die herkömmliche Schule sich überlebt habe und eine vitale Erneuerung überfällig sei. Damit war vor allem das traditionelle dreigliedrige Schulsystem gemeint, aber auch die traditionelle Vorstellung von Lehren, Lernen, Autorität. Als Universitätsstadt hatte Göttingen die Rebellion der 68er-Generation erlebt. Aufbruch lag in der Luft. Gemeinsam reisten die Veränderungswilligen nach Schweden, damals schon für seine vorbildlichen Schulen gerühmt. Zurück in Göttingen begann die Gruppe, nach schwedischem Muster eine Schule zu planen. 1975 wurde sie eröffnet. Und plötzlich war alles anders: flache Hierarchien, Teamarbeit, Förderung statt Selektion. Mitten in Deutschland entstand eine Insel, eine andere Lernkultur, ein anderes Schulklima. Das alles musste in den folgenden Jahrzehnten hartnäckig verteidigt werden. Immer wieder gab es Angriffe durch Politiker und Schulbehörden, und so war es ein hart erkämpfter Triumph, als die Schule 2011 mit dem Deutschen Schulpreis ausgezeichnet wurde.

Ein Erfolgsmodell ist zu besichtigen, nicht nur wegen der späten Anerkennung. Heute hat die Schule doppelt so viele Anmeldungen wie Plätze. Ein wahrer Magnet ist entstanden, für Schüler wie Eltern. Äußerlich unterscheidet sich das Gebäude nicht von anderen Bausünden der Siebzigerjahre. Wer in den Schulweg 22 in Göttingen-Geisheim einbiegt, steht vor einem klotzigen, fabrikähnlichen Monument aus Beton. Der erste Eindruck im Inneren gemahnt an Spaßbäder aus den Achtzigern: Im weitläufigen Entree erstreckt sich links ein nierenförmiges Grünpflanzenbeet, dahinter öffnet sich der Raum zu einer eher düsteren Halle, die von Treppen und wuchtigen Emporen beherrscht wird. Die Schule der Zukunft stellt man sich optisch möglicherweise anders vor. Doch mit der Schule ist es wie mit dem Beton: Es kommt darauf an, was man daraus macht.

1 500 Schüler, 150 Lehrer und weitere Mitarbeiter, die in der Mensa, als Bürgerarbeiter oder Sozialarbeiter beschäftigt sind, strömen täglich in das Gebäude. Trotz der äußerlich einschüchternden Architektur geht es im Inneren überraschend überschaubar, fast familiär zu. Für jeden Jahrgang gibt es einen farblich gekennzeichneten Trakt mit einem eigenen Treppenaufgang. So können sich die Schüler gut orientieren und fühlen sich trotz der Größe der Schule in ihrem Binnenbereich zu Hause. Die jeweils sechs Klassenräume gruppieren sich um einen Freizeitbereich. Dadurch entstehen kurze Wege, man begegnet einander und achtet aufeinander. Schon bei der räumlichen Organisation fällt auf: Die Lehrer sind nicht zentral untergebracht, weit weg von ihren Schülern. Sie arbeiten in kleinen Teams, die jeweils für einen Jahrgang zuständig sind, und ihr Lehrerzimmer liegt gleich neben den entsprechenden Klassenzimmern. Allein das wäre schon ungewöhnlich; hinzu kommt, dass die Tür zum Lehrerzimmer immer offen steht. Niemand verschanzt sich hier, weder räumlich noch mental.

Ganz gleich, welchen Punkt man anspricht, sei es das Lehrkonzept, das Schulklima oder die Konfliktkultur, immer fällt der gleiche Begriff: Teamgeist. Und zur Abwechslung ist das hier keine Absichtserklärung, sondern gelebter Alltag, »Wir verstehen uns als Schulgemeinschaft«, sagt Wolfgang Vogelsaenger, seit zwölf Jahren Rektor der Georg-Christoph-Lichtenberg-Gesamtschule. »Das beginnt schon damit, dass sich alle duzen. Schulleiter, Lehrer und Schüler, sogar die Putzkräfte sind einbezogen. Das ist noch das schwedische Erbe, das IKEA-Feeling. Es geht locker zu.« Entgegen landläufiger Vorurteile im Hinblick auf das Duzen hätten alle Respekt voreinander. »Das Duzen führt nicht etwa zu unzulässiger Distanzlosigkeit, es ist vielmehr ein Zugehörigkeitsmerkmal. Ein Wir-Gefühl entsteht, ein guter Teamgeist, und zwar auf allen Ebenen.« Und das meint Vogelsaenger wörtlich. Hinterlassen die Schüler einen vermüllten Klassenraum, dann macht die Putzfrau nicht sauber, sondern führt am nächsten Tag ein Gespräch mit den Schülern. »Sie sollen ein Bewusstsein dafür entwickeln, dass auch die Reinigungskräfte zum Team gehören und dass jeder Schüler Verantwortung trägt, für den Zustand des Unterrichtsraums genauso wie für die gesamte Schule«, so die Begründung.

Gibt es so etwas wie den »Spirit« einer Schule? Ja, es gibt ihn, und in Göttingen ist er deutlich spürbar. Man hat den Eindruck, in einem Utopia gelandet zu sein. Alle hinlänglich bekannten schulischen Probleme wie starre Hierarchien, Schulfrust, Mobbing, Diskriminierung, renitente Schüler, feindselige Eltern und nicht zuletzt hohe Krankenstände der Lehrerschaft werden hier planvoll vermieden. Wie das geht? Mit einem konsequenten Schulkonzept, mit engagierten Lehrern und einem Rektor, der Führung neu definiert. »Als Schulleiter halte ich nichts von Hierarchien«, sagt Wolfgang Vogelsaenger. »Wir achten als kollegiale Schulleitung darauf, dass Aufgaben und auch Konflikte möglichst auf der Teamebene gelöst werden. Das ist eine Haltungsfrage. Wir inszenieren einen Rahmen, innerhalb dessen jeder Verantwortung übernehmen muss.«

Er nennt gleich ein weiteres konkretes Beispiel: die Stundenpläne. »Normalerweise‹ werden sie ›von oben‹ diktiert. Bei uns stellen die Lehrerteams die Stundenpläne selbst zusammen. So können sie viel besser auf die Wünsche einzelner Kollegen Rücksicht nehmen – etwa dass der eine morgens sein Kind zum

Kindergarten bringen muss oder der andere mittags seine pflegebedürftigen Eltern versorgt.« Der Vorteil liegt auf der Hand. Entsteht der Stundenplan dezentral in den Lehrerteams der Jahrgangsstufen, können die individuellen Bedürfnisse der Einzelnen berücksichtigt werden. »Solche Arbeitsbedingungen tragen viel zum allgemeinen Schulklima bei«, weiß Vogelsaenger. »Fühlen sich die Lehrer wohl und mit ihren Bedürfnissen anerkannt, sind sie deutlich motivierter.« Die Selbstorganisation auf Teamebene mache den Schulalltag außerdem wesentlich geschmeidiger. Ist ein Lehrer krank, meldet er das nicht der Direktion, sondern seinem Team – und muss den Vertretungsunterricht selbst organisieren. »Nebenbei gesagt, wird dadurch die Hemmschwelle höher, sich überhaupt krankzumelden. Ist ein Lehrer besonders kooperativ und übernimmt häufig Vertretungsstunden, kann er im Gegenzug mit Verständnis rechnen, wenn er mal einen Tag für familiäre Belange braucht. Dann springen die Kollegen bereitwillig für ihn ein, ohne Verwaltungsaufwand oder Kontrolle.«

Wenn man verstehen will, warum Wolfgang Vogelsaenger ein derart überzeugter Teamplayer ist, muss man sich seine Vita anschauen. Er übernahm von seinen Vorgängern nicht nur ein Konzept, er brennt für die Idee zu fördern, statt zu selektieren. Jeder Schüler soll die Chance haben, sich seinen Begabungen entsprechend zu entwickeln. »Wer wird Lehrer und warum?«, sinniert der Schulleiter. »Die einen möchten – so wie ich – diesen Beruf ausüben, weil sie es anders machen wollen. Viele werden jedoch Lehrer, weil sie nichts anderes können. Und weil sie, da sie selbst in der Schulzeit gequält wurden, dieses Schema weitergeben wollen.« Sein Impuls, etwas zu verändern, kam früh. Vogelsaenger ist Jahrgang 1952. In seiner Schulzeit erlebte er sehr aggressive Lehrer – einer habe sogar mit dem Schlüsselbund nach den Schülern geworfen. »Ich erinnere mich noch genau, wie mein Berufswunsch Lehrer entstand«, erzählt er. »Damals war ich in der 6. Klasse des Bielefelder Max-Planck-Gymnasiums.

Schon nach vier Wochen Unterricht ging der Lateinlehrer durch unsere Klasse, stellte sich vor jeden einzelnen Schüler hin und sagte: ›Du kommst durch‹, ›Du schaffst das Abitur nicht‹ oder ›Du bleibst sitzen.‹« Der Lehrer sollte recht behalten. Diese Erfahrung hat Vogelsaenger nachhaltig beeindruckt. »Schon damals ahnte ich: Letztlich stellte der Lehrer keine Prognose über Intelligenz oder andere Potenziale, sondern nur darüber, welches Kind sich dem Schulsystem anpassen würde. Das gefiel mir genauso wenig wie die menschenverachtende Selektion.«

Vogelsaenger wollte es nicht nur anders, sondern auch besser machen. Er absolvierte ein Lehramtsstudium, bemerkte aber schnell, dass er mit der akademischen Ausbildung wenig anfangen konnte. Bis zum heutigen Tag rücke die Fachkompetenz zu sehr in den Vordergrund, kritisiert er die Lehrerausbildung. Eine Reform sei dringend notwendig, um Theorie und Praxis im Studium zu verbinden. »Ich bin einen anderen Weg gegangen: Schon während des Studiums unterrichtete ich morgens an einer Grundschule. Damals herrschte Lehrermangel, und so stellte man mich ohne einen Studienabschluss für 13 Wochenstunden an.« Es sei nicht leicht gewesen, mit neunzehn Jahren vor 42 Drittklässlern zu stehen, die über Tische und Bänke gingen. Doch damals habe er alles Entscheidende gelernt. Umso schockierter war er in der Phase seines Berufsanfangs. »Damals begegneten mir noch richtige Nazilehrer, die permanent Druck ausübten und Schüler vorn an der Tafel regelrecht fertigmachten. Besonders sadistisch ging ein Lateinlehrer vor. Daraufhin traf ich mit den Schülern eine Vereinbarung: Wer von diesem Lehrer vor der Klasse gedemütigt wird, verlässt sofort den Raum und kommt zu mir. Ich befreie ihn dann an diesem Tag vom Unterricht.« So kam es häufiger vor, dass er Einträge wie diesen ins Klassenbuch schrieb: »Fritz ist in der Lateinstunde so geschädigt worden, dass er dem weiteren Unterricht nicht mehr folgen kann.«

Solche Erlebnisse gab es häufiger. Und auch seinen eigenen Lateinlehrer hat Vogelsaenger nie vergessen, die mitleidslose

Art und Weise, wie der Mann aussortierte und dabei letztlich nur die Anpassungsfähigkeit seiner Schüler beurteilte. Deshalb verfolgt der Schulleiter heute einen anderen Ansatz: »Wir passen uns dem Schüler an, nicht umgekehrt.« Es ist schon erstaunlich, wie konsequent die Göttinger Gesamtschule fast alles auf den Kopf – oder eben auf die Füße – gestellt hat, was zu den vermeintlich unverrückbaren Prinzipien des deutschen Schulsystems gehört: Kooperation statt Konkurrenz, Vertrauen statt Kontrolle, Selbstverantwortlichkeit statt Hierarchie. Und eben Förderung statt Selektion.

Das pädagogische Konzept ist seit vierzig Jahren das Gleiche. Im Kern besteht es darin, den Frontalunterricht völlig aufzugeben, mit dem Argument, dass er zur Isolation der Schüler führe. Deshalb sitzen die Kinder und Jugendlichen in festen Tischgruppen zu sechst zusammen. Bei einer Klassenstärke von 30 Schülern entstehen fünf solcher Tischgemeinschaften. Bei der Zusammensetzung wird auf größtmögliche Heterogenität geachtet. Schwächere und stärkere, eloquente und weniger sprachkompetente Schüler lernen im Team. »Wir setzen auf kooperatives statt individuelles Lernen. Dabei mischen wir bewusst Schüler, die beim konventionellen dreigliedrigen Schulsystem nach Hauptschule, Realschule und Gymnasium getrennt wären«, erklärt Vogelsaenger. Die Schüler bleiben bis zur 10. Klasse in ihren Klassenverbänden, statt in A-, B- und C-Kurse separiert zu werden. Anderswo erfolgt die Trennung schon nach der 6. Klasse.

Der Vorteil ist für Vogelsaenger unbestritten und praxiserprobt: »Die schwächeren Schüler profitieren von den stärkeren, aber auch diese profitieren, weil sie ihr Wissen verankern, wenn sie anderen Schülern etwas erklären.« In den Tischgruppen entstehe eine positive Lerndynamik. »Wenn ein Kind aus einem bildungsfernen Elternhaus oder aus einer Familie mit Migrationshintergrund stammt, erreicht es ganz beiläufig ein höheres Sprachniveau ohne speziellen Förderunterricht. Die Erfahrung zeigt: Kompetenzen werden sehr viel leichter und nachhaltiger in Handlungszusammenhängen erworben.« Was also an anderen Schulen erst vor wenigen Jahren als neue Leitlinie eingeführt und nur sporadisch umgesetzt wurde, das kompetenzorientierte Unterrichten, ist hier seit Langem selbstverständlich. Und der Lernerfolg gibt dem Schulleiter recht. Etwa ein Drittel jener Schüler, die mit einer Hauptschulempfehlung in die Integrierte Gesamtschule Göttingen kommen, schaffen das Abitur.

Das ist eine ungleich höhere Quote als im Durchschnitt. Wenn deutsche Schüler die Schulform wechseln, dann ist das überwiegend ein Abstieg – vom Gymnasium zur Realschule oder Oberschule, von der Realschule zur Hauptschule. Die Durchlässigkeit kenne nur eine Richtung, stellt eine Bertelsmann-Studie von 2012 fest: »In allen 16 Ländern geht der Fahrstuhl meistens nach unten.« Der Bildungsexperte Jörg Dräger mahnt deshalb: »Besser wäre ein System, das mit der Heterogenität in den Klassen umzugehen weiß.«[295] In Göttingen ist das ganz offensichtlich der Fall. Und Vogelsaenger ist sichtlich stolz auf die ungewöhnlich hohe Durchlässigkeit nach oben. »Gerade haben wir zum Beispiel eine ehemalige Schülerin bei uns als Lehrerin eingestellt. Sie war damals mit einer Realschulempfehlung gekommen, bestand dann das Abitur und schloss kürzlich ihre beiden Staatsexamina mit der Note 1 ab.«

Gemeinsam lernen, unabhängig vom aktuellen Kompetenzstand, das ist in Deutschland immer noch ein Frontthema der ideologischen Auseinandersetzungen. Konservative Bildungspolitiker befürchten unzulässige Gleichmacherei und behaupten, das allgemeine Niveau werde sinken, falls man keine Selektion betreibe. Dabei zeigen PISA-Gewinner wie Finnland und Kanada, dass sich eine möglichst späte Trennung der Schüler positiv auf die Leistungen auswirkt. Wolfgang Vogelsaenger hat dieselbe Erfahrung gemacht: Wenn man später selektiere, könnten Potenziale erschlossen werden, die sonst brachlägen. »Die Vielfalt der gemeinsamen Aufgaben – von der Differenzialrechnung bis zum Arbeiten an der Werkbank – führt dazu, dass sich jeder

Schüler mit seinen spezifischen Talenten beweisen und sie erst einmal entdecken kann. Der eine ist besser in Mathematik, der andere zimmert gekonnt ein Möbelstück. Keiner empfindet sich durchgehend als ausschließlich stark oder schwach. Bei einer frühzeitigen Selektion sind solche Erfahrungen ausgeschlossen.« Gemeinsames Lernen hält der Schulleiter überdies für ein gutes soziales Training:»Wie soll ein Architekt später mit einem Maurer umgehen, wenn er immer nur in homogenen Gruppen war? Bei uns gehen alle Schüler in die Werkstatt; auch die künftigen Abiturienten lernen, wie man mit Holz, Metall und Kunststoff arbeitet.«

Die Rolle des Lehrers verändert sich in dieser Schulstruktur grundlegend. Er ist mehr Berater als Lehrender, er unterstützt und übernimmt Verantwortung für den Lernerfolg. Dabei ist auch seine soziale Kompetenz gefragt: Wie stellt er Schülerteams zusammen? Welche psychologischen Faktoren sind zu berücksichtigen? Wie formuliert er die Aufgabenstellung so, dass alle im Team etwas beitragen können? »Würde ein niedrig eingestufter Schüler an der Hauptschule verbleiben, hätte der Lehrer nur die Chance, ihn selbst hochzuziehen«, erläutert Vogelsaenger den Unterschied zum mehrgliedrigen Schulsystem.»Bei uns kann der Lehrer Gruppenprozesse steuern, in denen sich der betreffende Schüler als zunehmend kompetenter erfährt. Das bedeutet Ermutigung, eine wichtige Voraussetzung der Motivation. Wenn trotz des unterschiedlichen Niveaus der einzelnen Teammitglieder eine Aufgabe gemeistert wird, stellt sich Begeisterung ein. Die Schüler gewinnen mehr Selbstvertrauen in ihre eigene, jeweils individuelle Leistung.« Das klingt wie eine Lektion in Albert Banduras Theorie der Selbstwirksamkeit, doch in Göttingen ist es eben keine bloße Absichtserklärung, sondern das verbindliche Schulkonzept.

Möglich ist der Rollenwechsel vom instruierenden Dozenten zum unterstützenden Lerncoach durch stark ausgeprägte Beziehungen. Jeder Lehrer hat eine Klasse, in der er möglichst zehn bis zwanzig Wochenstunden unterrichtet, also teilweise fachfremd, und kontinuierlich anwesend ist. Auf diese Weise entsteht ein enges, vertrauensvolles Verhältnis zwischen Lehrer und Schülern und eine zugewandte Beziehungskultur, die sich auf den Umgang der Schüler untereinander positiv auswirkt – was einer Mobbingprävention gleichkommt. Der Ansatz unterscheidet sich vom herkömmlichen Modell vor allem durch die Verbindlichkeit der Lehrerrolle. »Ich selbst fand es als junger Lehrer sehr frustrierend, wenn ich eine Klasse nur zwei Jahre lang unterrichten durfte«, erinnert sich Vogelsaenger. »Ein System mit häufigen Lehrerwechseln erzeugt eine Haltung der Verantwortungslosigkeit. Wenn man die Früchte des eigenen Unterrichts nicht langfristig sieht und die Klasse wieder abgeben muss, sinkt die Motivation der Lehrer.«

Ein weiterer wesentlicher Vorteil der häufigen Präsenz des Lehrers in seiner Klasse liegt darin, dass sich der Unterricht flexibler gestalten lässt. »Bei zwanzig Wochenstunden kann man auf den Lernrhythmus der Schüler reagieren, etwa zeitweilig mehr Mathematik als Englisch unterrichten, falls nötig. Ausschlaggebend sind die Bedürfnisse der Schüler.« Auch der starre Zeittakt von 45-Minuten-Einheiten und vorgegebenen Pausenzeiten erübrigt sich. »An unserer Schule gibt es keine Pausenklingel. Hat ein Lehrer den Eindruck, dass seine Schüler an einem bestimmten Tag einen höheren Bewegungsdrang haben, kann er die Pause vorziehen oder verlängern. Ohnehin ermöglicht eine Ganztagsschule größere Spielräume. Die Schüler müssen nicht sechs bis acht Stunden durcharbeiten und haben dann Freizeit, stattdessen wechseln sich Konzentration und Entspannung auf gesunde Weise in kürzeren Takten ab, so wie es übrigens auch Hirnforscher empfehlen.« Da die Lehrer mehrere Fächer in ihrer Klasse unterrichten, können sie bei bestimmten Themen interdisziplinär arbeiten, Inhalte also fächerübergreifend verknüpfen. Das fächerübergreifende Denken zeigt sich auch darin, dass im Unterrichtsraum Ordner stehen, in denen alle schriftlichen Leistungen des jeweiligen Schülers abgeheftet sind. So können die Tutoren immer den Überblick behalten, wo ein Schüler gerade steht.

All dies verschafft den Lehrern wesentlich mehr Handlungsspielraum als in anderen Schulen. Wie sie den einzelnen Tag gestalten, liegt in ihrem Ermessen, Hauptsache, die Inhalte des Lehrplans sind am Ende des Halbjahrs erarbeitet worden. Wolfgang Vogelsaenger mischt sich da nicht ein. »Grundsätzlich bringe ich allen Lehrern großes Vertrauen entgegen. Von permanenter Kontrolle halte ich nichts. Die Vertrauens- und Verantwortlichkeitskultur wirkt sich auch auf das Verhältnis von Lehrer und Schüler aus und begünstigt ein positives Lernklima.« Eine Voraussetzung dafür ist die enge Zusammenarbeit der Lehrer. Schon Referendare machen hier ganz andere Erfahrungen als normalerweise. Negative Lernprozesse, etwa durch die Anweisung, Druck auszuüben, finden nicht statt. Stattdessen werden Referendare von vornherein in die intensive Beziehungskultur der Lehrer untereinander eingebunden. Jedes Lehrerteam einer Jahrgangsstufe arbeitet im gemeinsamen Lehrerzimmer in Tischgruppen wie die Schüler. »Der Austausch ist sehr direkt, das Klima angstfrei. Sie ziehen sich nicht weit entfernt von ihren Schülern in große Lehrerzimmer zurück, wo sie oft nicht einmal einen eigenen Schreibtisch haben.«

Die permanente Teamarbeit verlangt natürlich nach Lehrern, die sich auf Beziehungen einlassen, die offen und kommunikativ sind. Nichts für kontaktscheue Menschen, nichts für Lehrer, die sich lieber eigenbrötlerisch abgrenzen oder ihrem Selbstverständnis nach über den Schülern stehen. Obwohl es Wolfgang Vogelsaenger nicht so nennen würde, betreibt er deshalb gezieltes Personalmanagement. Immer wieder erlebt er, dass neue Lehrer verdruckst vor der geöffneten Tür seines Büros stehen. Umso verblüffter sind sie dann, wenn er sie lächelnd mit einem lässigen »Hallo, komm rein, du bist hier doch zu Hause« begrüßt. Bewirbt sich ein Lehrer, geht Vogelsaenger erst einmal mit ihm durch die Schule. »Ich beobachte, wie er auf Kinder reagiert. Das ist für mich das entscheidende Kriterium. Wer mit Kindern nichts anfangen kann, wer nicht in der Lage ist, spontan einen Kontakt herzustellen, passt nicht zu unserem zugewandten Schulethos. Werden neue Lehrer eingestellt, fahren wir meist mit ihnen für drei Tage in unser Schullandheim, damit sie die Haltung kennenlernen, die bei uns erwünscht ist.« Mancher macht daraufhin einen positiven Lernprozess durch, denn wer sich erst einmal in der immer noch ungewöhnlichen Schulphilosophie zurechtgefunden hat, erlebt auch Entlastungen. Einzelkämpfer gibt es im Kollegium so wenig wie einsam vor sich hin brütende Sozialphobiker. Alles wird gemeinsam besprochen und bearbeitet.

Teamgeist bedeutet in dieser Schule auch, dass die Eltern ganz selbstverständlich als Partner betrachtet werden. »Bei uns sind alle Lehrer sehr engagiert. Sie stehen permanent im Kontakt mit den Eltern, sind stets für sie ansprechbar und erreichbar«, sagt Vogelsaenger. Auch Hausbesuche gehören dazu. »Das ist wichtig, um die Kinder verstehen zu können, die oft mit familiären Problemen belastet sind.« Viermal im Jahr findet ein sogenannter Tischgruppenabend statt. Dann treffen sich alle Schüler einer Tischgruppe mit Eltern und Lehrern und erzählen, was sich in der Klasse getan hat. »Die Abende finden reihum bei den Eltern zu Hause statt. Dieses Ritual ist verpflichtend für Eltern und Schüler, weil es das vernetzte Zusammenwirken aller Beteiligten unterstützt. Man lernt sich besser kennen, Konflikte und Probleme werden angesprochen, bevor sie eskalieren können.« Bei sechs Tischgruppen fallen für den einzelnen Lehrer zwanzig solcher Abende im Jahr an. Das sei relativ viel, trage aber deutlich zu einer kooperativen Atmosphäre bei: »Wir erreichen eine starke Transparenz von Schule, eine Diskurskultur. Dabei trennen wir bewusst zwischen Lernen und Erziehen. Wir signalisieren den Eltern: Kümmert ihr euch um die Erziehung, sorgt dafür, dass eure Kinder ausgeschlafen und gesund ernährt in der Schule erscheinen – dann können wir uns um das Lernen kümmern.«

Das meint Vogelsaenger wörtlich. Hausaufgaben, der Schrecken aller Eltern, nicht nur der Schüler, werden hier grundsätzlich vermieden. »Die meisten Übungen finden in der Schule statt, in den sogenannten Arbeits- und Übungsstunden. Das erspart den Familien viele Konflikte, und der Schüler hat nach einem langen Schultag wirklich frei.« Ausnahmen gibt es nur dann, wenn vor einem Test Vokabeln gelernt werden müssen oder wenn ein Schüler die Aufgabe hat, ein ganzes Buch zu lesen. Ein Procedere, das auch das Verhältnis zu den Eltern entspannt, die sich weder als Hobbynachhilfelehrer betätigen noch Geld für Nachhilfestunden ausgeben müssen. Aber was ist, wenn es zu Unstimmigkeiten kommt? Natürlich kennt Vogelsaenger die verbreitete Angst vor Helikoptereltern. An seiner Schule fliegen jedoch keine überbesorgten Mütter und Väter ein. »Anderswo fürchten Lehrer den Elternkontakt, weil er meist etwas Unangenehmes bedeutet. Bei uns sind Austausch und Zusammenarbeit von vornherein selbstverständlich, sodass feindselige Interventionen unterbleiben.« Nach seiner Erfahrung ist das vertrauensvolle Verhältnis zu den Eltern zentral. »In vielen Schulen werden Eltern bei Problemen regelrecht einbestellt. Sie sollen eingeschüchtert werden wie die Schüler. Diese Art des Umgangs ist weder akzeptabel noch zeitgemäß. Außerdem kommt es dabei leicht zu Frontenbildungen. Wenn Eltern die Lehrer als distanziert und arrogant erleben und keinerlei Austausch auf Augenhöhe besteht, äußern sie sich oft negativ über Lehrer und beeinflussen damit die Haltung der Schüler. Das passiert bei uns nicht.«

Durch die Vertrauenskultur entstehe eine starke Bindung der Schüler an die Lehrer sowie an die Schule insgesamt. Deshalb sei Vandalismus unbekannt. »Insgesamt kann ich sagen, dass wir kaum Probleme mit Autoritätsverlust, Disziplinlosigkeit oder Respektlosigkeit haben. Im Speisesaal essen bis zu dreihundert Kinder gleichzeitig ohne Lehreraufsicht, und alle verhalten sich zivilisiert.« Vor Kurzem fuhr Vogelsaenger mit einer

Schülergruppe eines elften Jahrgangs fünf Wochen lang nach Indien. Man kann vermuten, dass solch eine Reise ins Ausland mit Siebzehnjährigen für Lehrer anderer Schulen eine nervenaufreibende Angelegenheit, wenn nicht eine pure Horrorvorstellung gewesen wäre. »Während dieses Austausches mit zwanzig Schülern gab es nicht eine einzige ärgerliche Situation – keine Regelverletzungen, keine Probleme in Bezug auf Rauchen und Trinken«, erzählt der Schulleiter mit einigem Stolz. »Unsere Schüler wissen: An unserer Schule stellen Lehrer Regeln auf, die sinnvoll sind. Deshalb richten sie sich danach.«

Die Beziehungsqualität misst Vogelsaenger auch daran, dass Mobbing sehr selten vorkommt. »Das liegt zum einen an der Betonung von Kooperation und Teamgeist, zum anderen bilden wir in jeder 5. Klasse zwei Streitschlichter aus. Daher laufen täglich etwa 100 Streitschlichter in der Schule herum, dazu 50 Bus-Scouts, die in den Schulbussen mitfahren, weil es früher mit den Schülern anderer Schulen oft zu Rangeleien kam. Mit anderen Worten: In unserer Schule sind etwa 150 Schüler in Deeskalation ausgebildet und übernehmen Verantwortung für ein friedliches Zusammenleben.« Natürlich kommt es trotzdem zu Streitigkeiten. Konfliktmanagement hat für Vogelsaenger aber immer mit Kooperation zu tun. »Vor einiger Zeit fiel mir auf, dass ein bestimmter Jahrgang ständig über das Mensaessen meckerte. Es entstand eine regelrechte Front gegen die Mitarbeiter der Kantine. Daraufhin verpflichteten wir die Schüler in jedem 8. Jahrgang zum Mensadienst. Sie schnippeln Gemüse, räumen die Tische ab, lernen die Köche kennen.« Nachdem die Schüler einige Zeit mit dem Mensapersonal zusammengearbeitet haben, beschwert sich keiner von ihnen mehr über das Essen, und wenn, dann bei den Betroffenen selbst.

Auf gesunde Ernährung legt man an der Schule großen Wert. Kochunterricht ist obligatorisch, dazu Ernährungsberatung und Mensadienst. Es reiche nicht, theoretisch etwas über Nährwerte und Zuckergehalte zu wissen, man müsse ganz praktisch mit diesen Dingen in Berührung kommen, erklärt Vogelsaenger. Doch das ist nur ein Baustein von vielen, um eine gesunde Schule zu erschaffen. Es gibt wenige Schulleiter, die so offensiv mit dem Thema umgehen wie Vogelsaenger. Für ihn sind es nicht einzelne Maßnahmen, die ein gutes Schulklima ausmachen, sondern die Gesamtheit aller Faktoren, die dabei zusammenspielen. Vor einigen Jahren hat sich die Integrierte Gesamtschule Göttingen deshalb für den Deutschen Präventionspreis beworben. »Eigentlich ist der Preis für Schulen gedacht, die beispielsweise ein besonders vollwertiges Schulessen anbieten. Wir haben uns beworben mit dem Argument: Unser Schulkonzept ist unser Gesundheitsvorsorgekonzept. Bei uns soll kein Kind Angst haben, weder vor Zensuren noch vor Mitschülern, Lehrern oder Eltern. Kombiniert mit genügend Bewegungsmöglichkeiten, positiven Selbsterfahrungen und guter Ernährung ist das die ideale Gesundheitsprophylaxe.« Das überzeugte die Jury: 2010 wurde die Schule mit dem begehrten Preis ausgezeichnet.

Für Schulleiter Vogelsaenger war es eine schöne Bestätigung. Wichtiger ist ihm allerdings, dass sich das positive Schulklima auch auf die Gesundheit der Lehrer auswirkt. Frühpensionierungen gebe es im Kollegium fast gar nicht. »Die Lehrer sind nicht frustriert, sie ziehen Befriedigung aus ihrer Arbeit. Zwar neigen sie dazu, sich selbst auszubeuten, insgesamt geht es ihnen aber besser, weil sie sich mit ihrer Arbeit identifizieren, Hand in Hand mit Kollegen, Schülern und Eltern arbeiten und Erfolgserlebnisse haben. Ich glaube übrigens nicht, dass jedes zusätzliche Engagement bezahlt werden sollte. Ein gewisses Ethos gehört schon zum Lehrerberuf dazu. Wenn man ihn ernst nimmt, ist das ein 24-Stunden-Job.« Diese Einstellung ist es sicherlich, die das anfängliche Experiment auch im Langzeittest so erfolgreich machte. »Manche Schulen haben inzwischen das Fach Glück eingeführt mit einer Stunde pro Woche« mokiert sich Vogelsaenger. »Bei uns sollen die Schüler möglichst immer glücklich sein.« Er nennt aktuelle empirische Untersuchungen, die belegen, dass 6 Prozent der deutschen Schüler depressiv oder sogar suizidgefährdet seien. »Viel zu viele werden entmutigt und unterdrückt. Oft beobachte ich, dass wir von der Grundschule kaputte, demoralisierte Schüler übernehmen. Sie stellen ihre Schultaschen auf den Tisch, um sich von den anderen abzuschotten – das heißt, sie sind schon als Einzelkämpfer unterwegs. Erst langsam begreifen sie dann, dass sie nun im Team lernen können, ohne Angst, ohne Konkurrenzdruck.«

Wie weit das Vertrauen geht, das Lehrer hier in ihre Schüler setzen, zeigen die Modalitäten der Klassenarbeiten, die sich vom herkömmlichen Verfahren stark unterscheiden. Punkt für Punkt zählt Wolfgang Vogelsaenger auf, und jedes Mal durchzuckt einen der Gedanke: Das ist so einleuchtend, so sinnvoll, warum ist das nicht überall so? »Die Schüler dürfen länger daran arbeiten, falls sie mit dem vorgegebenen Zeitfenster nicht zurechtkommen. Außerdem dürfen sie auf dem Laptop statt mit dem Stift schreiben – schließlich werden sie später nie wieder längere handschriftliche Texte verfassen müssen. Hat ein Schüler bei einer Klassenarbeit schlecht abgeschnitten, darf er sie zu einem späteren Zeitpunkt wiederholen – er bekommt immer eine zweite Chance. Wenn er möchte, darf ein Schüler die Klassenarbeit sogar mit nach Hause nehmen und sie dort beenden.« Spätestens jetzt wird mancher sich die Haare raufen: Wie soll das funktionieren, wenn ein Schüler einen Test nicht unter kontrollierten Bedingungen schreibt? Vogelsaenger gibt jedoch Entwarnung: »Nach meiner Erfahrung lässt er sich nicht von den Eltern helfen, sondern hat den Ehrgeiz, es eigenständig zu schaffen – als Folge des Vertrauens, das wir in ihn setzen. Was kann mir Besseres passieren, als wenn ein Schüler sich länger mit dem Thema beschäftigen will als für eine Arbeit eingeplant?« Man hört förmlich den tiefen, tiefen Seufzer der Erleichterung, mit dem ganzen Schülergenerationen ein Stein vom Herzen fällt. Anderswo assoziiert man Klassenarbeiten mit psychischem Stress, Panik und feuchten Händen. Hier geht es darum, den Schülern den Rücken zu stärken, ihnen zum aufrechten Gang zu verhelfen. Dagegen wirken die Leistungskontrollen an anderen Schulen fast wie Nötigung.

Schon die Pioniere der Siebzigerjahre stellten die Weichen für dieses Wunder. Hier ist Schule – so wie es immer wieder, aber meist folgenlos, gefordert wird – tatsächlich ein Lebensraum. Alles ist so ausgerichtet worden, dass die Schüler sich wohlfühlen können. Nicht aus Gründen einer sentimentalen Kuschelpädagogik, sondern weil Lernen nur dann erfolgreich abläuft, wenn die Bedingungen stimmen, übrigens auch die äußeren. Im Laufe der vergangenen vierzig Jahre wurde deshalb die Ausstattung der Schule stetig verbessert, etwa mit ergonomischem Mobiliar. Jeder Schüler hat seinen eigenen Stuhl, der individuell höhenverstellbar ist. Außerdem wurden bewusst Drehstühle angeschafft, damit die Schüler beweglicher sind und sich anderen zuwenden können. Statt an einem Pult sitzen die Lehrer an einem niedrigen, runden Tisch, der zu Gesprächen einlädt.

Doch in dieser Schule gibt es nicht nur Klassenräume, in denen sich Schüler heimisch fühlen können, es wurde überdies eingehend über die Pausen nachgedacht. Über die Pausen?, könnte man fragen. Geht es denn nicht vorrangig ums Lernen? Die Antwort würde einmal mehr heißen: Hier geht es um ein lebenswertes Umfeld, ohne das Lernen nicht gelingen kann. »Von Anfang an wurde der Erholungswert der Pausen berücksichtigt, weil man erkannte, dass sie prinzipiell genauso wichtig für den Lernrhythmus sind wie das Lernen selbst«, erläutert Wolfgang Vogelsaenger die Idee. Im Vordergrund stehen dabei Bewegungsangebote. »Ich finde es fantasielos und unzumutbar, dass in vielen Schulen lediglich ein geteertes Rechteck existiert, auf dem die Schüler eigentlich bloß herumstehen können. Man darf sie doch nicht einfach nach draußen treiben«, erregt er sich. In seiner Schule halten sich die Schüler wahlweise im großzügigen Freizeitraum ihres Jahrgangstraktes auf, im Schulgarten oder auf dem weitläufigen Schulgelände mit Spielplatz und Rasenflächen. Sie dürfen aber auch in die Sporthalle gehen, wo sie eine Kletterwand vorfinden und sich Einräder oder Go-Carts ausleihen können. In der Spielezentrale stehen ihnen neben Billardtischen auch Skateboards, Fußbälle und Frisbeescheiben zur Verfügung. Oder sie holen sich Instrumente im Musiktrakt und toben sich in einem der schalldichten Räume aus. »In vierzig Jahren wurde übrigens kein einziges Instrument mutwillig beschädigt«, betont Wolfgang Vogelsaenger.

Man kann nur staunen, was möglich ist, wenn sich alle Beteiligten einig sind, dass eine lebenswerte Schule kein Luftschloss ist, sondern etwas, das man wirklich gestalten kann. Sie ist kaum zu glauben, diese Revolution von unten, die aus der Initiative einer Handvoll Leute entstand, damals in den Siebzigerjahren. Schlendert man heute durch die Göttinger Gesamtschule, sieht man überall Schüler, die sich mit etwas beschäftigen. Im Theaterraum findet eine Probe statt, im Spielezentrum holen sich zwei Schüler ein Softballset aus dem Regal. Im Musiktrakt greift eine Schülerin zu einer der zwanzig Gitarren, in der Werkstatt steht ein Wagen auf der Hebebühne, und ein paar Schüler wechseln die Reifen. Die Bibliothek ist gut sortiert, wer will, schmökert draußen auf Liegestühlen.

Warum sehen nicht alle Schulen so aus? Warum ist die mehrfach ausgezeichnete IGS Göttingen keine Benchmark der Bildungspolitik? Und warum kommen andere Schulleiter und Lehrer nicht in Scharen hierher, um sich inspirieren zu lassen? Die Antwort ist ebenso einfach wie niederschmetternd: Weil es eben nach wie vor ein anstrengendes Wagnis ist, etwas Neues auszuprobieren und gegen alle administrativen Zwänge durchzusetzen. Wenn die Sprache auf die Schulpolitik kommt, kann Wolfgang Vogelsaenger nur den Kopf schütteln. Denn obwohl das Modell nachweislich seit Jahrzehnten erfolgreich ist, war seine Schule den Bürokraten immer wieder ein Dorn im Auge. Vielleicht gehört ein Hauch passiven Widerstands notwendigerweise zum Selbstverständnis von innovationsfreudigen Schulleitern.

Jedenfalls könnte mancher Kollege von Wolfgang Vogelsaenger lernen, was Haltungsfragen und den Umgang mit höheren Hierarchieebenen betrifft.

»Lange waren wir in einer Verteidigungsposition gegenüber der Politik«, erzählt er. Ständig habe es Interventionen seitens des Kultusministeriums gegeben. »Ein Kritikpunkt bestand darin, dass wir erst in der 8. Klasse mit Zensuren arbeiten. Das widerspricht natürlich den üblichen Selektionsmechanismen, entspricht aber unserer Überzeugung, dass die Schüler Ermutigung statt Entmutigung erfahren sollten.« Vogelsaenger argumentiert ähnlich wie viele andere Kritiker des herrschenden Notensystems mit dem Hinweis darauf, die sture Leistungsbewertung sage wenig oder nichts über später erforderliche Kompetenzen aus. »Ohnehin verlieren Zensuren immer mehr an Aussagekraft«, hat er beobachtet. »Die Deutsche Bundesbahn hat angekündigt, bei Stellenbesetzungen demnächst keine Zeugnisse mehr zu verlangen, und wie ich hörte, erwägt die Telekom das Gleiche. Wer sich heute um einen Job bewirbt, muss Kompetenzen aufweisen, die nicht mehr mit einer Leistung zu tun haben, wie sie sich in Zensuren widerspiegelt.« Was müssen Schulabsolventen »können können«? Die Antwort darauf sei auf dem Arbeitsmarkt inzwischen sehr komplex geworden. »Motivation, Erfindungsgeist und Teamfähigkeit sind sehr viel wichtiger als das schulische Spezialwissen.«

Die Zensuren sind nicht der einzige Kriegsschauplatz, auf dem sich die Gesamtschule in ihrer Historie behaupten musste. Ein wahrer Kampf entbrannte um den Erhalt des dreizehnten Schuljahrs, ein neuralgisches Thema, das fast zur Schließung der Schule geführt hätte. »Entscheidend war der Rückhalt der Eltern«, berichtet Vogelsaenger. »Sie standen mitsamt dem Kollegium geschlossen hinter uns als Schulleitung, als wir uns weigerten, die G8-Reform zu akzeptieren.« Es waren auch die Eltern, die anlässlich eines Göttingen-Besuchs des damaligen Ministerpräsidenten Christian Wulff eindringlich um ein Gespräch baten und Wulff sogar in die Schule einluden. Beides vergeblich. »Die niedersächsische Landesregierung war fest entschlossen, die Reform durchzusetzen. Ohnehin hatten wir viele Nachteile zu erleiden, weil sie unser Gesamtschulkonzept ablehnte.«

Niemand interessierte sich für Vogelsaengers Einwand, er halte das sogenannte begabungsgerechte Lernen für das größte Unheil des deutschen Schulsystems, weil es Schüler aussortiere, statt sie zu fördern. Genauso wenig interessierten sich Politik und Verwaltung für die guten Gründe, die für eine Beibehaltung des 13. Schuljahrs sprachen. »Die Landesregierung ließ unseren Protest einfach an sich abperlen.« Dennoch blieb Vogelsaenger stark, mitsamt Kollegium und Elternschaft. Umso größer war die Genugtuung, als die Schule einige Jahre später ausgezeichnet wurde: »Da musste mir Herr Wulff in Berlin dann in seiner Eigenschaft als Bundespräsident die Auszeichnung ›Beste Schule des Jahres 2011‹ überreichen.« Manchmal schreibt das Leben eben die besten Pointen.

Trotz solcher Etappensiege muss sich das Schulteam um Wolfgang Vogelsaenger immer wieder gegen die Vorgaben der Administration behaupten. Wenn man ihm zuhört, fühlt man sich zuweilen an jenes kleine gallische Dorf erinnert, das wacker den Römern trotzt. Lustig ist dieser Clinch allerdings nicht, eher kräftezehrend. »Ich finde es unsinnig, dass Politik und Verwaltung immer mehr Normen vorgeben«, sagt der Schulleiter. Als er vor zwölf Jahren das Amt übernahm, bekam er bald Ärger mit dem Ministerium, weil er irgendwelche neuen Richtlinien nicht umgesetzt hätte. »Im E-Mail-Acccount meines Vorgängers fand ich 1375 Erlasse. Ich habe sie alle gelöscht, ohne sie zu lesen. Dennoch, oder gerade deswegen, haben wir 2011 den Preis erhalten.« Die Bürokratisierung der Schule und die Flut neuer Vorschriften hätten mit den Erfordernissen des Schulalltags nichts zu tun. Diese Erfahrung machte Vogelsaenger bereits als Lehrer an einer Hannoveraner Schule, und diesmal klingt seine Geschichte mehr nach Schilda als nach dem kleinen gallischen Dorf. »Wir kamen beispielsweise auf die Idee, die unpersönlich eingerichteten Unterrichtsräume mit Sofas und mit Regalen voller Bücher zu bestücken, um die Leselust der Schüler anzuregen. Und was bekam ich zu hören? Unser Schulleiter forderte uns auf, Regale wie Bücher zu entfernen. Es bestehe akute Brand- und Seuchengefahr. Ausgerechnet Bücher – jahrhundertelang die Basis allen Unterrichts – wurden als Gefahrenpotenzial eingestuft. Das ist doch absurd.«

Auch die Gegenwart hält einige Fallstricke und Schikanen bereit, etwa das neue Schlagwort »Eigenverantwortlichkeit«. Das klinge gut, sei jedoch ein Euphemismus, so Vogelsaenger, da man den Schulen im Grunde nur weitere Verwaltungsaufgaben aufhalse. »Im Gegenzug werden wir engmaschig kontrolliert. Wenn Schulleiter dann den Druck von oben an die Lehrer weitergeben, fühlen die sich wie geknebelt. Sie resignieren und geben diese Haltung an ihre Schüler weiter.« Zum unsinnigen Aktionismus der Politik gehörten die immer zahlreicheren zentralen Prüfungen. »Sie beginnen bereits in der 3. Klasse und werden dann in den Klassen 8, 10 und 13 fortgeführt. Diese zentralen Prüfungen sind sinnlos, sie verbessern nicht die Qualität von Schule. Sie ernähren eine ganze Testindustrie, darunter auch PISA und alle anderen zentralen Überprüfungen. Was haben wir davon, wenn wir wissen, welche Schule oder welches Land besser oder schlechter als unsere Schule abgeschnitten hat? Nicht einmal Parallelklassen kann man miteinander vergleichen, weil alle unterschiedliche Bedingungen zum Lernen haben.« Bei schlechten Ergebnissen gebe es ohnehin keine Hilfe durch die Behörden, keine zusätzliche Lehrerstellen, kein Coaching.

Trotz belastender Vorgaben von oben ist Wolfgang Vogelsaengers Engagement ungebrochen. Allerdings sieht er einen starken Reformbedarf, obwohl er schon so viel erreicht hat. Vor allem plädiert er dafür, man solle den Schulen mehr Freiraum für individuelle Konzepte geben und das Zentralabitur sowie alle anderen zentralen Prüfungen abschaffen. Sein Vorschlag: »Man könnte Beispielaufgaben entwickeln und diese den Schulen zur Verfügung stellen, um eigenverantwortlich und dezentral mit diesen umzugehen und damit die eigene Qualität und die Anforderungen zu überprüfen.« Er halte es für kontraproduktiv, dass von der Politik immer wieder in die Lehrpläne eingegriffen wird. »Mittlerweile stellen viele Schüler den Wert des Gelernten infrage, und zwar völlig zu Recht. Im Laufe der letzten hundert Jahre gab es einen enormen Wissenszuwachs, eine wahre Wissensexplosion, die sich in den Lehrplänen niederschlug, ohne ein Entlastungsventil. Als Folge sind die Lehrpläne hoffnungslos überfrachtet. Viel wichtiger als Spezialwissen sind die Basisqualifikationen und Kompetenzen wie Kreativität und Teamfähigkeit.« Schließlich gehe es im Berufsleben um Problemlösungskompetenzen, nicht um den Erfolg bei Tests. Die Frage der Bewertung bleibe natürlich kritisch. Bei diesem Thema vertritt Vogelsaenger eine bündige Meinung: »Noten gehören nicht in die Schule. Die aufnehmenden Institutionen sollten prüfen, wer für die jeweilige Ausbildung geeignet ist, und die Schule nicht entscheiden können, wer Zahnarzt werden darf und wer nicht.«

Kapitel 6

# Anfangen.
# Die Schule der Zukunft

## Spieler, Multitasker, Teamplayer

Harald lümmelte sich auf einen Stuhl, legte seine Füße in den aus-
gefransten Sneakers auf den Tisch und kicherte. »Ist das nicht komisch? Wie Sokrates und Alkibiades sich gegenseitig ...« Der Rest
ging unter, weil Harald unvermittelt in Gelächter ausbrach. Draußen
war es schon dunkel an diesem klirrend kalten Winterabend. Rauch-
schwaden durchzogen den kargen Raum, matt beleuchtet von fla-
ckernden Neonröhren. Schon lange wurde nicht mehr wie üblich
über das Rauchen abgestimmt, die Seminare fanden stets im Dunst
glimmender Selbstgedrehter statt, gut möglich, dass auch einige
Joints darunter waren. Etwas ratlos blätterten wir in unseren Büchern. Platon, Rowohlts Klassikerausgabe. Was sich zwischen den
Seiten befand, ließ den erwarteten Ernst philosophischer Klassiker
offenbar vermissen. Das jedenfalls vermittelte Harald, dessen Blond-
haar wirr in die Stirn hing und dessen belustigter Blick jetzt zunehmend ernster über unsere Gesichter glitt. Er war Lehrbeauftragter,
nur etwa zehn Jahre älter als seine Studenten, denen er die sokratische Ironie verständlich machen wollte. Aufseufzend klappte er
sein Buch zu. »Gleich spielen im CCH Chick Corea und Herbie Han-
cock. Da könnt ihr alles über die platonischen Dialoge lernen, über
Rede und Gegenrede, das leichthändige Pingpong der Argumentation, über ...« Wieder brach er in sein leicht hysterisches Lachen
aus. Und dann zog das Seminar geschlossen aus dem unwirtlichen
Philosophenturm der Hamburger Universität in den Konzertsaal des
benachbarten CCH um.

Diesen Abend werde ich nie vergessen. Weil er trotz der Rauch-
schwaden und des trüben Neonlichts heller in meiner Erinnerung
strahlt als alle Seminare und Vorlesungen meines Philosophie-

studiums zusammen. Harald benahm sich anders als die übrigen Hochschullehrer. Er betrat den Raum und war merkwürdig. Aber seine schräge Art machte ihn zu einem inspirierenden Lehrer. Durch ihn – und nicht zuletzt durch die Improvisationen zweier Jazzpianisten – habe ich mehr über die sokratische Mäeutik erfahren als durch akademische Belehrung und einsame Lektüre. Denn nach dem Konzert ging es weiter, in der Kneipe und eine Woche später wieder im Seminar: Wie argumentiert man jenseits von Rhetorik und formaler Logik auf produktive Weise, unter welchen Voraussetzungen wird die Kreativität des Verstandes wach? Gelesen haben wir zu Hause, im Seminar war die Geistesgegenwart von Profipokerspielern gefragt. Es fühlte sich tatsächlich wie Spielen an. Schon damals dachte ich: Wären doch alle Lehrer und Hochschullehrer so. Warum geht es beim Lernen sonst immer so staubtrocken und leidenschaftslos zu?

1983 wurde Harald Wohlrapp zum Professor für Philosophie an die Hamburger Universität berufen, mittlerweile ist er emeritiert. Ob er seine Studenten weiterhin mit ungewöhnlichen Einfällen beglückte, weiß ich nicht. Aber wie so viele andere auch hatte ich damals mein pädagogisches Pfingsterlebnis, durch eine spannende Lehrerpersönlichkeit mit umwerfendem Humor. So viel spielerische Leichtigkeit stellt sich nur ein, wenn jemand unbeeindruckt von bürokratischen Strukturen so etwas wie kreative Anarchie entwickelt. Dafür braucht es einen starken Charakter oder, besser noch, Bedingungen, die Charakterstärke unterstützen. Vor allem jedoch geht es darum, Beziehungen aufzubauen, in denen sich Handlungsspielräume öffnen: Man lernt eben auch in einem Jazzkonzert oder in der Kneipe. Man lernt eigentlich immer und vor allem dann, wenn als Lehrer ein virtuoser Spieler am Werk ist.

Eine Lehrerikone wie John Keating, Held des Films *Der Club der toten Dichter,* muss 1959 noch gegen die rigide Spießigkeit eines konservativen amerikanischen Internats ankämpfen und wird am Ende entlassen. Was aber passiert schon einem deutschen Lehrer dieser Tage, wenn er die Routine durchbricht? Mehr als motivierte Schüler wohl kaum.

Die Zukunft des Lehrens wird die Vergangenheit des distanzierten Lehrers und des instruierenden Frontalunterrichts sein, so viel scheint sicher. Ob man Handlungsbezüge in Teamgruppen verwirklicht wie in der IGS Göttingen oder in Lernlandschaften wie in Günther Schmalischs Oettinger Gymnasium, ist dabei weniger wichtig als Angebote, die zum Schüler passen, nicht umgekehrt. Der Lehrer des 19. Jahrhunderts, dessen Nachfahre immer noch an deutschen Schulen anzutreffen ist, wäre auf dem freien Markt längst arbeitslos, weil ihm das Publikum weggestorben wäre. Doch die Schulpflicht treibt einem anachronistischen Lehrertypus Jahr für Jahr frischen Nachwuchs zu. Der wird in einem völlig anderen Umfeld groß als in jener Welt, in der Frontalunterricht und Bildungsbeamte erfunden wurden. Dennoch tun viele so, als sei Preußen nach wie vor das Leitbild schulischen Lernens. »Ich amüsiere mich immer, wenn ich anderswo sehe, wie Schule gespielt wird«, sagt Wolfgang Vogelsaenger. »Die Lehrer tun so, als seien sie überzeugt von dem, was sie da machen, und die Schüler tun so, als interessiere es sie.« Woraus man nur schließen kann, dass es sich hier um einen riesigen Fake handelt. Wie also sieht die Welt aus, in der Schüler aufwachsen, in der sie arbeiten werden? Und wie sollte die Schule darauf reagieren?

Kathrin Salen hat darauf eine ziemlich ungewöhnliche Antwort. Ihr Lehrkonzept stützt sich auf Studien, die zeigen, dass sich Schüler in den USA nur 10 Prozent von etwas Gelesenem merken können und 20 Prozent von etwas Gehörtem. Allerdings speichern sie 90 Prozent von dem, was sie selbst tun – und sei es in virtuellen Handlungskontexten wie in Videospielen oder im Internet. Hierzulande würde man darob die Hände über dem Kopf zusammenschlagen und den baldigen Zusammenbruch der Bildungsgesellschaft prognostizieren. Kathrin Salen gründete in New York die Schule »Quest for Life«, denn sie ließ sich noch von einer weiteren Studie beeindrucken: 1,2 Millionen US-amerikanischer

Schüler brechen pro Jahr die Schule ab, und gleichzeitig sind ebendiese Jugendlichen hochaktiv im Internet. Das könnte man als Ursache und Wirkung beklagen. Man kann aber auch ganz andere Schlüsse daraus ziehen, so wie Kathrin Salen, die sich das Verhalten der User genauer anschaute: »Mehr als die Hälfte konsumieren nicht nur, sie schaffen auch Inhalte, schreiben Texte in Blogs und Internetforen, schneiden Videos, laden Fotogeschichten hoch.« Deshalb wird in ihrer Schule gespielt, und zwar so, dass ein *need for learn* entsteht – wie bei Moritz, der zu Beginn dieses Buches die zahllosen Monsternamen der Yu-gi-Oh-Karten auswendig lernte.

Alles, was elektronische Spiele heute attraktiv macht, epische Geschichten, Rollenspiele, virtuelle Figuren, die mal hilfreich sind, mal korrigiert werden müssen, befeuert die Motivation der Schüler in der *Quest for life*-Schule. Zwar ist hier nicht die beste aller Schulwelten entstanden, doch die Schüler fehlen seltener, ihre Leistungen liegen weit höher als im amerikanischen Durchschnitt, die Fluktuation im Lehrerkollegium ist geringer, und die Eltern reagieren äußerst positiv. Ein wahrer Run hat auf die ungewöhnliche Schule eingesetzt.[296] »Bereits Grundschüler haben heute völlig andere Hirnvernetzungen, mit denen sie anders lernen als frühere Generationen«, stellt der Erziehungswissenschaftler Peter Struck fest. »Vor allem bringt der Umgang mit Fernsehgerät, Playstation, Computer und Smartphone eine sehr ergiebige Fehlerkultur mit sich. Durch Spielen wird das Belohnungssystem im Hirn gestärkt. In ihm sitzen Neugier, Kreativität und die Fähigkeit, in kritischen Situationen sinnvolle Auswege zu finden.« Wenn man diese neugierigen, kreativen, konfliktkompetenten Kinder aber bereits ab Klasse zwei oder drei benote, beeinträchtige man das Belohnungssystem, so Struck.[297] In Deutschland hat ein Museum, das Gleimhaus in Halberstadt, erste Erfahrungen mit Lernen à la Social Network gemacht. Schülergruppen verwandeln sich dort durch Rollenspiele in historische Figuren wie Lessing, Wieland oder Jean Paul, legen im

Gleim-Net virtuelle Profile an, kommunizieren auf der Basis eines biografischen Briefings. »Facebook, What's App und Smartphone sollen nicht länger verteufelt, sondern als interessante Phänomene ernst genommen werden«, und nebenbei werde Medienkompetenz vermittelt, heißt es.[298]

Solche Projekte zeigen: Lehrer stehen vor der Herausforderung, die Schulverdrossenheit der Kinder und Jugendlichen adäquat zu beantworten, mit Engagement, Erfindungsreichtum, Innovationsgeist. Offensichtlich ist nichts mehr selbstverständlich, was das Lehren betrifft – und noch weniger ist das Berufsbild des Lehrers weiterhin aus der Tradition heraus zu definieren, weil die Schüler sich verändert haben.

Und was ist mit den Schwierigen, den vermeintlich Unbeschulbaren? Obwohl es unbequem ist: Lehrer müssen sich auch dieser Aufgabe stellen. Auf dem Campus Rütli ist es beispielhaft gelungen, selbst jene Schüler ins Klassenzimmer und damit in die Gesellschaft zurückzuholen, die mancher schon aufgegeben hatte. Beschweren und Wegschauen haben sich als wenig konstruktiv erwiesen. Vollends mit der jetzt einsetzenden Inklusion erweitern sich die notwendigen Kompetenzen der Lehrer. Wenn behinderte und verhaltensauffällige Schüler künftig ausschließlich in Regelschulen lernen, müssen gewaltige Integrationsleistungen gesteuert und moderiert werden. Mit seit Jahrzehnten kopierten Aufgabenzetteln und veralteten Autoritätsdiskursen wird kein Lehrer diese Herausforderung bewältigen können.

Die Ära der empfindungsarmen Wissensverwalter ist vorbei, das Zeitalter der emotional beteiligten Spieler, der Multitasker, der Teamplayer hat begonnen. Nur haben es noch nicht alle Lehrer bemerkt. »Lehrkräfte müssen künftig über ihre Fächerkompetenzen hinaus auch zu Erziehungshelfern gegenüber Eltern, zu diagnostischen und therapeutischen Fachleuten gegenüber ›verhaltensoriginellen‹ Kindern und zu Managern der Beschaffung sinnvoller Lernmaterialien ausgebildet werden«, resümiert Peter Struck.[299] Ein neues Curriculum für das Lehramtsstudium ist zweifellos überfällig. Ohne hohe Motivation und ohne fortlaufende Weiterbildung der Lehrer wird das schulische Lernen nicht mehr zu leisten sein. Ohne Beziehungsarbeit und Teamgeist erst recht nicht. Lehrer werden sich aus ihrem Einzelkämpferdasein befreien, auf ihre Schüler zugehen, mit Kollegium und Schulleiter zusammenarbeiten, sich mit Fachleuten und außerschulischen Institutionen vernetzen müssen. Noch ist das Zukunftsmusik, noch wird die Debatte mit unheilvollen Fanfarenstößen orchestriert. Noch fällt man einander geübt ins Wort, mit den immer gleichen Anklagen. Der Berufsstand verhängt sich gern mit Melancholie, viele Lehrer agieren kühl und mittelfristig, als ob ihr Zögern prämiert würde.

Dabei steht fest: Jeder Lehrer kann etwas bewegen. Alles beginnt im Klassenzimmer, dort, wo sich täglich Lehrer und Schüler begegnen. Jeder Tag kann eine Veränderung, eine Verbesserung bringen. Bündnisse können entstehen, Unterstützernetzwerke – vorausgesetzt, jeder Lehrer setzt seine Fantasie, sein Talent, seine Hartnäckigkeit ein. In diesem Prozess spielen Eltern eine Schlüsselrolle. Kooperation muss von allen gewollt und mit Respekt gestaltet werden. Leere Rituale wie Elternabende, an denen Eltern genötigt werden, auf den Stühlchen ihrer Kinder Platz zu nehmen, während der Lehrer vorne am Pult thront, kann man getrost abschaffen. Hausbesuche und Elternstammtische sollten Normalität werden, ein Umgang auf Augenhöhe, an allen Schulen. Neue Allianzen werden entstehen, vielleicht sogar ein neues Gefühl der Zusammengehörigkeit.

Die Schule kann es sich nicht länger leisten, vor sich hinzudünkeln und Traditionspflege mit Gegenwartsverweigerung zu verwechseln. Wenn sie stattdessen an ihrer Zukunftsfähigkeit arbeitet, wird der Lehrerberuf enorm aufgewertet werden und es wird sich herumsprechen, dass Lehrer zu sein ein anspruchsvoller Job ist, der hohe gesellschaftliche Anerkennung verdient. Das ist dringend nötig, weil zurzeit eine ganze Lehrergeneration in Pension geht. Es kann nicht sein, dass der jetzt schon bestehende und sich stärker ausweitende Lehrermangel ausschließlich mit Quer- und Seiteneinsteigern ausgeglichen wird. Unser Land ist darauf angewiesen, dass Schüler kreative Köpfe vorfinden, die das Lehren täglich neu erfinden, intelligent und flexibel auf ihre Schüler eingehen, Beziehungen aufbauen. Lehrer zu sein, hat dann viele Dimensionen: Lerncoach, Sozialarbeiter, Psychologe, Persönlichkeitsentwickler. Diese Funktionen müssen durch das Studium erlernt, mehr aber noch als Notwendigkeit verinnerlicht werden.

Es geht um Bewusstsein, um einen neuen Diskurs über den Lehrerberuf. Und über neue Berufsbilder jenseits des Lehrens. Dafür müssen die Schulen personell langfristig anders ausgestattet werden. In Finnland betreuen Expertenteams Schüler, deren Leistungen abrutschen, die aggressiv oder anderweitig auffällig werden. Kränkelt ein Kind, wendet es sich an die Schulschwester, die auch für seelische Nöte ansprechbar ist. Um Mobbing und Schwänzen kümmert sich ein Sozialpädagoge, um Lernschwierigkeiten ein Psychologe. Das entlastet Lehrer, entbindet sie jedoch nicht von der Pflicht, ihre Schüler aufmerksam zu beobachten und den ersten Schritt zu tun, falls es Probleme gibt. Beziehungsarbeit heißt zugleich Beziehungssensibilität. Solange deutsche Schulen keine spezialisierten Mitarbeiter einstellen, die sich um die Belange der Kinder kümmern, sollten die Lehrer nicht länger das Wegschauen trainieren.

## Selbstorganisation

Wie die Schule der Zukunft aussehen wird? Hoffentlich nicht so, wie die Frage gestellt ist. Reden wir lieber über die Schule der Gegenwart. Sie hat alles, was man für ein positives Schulklima und gelingenden Unterricht braucht: Schüler, Lehrer und Eltern. Und Schulleiter, die durchaus in der Lage sind, erstaunliche

Innovationen voranzutreiben – das zeigen ermutigende Beispiele wie die IGS Göttingen, der Campus Rütli, das Oettinger Gymnasium. Die in defizitären Strukturen sitzengebliebene Schule ist eine schlechte Angewohnheit, die sich ändern lässt. Die deutsche Schule kann sich von innen transformieren, falls sich alle Beteiligten darüber einig sind. In einem Land, das keine ausgeprägte revolutionäre Tradition hat, warten allerdings viel zu viele auf den rettenden Impuls von oben. Sie benehmen sich wie strenggläubige Atheisten: Das Paradies halten sie für eine Erfindung, an die ewige Existenz einer Schule, in der Lehrer einen Höllenjob machen, glauben sie jedoch felsenfest. Knapp sechzig Jahre bundesrepublikanischer Schulpolitik haben wenig bewirkt, um unübersehbare Missstände zu beheben. Immer neue Reformen, Vorschriften und Erlasse haben die Schule weder in einen rechtssicheren noch in einen lebenswerten Raum verwandelt. Sehr viel mehr als das Unbehagen der Agonie ist dabei nicht herausgekommen.

Von jeher sagte man uns Deutschen nach, wir seien untergangsverliebt. Pessimismus als Nationalcharakter sprechen uns sogar andere Länder zu, in denen *german angst* als Lehnwort kursiert. Ins Gelingen verliebt sind wir wahrlich nicht. Ein ganzes Land redet die Schule schlecht – und wartet darauf, dass endlich etwas passiert, wie Wladimir und Estragon auf Godot. Doch ein Bewusstseinswandel beginnt nie dort, wo das Bestehende verwaltet wird – er beginnt stets an der Basis. Anfangs marginalisierte Graswurzelbewegungen haben immer wieder bewiesen, dass sie ungeahnte Sprengkräfte in sich tragen können. Als die ersten Greenpeace-Aktivisten Schornsteine von Atommeilern erkletterten und ihre Anti-AKW-Transparente entrollten, hätte wohl niemand für möglich gehalten, dass schon einige Jahrzehnte später eine deutsche Kanzlerin den Atomausstieg verkünden würde. Am Beginn jeder Neuerung stehen kleine Inseln mit dem entschlossenen Willen zur Veränderung – die nötigen Strukturen bilden sich erst später.

Wer naturwissenschaftliche Paradigmen mag, findet in der Systemtheorie die Prinzipien der Selbstorganisation und Homöostase. Es sind selbstregulierende Kräfte ohne übergeordnete Muster, und sie veranschaulichen, wie die staatlich subventionierte Unmündigkeit zu überwinden wäre. Viel zu lange hat man über Zuständigkeiten diskutiert statt über Verantwortung. Viel zu lange hat man Schuldige gesucht, statt Bedürfnisse zu erkennen. Das Kantinenbeispiel Wolfgang Vogelsaengers zeigt, wie Selbstorganisation und Selbstregulierung durch Beziehungskultur verwirklicht werden können. Anfangs machten die Schüler Front gegen die Mensa und ihre Mitarbeiter. Sie setzten ihre Energie destruktiv ein, als potenzielles Mobbing. Sobald sie durch den Mensadienst zu Kooperationspartnern wurden, wuchs mit dem Erfahrungsaustausch auch das gegenseitige Verständnis, und die Schüler konnten ihre Beschwerden nicht nur an die richtigen Adressaten richten, sondern selbst einen Veränderungsprozess mitgestalten.

Diese Strategie lässt sich beliebig variieren. Ein Beispiel ist der äußere Zustand unserer Schulen, der mehr als zu wünschen übriglässt. Es gibt kaum einen Schüler, der sich nicht über unbequeme Stühle beschwert, auf denen er den halben, neuerdings oft den ganzen Tag lang hocken muss. Sind die Bündnisse erst einmal geschaffen, können Schüler, Lehrer, Schulleiter und Eltern gemeinsam überlegen, was getan werden kann, auch in Zeiten knapper Kassen. Warum langwierige Antragsgänge und Etatverhandlungen abwarten, die so oft erfolglos im Sande verlaufen? Warum nicht einen Sponsor für ergonomisches Mobiliar gewinnen? In manchen Theatern sind auf den Sesseln des Zuschauerraums Schilder mit den Namen privater Spender angebracht. Es spricht nichts dagegen, dieses Modell in der Schule auszuprobieren. Vielleicht gibt es sogar Eltern, die in der Lage sind, ihrem Kind einen geeigneten Stuhl zu spendieren, der dann nach Ende der Schulzeit zur weiteren Verwendung im Klassenzimmer bleibt.

Die Kultur privaten Engagements ist hierzulande noch vollkommen unterentwickelt. Zu sehr hat man sich daran gewöhnt, dass der Staat es schon richten wird. Doch er richtet es schon lange nicht mehr, jedenfalls nicht an den Schulen. Es ist auch nicht bekannt, dass ein Schulrat oder ein Kultusminister jemals vier Wochen lang im Klassenzimmer hospitiert hätte, bevor er sich neue Richtlinien ausdenkt. Nichts liegt also näher, als dass diejenigen, die es betrifft, darüber entscheiden, was nötig ist. Langfristig sollten die Schulen deshalb ihre Budgets selbst verwalten, wie etwa in Kanada üblich. Jedenfalls ist die Strategie, auf zusätzliche öffentliche Gelder zu warten, weder befriedigend noch erfolgversprechend. Beim Blick auf den Gemeinschaftsgeist privater Schulen und Universitäten in den USA kann man einiges lernen, beispielsweise bei der Alumnipflege. Es gehört dort zum guten Ton, dass erfolgreiche Absolventen diesen Bildungseinrichtungen später etwas zurückgeben, um ihrer Dankbarkeit Ausdruck zu verleihen: durch Spenden ebenso wie durch Netzwerke, die den Schülern und Studenten zugutekommen. In Deutschland sind solche Hilfeleistungen praktisch unbekannt, weil jeder froh ist, der Schule endlich den Rücken zu kehren. Ganz anders sähe es aus, wenn man die Schule mit dem Gefühl verlässt, eine großartige Phase seines Lebens abzuschließen, mit Gefühlen der Dankbarkeit und Verbundenheit.

Warum nicht an jeder Schule zwei, drei Lehrer mit der Aufgabe betrauen, Fundraising zu betreiben? An Universitäten ist das Einwerben von Drittmitteln längst gängige Praxis. Das bedeutet nicht automatisch, dass die Politik aus ihrer Pflicht entlassen wäre. Doch die Mühlen der Bürokratie mahlen langsam, und wer etwas bewegen will, sollte schon jetzt aktiv werden. Das betrifft auch die wachsende Zahl von Schülern, die keine familiäre Bildung in die Schule einbringen können. Oft fallen sie deshalb durch alle Raster, sind nachhaltig entmutigt und bereiten sich innerlich auf ein Dasein als Empfänger von Transferleistungen vor. Weit sinnvoller wäre es, schon in der Schule auf ihre Defizite zu reagieren.

Lehrer als Sozialarbeiter, Intergrationshelfer, Betreuer? Kann man solche Aufgaben nicht getrost Ämtern und Institutionen überlassen?

Ingrid König hat eine andere Erfahrung gemacht. Sie leitet die Berthold-Otto-Grundschule in Frankfurt-Griesheim, einem sogenannten prekären Stadtviertel. 98 Prozent der Schüler haben dort einen Migrationshintergrund. Hinzu kommt vielfach Vernachlässigung, die Eltern kümmern sich nicht um ihre Kinder, es gibt oft keine Mahlzeiten, kein Schulbrot, dafür oft häusliche Gewalt. Manche Kinder waren bei der Einschulung noch nie auf einem Spielplatz. Die 59jährige Rektorin stellte Anträge an die Stadt, fünfzehn Jahre lang. Sie wollte eine Ganztagsschule, um den Kindern Sicherheit und Geborgenheit zu geben: Mittagessen, Nachmittagsbetreuung, Hilfsangebote für Kleidung. Und erhielt immer wieder die gleiche Antwort: Es bestehe kein Bedarf. Dies ist der Punkt, an dem solche Geschichten oft enden. Für Frau König war es der Start in die Eigeninitiative. Ohne Genehmigung der Stadt holte sie 2009 das Kinder- und Jugendprojekt Arche in ihre Schule, das Pfarrer Bernd Siggelkow 1995 in Berlin gegründet hat. Inzwischen gibt es deutschlandweit vierzehn Standorte, wo vernachlässigte Kinder finden, was sie zu Hause vermissen und nun auch in Frankfurt-Griesheim haben: einen Ort, »an dem die Kinder Wärme bekommen, sich geliebt fühlen mit festen Strukturen, mit Sicherheit«. So beschreibt Eva Philipp, Leiterin des Frankfurter Arche-Standorts, das Konzept. Es waren Arche-Mitarbeiter, die fünf Räume der Schule strichen und neu ausstatteten mit Möbeln, Spielzeug und einer Küche – allesamt Spenden, so wie die Lebensmittel, die für das kostenlose Frühstück zwischen sieben und neun Uhr verwendet werden.

In einem Stadtteil, der von Gewalt und Aggression geprägt ist und wo Kinder ohne elterliche Bindung aufwachsen, ist das Betreuungsangebot im wahrsten Sinne des Wortes eine Arche. Doch ist es überhaupt Aufgabe der Schule, Sozialarbeit zu leisten?

Diese Frage war für die Rektorin irrelevant. Sie tat, was notwendig war. Über die Definition des Wortes »notwendig« mag man streiten, aber dass soziale Bedingungen einen Korrekturbedarf herausfordern, stand für Frau König nicht infrage. »Die Werte, die wir Lehrer im Unterricht vermitteln, werden jetzt auch am Nachmittag weitergelebt«, erklärt sie. »Die Prügeleien haben abgenommen. Die Kinder sitzen am Nachmittag nicht vorm Fernseher, sondern spielen zusammen. Dadurch sind sie viel ausgeglichener und lernen im Unterricht besser. Das macht mich stolz.«[300] Zum Angebot gehören Spiele und Hausaufgabenbetreuung. Ein Arche-Mitarbeiter sagt, »dieses ›du schaffst das, du kannst das, du bist talentiert‹ in den Kindern zu wecken«, sei ein sehr wichtiger Teil der Arbeit.[301]

Selbstorganisation ist im Grunde ein ethisches Gebot der Zivilgesellschaft. Bedürfnisse zu erkennen und sie im Rahmen bürgerschaftlichen Engagements durch spontane Hilfe zu beantworten, gehört dazu. Auch Lehrer sind Bürger, daran sollte man gelegentlich erinnern. Es fällt ihnen sicherlich auf, wenn Kinder ohne Pausenbrot zur Schule kommen, wenn sie im Winter nur ein dünnes T-Shirt tragen, wenn sie keine Hefte, keine Bücher dabeihaben. Verständlicherweise gibt es eine Hemmschwelle, gleich das Jugendamt einzuschalten, aber bedeutet das, tatenlos zuzusehen? Lehrer sind wichtige Beobachter der gesellschaftlichen Verhältnisse, und sie sollten teilnehmende, helfende Beobachter sein, mit der Unterstützung von Kollegen, Schulleitern, Institutionen, Privatinitiativen.

Selbstorganisation heißt aber auch, eigenständige Lehrkonzepte zu entwickeln. Nichts spricht dagegen, dass Lernlandschaften und intelligent organisierte Gruppenarbeit bundesweit Schule machen. Dass es viel zu wenige Eigeninitiativen der Lehrer gibt, liegt sicherlich an ihrer inneren Emigration, verursacht durch einen hohen Leidensdruck. Hier sind vor allem die Schulleiter gefragt. Sie sind verantwortlich für das Schulklima und für die Innovationsfreudigkeit des Kollegiums. Selbstverantwortliches Handeln, das zeigt sich immer wieder, sorgt für mehr Zufriedenheit und verhindert hohe Krankenstände. Wo Spielräume eröffnet werden, wächst das Rettende nach: nicht nur für die Schüler, auch für die Lehrer.

## Was Schüler können sollten

Was sollten Schüler lernen? Diese Frage wird nach wie vor kanonisch beantwortet. Die Lehrpläne sind angefüllt mit Inhalten, deren Verfallsdatum ziemlich genau auf den Schulabschluss datiert. In einer Zeit, die Nachhaltigkeit zu einem Schlüsselbegriff hat aufsteigen lassen, produzieren wir Wegwerfwissen. Das ist weder ressourcenschonend im Hinblick auf die Energiereserven von Lehrern und Schülern noch sonderlich motivierend. Die erschöpfende Ödnis des Unterrichts rührt wesentlich vom Treibgut isolierter Informationen her, die bald schon an den Ufern des Nirwanas stranden.

Nicht erst den Propagandisten der Neurodidaktik fiel auf, dass immer jene Inhalte am leichtesten gelernt werden, die an bestehendes Wissen anknüpfen. Im engeren Rahmen der Didaktik meint man damit die Anschlussfähigkeit an das in der Schule Erlernte, aber es bezieht sich auch auf das Alltagswissen. Und, wichtiger noch, auf die Alltagsinteressen. Es ist ein wunderbares Gedächtnistraining, das spezifische Gewicht chemischer Elemente und alle Nebenflüsse des Amazonas auswendigzulernen. Sehr wahrscheinlich wird man dieses Wissen jedoch nie wieder brauchen, und im Bedarfsfall kann man es nachschlagen oder googeln. Wenn heute von kompetenzorientiertem Lehren die Rede ist, denkt man dabei wenig an die Lebenspraxis, obwohl bis zum Überdruss behauptet wird, man lerne für das Leben, nicht für die Schule. Deshalb muss man die Frage, was Schüler lernen sollten, reformulieren: Was müssen Schüler können? Welche Fertigkeiten sollten sie beherrschen, wenn sie eine Ausbildung antreten, wenn sie aus dem Elternhaus ausziehen, wenn sie ihr Leben selbst in die Hand nehmen? Und wählen gehen?

Der berufliche wie gesellschaftliche Erfolg hängt mehr denn je von der geistigen, körperlichen und sozialen Fitness ab. Kann jemand erfolgreich kommunizieren? Besitzt er genug Empathie und emotionale Intelligenz, um im Team zu arbeiten? Sucht er sich geeignete Unterstützung, wenn er Hilfe braucht? Achtet er auf seine körperlichen Bedürfnisse? Weiß er genug über Ernährung, Bewegung, Entspannung? Hat er Techniken gelernt, wie man einen Berg von Arbeit strukturiert und bewältigt? Durchschaut er die Marketingspiele von Banken, Versicherungen, Handyanbietern? Kann er mit Geld umgehen?

All diese Fragen lassen sich auf der Basis jetziger Lehrpläne kaum beantworten. Die bieten zwar Module an, aber ohne ein übergeordnetes Muster erkennen zu lassen. Das ist in etwa so sinnvoll, als würde man die Mosaiken von Ravenna abtragen und säuberlich nach Farben geordnet zu Haufen schichten. Nach demselben Prinzip funktioniert schulische Bildung: durch Zergliederung der einzelnen Elemente bis zur Unkenntlichkeit.

Deshalb zum Schluss einige Vorschläge, wie fachübergreifender Unterricht und Lebenskunst verknüpft werden könnten. Sie bieten gleich mehrere Vorteile: Durch die Relevanz für die Lebenspraxis entstehen Interesse und Motivation; Wissensbausteine sind in größere thematische Kontexte eingebunden und werden als sinnvoll und bedeutsam registriert; und der Lehrer ist kein Händler mit verderblicher Ware mehr, sondern ein Vermittler nachhaltiger Informationen. Letzteres ist eine der Voraussetzungen, um dem Lehrer-Schüler-Verhältnis eine weitere Beziehungsebene hinzuzufügen: Der Lehrer wird im doppelten Sinne zum Coach, zum Lerncoach wie zum Lifecoach.

Meine Vorschläge sind nicht aus der Luft gegriffen. Als Lehrbeauftragte an verschiedenen Universitäten und während einer dreijährigen Gastprofessur an der Universität der Künste Berlin fielen mir einige Defizite der Studenten auf. Nach Seminaren und Vorlesungen sowie in den Sprechstunden führte ich viele Gespräche, in denen mir klar wurde, dass es zuweilen an grundlegenden Kompetenzen fehlt. Die Studenten waren intellektuell wach, sehr kreativ, hochmotiviert. Aber oft fehlte es an Selbstwirksamkeit, weil sie an ganz praktischen Dingen scheiterten: Wie fange ich eine Seminararbeit an? Wo hole ich mir Rat und Unterstützung? Wie funktioniert Teambuilding in der Gruppenarbeit? Wie finanziere ich mein Studium und bringe Job und Uni unter einen Hut? Wie schaffe ich es, trotz hoher Arbeitsbelastung fit zu bleiben? Was bedeutet Stressresilienz?

Eines der Kernthemen ist Gesundheit. Die medizinische Versorgung ist bei uns durch eines der großzügigsten Sozialversicherungssysteme der Welt gewährleistet. Im Kontrast dazu steht es mit der Volksgesundheit nicht zum Besten, von Rückenleiden über Herz-Kreislauf-Erkrankungen bis zu Adipositas. 20 Millionen Deutsche haben zu hohen Blutdruck, ein Indikator für spätere Erkrankungen wie Schlaganfall, 34 Millionen leiden unter Diabetes.[302] Viele der verbreiteten Krankheiten entstehen bekanntlich durch eine ungesunde Lebensweise, durch Ernährungsfehler, Bewegungsmangel und eine wenig ausgeprägte Selbstwahrnehmung. Das beginnt schon im Kindesalter, und so, wie Schule heute meist noch organisiert ist, verstärkt sie diese Fehlentwicklungen. Eine 2013 erschienene Studie zur Gesundheit von Kindern und Jugendlichen belegt außerdem, dass soziale Herkunft und Gesundheit in unmittelbarem Zusammenhang stehen, denn in benachteiligten Familien ist die Gefahr, übergewichtig zu werden oder an psychosozialen Störungen zu erkranken, ungleich höher. Sozial schwierige Startbedingungen, so Thomas Lampert, Leiter der Gesundheitsberichterstattung am Robert Koch-Institut, ließen sich »durch Prävention und Gesundheitsförderung teilweise ausgleichen – sofern diese früh genug einsetzen und nachhaltig sind [303].«

Es ist ein Rätsel, wie Lehrer heute unbeeindruckt vor Schülern stehen können, die oft übergewichtig sind, übermüdet im Unterricht einschlafen oder Stresssymptome zeigen. Natürlich kann man argumentieren, all diese Themen seien Sache der Eltern. Dann gerät man allerdings erneut in die Argumentationsschleife der Delegation: Man behauptet, nicht zuständig zu sein, nimmt aber zugleich hin, dass Eltern ihre Aufgaben nicht wahrnehmen. Vernachlässigung ist kein Phänomen, das sich auf ärmliche Verhältnisse und bildungsferne Familien beschränkt. »Die Eltern sind egoistischer geworden«, hat Gymnasiallehrerin Maria beobachtet. »Sie haben oft nicht die Kraft, sich ausreichend um ihre Kinder zu kümmern, haben keine Zeit für sie.« Lehrer, denen etwas an ihren Schülern liegt, müssten den selbstverständlichen Wunsch verspüren, sie auf Probleme anzusprechen, ihnen möglicherweise Hilfe anzubieten.

Einst meißelte man Sinnsprüche wie *mens sana in corpore sanis* in die steinernen Portale von Schulen. Vom gesunden Geist in gesunden Körpern ist jedoch wenig zu bemerken. Wenn Schule auf das Leben vorbereiten soll, dann gehört das Wissen über körperliche und seelische Gesundheit elementar dazu. Achtsamkeit für sich selbst, konstruktiver Umgang mit Stress, die Bedeutung von Ausgleichssport und Entspannungsübungen wie Meditation oder Yoga sind mittlerweile kulturelle Techniken, die über Erfolg und Misserfolg nach der Schule wesentlich entscheiden. Ein Schulfach Gesundheit könnte den Bogen schlagen von Sport, Biologie, Philosophie bis hin zu Kochen und Yoga, und das alles ganz praktisch durch Projekte und Gruppenangebote.

Ein weiteres Thema ist Geld. Welcher Abiturient weiß heute schon, wie man ein Konto eröffnet, warum es die Mehrwertsteuer gibt, wie Buchhaltung funktioniert, was Ratenkredite bedeuten? Fast jeder zehnte Erwachsene in Deutschland ist überschuldet, meldete die Wirtschaftsauskunftei Creditreform im November 2013. 6,58 Millionen Menschen seien nicht in der Lage, ihren Zahlungsverpflichtungen in absehbarer Zeit nachzukommen.[304] Das allgemeine Wissen über ökonomische Zusammenhänge selbst im privaten Bereich ist verschwindend gering. Bildung und Geld, das scheint immer noch ein Gegensatz zu sein, als sei es trivial, solche Dinge in der Schule zum Thema zu machen, als sei die Konkretion des Alltags nicht würdig, Schulfach zu werden.

In Wahrheit entscheiden Gesundheits- und Finanzkompetenzen darüber, ob und wie jemand seine Ausbildung absolviert, ob er einen Job seiner Wahl findet, ob er Privates und Berufliches in Einklang bringt. Es ist inakzeptabel, dass viele junge Erwachsene die Schule ohne jeden Realitätsbezug verlassen. Daran haben Lehrplanreformen ebenso wenig zu verändern vermocht wie didaktische Experimente. Nach wie vor wird vielerorts so getan, als sei Schule ein Paralleluniversum. Das muss sich ändern, und Lehrer können viel dazu beitragen, mit neuen, themenübergreifenden Fächern. Auf Kosten verlangter Lehrplaninhalte muss das nicht gehen. Für die Geheimnisse des Bankings ist die Prozentrechnung Voraussetzung, und die Funktionsweise der Bauchspeicheldrüse wird erst spannend, wenn man sie mit Ernährung und Diabetesprävention verbindet. Schulwissen sollte Life Coaching sein. Und vielleicht bereitet es ja nicht nur den Schülern, sondern auch den Lehrern Vergnügen, dabei etwas Neues zu lernen.

Ein dritter Schwerpunkt verdient besondere Beachtung: die Kommunikationsfähigkeit. Ich erinnere mich gut an die drei Jahre, die ich als Gastprofessorin an der Universität der Künste Berlin verbrachte. In den Seminaren saßen oft über sechzig Studenten, aber nur etwa zehn beteiligten sich aktiv. Alle Seminarteilnehmer waren konzentriert, alle schrieben mit, mündlich hielten sich jedoch die meisten auffällig zurück – bis auf ein paar Studenten, die sicher und frei sprachen und sichtlich Spaß an ihren Redebeiträgen hatten. Was war mit den anderen? Sie lieferten oft glänzende Seminararbeiten ab, trotzdem machten sie so gut wie nie den Mund auf. Damals lag der Numerus clausus für den Studiengang Gesellschafts- und Wirtschaftskommunikation bei 1,2. Ich hatte es also mit erfolgreichen Schulabsolventen zu tun, falls man Zensuren für aussagekräftig hält.

In meinen Sprechstunden brachte ich oft das Thema darauf und hörte dann meist: »Ich habe Hemmungen, vor so vielen Leuten zu reden. Ich habe Angst, mich zu verhaspeln. Ich kann mich nicht so gut ausdrücken wie die anderen.« Es waren oft die Blitzgescheiten, die mit weniger Schüchternheit zu kämpfen hatten. Eigentlich war es nicht Schüchternheit als vielmehr die Scheu, sich in der Halböffentlichkeit eines Seminars vor einer relativ großen Gruppe zu äußern. Viele Studenten trauten es sich nicht zu, und sie hatten es auch nicht gelernt. Ich versuchte es mit ein paar Ratschlägen, da ich als Moderatorin selbst einige obligatorische Coachings wahrgenommen hatte. Bis ich einsah, dass kommunikative Kompetenzen nur in Handlungsbezügen erworben werden.

Im Semester darauf bot ich das Thema Talkshow an. Wieder war der Seminarraum voll besetzt. Mein Plan bestand nicht nur darin, ein Seminar über den Strukturwandel der Öffentlichkeit zu halten, mein Geheimplan hieß Coaching. Zunächst analysierten wir die gerade gängigen Talkshows anhand einiger Beispiele. Dann begann die Phase der Improvisation. In kleinen Teams wurden Themen erarbeitet, Rollen verteilt: Wer ist der Moderator? Wer vertritt welchen Standpunkt? Wer spielt den Experten, wer den Politiker, wer den Betroffenen? Die Idee bestand darin, durch Rollen einen gewissen Abstand zu sich selbst zu gewinnen. Dementsprechend hatte die abschließende Analyse den Vorteil, die jeweilige Person zu schützen. Wir übten, wie man einen Raum betritt, wie man Blickkontakt mit dem Publikum aufnimmt, welche Körperhaltung Präsenz erzeugt. Wir sprachen darüber, welche Stimmlage Kompetenz und Souveränität vermittelt, wie man kurze, prägnante Sätze formuliert, anschauliche Beispiele wählt. Wir trainierten, wie man sich vorher über die Essenz eines Redebeitrags klar wird, wie man Statements, Argumente und Gegenargumente so formuliert, dass sie überzeugen. Für alle

Beteiligten war es ein Erfolgserlebnis, als sich eine zunehmende Sicherheit des Auftritts einstellte.

Die Fähigkeit zu kommunizieren, ist heute eine Schlüsselqualifikation. Wer weiß, wie er sich überzeugend darstellt, seine Argumente vertritt und ein Gespräch strukturiert, hat eine unschätzbare Trumpfkarte in der Hand. Bewerbungsgespräche, Arbeitsgespräche, dazu die gesamte private Kommunikation hängen davon ab, ob man sich bewusst ist, welche Signale man aussendet, wie man sein Gegenüber erreicht und wie man durch Empathie zu einem konstruktiven Austausch gelangt. Die Defizite sind groß. Symptomatisch dafür ist ein rasch wachsender Coachingmarkt, auf dem von den einfachsten Regeln der Gesprächsführung bis hin zu wertschätzender Kommunikation zahllose Angebote offeriert werden. Strategien wie aktives Zuhören, eine reflektierte Fragetechnik oder die Interpretation von Körpersprache und Mimik sind ebenso wichtig wie die schlagfertige Reaktion auf polemische Bemerkungen oder unerwartete Einwände. Es gibt Naturbegabungen, die dies intuitiv beherrschen, häufiger aber sind ausgesprochene Schwächen.

Kommunikation bedeutet immer beides: Selbstbehauptung und Kooperation. Wer dies nicht erlernt hat, laboriert oft lebenslang an seinen kommunikativen Defiziten herum. Zurzeit bietet die Schule wenig Raum, gelingende Kommunikation zu trainieren, weil es an der Beziehungskultur mangelt. Zwar halten Schüler Referate, doch ob sie unbeholfen herumdrucksend vor ihren Mitschülern stehen oder eloquent und anschaulich ihr Thema vertreten, hängt wesentlich vom Elternhaus ab: vom Sprachniveau sowie von der familiären Diskurskultur. Gerade die aber ist häufig unterentwickelt. In der Familie wird oft nicht mehr gemeinsam gegessen und geredet, oft ist es nicht einmal üblich, die Kinder überhaupt als Gesprächspartner zu Wort kommen zu lassen. Im Klassenzimmer ist das ein Handicap, das nicht korrigiert wird. So bleibt es auch hier bei der Glückslotterie Elternhaus, denn Lehrer fühlen sich im Allgemeinen nicht zuständig dafür, die Kommunikationsfähigkeit ihrer Schüler zu verbessern. Dennoch benoten sie die Performance natürlich mit, sei es bei einfachen Unterrichtsbeiträgen, Referaten, mündlichen Prüfungen oder bei der wichtigen MSA-Präsentation vor der gymnasialen Oberstufe.

Hat ein Schüler Probleme mit Selbstdarstellung und Kommunikation, wird ihm das meist lediglich als Defizit gespiegelt. Eine typische Situation schildert der Lehrer Robert Rauh. Eine Referendarin hatte ein Referatsthema vergeben, und der Schüler trat nach vorn. Er schaute seine Mitschüler an, um sich zu vergewissern, ob er cool rüberkam. »Die Referendarin wurde ungeduldig: ›Nun sag doch erst mal, worüber du sprechen willst.‹ ›Mittelalter‹, murmelte der Junge. Die Referendarin wurde noch ungeduldiger. ›Einen ganzen Satz, bitte.‹ Der Schüler sah verunsichert in die Klasse, die zu lachen begann, und stammelte einen unzusammenhängenden Satz. Dabei wollte die Referendarin darauf hinaus, dass er eine Sprechblase von der vorbereiteten Folie ablas. Hinterher fragte ich sie, ob sie mit dem Schüler vorher besprochen hätte, wie sie sich den Auftakt zu einem Referat vorstellte. Daran hatte sie gar nicht gedacht.«

Es wird vorausgesetzt, dass Schüler die Kunst der Rede wie von selbst beherrschen. Ist der Auftritt nicht gelungen, hat der Schüler das Nachsehen. Gelegenheiten, sich in dieser Hinsicht zu professionalisieren, gibt man ihm nicht. Im Oberstufenunterricht der Gymnasien wird Rhetorik »durchgenommen«, allerdings in Form von Redeanalysen. Mein Sohn hat in dieser Phase vor allem diverse Reden von Hitler, Goebbels und Rosenberg analysiert. Wer sich so etwas warum ausdenkt, bleibt mir schleierhaft. Die unterschwellige Botschaft kann nur lauten, dass Rhetorik ein demagogisches, ein manipulatives Mittel ist. Dabei ist Rhetorik ein elementares Werkzeug sprachlicher Kommunikation. Außerdem nützt es wenig, alles über elliptischen Satzbau, Alliterationen oder die Anapher zu wissen, wenn man deren Wirkung nicht selbst in einer Rede ausprobiert.

Es ist ein ungeheures Erfolgserlebnis, die eigene Sprachmacht zu entdecken und zu entwickeln. Sie verleiht Sicherheit im Auftreten, bei Verhandlungen und Wortgefechten. Im angelsächsischen Sprachraum gibt es an Schulen und Universitäten deshalb Debating Clubs, in denen Schüler und Studenten die Kunst der Rede und Gegenrede erlernen. Das wird sehr sportlich inszeniert, und einzelne Redner oder Teams treten sogar in Wettkämpfen gegeneinander an. Mittlerweile haben sich auch in Deutschland an etwa sechzig Hochschulen vergleichbare Debattierclubs gebildet, doch von einer breiten Debattenkultur sind wir noch weit entfernt. Dabei ist die Kunst des Debattierens die Königsdisziplin der Rhetorik. Wer spielerisch lernt, Argumente vorzutragen – sie müssen gar nicht der eigenen Meinung entsprechen –, erwirbt sehr viel mehr Kompetenzen als beim guten alten Genre der schriftlichen Erörterung oder bei der Textanalyse von Reden. Erst durch das Debattieren lernt der Schüler, einen Standpunkt zu erläutern, ihn von allen Seiten zu beleuchten. Beiläufig verwirklicht er so auch die Idee kompetenzorientierten Lernens und trainiert etwas, was ihm ein Leben lang nützlich sein wird: sich selbstsicher und überzeugend zu artikulieren und ganz nebenbei Selbstwirksamkeit zu entwickeln.

Selbst Lehrern scheint nicht immer bewusst zu sein, welchen Stellenwert Kommunikation hat. In ihrer Ausbildung wird dieses Thema, wenn überhaupt, nur am Rande gestreift, und berufsbegleitende Coachings existieren nicht. Wie groß der Bedarf ist, zeigen zahllose Ratgeber für Lehrer, in denen basale Dinge erläutert werden: etwa Körpersprache, Mimik, Stimme und klare Diktion. Im Grunde ist es haarsträubend, dass all dies in Eigenregie angelesen werden muss, denn wenige Berufe leben derart vom gelungenen Auftritt wie der des Lehrers. Er könnte in dieser Hinsicht ein Vorbild sein, doch in der Regel hängen seine Fähigkeiten, wie bei den Schülern, vom Talent ab, das bekanntlich durch den Zufall verteilt wird.

Worin läge der Vorteil, wenn Debating Clubs auch an deutschen Schulen obligatorisch wären? Zunächst einmal würde dies viel zur kommunikativen Professionalisierung von Lehrern beitragen. Sie könnten sich ihrer Stärken und Schwächen bewusst werden, Inhalte lebendiger präsentieren, Gruppenprozesse besser steuern, sich zudem stärker bewusst werden, wie sie den Umgang mit den Schülern gestalten, welche verborgenen Botschaften sie vermitteln, welche ungewollten Affronts sie vermeiden können. Das wäre ein elementarer Beitrag zur achtsamen Beziehungskultur im Klassenzimmer. Häufig geben Lehrer ungewollt Urteile ab, die entmutigend wirken – nur durch einen Blick oder eine achtlose Zwischenbemerkung. Selbstbeobachtung führt zu Selbsterkenntnis, auch zur Reflexion der Ziele von Kommunikation. Welche Haltung möchte ich dem Schüler vermitteln? Wie zeige ich ihm, dass ich ihn anerkenne? Wie knüpfe ich an eine Antwort mit einer Frage an, die diese Antwort einbezieht, eine der Prämissen des aktiven Zuhörens?

Themen der Debattierclubs könnten fast alle Unterrichtsinhalte sein. Ob Sinn und Unsinn von Entwicklungshilfe, Chancen und Gefahren der Gentechnik oder die Problematik illegaler Musikdownloads – stets lässt sich an Themen anknüpfen, die gerade in Fächern wie Erdkunde, Biologie oder Musik anstehen. Das bedeutet vertiefendes Lernen, denn was man attackiert oder verteidigt, muss man noch einmal unter neuen Gesichtspunkten aufbereiten. Deshalb haben solche Debatten auch die Funktion, erlerntes Wissen neu zu sehen und in der Reflexion zu verflüssigen: Tote Fakten erwachen zum Leben.

Kommunikationstrainings üben eine stark rückkoppelnde Wirkung auf die gesamte Unterrichtssituation aus. Sobald ein Schüler sicher ist, dass er erfolgreich kommunizieren kann, wird er sich ganz anders beteiligen. Er traut sich zu, Vorwissen zu Argumenten zu formen, es nutzbar zu machen. Und im besten Fall lernt er frei nach Kleist das allmähliche Verfertigen der Gedanken beim Reden. Dabei lernt er permanent von den Mitschülern – durch deren sprachliches Geschick ebenso wie durch deren Defizite. Sehr wahrscheinlich wird dies für ihn eine Schule des Lebens. Zu wissen, wie man Meinungen, Gefühle und Bedürfnisse artikuliert, ist eine Grundvoraussetzung sozialer Interaktion. Dass man darüber schweigen muss, worüber man nicht sprechen kann, bedeutet in diesem Zusammenhang, dass man zum Schweigen verurteilt ist, wenn es an sprachlichen Fähigkeiten mangelt.

Kommunikation mag heute ein inflationär gebrauchter Begriff sein. Für die Schule ist er zentral. Wenn man sie als Ort von Beziehungen ernst nimmt, wird man nicht umhinkommen, über die Sprachfähigkeit nachzudenken, sie zu entwickeln und zu fördern. Sprachbewusstsein ist interaktives Bewusstsein, das Gespür für Formen des Kontakts, des Austauschs, der Verständigung. Es ist überfällig, daran zu arbeiten, auch angesichts von Schülern, die aus prekären Verhältnissen oder aus Familien mit Migrationshintergrund stammen. Wer Menschen Sprache verleiht und sie diskursfähig macht, erfüllt eine der wichtigsten Aufgaben des Lehrerberufs überhaupt. Fächerübergreifendes Lernen wird mittlerweile bereits an einigen Schulen praktiziert. Ein Quantensprung wäre es, dies jetzt mit einem deutlichen Praxisbezug weiterzuentwickeln. Wenn heute von kompetenzorientiertem Lernen gesprochen wird, ist nach wie vor oft das sogenannte Lernen lernen gemeint. Schule kann aber mehr sein – das Sprungbrett in ein selbstbestimmtes Leben.

Kommunikation ist im weiteren Sinn auch die Basis einer neuen gesellschaftlichen Verortung des Lehrerberufs. Die kommunikative Verflüssigung der Debatte um Schule und Lehrer ist überfällig, die Abrüstung aller Seiten. Wir alle tun gut daran, Lehrer weit solidarischer als bisher bei der Transformation ihres Berufs zu begleiten, ihnen den Rücken zu stärken, statt ihnen weiterhin mit historisch gewachsenen Ressentiments zu begegnen. Eine breite gesellschaftliche Entspannungspolitik ist gefragt, jenseits von Vorurteilen und Bezichtigungen. Ob Lehrer

Beamte oder Angestellte sind, spielt eine geringere Rolle als ihre grundsätzliche Anerkennung. Wer Lehrer in die Defensive drängt, muss sich nicht wundern, wenn sie sich dort verschanzen, ängstlich um Besitzwahrung von Privilegien bemüht, anklagend in Beschwerden über unzumutbare Bedingungen verharrend.

Nicht nur in Schülern, auch in vielen Lehrern schlummern unentdeckte Potenziale, die im gegenwärtigen Schulklima brachliegen. Nur wenn Lehrer mit Respekt rechnen dürfen, können sie verwirklichen, was der Reformpädagoge Georg Kerschensteiner forderte: »Der Erzieher, der sein Leben der beginnenden Gestaltung der Persönlichkeit weiht, muss unbeschadet der Werte, die er sonst verwirklichen will, gerade auf den einzigartigen Persönlichkeitswert eingestellt sein, der im Zögling schlummert. Freilich enthüllt sich dieser Persönlichkeitswert erst allmählich im Laufe der erzieherischen Tätigkeit. Aber in seinen Möglichkeiten muss er vor dem Auge des Erziehers stehen und jene Liebe und Ehrfurcht zu seinem künftigen Träger fordern, die jeder echte Wert auf seine Träger überträgt.«[305]

# Dank

Allen voran danke ich meinem Sohn, der mich in allen Arbeitsphasen zu diesem Buch grandios unterstützte. Ferner danke ich dem Blessing Verlag, namentlich meinem großartigen Lektor Edgar Bracht und dem engagierten Verlagsleiter Holger Kuntze, die beide von Anfang an großes Vertrauen in mich und das Buchprojekt setzten. Besonders danken möchte ich Cordula Heckmann, Günther Schmalisch, Robert Rauh und Wolfgang Vogelsaenger, die Hoffnungsträger für künftige Generationen sind und mir gezeigt haben, wie Schule aussehen kann, wenn Lehrer ihren Beruf mit Leidenschaft und hohem Respekt für Schüler wie Eltern ausüben. Mein Dank geht außerdem an die vielen anonymisierten Lehrer, Schüler und Eltern, vor allem an Maria, Elisabeth, Charlotte und Barbara. Wichtig für die Initialzündung waren auch die Gespräche mit meiner Agentur Graf und Graf, besonders mit Karin Graf und Daniel Graf. Und schließlich danke ich Christoph Stölzel, der mir wertvolle Hinweise gab, unter anderem zu den historischen Wurzeln des Lehrerberufs.

Zitate vor den Kapiteln mit freundlicher Genehmigung von S. Fischer Verlag (Heinrich Mann), Suhrkamp Verlag (Judith Schalansky und Hans Magnus Enzensberger), Wallstein Verlag (Kai Weyand) und Lübbe-Verlag (Philipp Müller)

# Anhang

## Merkmale erfolgreichen
## Unterrichts nach Hattie

(Aus: John Hattie, *Lernen sichtbar machen*)

| | |
|---|---|
| Glaubwürdigkeit des Lehrers | 0.90 |
| Qualifizierte Rückmeldungen an den Schüler | 0.73 |
| Qualität des Unterrichts durch Lehrer | 0.75 |
| Reziprokes Unterrichten | 0.74 |
| Positives Lehrer-Schüler-Verhältnis | 0.72 |
| Direkte Instruktion durch den Lehrer | 0.59 |
| Herausfordernde Ziele setzen | 0.59 |
| Entdeckendes Lernen | 0.30 |
| Interne Differenzierung | 0.28 |
| Reduzierung der Klassengröße | 0.21 |
| Jahrgangsübergreifender Unterricht | 0.04 |
| Offener Unterricht | 0.01 |
| Sitzenbleiben | −1.60 |

Zu vernachlässigender Effekt: 0–0.2; kleiner Effekt: 0.21–0.4;
moderater Effekt: 0.41–0.6; starker Effekt: 0.61 und größer

# Anmerkungen

## Einleitung

1 Daniel Szewczyk, So wird der Stress in der Schule erträglich, Welt online, 26.8.2012
2 Veröffentlicht in den Schulstudien TIMSS und PIRLS des Boston College 2013, timss.bc.edu
3 Lehre(r) in Zeiten der Bildungspanik: Eine Studie zum Prestige des Lehrerberufs und zur Situation an den Schulen in Deutschland, Institut für Demoskopie Allensbach im Auftrag der Vodafone-Stiftung, Oktober 2012
4 Hindernis Herkunft: Eine Umfrage unter Schülern, Lehrern und Eltern zum Bildungsalltag in Deutschland, Institut für Demoskopie Allensbach im Auftrag der Vodafone Stiftung Deutschland, 2013
5 Mirjam Mohr, Lehrer als Problem: Viele halten das für einen Halbtagsjob, Interview mit Udo Rauin, Spiegel online, 21.3.2008
6 Quelle: Statistisches Bundesamt https://www.destatis.de/DE/Zahlen-Fakten/GesellschaftStaat/BildungForschungKultur/Schulen/Schulen.
7 Karl Jaspers, Wohin treibt die Bundesrepublik? Piper Verlag 1966
8 Studie der Varkey-GEMS-Stiftung von 2013, www.varkeygemsfoundation.org
9 Reinhard Kahl, Was Hänschen lernt, *Die Zeit,* 3.4.2003
10 Lernen ist Vorfreude auf sich selbst. Interview von Reinhard Kahl mit Peter Sloterdijk, in: McK Wissen 14, siehe auch http://www.reinhardkahl.de/pdfs/neu%20110_113_mck14_Sloterdijk.pdf
11 Schrei nach Liebe. Weltlehrertag: Berufsverbände fordern mehr Respekt, Süddeutsche Zeitung, 7.10.2013
12 Herbert Reinke-Nobbe, Robert Vernier, Verlierer im Klassenkampf. Höllenjob Lehrer, Titelgeschichte Focus 15/2001

419

13  Gabriele Frydrich, Von Schülern, Eltern und anderen Besserwissern:
    Aberwitz im Schulalltag, Piper 2010

14  Lotte Kühn, Das Lehrerhasserbuch. Eine Mutter rechnet ab, Knaur,
    2005

15  Heribert Prantl, Gute Lehrer: Nicht nur Gestörte und Sadisten. Süd-
    deutsche.de, 18. Dezember 2010

16  Philipp Möller, Isch geh Schulhof. Unerhörtes aus dem Alltag eines
    Grundschullehrers, Bastei Lübbe 2012

17  John Hattie, Lernen sichtbar machen. Überarbeitete deutschsprachige
    Ausgabe von Visible Learning, besorgt von Wolfgang Beywl und Klaus
    Zierer, Schneider Verlag: 2. korr. Auflage 2013

18  Wie funktioniert guter Unterricht? Interview mit dem Bildungspsycho-
    logen Prof. Dr. Rainer Dollase, Saarbrücker Zeitung vom 14.3.2013

19  Ulrich Herrmann, Wie lernen Lehrer ihren Beruf? Empirische Befunde
    und praktische Vorschläge, Beltz Verlag 2002; ders., Schulen zukunfts-
    fähig machen. Klinkhardt 2010

20  Pressemitteilung der HIS (Hochschul Informations System GmbH)
    vom 12.1.2010, www.his.de

21  Deutsches Institut für Internationale Pädagogische Forschung (DIPF);
    www.bildungsbericht.de

22  Pressetext zur Studie Bürgerkompetenz Rechnen der Stiftung Rechnen
    in Zusammenarbeit mit dem Sozialforschungsinstitut forsa, der Univer-
    sität Halle-Wittenberg und der Universität des Saarlands sowie der Wo-
    chenzeitung Die Zeit, Mai 2013

23  Studie Skills Outlook 2013 der Organisation für wirtschaftliche Zusam-
    menarbeit und Entwicklung (OECD)

24  Pressetext zur Studie Bürgerkompetenz Rechnen der Stiftung Rechnen,
    a.a.O.

25  Beckmann, ARD 22.8.2013

26  Hindernis Herkunft, a.a.O.

27  Hans Berner, Rudolf Isler (Hrsg.), Immer noch Lehrer! Portraits und
    Essays, Haupt Verlag 2009

## Kapitel 1

28  Der Spiegel, 38/2013: Auf Leistung getrimmt, Interview mit Remo Largo.

29  Vgl. Das Embedded Processing Model of Working Memory von Nelson
    Cowan (An embedded-processes model of working memory), in A. Mi-

yake & P. Shah (Hrsg.), Models of working memory: Mechanisms of active maintenance and executive control. Cambridge University Press 1999

30  Siehe Jean Paul, Selberlebensbeschreibung a.a.O.

31  Marga Bayerwaltes, Große Pause! Nachdenken über die Schule, Kunstmann Verlag 2002

32  Alex Rühle, Plädoyer für einen verkannten Beruf, SZ online 19.2.2013

33  Hartmut von Hentig, Ach, die Werte! Carl Hanser Verlag 1999

34  Berliner Rede« am 21. September 2006 in der Kepler-Oberschule in Berlin-Neukölln, zit. n. Hartmut Wenzel: Lehrer, Lehrerbild und Lehrerbildung. Katalog der Franckeschen Stiftungen zur gleichnamigen Ausstellung, Harrassowitz 2007

35  Extrovertiert und aufgeschlossen; Interview mit Josef Kraus, veröffentlicht auf studiengang.de 2012

36  George Steiner, Der Meister und seine Schüler, aus dem Englischen von Martin Pfeiffer, Deutscher Taschenbuch Verlag 2009

37  Waltraud Suwelack, Lehren und Lernen im kompetenzorientierten Unterricht, MNU (Zeitschriften für den mathematischen und naturwissenschaftlichen Unterricht) 63/3 (15.4.2010), Verlag Klaus Seeberger 2010

38  Renate Richter, Biologieunterricht im Umbruch. In: Unterricht Biologie, 2007

39  Reinhard Kahl, Was Hänschen lernt, Die Zeit, 3.4.2003

40  Marco Evers, Bildung. Die Schule ist nie aus, Spiegel online 24.6.2013

41  Waltraud Suwelack, Lehren und Lernen im kompetenzorientierten Unterricht, a.a.O.

42  Markus Orths, Lehrerzimmer. Roman, Schöffling & Co. Verlagsbuchhandlung, 2003

43  Gert Lohmann, Mit Schülern klarkommen. Professioneller Umgang mit Unterrichtsstörungen und Disziplinkonflikten, Cornelsen 2003

44  Daniel Bakir ›Ich komme mir vor wie ein Schweinetreiber‹, Stern online, 20. Dezember 2013

45  Sabine Czerny, Was wir unseren Kindern in der Schule antun … und wie wir das ändern können, Heyne Verlag 2010

46  Thorsten Wiese (Hrsg.), Nein Torben-Jasper, du hast keinen Telefonjoker. Referendare erzählen vom täglichen Klassenkampf, Riva Verlag 2014

47  Ebd.

48  Malte Mienert, Heidi Vorholz, Schüler und Lehrer im Konflikt. Neue Strategien für ein respektvolles Miteinander, Ferdinand Schöningh Verlag 2011

49  Klaus E. Grossmann, Karin Grossmann, Bindung und Bildung. Über das

Zusammenspiel psychischer Sicherheit und kulturellem Lernen. Frühe Kindheit 6/2006

50  Joachim Bauer, Lob der Schule. Sieben Perspektiven für Schüler, Lehrer und Eltern, Hoffmann und Campe Verlag 2007

51  Alex Rühle, Plädoyer für einen verkannten Beruf, a.a.O.

52  Jürgen Frick, Die Kraft der Ermutigung. Grundlagen und Beispiele zur Hilfe und Selbsthilfe, Verlag Hans Huber 2007

53  Hans Berner, Rudolf Isler, Immer noch Lehrer!, a.a.O.

54  Remo Largo, Wer bestimmt den Lernerfolg: Kind, Schule, Gesellschaft? Beltz Verlag 2009

55  Peter Struck, Kinder lernen heute anders, Frankfurter Rundschau, 26.10.2012

56  Zitiert nach Isler, Selbstwirksamkeit, in: Berner/Isler Immer noch Lehrer, a.a.O.

57  Brigitte Pick, Kopfschüsse. Wer PISA nicht versteht, muss mit Rütli rechnen, Vsa 2007

58  Jesper Juul, Schulinfarkt. Was wir tun können, damit es Kindern, Eltern und Lehrern besser geht, Kösel Verlag 2013

59  Isler, Selbstwirksamkeit, in: Berner/Isler:: Immer noch Lehrer, a.a.O.

60  Zitiert nach Johann Osel, Man muss sich in den Schreibmodus bringen, Süddeutsche Zeitung, 7.10.2013

61  Michaela Brohm, Motivationstrainer auf dem Campus, Frankfurter Allgemeine Sonntagszeitung, 21./22.12.2013

62  Ebd.

63  Ebd.

64  Zitiert nach Lilo Berg, Motivation, Begeisterung, Sinn – darauf kommt es an, Interview mit Michael Rutter, Berliner Zeitung, 18.11.2013

65  Armin Krenz, Bindung ist Voraussetzung für Bildung, in: Erziehungskunst, Waldorfpädagogik heute, Oktober 2011

66  http://www.barnim-gymnasium.net/index.php?option=com_content& view=article&id=356&Itemid=285

67  Zitiert nach Armin Krenz, Bindung ist Voraussetzung für Bildung, a.a.O.

68  Zitiert nach Berliner Lehrer der Kreidezeit mit Preis ausgezeichnet, Berliner Morgenpost, 25.11.2013

# Kapitel 2

69 Thomas Mann, die Buddenbrooks. Verfall einer Familie, 1901

70 Hildegard Monheim, Manchmal schauen sie so aggro. Geschichten aus dem Schulalltag, Schwarzkopf und Schwarzkopf 2012

71 Autorität in Deutschland. Eine Studie des Instituts für Demoskopie Allensbach im Auftrag der Herbert-Quandt-Stiftung 2010

72 Lehrer am Limit. Talkshow mit Reinhold Beckmann vom 22.8.2013

73 Zitiert nach Thorsten Wiese, Nein, Torben-Jasper, a.a.O.

74 Anja Rothkegel, Olaf Schmidt, Wahrnehmung von Gruppen, http://www.uni-bielefeld.de/ikg/zick/Gruppen.htm

75 Kaspar Schnetzler, Das späte Glück der Einsamkeit, in: Berner/Isler: Immer noch Lehrer, a.a.O.

76 Anja Rothkegel, Olaf Schmidt, Wahrnehmung von Gruppen, a.a.O.

77 Manfred Spitzer, Wer macht die Schule klug? Die Zeit, 1.7.2004

78 Im ZDF Frühstücksfernsehen, 26.11.2013

79 Niklas Luhmann, Soziale Systeme, Grundrisse einer allgemeinen Theorie, Suhrkamp Verlag 1984

80 Arne Ulbricht, Lehrer. Traumberuf oder Horrorjob?, Vandenhoeck & Ruprecht 2013

81 Bernhard Bueb, Lob der Disziplin. Eine Streitschrift, List Verlag 2007

82 Hartmut Wenzel: Lehrer, Lehrerbild und Lehrerbildung, a.a.O.

83 Eugen Lamotte, 21, Student Bachelor of Commerce, Sydney, International Baccalaureat 2004, in: Unser Lehrer Doktor Bueb, DIE ZEIT, 28.9.2006

84 Josef Kraus, Zu Unrecht Sündenböcke, Die Welt 1.2.2006

85 Joachim Bauer, Erziehung als Spiegelung. Die pädagogische Beziehung aus dem Blickwinkel der Hirnforschung. in: Ulrich Herrmann (Hg.), Neurodidaktik: Grundlagen und Vorschläge für gehirngerechtes Lehren und Lernen, Beltz Pädagogik, Taschenbuch, 2009, S. 109 ff.

86 Jesper Juul, Eine Frage des Respekts, Zeit online, 30.4.2009

87 Günther Hoegg, Gute Lehrer müssen führen, Beltz Verlag 2012

88 Reinhard Kahl, Interview mit Peter Sloterdijk, a.a.O.

89 Brigitte Pick, Kopfschüsse, a.a.O.

90 Thorsten Wiese, Nein, Torben-Jasper, a.a.O.

91 Hans Berner, Reale Lehrer und Berufsrealitäten, in: Berner/Isler: Immer noch Lehrer, a.a.O.

92 Wettkampf der Feuerwerker. Interview mit Norbert Bolz, in: Bernhard Pörksen, Wolfgang Krischke (Hrsg.), Die Castinggesellschaft. Die

Sucht nach Aufmerksamkeit und das Tribunal der Medien, Halem Verlag, 2010

93  Hartmut von Hentig, Ach, die Werte, a.a.O.

94  Hildegard Monheim, Manchmal schauen sie so aggro, a.a.O.

95  Der Sprachgebrauch ist unterschiedlich, teilweise ist von Vorbereitungsdienst die die Rede, vor allem an Grundschulen.

96  Thorsten Wiese, Nein, Torben-Jasper, a.a.O.

97  Ebd.

98  Ebd

99  Marian Schafer, Junglehrer: Ausgebrannt, bevor es losgeht, Spiegel online 30.4.2012

100  www.referendar.de, leicht gekürzt

101  http://www.lehrerforen.de/board922-ausbildung-und-berufsanfang/ board1-referendariat/36873-eigenstaendiger-unterricht-erster-schultag-was-tun/

102  Bastian Bielendorfer, Lehrerkind. Lebenslänglich Pausenhof, Piper Verlag 2009

103  Empfehlungen zur Eignungsabklärung in der ersten Phase der Lehrerausbildung vom 7.3.2013,

104  Zitiert nach: Lehrer-monitoring 2013, http://www.monitor-lehrerbildung. de/export/sites/default/.content/Downloads/Monitor_Lehrerbildung_ Praxisphasen_10_2013.pf

105  Katja Irle, Lehrerausbildung. Wenn Kevin nervt, Spiegel online, 7.8.2013

106  Zitiert nach Senatsverwaltung für Bildung, Jugend und Wissenschaft, http://www.berlin.de/sen/bildung/lehrer_werden/vorbereitungsdienst/

107  Thorsten Wiese: Nein, Torben-Jasper, a.a.O.

108  Wörtlich lautet die Regelung für das Mentoring für Referendare an Gymnasien: »2 Mentoren je Referendar je 100 EUR pro Mentor; bei Betreuung eines 2. oder 3. Referendars im gleichen Fach 100 EUR + je 50 EUR für den 2. oder 3. Referendar«; bei Betreuung eines Referendars in 2 Fächern 200 EUR.« Quelle: Sammlung der geltenden Rechts- und Verwaltungsvorschriften zum Schulwesen Mecklenburg-Vorpommern; Mehrarbeitsvergütung, VV Mentorinnen/Mentoren bei der Durchführung des Vorbereitungsdienstes, publiziert am 21.9.2012

109  http://www.lehrerforen.de/board922-ausbildung-und-berufsanfang/ board1-referendariat/4984-probleme-mit-mentoren

110  http://www.lehrerforen.de/board922-ausbildung-und-berufsanfang/ board1-referendariat/26602-mir-gehts-so-schlecht/)

111  Allensbach 2012

112  Wilma Pause, Zu Hause ist Kevin ganz anders. Eltern und andere Tief-
     punkte aus dem Alltag einer Lehrerin, Heyne Verlag 2013
113  Ulrich Herrmann, Lehrern fehlt der Leistungsmaßstab. Interview, Die
     Zeit, 48/2002
114  Darunter leiden ebenfalls die Referenten, wie man diesen Beiträgen
     entnehmen kann: http://www.lehrerforen.de/board922-ausbildung-und-
     berufsanfang/board1-referendariat/26602-mir-gehts-so-schlecht/
115  Interview mit Josef Kraus. Aufgeschlossen und extrovertiert auf studien-
     wahl.de http://studienwahl.de/de/thema-des-monats/ueberall-anders-
     lehramtsstudium01036.htm#
116  http://nrw.cct-germany.de/de/1/tests/lpa/1
117  Lara Ruppertz, Gute Lehrer – gute Bildung: Mit Eignungstests die
     Besten für das Lehramt gewinnen? www.vielfalt-lernen.de 11. Juli 2012
118  Henning Sußebach, Wo die Lehrer sitzen bleiben, Die Zeit, 23.4.2007
119  Klaus E. Grossmann, Karin Grossmann: Bindung und Bildung. In:
     Frühe Kindheit 6/2006
120  Reinhard Stähling, Für das Leben lernen. Reformpädagogik als Ant-
     wort auf PISA, Die Deutsche Schule, Zeitschrift für Erziehungswissen-
     schaften, Bildungspolitik und pädagogische Praxis, 3/2002;
121  Ebd.
122  Henning Sußebach, Wo die Lehrer sitzen bleiben, a.a.O.
123  Brigitte Pick, Kopfschüsse, a.a.O.
124  Haim Omer//Arist von Schlippe, Stärke statt Macht. Neue Autorität in
     Familie und Schule und Gemeinde, Vandenhoeck&Ruprecht 2010
125  Elsbeth Stern, Wer macht die Schule klug? Die Zeit, 1.7.2004
126  Ebd.


Kapitel 3

127  Herrmann Hesse, Unterm Rad, Suhrkamp 2012
128  Bertolt Brecht, Flüchtlingsgespräche, Gesamtausgabe Bd. 14, Suhr-
     kamp Verlag 1967
129  Ludwig Thoma, Lausbubengeschichten, Dressler Verlag 1998
130  Theodor W. Adorno, Tabus über den Lehrerberuf, in: Kulturkritik
     und Gesellschaft II, Gesammelte Schriften 10/2, Suhrkamp Verlag
     1977/1997
131  Franz Werfel, Der Abituriententag. Die Geschichte einer Jugendschuld,
     S. Fischer Verlag 2006

132   Samuel Friedrich Sauter, Das arme Dorfschulmeisterlein, in: Die sämt-
      lichen Gedichte, Heimat-, Kultur- und Trachtenverein Zaisenhausen
      1995, Nachdruck der Urausgabe bei Creuzbauer und Hasper, Karls-
      ruhe 1845

133   Martin Walser, Ein fliehendes Pferd, Suhrkamp Verlag 1980

134   Heinrich Spoerl, Die Feuerzangenbowle. Eine Lausbüberei in der
      Kleinstadt, Piper 3. Auflage2011

135   Global Teacher Status Index 2013, Studie der Varkey-GEMS-Stiftung
      von 2013, www.varkeygemsfoundation.org

136   Aktuelle Fragen der Schulpolitik und das Bild der Lehrer in Deutsch-
      land. Eine Studie des Instituts für Demoskopie Allensbach im Auftrag
      der Vodafone Stiftung und des Deutschen Philologenverbands, 2010

137   Alex Rühle, Plädoyer für einen verkannten Beruf, a.a.O.

138   Bastian Bielendorfer, Lehrerkind, a.a.O.

139   Michael Thiel, Das stimmt jetzt aber nicht, Focus online, 9.9.2006

140   Mathias Brodkorb, Unser Problem? Die ewigen Besserwisser! Eine
      Polemik, veröffentlicht auf seiner Website www.mathias-brodkorb.de,
      8.9.2012

141   Gert Lohmann, Mit Schülern klarkommen. Professioneller Umgang
      mit Unterrichtsstörungen und Disziplinkonflikten. Cornelsen Verlag
      Scriptor 2011; Passage leicht gekürzt

142   Lotte Kühn, Das Lehrerhasserbuch., a.a.O.

143   Schule: Versager in der Matschecke, Spiegel online Schulspiegel,
      30.1.2006

144   Josef Kraus, Zu Unrecht Sündenböcke, a.a.O.

145   Josef Kraus, Warum das Sitzenbleiben in der Schule human ist. Inter-
      view, Die Welt, 18.2.2013

146   Zitiert nach: PISA-Studie: Streit über Zuständigkeiten entbrannt, Die
      Welt kompakt, 9.12.2010

147   Gerhard Tauchelt, Die Historie vom dornigen Aufstieg des Lehrer-
      Standes, Ehrenwirth Verlag 1965

148   Heinrich Pleticha, Ihnen ging es auch nicht besser. Schule und Schüler
      in vier Jahrtausenden, Arenaverlag, 1965

149   Erasmus von Rotterdam, Moriae encomium, zu deutsch: Lob der Tor-
      heit. Eine Stilübung, Projekt Gutenberg, www.spiegel.de

150   Julius Wilhelm Zincgref, Facetiae Pennalium, das ist Allerley lustige
      Schulbossen, 1624, Herzog-August Bibliothek Wolfenbüttel, VD17 23:
      291642U

151   Thomas Nipperdey, Deutsche Geschichte 1800–1866, Beck Verlag 1998

152  SWR2 Wissen: Schulen vor Gericht, 2.11.2013

153  Alfred Andersch; Der Vater meines Mörders. Eine Schulgeschichte, Diogenes Verlag 1980

154  Jurek Becker, Schlaflose Tage. Roman, Suhrkamp Verlag, 16. Aufl. 2007

155  Quelle: Statistisches Bundesamt, http://www.statistik-portal.de/ Statistik-Portal/de_jb04_jahrtab24sch.asp

156  Carina Huber, Herr Gessners Marionette, in: Thorsten Wiese, a.a.O.

157  Josef Kraus. Stellungnahme zur fortschreitenden Feminisierung im Lehrerberuf, Kölnische Rundschau 8.1.2007

158  Studie des Aktionsrats Bildung: Geschlechterdifferenzen im Bildungssystem – die Bundesländer im Vergleich, 2009

159  Geschlechter-Studie: Schulen benachteiligen Jungen massiv, Spiegel online, 12.3.2009

160  Männermangel an Schulen: Lehrerinnen schaden Schülern nicht, Spiegel online, 6.3.2010

161  Friedrich Wilhelm Graf, Ein Gott zum Kuscheln, F.A.Z., 27.3.2011

162  More Men Entering Fields Dominated By Women, New York Times, 12. Mai 2012

163  Sonni Veil-Bauer, Die Krux mit der Teilzeitarbeit, Bildung & Wissenschaft 10/2013

164  Studie des Aktionsrats Bildung, a.a.O.

165  Henning Sußebach, Wo die Lehrer sitzen bleiben, a.a.O.

166  Gilles Duhem: Das geschwächte Geschlecht, Die Zeit, 2.1.2014

167  Walter Hollstein, Was vom Manne übrigbleibt,. Krise und Zukunft des starken Geschlechts, Aufbau Verlag 2008

168  Ralf Bönt, Das entehrte Geschlecht. Ein notwendiges Manifest, Pantheon Verlag 2012

169  Verlierer im Klassenkampf, Focus 9.4.2001.

170  Bedroht Privatschul-Boom das öffentliche Bildungssystem? News4 teachers, 21.10.2013

171  Ebd.

172  Arne Ulbricht, Lehrer – Traumberuf oder Horrorjob, a.a.O.

173  Bernd Raffelhüschen, Stoppt die Verbeamtung von Lehrern! Focus online, 3.1.2014

174  Anonymus: Verbeamtung abschaffen! TAZ, 6.12.2013

175  Friedrich Hölderlin, Sämtliche Werke und Briefe in drei Bänden, Band 3, Deutscher Klassiker Verlag 1992

176  Rudolf Steiner, Mein Lebensgang. Eine nicht vollendete Autobiografie, Rudolf Steiner Verlag, 9. Auflage 2000

177 Friedrich Schleiermacher, Kritische Gesamtausgabe, Berlin/New York 1980

178 Jakob Michael Reinhold Lenz, Der Hofmeister, auf Projekt Gutenberg, http://www.gutenberg.org/cache/epub/6821/pg6821.html

179 Hans Magnus Enzensberger, Plädoyer für den Hauslehrer, in: Politische Brosamen, Suhrkamp Verlag 1982

180 Christian Füller, Schlaue Kinder, schlechte Schulen. Wie unfähige Politiker unser Bildungssystem ruinieren – und warum es trotzdem gute Schulen gibt, Droemer Verlag 2008

181 Folge: Homer, hol den Hammer raus


## Kapitel 4


182 Quelle: Der Tagesspiegel/dpa, 24.9.2012

183 Lehramt: Quereinsteiger willkommen!, karriere.de, das Portal von Handelsblatt und Wirtschaftswoche, 1.5.2009

184 IQB-Studie Ländervergleich 2011«, http://iqb.hu-berlin.de/institut/news?pg=n009

185 Physik für fachfremd Unterrichtende; Information des Instituts für Technik der Universität Hildesheim, http://www.uni-hildesheim.de/fb4/institute/institut-fuer-technik/weiterbildung/physik-fachfremd-unterrichten

186 Presseerklärung Grundschule: Neuer LehrplanPLUS vorgestellt, Bayerisches Staatsministerium für Bildung und Kultus, Wissenschaft und Kunst, 3.12.2013, http://www.km.bayern.de/allgemein/meldung/2352/grundschule-neuer-lehrplanplus-vorgestellt.html.

187 Gerald Hüther, Die Bedeutung sozialer Erfahrungen, in: Ulrich Herrmann (Hrsg), Neurodidaktik. Grundlagen und Vorschläge für gehirngerechtes Lernen. Beltz Verlag 2008

188 Warum sind Lehren und Lernen so schwierig? Vortrag Bremen 20. Juni 2002, Version vom 14.6.2003, http://www.uni-regensburg.de/Fakultaeten/phil_Fak_II/Grundschul_Paedagogik/content/Warum%20sind%20Lehren%20und%20Lernen%20so%20schwierig%20(Gerhard%20Roth).pdf

189 Ulrich Herrmann, Neurodidaktik – neue Wege des Lernens und Lehrens, in: ders., Neurodidaktik, a.a.O.

190 Martin Spiewak, Die Stunde der Propheten, Die Zeit, 8.8.2013

191 Gerhard Roth, Warum sind Lehren und Lernen so schwierig, Beltz Verlag 2006, www.die-bonn.de/doks/roth0301.pdf.rnen

192 Karin E. Grossmann/Klaus Grossmann, Bindung und Bildung, a. a. O.

193 Joachim Bauer, Kleine Zellen, große Gefühle, in: Ulrich Herrmann (Hrsg.), Neurodidaktik, a. a. O.

194 Joachim Bauer, Erziehung und Spiegelung, a. a. O.

195 Joachim Bauer, Erziehung und Spiegelung, a. a. O.

196 Gerhard Roth, Wie bringt man das Gehirn der Schüler zum Lernen? http://www.hausderwissenschaft.de/Binaries/Binary1070/Roth_-_Lehren_und_lernen.pdf

197 Wir lernen unser Leben lang. Interview mit Wolf Singer, FAZ, 19.7.2010

198 Gerald Roth, Warum Lehren und Lernen so schwierig sind. Vortrag

199 Gerhard Roth, Die Rolle des Lehrers wird grundlegend verkannt, Bildungsklick, 15.2.2011, http://bildungsklick.de/a/77128/die-rolle-des-lehrers-wird-grundlegend-verkannt/

200 Ulrich Schnabel, Märchenhaftes Versprechen, Die Zeit, 6.9.2013

201 Elsbeth Stern, Wie viel Hirn braucht die Schule?, in: Ulrich Herrmann, Neurodidaktik, a. a. O.

202 Ebd.

203 Kritik an Neuscans: Hirnforscher sollten nicht überreizen, Spiegel online, 6.12.2012

204 Andreas Bernard, Die Königin aller Wissenschaften? Süddeutsche Magazin 35/12

205 Die Rolle des Lehrers wird grundlegend verkannt, Bildungsklick, 15.2.2011, http://bildungsklick.de/a/77128/die-rolle-des-lehrers-wird-grundlegend-verkannt/

206 Gerhard Roth, Warum sind Lehren und Lernen so schwierig?, a. a. O.

207 Martin Vieweg, Wenn Gefühle weh tun, Bild der Wissenschaft, 29.3.2011

208 Richard David Precht, Anna, die Schule und der liebe Gott., Goldmann 2013

209 Ulrich Herrmann, Neurodidaktik, a. a. O.

210 Manfred Spitzer, Lernen. Gehirnforschung und die Schule des Lebens, Spektrum Akademischer Verlag, 2006

211 Jean-Pol Martin, Weltverbesserungskompetenz als Lernziel?, Pädagogisches Handeln – Wissenschaft und Praxis im Dialog, 2002, Heft 1

212 Richard David Precht: Anna, die Schule und der liebe Gott, a. a. O.

213 Heinrich Bosse, Die Krise der Abschlussnote. Die Aufnahmeprüfung kehrt zurück, Merkur 2013/Heft 5

214 Andrea Busche, Markus Butz, Gertraud Teuchert-Noodt, Lernen
    braucht Bewegung, Ein-Blicke in das Gehirn, Zeitschrift Praxis der
    Naturwissenschaften Biologie, Heft 4/55
215 https://www.youtube.com/watch?v=E5EsM63sPK0&feature=youtube
    _gdata)
216 Quelle: BR Abendschau, http://www.br.de/mediathek/video/sendungen/
    abendschau/lehrer-preis-100.html BR Abendschau vom 25.11.2013)
217 http://www.br.de/mediathek/video/sendungen/abendschau/lehrer-
    preis-100.html BR Abendschau vom 25.11.2013)

## Kapitel 5

218 Auch Lehrer brauchen einen Coach. Frankfurter Rundschau, 9.3.2012
219 Allensbachstudie im Auftrag der Vodafone Stiftung Deutschland von
    2009
220 Studie der Leuphana Universität Lüneburg im Auftrag der DAK 2011
221 Allensbachstudie im Auftrag der Vodafone Stiftung Deutschland von
    2009
222 Studie der Leuphana Universität 2011, a.a.O.
223 Karin E. Grossmann/Klaus E. Grossmann, Bindung und Bildung, a.a.O.
224 Kaspar Schnetzler, Das späte Glück der Einsamkeit, in: Berner/Isler:
    Immer noch Lehrer, a.a.O.
225 Reinhard Stähling: Unterrichtsqualität und Disziplin, Zeitschrift
    Grundschule Heft 2/2000
226 Remo Largo, Wer bestimmt den Lernerfolg, a.a.O.
227 Erfahrungsbericht einer Schülerin: Wie fühlt es sich an, wenn man im
    Internet gemobbt wird?, Focus online, 15.8.2011
228 Ulrich Pape u.a., Der Feind in meiner Schule, Focus 20/2009
229 ttp://www.lmg-anrath.de/wir-ueber-uns/gewaltpraevention/
230 Ulrich Pape, Der Feind in meiner Schule, a.a.O.
231 Ebd.
232 Florian Wöhrle, Cybermobbing lässt auch Lehrer leiden, ndr.de,
    12.4.2011
233 Matthias Eberspächer, Cyber-Mobbing gegen Lehrer: Pornomon-
    tagen und Hinrichtungsvideos, Spiegel online, 12.6.2007
234 Studie des Zentrums für empirische pädagogische Forschung der Uni-
    versität Koblenz-Landau von 2012
235 Dieter Zapf, Mobbing in Organisationen – Überblick zum Stand der

Forschung. Zeitschrift für Arbeits- und Organisationspsychologie, 43, 1999

236  H. Leymann, Handlungsanleitung für den LIPT-Fragebogen. DGVT-Verlag, Tübingen 1996

237  Stress: Viele Lehrer denken an Frühpensionierung, Zeit online, 4.10.2011

238  Katja Irle: Auch Lehrer brauchen einen Coach, Frankfurter Rundschau 9.3.2012

239  Ebd.

240  Bericht der Antidiskriminierungsstelle: Diskriminierung ist an Schulen und Unis Alltag, Sueddeutsche.de, 13.8.201

241  www.BL-Mobbing.de

242  Blickpunkt Schule (BPS), Zeitschrift des Hessischen Philologenverbandes, Themenheft Mobbing in der Schule 2/97

243  Wolfgang Hissnaue, Arbeit im Team. 2+2=7, Veröffentlichung der ILF Mainz, www.gs-eisenberg.de/uploads/media/Teamarbeit.pdf

244  Grundschulen in NRW fehlen Hunderte Schulleiter, Die Welt 8.2.2013

245  In Sachsen fehlen 80 Schulleiter, Freie Presse, 26.12.2013

246  133 Schulleiter-Stellen sind unbesetzt, Mitteldeutsche Zeitung, 11.8.2013

247  Grundschulen in NRW fehlen Hunderte Schulleiter. Die Welt, 8.3.2013

248  Katja Irle, Auch Lehrer brauchen einen Coach, a.a.O.

249  Gesund lernen. Studie der DAK zusammen mit der Leuphana Universität Lüneburg, a.a.O.

250  Kluge Eltern, kluge Kinder, Focus, 2.8.2006

251  Nicole Kastirke, Sven Jennessen, Frau Bösen-Sell kommt bis zu den Sommerferien nicht mehr – krank, lustlos, überfordert? Schuldistanzierte Lehrkräfte, ein Phänomen in der Schulabsentismusforschung, in: C. Gentner, M. Mertens, Null Bock auf Schule? Schulmüdigkeit und Schulverweigerung aus Sicht der Wissenschaft und Praxis, Waxmann Verlag 2006

252  Cornelia Girod, Hartmut Balser, Carlo Schulz, Jens Hildebrand, Gabriele Weinz, Auf dem Weg zu einem besseren Klassen- und Schulklima an der Grundschule. Modelle und Praxis, Institut für berufliche Bildung und Weiterbildung e.V. Göttingen, 2005

253  Bernd Rudow, Die Arbeit des Lehrers. Zur Psychologie der Lehrertätigkeit, Lehrerbelastung und Lehrergesundheit, Huber Verlag 1994

254  Kranke Lehrer kosten Berlin 50 Millionen, Die Welt, 29.7.2012

255  Remo Largo, Lernen geht anders. Bildung und Erziehung vom Kind her denken, Piper Verlag 2012

256 Jesper Juul, Schulinfarkt. Was wir tun können, damit es Kindern, Eltern und Lehrern besser geht, a. a. O.

257 www.schulgerecht.de

258 Jesper Juul, Schulinfarkt, a. a. O.

259 Ebd.

260 Daniel Bakir, Ich komme mir vor wie ein Schweinetreiber, Stern online, 20. Dezember 2013

261 Großkampfstimmung zwischen Eltern und Lehrern, Zeit online, 12.4.2011

262 Heidemarie Brosche, Warum Lehrer gar nicht so blöd sind – und was kluge Eltern tun können, wenn die Verständigung nicht klappt, Kösel Verlag, 2010

263 Oliver Trenkamp, Kampfplatz Schule: Lehrer verzweifeln an Eltern, Spiegel online, 10.4.2013

264 Lehrer am Limit, Talkshow mit Reinhold Beckmann vom 22.8.2013

265 Helmuth Schelsky, Schule und Erziehung in der industriellen Gesellschaft, Werkbund Verlag 1957

266 Annemarie und Klaus Klemm, Ausgaben für Nachhilfe – teurer und unfairer Ausgleich für fehlende individuelle Förderung, Bertelsmann Stiftung, Gütersloh 2010

267 Wendy Mogel, The Blessings of a Skinned Knee: Using Jewish Teachings to Raise Self-Reliant Children, Scribner 2001

268 Josef Kraus, Helikopter-Eltern. Schluss mit Förderwahn und Verwöhnung, Rowohlt Verlag, 4. Auflage 2013.

269 Polly Young-Eisendrath, Wenn Eltern es zu gut meinen. Warum übertriebenes Anspruchsdenken zu überforderten und egoistischen Kindern führt. Goldmann Arkana 2009 (Originalausgabe 2008: The self esteem-tap, Little Brown 2008)

270 Kerstin Kullmann, Kampfauftrag Kind, Spiegel online, 12.8.201

271 Wolfgang Bergmann, Lasst eure Kinder in Ruhe! Gegen den Förderwahn in der Erziehung, Kösel Verlag 2011

272 Tom Hodgkinson, Leitfaden für faule Eltern, Rogner und Bernhard Verlag, 2009

273 Genervte Lehrer: Die Eltern setzen immer den Direktor in CC, Spiegel online 16.8.2013

274 Kerstin Kullmann, Kampfauftrag Kind, a. a. O.

275 Jörg Dräger, Dichter, Denker, Schulversager. Gute Schulen sind machbar – Wege aus der Bildungskrise, Deutsche Verlags Anstalt 2011

276 Statements von Josef Kraus in: Kerstin Kullmann, Kampfauftrag Kind, a. a. O.

277 Christian Füller, Ich bin ein Helikopter-Papa, Spiegel Online, 15.8.2013

278 Wenn Eltern mit dem Anwalt kommen, Süddeutsche.de, 22.10.2013

279 Schulen vor Gericht. Warum Eltern zu juristischen Mitteln greifen, von Mirko Smiljanic, SWR2 Wissen, 2.11.2013

280 Wenn Eltern mit dem Anwalt kommen, a.a.O.

281 Schul-Klischees im Faktencheck: Lehrer haben es nicht leicht – oder doch, Spiegel online, 26.3.2013

282 Schule nach PISA, http:/www.gew.de/Binaries/Binary34597/14-PISA.pdf

283 Martin Spiewak, Weltmeister der Integration, Zeit online, 21.8.2008

284 www.4teachers.de, Forum: »Lehrer werden systematisch durch Schüler gemobbt …« 9.3.2011

285 DAK-Studie »Lehrergesundheit. Was hält Lehrer gesund?«, a.a.O.

286 Uwe Schaarschmidt, Die Potsdamer Lehrerstudie – ein Überblick, http://www.bllv.de/Potsdamer-Lehrerstudie.6618.0.html

287 Herbert Gudjons, Lehrerbild im Wandel, https://www.gewbw.de/Binaries/Binary4656/Lehrerbild_im_Wandel.pdf

288 Andreas Hillert, Stefan Koch, Medizinisch-Psychosomatische Schön Klinik Roseneck, Prien am Chiemsee, Katholische Universität Eichstätt, Arbeit und Gesundheit im Lehrerberuf. Ein auf den Lehrerberuf bezogenes Behandlungs- bzw. Präventionsprogramm, http://www.zentrum-patientenschulung.de/tagungen/tagung2012/Do_7_Hillert_AGIL.pdf

289 Ich habe Rücken – die Volkskrankheit Nummer eins. Die Welt 17.12.2013

290 Herbert Freudenberger: Staff Burn-Out, Journal of Social Issues, Nr. 1, 1974

291 Uwe Schaarschmidt, Psychische Belastungen im Lehrerberuf. Im Auftrag des Deutschen Beamtenbunds, http://www.arbeitsschutz.nibis.de/seiten/themen/psych_bel_gru/lehrergesundheit/medien/psychische_belastung_im_lehrerberuf.pdf

292 Lehrer scheitern reihenweise, Focus online, 9.4.2001; siehe auch: Uwe Schaarschmidt, Lehrergesundheit erhalten und stärken. Ergebnisse und Schlussfolgerungen aus der Potsdamer Studie, http://www.zlb.uni-freiburg.de/derlehrerberuf/dateien/schaarschmidt-heidelberg-09.pdf

293 Carolyn Saarni, The Development of Emotional Competence, The Guilford Press 1999

294 Tina Hascher, Wohlbefinden in der Schule, Waxmann 2004
Tina Hascher, Emotionen im Schulalltag: Wirkungen und Regulationsformen, Zeitschrift für Pädagogik 51, 2005

295 Der Fahrstuhl geht nach unten, Badische Zeitung, 31.10.2012

## Kapitel 6

296 Uwe Buse, Friederike Schröter, Jonathan Stock, Du sollst spielen!, Der Spiegel, 13.1.2014

297 Peter Struck, Kinder lernen heute anders, a.a.O.

298 Anja Reiter, Gefällt mir, Die Zeit, 2.1.2014

299 Peter Struck, Kinder lernen heute anders, a.a.O.

300 Bild am Sonntag, 24.11.2013

301 Mit Banken-Geld gegen Kinderarmut, www.dw.de, 6.11.2011

302 DEGS, Studie zur Gesundheit Erwachsener in Deutschland, Robert-Koch-Institut 2013

303 KIGGS, Studie zur Gesundheit von Kindern und Jugendlichen in Deutschland, Robert-Koch-Institut 2013, http://www.kiggs-studie.de/fileadmin/KiGGS-Dokumente/kiggs1_tn_broschuere_web.pdf

304 Schuldneratlas 2013: So verschuldet sind die Deutschen, stern.de, 6.11.2013

305 Zitiert nach Gerhard Tauchelt, Die Historie vom dornigen Aufstieg des Lehrer-Standes, a.a.O.

# Literaturverzeichnis

Adorno, Theodor W.: *Tabus über den Lehrerberuf,* in: Kulturkritik und Gesellschaft II, Gesammelte Schriften 10/2, Suhrkamp Verlag 1977/1997

*Aktuelle Fragen der Schulpolitik und das Bild der Lehrer in Deutschland.* Eine Studie des Instituts für Demoskopie Allensbach im Auftrag der Vodafone Stiftung und des Deutschen Philologenverbands, 2010

*Autorität in Deutschland.* Eine Studie des Instituts für Demoskopie Allensbach im Auftrag der Herbert-Quandt-Stiftung 2010

Bauer, Joachim: *Lob der Schule, Sieben Perspektiven für Schüler, Lehrer und Eltern,* Hoffmann und Campe Verlag 2007

Bayerwaltes, Marga: *Große Pause! Nachdenken über die Schule,* Kunstmann Verlag 2002

Bergmann, Wolfgang: *Lasst eure Kinder in Ruhe! Gegenden Förderwahn in der Erziehung,* Kösel Verlag 2011

Berner, Hans/Isler, Rudolf (Hrsg.): *Immer noch Lehrer! Portraits und Essays,* Haupt Verlag 2009

Bielendorfer, Bastian: *Lehrerkind. Lebenslänglich Pausenhof,* Piper Verlag 2011

*Bildungsbericht der Kultusministerkonferenz und des Ministeriums für Bildung und Forschung von 2012,* Deutsches Institut für Internationale Pädagogische Forschung (DIPF); www.bildungsbericht.de

Bosse, Heinrich: Die Krise der Abschlussnote. Die Aufnahmeprüfung kehrt zurück. In: *Merkur 2013/Heft 5*

Brecht, Bertolt: *Flüchtlingsgespräche.* In: Gesamtausgabe Bd. 14, Suhrkamp Verlag 1967

Brohm, Michaela: Motivationstrainer auf dem Campus. In: *Frankfurter Allgemeine Sonntagszeitung,* 21./22. 12. 2013

Brosche, Heidemarie: *Warum Lehrer gar nicht so blöd sind – und was kluge*

*Eltern tun können, wenn die Verständigung nicht klappt,* Kösel Verlag, 2010

Bueb, Bernhard: *Lob der Disziplin., Eine Streitschrift,* List Verlag 2007

Bueb, Bernhard: *Von der Pflicht zu führen. Neun Gebote der Bildung,* List Verlag 2009

Busche, Andrea/Butz, Markus/Teuchert-Noodt, Gertraud:Lernen braucht Bewegung. Ein-Blicke in das Gehirn, *Zeitschrift Praxis der Naturwissenschaften Biologie,* Heft 4/55

Cowan, Nelson: An embedded-processes model of working memory. In: A. Miyake & P. Shah (Hrsg.), *Models of working memory: Mechanisms of active maintenance and executive control.* Cambridge University Press, 1999

Czerny, Sabine: *Was wir unseren Kindern in der Schule antun ... und wie wir das ändern können,* Heyne Verlag, 2010

Duhem, Gilles: Das geschwächte Geschlecht. In: *Die Zeit* 2.1.2014

Enzensberger, Hans Magnus: Plädoyer für den Hauslehrer, in: *Politische Brosamen,* Suhrkamp Verlag 1982

Frick, Jürgen: *Die Kraft der Ermutigung. Grundlagen und Beispiele zur Hilfe und Selbsthilfe,* Verlag Hans Huber 2007

Freudenberger, Herbert: Staff Burn-Out. In: *Journal of Social Issues.* Jg. 30, Nr. 1, 1974

Füller, Christian: *Schlaue Kinder, schlechte Schulen. Wie unfähige Politiker unser Bildungssystem ruinieren – und warum es trotzdem gute Schulen gibt,* Droemer Verlag 2008

Grossmann, Klaus E./Grossmann, Karin: Bindung und Bildung. Über das Zusammenspiel von psychischer Sicherheit und kulturellem Lernen. In: *Frühe Kindheit* 6/2006

Hascher, Tina: Emotionen im Schulalltag: Wirkungen und Regulationsformen. In: *Zeitschrift für Pädagogik* 51, 2005.

Hattie, John: *Lernen sichtbar machen.* Überarbeitete deutschsprachige Ausgabe von *Visible Learning,* besorgt von Wolfgang Beywl und Klaus Zierer, Schneider Verlag, 2 korr. Aufl. 2013

Hentig, Hartmut von: *Ach, die Werte. Über eine Erziehung im 21. Jahrhundert,* Carl Hanser Verlag 1999

Herrmann, Ulrich (Hrsg.), *Neurodidaktik. Grundlagen und Vorschläge für gehirngerechtes Lehren und Lernen,* Beltz Verlag 2006

Herrmann, Ulrich: *Wie lernen Lehrer ihren Beruf? Empirische Befunde und praktische Vorschläge,* Beltz Verlag 2002

Herrmann, Ulrich: *Schulen zukunftsfähig machen,* Klinkhardt 2010

Hesse, Herrmann: *Unterm Rad*. Roman, Suhrkamp Taschenbuch 2012

*Hindernis Herkunft: Eine Umfrage unter Schülern, Lehrern und Eltern zum Bildungsalltag in Deutschland*, Institut für Demoskopie Allensbach im Auftrag der Vodafone Stiftung Deutschland, 2013

Hodgkinson, Tom: *Leitfaden für faule Eltern*, Rogner und Bernhard Verlag 2009

Hoegg, Günther: *Gute Lehrer müssen führen*, Beltz Verlag 2012

Hölderlin, Friedrich: Sämtliche Werke und Briefe in drei Bänden: Band 3: *Die Briefe. Briefe an Hölderlin*, Deutscher Klassiker Verlag 1992

Hollstein, Walter: *Was vom Manne übrig blieb. Krise und Zukunft des starken Geschlechts*, Aufbau Verlag 2008

Irle, Katja: Lehrerausbildung: Wenn Kevin nervt, In: *Spiegel online*, 7.8.2013

Jaspers, Karl: *Wohin treibt die Bundesrepublik?*, Piper Verlag 1966

Jean Paul, *Selberlebensbeschreibung*. In: Kritische Ausgabe von Eduard Berend, 1927 ff. Abteilung II, Bd. 3

Juul, Jesper: *Schulinfarkt. Was wir tun können, damit es Kindern, Eltern und Lehrern besser geht*, Kösel Verlag 2013

Kahl, Reinhard: *Lernen als Vorfreude auf sich selbst: Vorschläge zur pädagogischen Abrüstung* (Archiv der Zukunft – Flugschriften) Beltz Verlag 2014

Kahl, Reinhard: Was Hänschen lernt. In: *Die Zeit* 3.4.2003

Kraus, Josef: Stellungnahme zur fortschreitenden Feminisierung im Lehrerberuf. In: *Kölnische Rundschau* vom 8.1.2007

Kraus, Josef: *Helikopter-Eltern. Schluss mit Förderwahn und Verwöhnung*, Rowohlt Verlag, 4. Auflage 2013.

Kühn, Lotte: *Das Lehrerhasser-Buch. Eine Mutter rechnet ab*, Knaur 2005

Lamotte, Eugen: Unser Lehrer Doktor Bueb. In: *Die Zeit* 28.9.2006

Largo, Remo: *Wer bestimmt den Lernerfolg: Kind, Schule, Gesellschaft*, Beltz Verlag 2013

Largo, Remo: *Lernen geht anders. Bildung und Erziehung vom Kind her denken*, Piper Verlag 2012

*Lehre(r) in Zeiten der Bildungspanik: Eine Studie zum Prestige des Lehrerberufs und zur Situation an den Schulen in Deutschland*, Institut für Demoskopie Allensbach im Auftrag der Vodafone-Stiftung, Oktober 2012

Lohmann, Gert: *Mit Schülern klarkommen. Professioneller Umgang mit Unterrichtsstörungen und Disziplinkonflikten*, Cornelsen Berlin 2003

Luhmann, Niklas: *Soziale Systeme. Grundrisse einer allgemeinen Theorie*, Suhrkamp Verlag 1984

Mann, Heinrich: *Professor Unrat oder das Das Ende eines Tyrannen,* Studienausgabe Fischer Taschenbuchverlag 2008

Mann, Thomas: *Die Buddenbrooks. Verfall einer Familie,* 1901, Fischer Taschenbuch 2008

Martin, Jean-Pol: Weltverbesserungskompetenz als Lernziel? In: *Pädagogisches Handeln – Wissenschaft und Praxis im Dialog,* 6. Jahrgang, 2002, Heft 1

Mienert, Malte/Vorholz Heidi: *Schüler und Lehrer im Konflikt. Neue Strategien für ein respektvolles Miteinander,* Ferdinand Schöningh Verlag 2011

Mogel, Wendy: *The Blessings of a Skinned Knee: Using Jewish Teachings to Raise Self-Reliant Children,* Scribner

Möller, Philipp: *Isch geh Schulhof. Unerhörtes aus dem Alltag eines Grundschullehrers,* Bastei Lübbe 2012

Monheim, Hildegard: *Manchmal schauen sie so aggro. Geschichten aus dem Schulalltag. Eine Lehrerin erzählt,* Schwarzkopf und Schwarzkopf 2012

Omer, Haim/von Schlippe, Arist: *Stärke statt Macht. Neue Autorität in Familie, Schule und Gemeinde,* Vandenhoeck & Ruprecht 2010

Orths, Markus: *Lehrerzimmer.* Roman, Schöffling & Co. Verlagsbuchhandlung 2003

Osel, Johann: Man muss sich in den Schreibmodus bringen. In: *Süddeutsche Zeitung,* 7.10.2013

Pause, Wilma: *Zu Hause ist Kevin ganz anders. Eltern und andere Tiefpunkte aus dem Alltag einer Lehrerin,* Heyne Verlag 2013

Pick, Brigitte: *Kopfschüsse – wer PISA nicht versteht, muss mit Rütli rechnen,* Vsa 2007

Pleticha, Heinrich: *Ihnen ging es auch nicht besser. Schule und Schüler in vier Jahrtausenden,* Arena Verlag, 1965

Prantl, Heribert: Gute Lehrer: Nicht nur Gestörte und Sadisten. In: *Süddeutsche.de,* 18. Dezember 2010

Precht, Richard David: *Anna, die Schule und der liebe Gott. Der Verrat des Bildungssystems an unseren Kindern.* Goldmann2013

Raffelhüschen, Bernd: Stoppt die Verbeamtung von Lehrern!, In: *Focus online,* 3.1.2014

Reinke-Nobbe, Herbert, Vernier, Robert: Verlierer im Klassenkampf. Höllenjob Lehrer. Titelgeschichte *Focus* 15/2001

Richter, Renate: Biologieunterricht im Umbruch. In: *Unterricht Biologie* 2007

Rothkegel, Anja, Schmidt, Olaf: Wahrnehmung von Gruppen, http://www.uni-bielefeld.de/ikg/zick/Gruppen.htm

Rudow, Bernd: *Die Arbeit des Lehrers. Zur Psychologie der Lehrertätigkeit, Lehrerbelastung und Lehrergesundheit*, Huber Verlag 1994

Rühle, Alex: Plädoyer für einen verkannten Beruf. In: *SZ-online* 19.2.2013

Saarni, Carolyn: *The Development of Emotional Competence*, The Guilford Press, 1999

Sauter, Samuel Friedrich: Das arme Dorfschulmeisterlein, in: *Die sämtlichen Gedichte*, Heimat-, Kultur- und Trachtenverein Zaisenhausen 1995, Nachdruck der Urausgabe bei Creuzbauer und Hasper, Karlsruhe 1845

Schafer, Marian: Junglehrer: Ausgebrannt, bevor es losgeht. In: *Spiegel online* 30.4.2012

Schalansky, Judith: *Der Hals der Giraffe. Bildungsroman.* Suhrkamp Verlag 2011

Schelsky, Helmuth: *Schule und Erziehung in der industriellen Gesellschaft.* Werkbund Verlag 1957

Schulstudien TIMSS und PIRLS des Boston College 2013, *timss.bc.edu*

Spitzer, Manfred: Wer macht die Schule klug? In: *Die Zeit*, 1.7.2004

Spoerl, Heinrich: *Die Feuerzangenbowle. Eine Lausbüberei in der Kleinstadt.* Piper Taschenbuch, 3. Auflage 2011

Steiner, George: *Der Meister und seine Schüler.* Aus dem Englischen von Martin Pfeiffer, Deutscher Taschenbuch Verlag 2009

Steiner, Rudolf: *Mein Lebensgang. Eine nicht vollendete Autobiografie*, Rudolf Steiner Verlag, 9. Auflage 2000

Struck, Peter: Kinder lernen heute anders. In: *Frankfurter Rundschau*, 26.20.2012

Stähling, Reinhard: Für das Leben lernen. Reformpädagogik als Antwort auf PISA. In: *Die Deutsche Schule, Zeitschrift für Erziehungswissenschaften, Bildungspolitik und pädagogische Praxis*

Stähling, Reinhard: Unterrichtsqualität und Disziplin. In: *Grundschule*, Heft 2/2000

Stern, Elsbeth: Wer macht die Schule klug? In: *Die Zeit*, 1.7.2004

Sußebach, Henning: Wo die Lehrer sitzen bleiben. In: *Die Zeit*, 23.4.2007

Suwelack, Waltraud: Lehren und Lernen im kompetenzorientierten Unterricht. In: *MNU (Zeitschriften für den mathematischen und naturwissenschaftlichen Unterricht)* 63/3, Verlag Klaus Seeberger 2010

Szewczyk, Daniel: So wird der Stress in der Schule erträglich. In: *Welt-online*, 26.8.2012

Tauchelt, Gerhard: *Die Historie vom dornigen Aufstieg des Lehrer-Standes*, Ehrenwirth Verlag 1965

Thoma, Ludwig: *Lausbubengeschichten*, Dressler Verlag 1998

Ulbricht, Arne: *Lehrer. Traumberuf oder Horrorjob?*, Vandenhoeck & Ruprecht 2013

Veil-Bauer, Sonni: Die Krux mit der Teilzeitarbeit. In: *Bildung & Wissenschaft*, 10/2013

Vieweg, Martin: Wenn Gefühle weh tun. In: *Bild der Wissenschaft*, 29.3.2011

Walser, Martin: *Ein fliehendes Pferd*. Roman. Suhrkamp Verlag, 36. Auflage 1980

Wenzel, Hartmut: *Lehrer, Lehrerbild und Lehrerbildung*. Katalog der Franckeschen Stiftungen zur gleichnamigen Ausstellung, Harrassowitz 2007

Werfel, Franz: *Der Abituriententag: Die Geschichte einer Jugendschuld*. S. Fischer Verlag 2006

Weyand, Kai: *Schiefer eröffnet spanisch*. Roman. Wallstein Verlag 2008

Wiese, Thorsten (Hrsg.): *Nein, Torben-Jasper, du hast keinen Telefonjoker. Referendare erzählen vom täglichen Klassenkampf,* Riva Verlag 2014

Young-Eisendrath, Polly: *Wenn Eltern es zu gut meinen. Warum übertriebenes Anspruchsdenken zu überforderten und egoistischen Kindern führt,* Goldmann Arkana 2009

Zapf, Dieter: Mobbing in Organisationen – Überblick zum Stand der Forschung. In: *Zeitschrift für Arbeits- und Organisationspsychologie,* 43, 1999.

Zincgref, Julius Wilhelm: *Facetiae Pennalium, das ist Allerley lustige Schulbossen,* 1624, Herzog-August Bibliothek Wolfenbüttel, VD17 23:291642U


## Interviews

Wettkampf der Feuerwerker, Interview mit *Norbert Bolz*. In: Bernhard Pörksen, Wolfgang Krischke (Hrsg.): *Die Castinggesellschaft. Die Sucht nach Aufmerksamkeit und das Tribunal der Medien,* Halem Verlag 2010

Wie funktioniert guter Unterricht? Interview mit dem Bildungspsychologen Prof. Dr. *Rainer Dollase*, Universität Bielefeld, In: *Saarbrücker Zeitung,* 14.3.2013

Lehrern fehlt der Leistungsmaßstab, Interview mit *Ulrich Herrmann*. In: *Die Zeit,* 48/2002

Auf Leistung getrimmt, Interview mit *Remo Largo*. In: *Der Spiegel,* 38/2013:

Extrovertiert und aufgeschlossen; Interview mit *Josef Kraus,* veröffentlicht 2012 auf *studienwahl.de* http://studienwahl.de/de/thema-des-monats/ueberall-anders-lehramtsstudium01036.htm#4

Lehrer als Problem: Viele halten das für einen Halbtagsjob, Interview von
   Mirjam Mohr mit *Udo Rauin, Spiegel online*, 21.3.2008
Lilo Berg, Motivation, Begeisterung, Sinn – darauf kommt es an, Interview
   mit *Michael Rutter*. In: *Berliner Zeitung*, 18.11.2013
Kahl, Reinhard: Interview mit *Peter Sloterdijk:* Lernen ist Vorfreude auf sich
   selbst. In: *McK Wissen* 14, siehe auch http://www.reinhardkahl.de/pdfs/
   neu%20110_113_mck14_Sloterdijk.pdf
Wir lernen unser Leben lang. Interview mit *Wolf Singer*. In: *FAZ*, 19.7.2010)


## Internetportale

www.BL-Mobbing.de (Bundesarbeitsgemeinschaft Lehrer gegen Mobbing)
http://nrw.cct-germany.de/de/1/tests/lpa/1 (Website des CCT – Career Counselling for Teachers)
www. lehrerforen.de
www.karriere.de, das Portal von Handelsblatt und Wirtschaftswoche
www.news4teachers.de (Das Bildungsmagazin)
www.referendar.de
www.berlin.de/sen/bildung/lehrer werden/vorbereitungsdienst/
(Senatsverwaltung für Bildung, Jugend und Wissenschaft)
www.dialogmachtschule.de (Robert Bosch Stiftung)
http://studienwahl.de/
www.teacher-appreciation.info
www.vielfalt-lernen.de (Bertelsmann-Stiftung)
www.varkeygemsfoundation.org (Global Teacher Status Index 2013, Studie
der Varkey-GEMS-Stiftung von 2013)
http://www.bmbf.de/de/23052.php (Nationale Strategie für Alphabetisierung und Grundbildung)

# Register